통상임금과 그 산정기준에 관한 연구

-대법원 판례에 대한 비판적 고찰-

김 영 문

法 文 社

머 리 말

우리나라는 임금체계가 복잡하다. 특히 기본급 이외에 수많은 수당이 존재하여 이 수당이 평균임금이나 통상임금의 산정기초에 포함되는지에 대해 끊임없이 분쟁이 발생한다. 이러한 문제점 때문에 필자는 2004년도에 임금개념과 통상임금 및 평균임금에 관해 책을 쓴 바 있다. 당시 판례비판을 통하여 임금을 근로계약의 의무구조 하에 파악하고, 근로의 대가에 대한 규명이 있어야 한다고 주장한 바 있다. 이후로 근 10년이 지났다.

그러나 그동안 평균임금과 통상임금에 대해 수많은 판례가 있었음에도 행정해석은 판례를 따르지 않고 있고, 학설도 매우 혼란스럽게 전개되어 법률수요자의 입장에서는 임금, 통상임금, 평균임금과 관련하여 어느 것을 따라야 하는지 법적으로 매우 불안한 상태에 있다. 특히 2012년 3월 29일 대법원 판례는 금원의 통상임금 판단에 있어서 중요한 기준이었던 '1임금산정기간'의 요건을 더 이상 유지하지 않았고, 그동안 정기 상여금을 통상임금에 포함하지 않았던 실무를 바꾸어 통상임금에 포함시키는 결단을 내린 바 있다. 그 결과 정기 상여금을 포함하여 다른 임금항목도 통상임금에 포함될 가능성이 높아짐에 따라 그동안 법정 수당의 산정기초가 된 통상임금을 재산정하여 미지급된 임금을 청구하는 소송이 빈발하게 되었고, 급기야는 국내진출 외국기업이 국제적으로 이를 문제삼는 경우까지 발생하게 되었다. 통상임금은 이제 국민적 관심사가 되었다.

통상임금에 관한 판례가 안정적 법률생활을 유도한다는 당초의 기대와는 정반대로 산업현장에서 혼란과 법적 불안정성을 극대화하고 있는 상황에서 통상임금에 대한 입법적 논의도 활발하게 전개되어 가고 있다. 그러나 노사의 입장은 여진히 평행선을 달리고 있다. 이와 같은 법률생활의 대혼란 상황에서 문제의 진앙지가 된 판례를 비판적으로 살펴보는 것은 앞으로 통상임금 제도에 관한 개선안을 마련하는데도 매우 시급한 일이 되었다. 이와 같은 문제의식 하에서 본서는 최근 판례 발전을 비판적으로 검토함으로써 통상임금제도가 제대로 자리잡는 단초를 제공하고, 법적으로 안정된 임금제도가 이루어지도록 하기 위해서 입법안을 만들기 이전에 판례를 비판적으로 검토하는데 중점을 두었다. 자료와 판례는 2013년 5월 말까지의 것을 참조하였다. 그 후에 나온 판례나 문헌에 대해서는 다른 기회에 비판적으로 검토하기로 한다.

판례의 비판적 검토는 분쟁의 지속을 막고, 제도 개선안 마련의 단초를 마련하는 것이라는 생각에서 부끄럽지만 본서를 세상에 내놓는다. 본서가 조금이라도 우리나라 임금체계를 개선하는데 일조하고, 당사자들의 안정적 노사관계를 유지하는데 기여할 수 있기를 기대한다.

2013년 5월
필 자

차　　례

제1장

서론 – 문제의 소재

사용자가 지급하는 금원이나 금품이 노동법률에서 정하는 임금에 해당하는 지는 근로자나 사용자에게 중요하면서도 민감한 문제에 속한다. 근로자들은 그 금원이나 금품이 임금에 해당한다고 하면 법률, 특히 근로기준법에 의해서 보장된 각종의 임금보호청구권을 행사하려 할 것이다. 사용자는 합리적 근거가 없는 한 이에 대해 방어를 하고자 할 것이기 때문에 법적 분쟁이 발생하게 된다. 물론 이러한 법적 분쟁이 개개 근로자와 개개 사용자의 권리분쟁이라면 국가와 사회 경제적으로 크게 문제될 것은 없을 것이다. 그러나 법원의 판결이 개개 근로자와 사용자의 개별분쟁을 넘어서서 전체 근로자와 사용자에 관련된다면 문제는 자못 심각하다. 특히 법원 판결이 그 동안 관행적으로 인정되어오던 제도를 뒤바꾸는 것이라면 그 파급효과는 상상을 초월하는 경우도 있을 것이다.

그러한 폭발적인 문제의 중심에 서 있는 것이 최근 대법원 판결이다. 즉 최근 대법원은 사용자가 정기적으로 지급하는 상여금이 정기적, 일률적으로 지급되어 왔다면 통상임금에 해당한다는 판결을 내렸다.[1] 통상임금은 해고예고수당, 시간외·야간 및 휴일근로시의 가산임금, 연월차유급휴가수당 등을 산출할 때의 기준이 된다. 따라서 대법원이 사용자가 지급하는 금원이 통상임금에 해당한다고 보는 기준과 이유는 노사에 대하여 막대한 금전적 이해관계를 가져온다. 종전에 사용자가 지급하는 금원이 통상임금에 해당하는 지에 대해 노동부는 예를 들어 정기상여금은 통상임금이 아니라고 보았지만,[2] 금번 대법원 판례는 정기상여금도 정기성과 일률성이 있는 한 통상임금에 해당한다고 보았다. 그 결과 금원의 통상임금 해당성에 대한 대법원의 판단기준은 정기상여금, 추석선물비 등 정기적이고 일률적으로 지급된 이상 모두 통상임금에 해당할 수 있다는 문제를 가져온다. 따라서 통상임금의 외연은 정기성과 일률성의 요건을 충족하는 한 전체 수당으로 확장될 가능성이 농후하다. 그러나 동시에 대법원 판례에 따라 통상임금에 해당하는 금원을 기준으로 근로자 측은 과거에 통상임금으로 지급받지 못한 금원을 대법원 판례를 근거로 소급적용하려는 움직임이 있다. 따라서 잔업수당이나 휴일과 야간의 가산임금으로 지급받았던 금액에 대법원 판례기준으로 그 동안 배제되었던 금원을 통상임금으로 추가하여 그

1) 대법원 2012.3.29, 선고 2010다91046.
2) 고용노동부예규 통상임금 산정지침 참조.

차액을 청구할 가능성이 매우 높아지고 있다. 또한 현재의 근로자뿐만 아니라 이미 퇴직한 근로자들도 차액을 청구할 가능성이 높아지고 있다. 이렇게 되어 잠잠했던 노동계에 황금을 찾는 엘도라도 소송이 한창이다. 그리하여 2012년 3월 29일의 대법원 판결 이후로 현재 통상임금 소송이 급증하고 있다. 예를 들면 K제약 사건에서는 정기상여금 지급을 단체협약에 명시하였고, 이를 근거로 근로자들이 3년치 미지급분을 요구하였고, 한국GM 사건에서는 매 짝수 달 말일에 100%를 지급하되 근속기간에 따라 차등을 둔 상여금이 통상임금에 포함되는지가 문제되었으며,[3] W자동차부품업체 사건에서는 설상여금, 추석상여, 김장보너스, 개인연금보험료, 단체보험료, 선물비, 생일자 지원금 등이 통상임금에 해당하는지가 다투어졌다.[4] 또한 통상임금에 관한 산정지침의 직접적인 작성주체인 고용노동부를 상대로 하여 무기계약직 근로자들이 복리후생비도 통상임금에 해당한다고 소송에서 주장한 바도 있다.[5] 그러나 이러한 사건들은 2012년 3월 대법원 판결이 나온 후에 통상임금과 그 산정범위에 대한 문제성을 즉각 알고서 소제기된 사건으로서, 그 이후에는 그 숫자를 정확히 파악하기 어려울 정도로 각 사업장에서, 그리고 지역단위 노동조합을 중심으로 통상임금에 관한 분쟁이 확산되어 있는 실정이다.

이와 같이 통상임금과 그 산정범위에 관한 분쟁은 이제 근로자들의 개별적인 권리분쟁의 차원을 넘어서서 그로 인해 발생할 수 있는 사회적 비용을 감당할 수 없을 정도의 한계에 도달하고 있다. 어느 경제단체의 추계에 의하면 단순 계산한다 하더라도 전 산업에 걸쳐 대법원 판례에 의하여 발생할 수 있는 추가비용은 거의 수십 조원을 상회한다고 한다. 이 정도의 금액은 산업 전체를 혼란에 빠트릴 위험이 있는 액수이다. 현재와 같은 경제상황에서 기업이 이를 감수할 수 있을지는 매우 의심스러우며, 만일 대법원 판례가 그대로 관철되는 경우 기업의 생존력과 경쟁력은 거의 마비상태가 될 것으로 판단된다. 그러나 대법원 판례가 가져오는 파장은 경제적 문제에 국한되는 것은 아니다. 현재에도 발생하고 있는 바와 같이 근로자 측의 소송남발이 우려되고, 기업들은 생산

3) 서울고법 2012.11.23, 선고 2012나23773.
4) 대전지법 천안지원 2012.9.4, 2011가합6093 판결 참조. K오토텍 사건에서도 이와 유사하게 설, 추석상여금과 하기휴가비, 김장보너스, 선물비 등이 통상임금에 해당하는지 여부가 다투어졌다. 이에 관해서는 대전고법 2012.9.12, 2011나6388 판결 참조.
5) 서울중앙지법 2012.12.10, 선고 2011가단394320.

에 전념하지 못한다는 점과 함께 대법원 판례에 고무되어 노동조합은 모든 수당들에 대해 단체협약에 지급근거를 두고 정기적, 일률적으로 지급하도록 하여 제 수당을 통상임금화하려는 교섭전략을 사용하려 하기 때문에 기업들은 교섭상의 어려움에 직면하게 될 것이다. 이와 같이 대법원 판례의 대상은 정기상여금의 통상임금 해당성이라는 작은 주제이지만, 산업과 경제에 대해서는 사내하도급 문제를 능가하고도 남는 메가톤 급의 파장을 불러오고 있다.

또한 대법원 판례는 산업과 경제에 대해 막대한 리스크를 가져오는 것뿐만 아니라, 법적인 측면에서도 중대한 문제를 가져오고 있다. 사용자가 지급하는 금원이 통상임금에 해당하는 지를 검토함에 있어서는 그 금원의 '통상'+'임금'에서 '임금 해당성'이 먼저 검토되어야 하고, 그 다음에 통상성이 충족되는가를 검토하여야 한다. 그러나 대법원 판례는 금원의 임금 해당성을 검토하지 않고, 정기적이고 일률적이라는 통상성만을 기준으로 판단하고 있다. 사용자가 지급하는 금원이나 금품이 임금에 해당하는지의 어렵고 기술적인 문제를 단순한 기준으로 판단하고자 하는 전형적인 행정편의적인 판결의 태도일 수 있다. 그러나 정기적이고 일률적이라는 통상성의 기준은 금원의 임금 해당성, 즉 근로의 대상성을 서술하는 직접적인 요건기준이 아니라, 근로의 대상을 간접적으로 정황하는 증거에 지나지 않는다. 대법원 판례가 통상임금에서 정기성과 일률성을 기준으로 하는 한 이는 통상임금에서 '통상'에 초점을 두고 있는 것이며, 통상임금의 '임금'에는 전혀 초점을 두고 있는 것이 아니다. 따라서 근로의 대상성이 없어도 통상성이 있으면 통상임금의 산정범위로 들어오게 된다는 매우 불합리한 결과를 가져오는 것이다. 통상임금의 범위에 들어오기 위해서는 통상'임금', '통상'임금의 어느 한 쪽에 치우치는 판단을 해서는 안 되고 통상성과 임금성이 동시에 고려되어야 하는, 필요충분조건이 충족되어야 통상임금이 되는 것이다. 대법원 판례는 금원의 근로의 대가라는 임금 해당성을 무시한 채 통상성만을 강조함으로써 법률에 반하는, 법률을 초월하는 결과를 가져오고 있는 것인지도 모른다. 따라서 이러한 대법원 판례에 대한 엄격한 방법론적 통제가 행해져야 하는 것은 아닌가 생각된다.

그러나 대법원 판례가 갖고 있는 문제점 중의 하나는 근로의 대가로서 임금의 성격을 지닌 금품들이 근로기준법 시행령 제6조 제1항의 통상임금의 정의규정에 합당하게 정기적, 일률적으로 지급되었는가를 판단하기 전에 소정 근로의 대가로서 지급되었는가를 검토하지 않는다는 것이다. 이 정의규정을 규범적 규정으로 이해한다면 사용자가 지급하는 금품이 통상임금의 산정기초에 포함되는가를 판단함에 있어서는 그 금품이 근로의 대가라는 것을 전제로 하여 정기성과 일률성이 있는가를 판단하기 전에 소정 근로의 대가로서 지급하기로 정하여졌는가를 먼저 검토하여야 하고, 그 다음에 정기성과 일률성의 요건을 충족하였는지를 판단하여야 할 것이다. 말하자면 금원의 통상임금 해당성을 판단함에 있어서 일차적인 일은 그 금품이 지급산정사유가 발생한 법정수당 등을 산정하기 전에 사전에 지급하기로 정한 금액인가라는 '소정 근로의 대가'에 해당하는가를 먼저 판단해야 한다. 그런데 대법원 판례들이 이러한 원칙에 합당하게 금원의 통상임금 해당성을 판단하였는지, 아니면 정기성과 일률성의 요건을 너무 강조하여 통상임금에 포함되어서는 안 되는, 즉 소정 근로의 대가가 아닌 금원들을 그 산정기초에 포함시키지는 않았는지 살펴보지 않으면 안 될 것이다.

또한 대법원 판례가 갖고 있는 문제로는 대법원이 입법정책을 수행하는 것이 아닌가 하는 점이다. 현재 수많은 수당체계에 의해서 운영되는 임금제도는 임금제도의 합리화에 가장 큰 장해요소 중의 하나이다. 특히 연봉제도나 임금피크제도를 위해서는 임금제도가 기본급 중심의 직무급으로 편제되는 것이 중요하고, 현재의 수많은 수당을 기본급 중심의 단일급으로 전환하는 것이 중요한데, 대법원처럼 다양한 수당을 통상임금의 산정범위로 편입시키는 한, 어느 특정의 금원을 이제는 별도의 수당으로 놔두는 것이 의미가 없어진다. 이러한 측면에서 보면 대법원이 현재의 수많은 수당체계를 단일화함으로써 임금정책을 수행하고 있는 것은 아닌가 하는 의문이 든다. 그러나 궁극적으로는 대법원 스스로가 종전에 통상임금의 산정범위에 포함시키지 않았던 금원들을 이제와서 통상임금에 포함시킴으로써 통상임금을 확대한 것이 근로자보호 정책을 수행한 것이 아닌가 하는 의문도 생긴다. 앞에서 말한 임금정책이나 근로자보호 정책수행은 엄밀하게 입법부의 임무이고, 법원은 입법부에서 정해진 법과 그 내용이 무엇인지를 말하는(rechtsprechend) 기관에 해당하는 것인데, 이러한 권력분립의 원칙을 넘어서 법원이 입법정책을 수행하는 것이 올바른지 하는 헌법적·방법론적인 문제가 생긴다.

이상과 같은 점을 고려할 때 현시점에서는 대법원 판례를 비판적으로 검토하여 통상임금의 위상을 정확하게 분석하고 자리매김함으로써 통상임금이 가지고 있는 제도의 목적과 기능을 확고히 하여 노사 간의 갈등을 없앨 필요가 있으며, 동시에 판결이 가져오는 산업과 경제에 미치는 부정적 효과를 차단할 필요가 있다. 그러나 무엇보다 대법원의 그릇된 판단으로 인하여 법률의 핵심적인 원칙들이 붕괴되어서도 안 된다. 이 핵심적인 원칙에는 권력분립의 원칙은 물론, 법적 안정정성을 기해야 한다는 법치주의 원칙과 당사자들이 통상임금에 대한 합의가 있는 한 이를 존중해야 한다는 자치와 자율의 헌법적 원칙이 있다. 따라서 이상과 같은 점을 종합하면 사용자가 지급하는 금원 내지 금품의 통상임금 해당성에 관한 대법원 판례에 대한 비판적 검토는 매우 시급하면서도 절실한 문제라고 할 수 있다.

이하에서는 앞서 말한 현재의 통상임금 소송의 직접적인 계기를 주었던 대법원 2010다91046 판례를 비판적으로 검토하는 것을 중심주제로 하여, 이 판결 이후에 나타난 하급심 판결들을 비판적으로 검토하고자 한다. 동시에 같은 대륙법계로서 우리나라의 입법실무와 재판실무에 대해서 많은 지침과 시사점을 주는 독일은 통상임금의 문제를 어떻게 처리하고 있고, 우리나라에서 문제가 되는 사례들을 재판실무에서 어떻게 처리하는지 비교법적으로 검토하여 우리나라 재판실무를 위한 올바른 길을 유도하고자 한다.

제 2 장

임금 일반론

'근로의 대가'가 무엇인지를 검토하기 전에 먼저 임금 일반론을 살펴보고자 한다. 통상임금도 임금에 해당하는 금원이 산정기초가 되어야 하기 때문이다. 그런데 문제가 되는 통상임금이나 평균임금은 임금채권보장법상의 문제나 퇴직금의 문제에 있어서 기본적으로 산정의 기초가 되는, 사용자가 지급한 또는 지급하여야 할 금원이 임금에 해당하는가 하는 점이다. 이를 위하여 근로기준법은 임금에 관한 정의규정으로서 근로기준법 제2조 제1항 제5호를 두고 있다. 동 규정에 따르면 임금은 '사용자가 근로의 대가로 근로자에게 임금, 봉급, 그 밖에 어떠한 명칭으로든지 지급하는 일체의 금품'을 의미한다. 이 규정이 통상임금에 대해서 어떤 의미를 갖는지 살펴 보기로 한다.

제1절 임금개념의 규범적 의미[1]

근로기준법 제2조 제1항 제5호는 "이 법에서 '임금'이라 함은 사용자가 근로의 대가로 근로자에게 임금, 봉급, 기타 어떠한 명칭으로든지 지급하는 일체의 금품을 말한다"고 규정하고 있다. 동 규정은 임금에 관한 개념규정으로서 근로기준법상의 임금과 관련하여 상위개념(Oberbegriff)으로서의 의미를 갖는다. 그런 점에서 근로기준법상의 임금이 되기 위해서는 동 규정의 내용이 비록 추상적이기는 하여도 동 규정의 구성요건을 충족하여야 한다. 동 규정의 구성요건을 충족하지 못하는 사용자의 급여는 동법상의 임금이 아니라, 청구권의 근거는 별론으로 하더라도 민법상의 보수나 비용상환청구권, 사회보장급여 또는 특별급여라고 할 수 있다. 동 규정이 명칭을 불문하고 사용자가 지급하는 일체의 금품이라고 임금을 정의한다고 하여도 '근로의 대가'[2]로 지급되는, 말하자면 일체의 금품에 앞서서 그 금품의 지급원인이 되는 '근로의 대가'와 그 결과로서 일체의 금품이 인과적으로 결합하는 경우에만 동법상의 임금이 된다.

---

1) 이 부분은 김영문 · 이상윤 · 이정, 임금개념과 평균임금 · 통상임금의 산정범위, 법문사, 2004, 17면에서 50면까지의 부분을 기본틀은 유지하면서 수정하고 보완하였다.

2) 종전에는 근로의 대상이 임금이라고 하였는 바, 이것이 근로의 대가와 근로의 보상이 합하는 것으로 이해되어 임금이원설이 유지되는 것으로 오해될 소지가 있어 2007년 4.11 근로기준법 개정 시에 근로의 대가로 변경되었다.

따라서 동 규정은 사용자가 지급하는 일체의 금품이 임금이 아니라, 근로의 대상과 일체의 금품이 인과적으로 결합하는 경우에만 임금이 된다고 하여 사용자가 지급하는 일체의 금전적 가치의 출연 중에서 근로의 대가성이 있는 것만을 임금으로 보겠다는 입법자 의사의 표현이다. 이와 같은 입법자의 의사는 권력분립과 현행 헌법상 입법우위를 담고 있는 법치국가의 원칙에 의거하여 법을 적용하는 법관이나 법을 집행하는 행정부를 구속한다. 따라서 사용자가 지급하는 각종의 급여가 근로기준법상의 임금이 되기 위해서는 근로의 대가성과 인과관계가 있어야 한다. 따라서 임금의 의미를 갖지 않는 급여가 임금으로 변형되는 것을 차단하는 기능을 하고 그 테두리 안에서 임금이 결정되도록 하는 질서형성을 한다.

그런 점에서 임금과 이외의 급여에 대한 계획을 정하는 테두리조건(Rahmenbe-dingungen)을 설정한다는 의미를 갖는다. 말하자면 동 규정은 임금에 관한 입법자의 결정프로그램으로서 법관은 이 테두리 내에서 임금을 해석학적으로 재구성하고 논증해야 한다. 사용자의 특정한 급여가 임금에 해당하는지의 여부는 물론 그 구체적인 기준이 판례에 의해서 정해져야 하다고 하더라도 먼저 한계기준 내지 테두리 또는 선결문제로서 임금 개념에 관해 입법자가 어떤 결정프로그램을 갖고 있는가를 밝히는 것, 따라서 임금 개념의 윤곽을 밝히는 것은 개별 사례의 구체적 판단 이전에 이들 법적용기관을 구속하는 의미를 갖는, 법치주의적인 의미를 갖는 것이다. 그러므로 사용자가 근로자에게 급여하는 금품이 임금에 해당하는가 하는 문제는 선재하는 개념에 달려 있는 것이 아니라 입법자의 가치판단에 달려 있는 것으로서 이 경우 근로기준법 제2조 제1항 제5호는 입법자의 가치판단으로서의 의미를 갖고 있는 것이다. 이 점이 근로기준법 제2조 제1항 제5호가 갖는 규범적 의미라고 할 수 있고, 다른 사회과학적 의미에서의 임금과 다르다. 만일 판례가 이를 무시하고 다른 기준으로 각종 급여의 임금 해당성을 인정한다면 이것은 일종의 법관에 의한 법형성으로서 이것이 법형성의 한계를 일탈하였는지 항상 문제가 될 것이다.

그러나 임금은 -근로기준법이나 최저임금법을 위반하지 않는 한- 당사자들이 단체협약이나 개별근로계약에 의해서 자유롭게 정하는 것이 원칙이고(약정임금), 예외적으로 법률의 규정에 의해서 근로자에게 청구권이 부여된 경우, 예컨대 퇴직금, 휴업수당, 연차휴가수당, 재해보상금, 해고예고수당, 연장근로수당, 야간근로수당, 휴일근로수당 및 연차휴가대체수당 등은 청구권의 근거가 계약이나 단체협약이 아니라 법률 자체이기 때문에 법정임금이라고 할 수 있다.[3] 이와 같은 법정임금(수당)을 산정하기 위한 기초가 평균임금이나 통상임금이고 이들 임금산정을 위해서는 사용자가 지급하는 각종 급여 중 임금으로서의 성질을 갖는 급여만을 산정기초임금으로 삼아야 하는데 근로기준법 제2조 제1항 제5호는 그 각종 급여가 산정기초임금에 포함되어야 하는지에 대해 판단기준을 제공하는 것이다.[4] 말하자면 근로기준법 제2조 제1항 제5호의 구성요건을 충족하지 못하는 경우나 임금개념의 의미의 폭 안으로 포섭되지 않는 경우는 산정기초임금이 될 수 없다. 그런 점에서 근로기준법 제2조 제1항 제5호는 평균임금과 통상임금 산정을 위한 각종 급여의 임금 해당성을 판단하는 기준을 의미하기도 한다. 이는 후술하는 바와 같은 근로기준법 시행령 제6조 제1항의 통상임금의 개념 정의 규정에서도 존중되어야 한다.[5] 또한 평균임금의 정의에 관한 근로기준법 제2조 제1항 6호 본문에서 임금총액에 무엇이 포함되어야 하는가 하는 기준을 정함에 있어서도 근로기준법 제2조 제1항 제5호의 임금기준이 적용되어야 한다. 그런 의미에서 근로기준법 제2조 제1항 제5호의 임금개념 정의 규정은 비록 형식이 정의 규정이지만, 그 실질은 사용자가 지급하는 각종 급여의 산정기초임금 해당성에 관한 판단기준을 정한 것이기 때문에 **강행적 효력**을 갖는다. 이는 평균임금의 정의에 관한 근로기준법 제2조 제1항 6호가 강행적 효력을 갖는 것과 다르지 않다.

다른 한편으로는 현행근로기준법 제2조 제1항 1호는 근로자를 '직업의 종류와 관계없이 임금을 목적으로 사업이나 사업장에 근로를 제공하는 자'로 정의하고 있다. 이 근로자 개념 정의에는 종속노동을 표상하는 사용종속관계 등의 징표가 들어 있지 않고,[6] 임금과 근로를 교환하는 자를 근로자로 보아 근로

---

3) 물론 단체협약이나 개별근로계약으로 법률에서 정한 기준을 상회하는 급여를 지급하기로 약정하였다면 여기서 말하는 퇴직금 등의 급여는 약정임금이 될 것이다.

4) 대법원 전원합의체 판결에 의한 임금일원론에도 불구하고 일반적 용어로서 또는 법률용어로서 급여, 금품, 금원 등이 모두 임금을 의미하는 것은 아니다. 여기에 더 하여 노동소득, 보수 등의 용어까지 더 한다면 그 한계를 어디에 둘 것인가 하는 문제는 어렵다. 그러나 여기서 중요한 것은 사용자가 지급하는 금품들과 임금을 어떻게 구별할 것인가 하는 점인데, 그 판단기준은 어디까지나 근로기준법 제2조 1항 5호에 의존할 수밖에 없을 것이다.

5) 김영문·이상윤·이정, 임금개념과 평균임금·통상임금의 산정범위, 법문사, 2004, 19면 참조.

6) 이러한 의미에서 일부의 견해(박종희, 근로기준법상 근로자 개념, 노동법학 제 16호, 2003, 84면 이하)는 근로자성 판단에서 사용종속관계를 배제하고, 근로계약 체결 당사자로서 근로

자 개념에 있어서도 채권법적 모델을 형상화하고 있다.[7] 근로기준법 제2조 제1항 4호도 근로계약을 "근로자가 사용자에게 근로를 제공하고 사용자는 이에 대하여 임금을 지급하는 것을 목적으로 체결된 계약"이라고 정의하여 근로계약을 근로의 제공과 임금이 교환되는 계약, 즉 쌍무적 대가관계가 견련되어 있는 채권계약으로 형상화하고 있다. 근로기준법 총칙분야에서 입법자가 근로계약과 근로자 개념을 채권계약으로서 쌍무적 교환관계로 형상화하고자 하였는가는 법제정 당시의 입법이유서가 없어서 분명하지 않으나, 규정 구조를 문언적·체계적·목적적으로 이해하면 근로계약은 채권법상의 쌍무계약으로서 근로와 임금이 교환되는 계약으로 구성하고 있다는 점이다. 이와 같은 입법자의 결정프로그램은 마찬가지로 동법 제2조 제1항 제5호를 문언적·체계적·목적적으로 이해할 때 그리고 이 규정이 근로기준법 제2조 제1항 4호의 다음 규정으로 편제되어 있다는 점을 고려할 때 근로기준법 제2조 제1항 제5호의 해석에도 그 본질이 반영되어 있는 것으로 볼 수 있다. 말하자면 근로기준법 제2조 제1항 제5호의 임금 정의는 일차적으로는 임금지급의 제 원칙과 같은 근로기준법상의 임금보호규정에 있어서 임금의 의의를 분명히 한 것이지만, 보다 근본적으로는 근로기준법상의 근로자 개념의 한 요소인 '임금을 목적으로'라는 의미를 명확하게 하는 의미를 가지며, 근로계약은 근로자의 근로관계를 내용으로 하는 계약이고 근로기준법의 임금정의는 근로계약에 있어서 임금의 개념을 나타내고 있는 것이다.[8] 따라서 근로기준법 제2조 제1항 제5호는 근로기준법 제2조 제1항 1호, 제2조 제1항 4호와의 체계적 구성의 관점에서 근로와 임금이 대가로 교환된다는 것, 따라서 근로와 임금이 쌍무적으로 교환되는 채권계약법적 구성을 취하고 있다. 이러한 입법자의 결정프로그램은 임금의 해석에 있어서나 각종 급여의 산정기초 임금 해당성의 판단에 있어서 법원을 구속하며, 법원은 이 테두리 안에서 임금을 해석하고 판단해야 한다.

물론 임금에 관한 일반언어 용법에는 사용자가 지급하는 전체적인 급여로서의 임금(급여 총화로서의 임금), 수당, 봉급, 월급, 주급, 시급, 급여 등의 용어가 혼재되어 사용되고 있고, 이것이 임금을 체계적으로 이해하는데 장애요소가

자 여부를 판단하고자 한다.

7) 강희원·김영문, 근로자개념과 계약의 자유, 중앙경제사, 2001, 85면 이하.

8) 菅野和夫, 勞働法, 第8版, 2008, 208頁 이하 참조.

되고 있지만, 근로기준법 규정체계 내에서는 급여총화로서의 임금(예컨대 임금액의 보호에 관한 근로기준법 제43조 이하의 규정, 임금채권보장법 상의 임금 등), 법정임금(예컨대 휴일근로수당이나 휴업수당 등), 약정임금, 산정기초 임금(각종의 개별적 급여), 산정단위로서의 평균임금, 통상임금 등의 개념만이 규범적 의미를 갖는 임금이라고 할 수 있다. 이와 같이 근로기준법 제2조 제1항 제5호가 임금, 봉급, 기타의 명칭을 불문한 일체의 금품을 임금으로 규정하고 있지만 임금규정의 규범성과 강행성, 임금규정의 체계적 이해를 위해서는 이를 엄격하게 구별하여 사용하지 않으면 안 된다.

제 2 절 근로기준법 제2조 제1항 제5호의 구성요건

근로기준법 제2조 제1항 제5호가 단순한 정의규정이 아니라 규범적 의미를 갖는 강행규정이라면 이를 구체적 사례에 적용하기 위해서는 엄격한 구성요건 체계를 갖추고, 개별적 구성요건의 의미내용이 명확하게 확정되지 않으면 안 된다. 그런데 동 규정은 '사용자가 근로의 대가로 근로자에게 임금, 봉급, 기타 여하한 명칭으로든지 지급하는 일체의 금품'을 임금으로 보기 때문에 이를 분해해서 보면 '근로의 대가', '명칭불문', '사용자가 지급', '일체의 금품'이 구성요건으로 된다고 하겠다. 이를 상세하게 검토하면 다음과 같다.

Ⅰ. 개념정의의 체계성

근로기준법 제2조 제1항 제5호 규정을 간단히 말하면 근로의 대가인 금품이 임금이 된다는 것이다. 그런데 채권계약인 근로계약으로부터 성립하는 계속적 채권관계로서의 근로관계를 본다면 사용자의 주된 의무는 근로자에게 임금을 지급하는 것이며, 이 임금지급의무는 근로자의 노동력 제공 의무와 쌍무적 견련관계(Synallagma)에 서는 것이다. 그러므로 임금의 법적 성질은 근로의 제공에 대한 반대급부로서의 의미를 가진다.[9] 그런 점에서 근로의 제공이 임금지급의무의 근거나 원인(causa)[10]이 되는 것이며 그 결과로서 임금이 지급되는 것이므로 근로의 제공과 임금의 지급은 원인과 결과관계에 있으며, 쌍무적 견련관계로 맺어져 있다. 그런데 임금 해당성 판단에 있어서는 근로제공의 결과로서의 금품 보다는 먼저 원인관계 내지 쌍무적 대가관계가 선행되어야 하는데 이러한 의미를 함축하고 있는 것이 근로의 대가이다. 따라서 근로의 대가는 임금 해당성 판단을 위한 실질적 기준이 되는 것이다.

Ⅱ. 판례의 임금개념에 대한 일반적 이해

근로의 대가를 설명하기 전에 판례가 임금 일반을 어떻게 보고 있는지 살펴보기로 한다. 판례의 임금개념 일반에 대한 이해나 판례가 임금의 법적 성격을 어떻게 보고 있는가 하는 점은 법 적용자로서 판례가 근로기준법 제2조 제1항 제5호를 어떻게 해석하고 있는가 하는 것을 의미한다. 따라서 이 문제는 판례가 앞에서 말한 근로기준법 제2조 제1항 제5호에 따라 규범적 의미를 갖는 강행적 임금개념 규정을 법률구속성있게 판단하고 있는지 아니면 자의적으로 판단하고 있는지를 결정한다는 것을 의미한다.

그런데 판례가 근로기준법 제2조 제1항 제5호를 어떻게 해석하고 있는지는 동 규정만을 독자적으로 해석・적용한 사례가 없기 때문에 단정적으로 말할 수는 없다. 그리하여 개별적 사건에서 특히 파업시 임금지급에 대한 무노동무임금 원칙을 위한 전원합의체 판결[11]에서 임금의 법적 성질 일반을 밝힘으로써 간접적으로나마 이들 판결로부터 판례가 근로기준법 제2조 제1항 제5호를 어떻게 파악하고 있는지를 살펴 볼 수 있을 것이다. 동 판결에 따르면 “임금은 근로의 대가로서 근로자가 사용자의 지휘를 받으며 근로를 제공하는 것에 대한 보수를 의미하므로, 현실의 근로제공을 전제로 하지 않고 단순히 근로자의

---

9) 김형배, 노동법, 제22판, 357면 이하 참조.

10) 물론 근로의 제공과 그에 대한 대가로서의 임금이라는 근로의 대상이 근로관계의 본질을 이루는 것이 아니어서 근로의 대가없이도 근로계약관계는 성립할 수 있다.(Nikisch, Arbeitsrecht, Bd. I, 3. Aufl., S.324) 그러나 근로의 제공없이는 반대급부로서의 임금지급청구권은 원칙적으로 성립할 수 없고, 다만 예외적인 경우에 법률의 규정이나 사용자의 수령지체, 사용자의 경제적 위험부담, 경영관행, 사용자의 일방적 급부약속 등의 특별구성요건이 충족되는 경우에 근로제공없는 임금지급청구권이 성립한다.

11) 대법원 1995.12.21, 선고 94다26721(전원합의체): 같은 취지로 대법원 1996.2.9, 선고 93다54057; 대법원 1996.2.9, 선고 94다19501; 대법원 1996.2.9, 선고 94다26561; 대법원 1996.2.9, 선고 94다26714; 대법원 1996.10.25, 선고 96다5346; 대법원 1997.3.25, 선고 96다723.

지위에 기하여 발생하는 소위 생활보장적 임금이란 있을 수 없다. 또한 현행법상 임금을 사실상 근로를 제공한데 대하여 지급받는 교환적 부분과 근로자로서의 지위에 기하여 받는 생활보장적 부분으로 2분할 아무런 법적 근거도 없다. (생략) …… 임금2분설에서 전형적으로 생활보장적 임금이라고 설명하는 가족수당, 주택수당 등도 그 지급 내용을 보면 그것이 근로시간에 직접 또는 비례적으로 대응하지 않는다는 의미에서 근로 제공과의 밀접도가 약하기는 하지만 실질적으로 근로자는 사용자가 의도하는 근로를 제공한 것에 대하여 그 대가로서 지급되는 것이다"라고 한다. 따라서 대법원은 임금을 지불항목이나 성질에 따라 사실상 근로를 제공한데 대하여 지급받는 교환적 부분과 현실의 근로 제공과는 무관하게 단순히 근로자로서의 지위에 기하여 받는 생활적 부분으로 나누는 임금2분설에 반대하고 임금을 근로의 대가로서 일체적으로 판단해야 한다는 임금일원설을 취하고 있는 것으로 보인다. 물론 동 판결은 파업시 무노동무임금 문제라는 개별사건에 대해서만 적용되는 것이 아니라 임금의 법적 성격 일반에 대한 대법원의 입장이라고 판단된다. 그러나 동 판결은 사용자가 지급하는 개별적인 각종의 급여를 모두 근로의 대가로 보는 것은 결코 아니다. 오히려 개별적인 각종 급여에서 임금 해당성의 결정적인 판단표지는 '**근로의 대가**'이어야 한다고 보는 점에서 일응 대법원도 임금이 근로의 대가로서 지급된다는 근로기준법 제2조 제1항 제5호의 문언적 해석을 충실히 따르는 것으로 보인다. 그런 점에서 근로의 대상에는 근로의 대가와 근로자에 대한 보상이 양분되어 있고, 전자는 임금과 근로의 제공이 교환되는 쌍무적 견련관계로부터 임금지급청구권이 발생하고, 후자는 교환관계가 아니더라도 근로자가 사용자의 지휘명령 하에서 노동활동을 하는 것에 대한 보상이라는 임금2분설로부터 결별하고[12] 근로의 대가만이 임금 해당성의 판단기준이 된다고 보는 점에서 여전히 임금 판단의 문제가 교환관계의 관점에서 파악되어야 한다는 것이 판례의 입장이라고 본다. 동 판결은 임금문제를 채권계약으로서 근로계약의 의무구조로부터 파악하지 않고 근로의 대가가 쌍무적 의미관련성을 가지고 있다는 점을 설명하지 않고 있으며 임금2분설에 대한 반대논거가 그리 설득력이 없다는 점에서 비판의 여지가 많다. 그러나 근로의 대가를 임금 판단의 유일한

12) 위 전원합의체의 판결에 의하여 임금에는 생활보장적 성격의 임금이 포함된다는 판결들(대법원 1992.3.27, 선고 91다36307; 대법원 1992.6.23, 선고 92다11466)은 사실상 변경되었다.

기준으로 삼고 있다는 점에서는 근로기준법 제2조 제1항 제5호에 충실한 해석이라는 점에서 찬동할만 하다. 그러므로 판례에게 남는 문제는 개별적인 각종의 급여나 금전적 출연(Zuwendung)이 근로의 대가인가 아닌가 하는 점이다.

Ⅲ. 개별적 구성요건

1. 근로의 대가

근로기준법(이하 근로기준법이라 한다) 제2조 제1항 제5호의 문언에 따르면 임금의 제1요건이자 실질적 요건은 근로의 대가이다. 이 근로의 대가가 무엇인지는 문제된 급여의 성질, 내용에 비추어 개별적으로 판단되어야 하지만, 그 판단은 용이하지 않다. 이에 대해 판례[13]는 임금의 범위에 속하기 위해서는 "사용자가 '근로의 대상'으로 근로자에게 지급하는 금품으로서, 근로자에게 계속적·정기적으로 지급되고 단체협약, 취업규칙, 급여규정, 근로계약, 노동관행 등에 의하여 '사용자에게 그 지급의무'가 지워져 있어야 한다"고 본다. 따라서 판례는 근로의 대가가 임금판단의 제1요건이므로 금품이 계속적·정기적으로 지급된 것이라고 하더라도 근로의 대가가 아니라면 임금에 해당하지 않는 것으로 본다.

이와 같은 판례에 따르면 사용자가 지급하는 금품이 근로기준법상의 임금에 해당하기 위해서는 징표로서 '근로의 대가성', '계속성', '정기성', '발생근거 있는 지급의무', '일률성'을 들 수 있다. 그런데 판례에 따르면 임금 해당성 판단을 위한 이들 징표 사이에도 체계적 순위가 있는 것으로 된다. 즉, 판례[14]에 따르면 사용자가 지급하는 금품이 근로의 대가인가를 판단함에 있어서는 금품지급의무의 발생이 근로제공과 직접적으로 관련되거나 그것과 밀접하게 관련된 것으로 볼 수 있어야 하고, 지급의무가 개별근로자의 특수하고 우연한 사정에 의하여 발생한 경우는 금품의 지급이 단체협약·취업규칙·근로계약 등이나 사용자의 방침 등에 의하여 이루어진 경우라 하더라도 근로의 대가가 될 수

---

13) 대법원 1995.5.12, 선고 94다55934; 대법원 1996.5.14, 선고 95다19256; 대법원 1997.5.28, 선고 96누15084; 대법원 1999.2.9, 선고 97다56235; 대법원 1999.5.12, 선고 97다5015(전원합의체); 1999.9.3, 98다34393.

14) 대법원 1995.5.12, 선고 96누94다55934; 대법원 1996.5.14, 선고 95다19256; 대법원 전원합의체 1999.5.12, 선고 97다5015.

없는 것으로 된다. 말하자면 임금지급청구권이 단체협약이나 취업규칙 내지 근로계약 등 명료한 발생근거를 갖추어도 근로의 대가성이 없으면 임금이 아니라고 본다. 따라서 판례에 의하면 지급의무의 발생근거와 근로의 대가성 사이의 판단기준의 순위에서도 근로의 대가성이 우위에 있는 것이다. 또한 판례에 따르면 사용자가 지급하는 금품이 임금에 해당하기 위해서는 근로의 대가이어야 하므로 그 금품이 계속적·정기적으로 지급되었다 하더라도 근로의 대가가 아닌 경우에는 임금이 아닌 것으로 된다.[15] 따라서 계속성과 정기성의 징표와의 관계에서도 근로의 대가성 징표가 우위에 있는 것이다. 그런 의미에서 판례에 따른다고 하더라도 근로의 대가성은 사용자가 지급하는 금품의 임금 해당성 판단을 위한 상위의 판단표지이자, 실질적 판단표지라고 할 수 있다.

그러면 여기서 근로의 대가성이 과연 어떠한 의미내용을 갖고 있는지 하는 문제가 제기된다. 판례[16]에 따르면 금품지급의무의 발생이 근로제공과 직접적으로 관련되거나 그것과 밀접하게 관련된 것으로 볼 수 있어야 하고, 지급의무가 개별근로자의 특수하고 우연한 사정에 의하여 발생한 경우는 금품의 지급이 단체협약·취업규칙·근로계약 등이나 사용자의 방침 등에 의하여 이루어진 경우라 하더라도 근로의 대가가 될 수 없는 것으로 본다. 따라서 근로자가 특수한 근무조건이나 환경에서 직무를 수행함으로 인하여 추가로 소요되는 비용을 변상하기 위하여 지급되는 실비변상적 금원 등은 근로의 대가로서 지급되는 임금이 아니라고 본다. 그러나 이와 같은 판례의 태도는 근로의 대가가 무엇인지를 적극적으로 밝히는 것이 아니다. 판례는 근로의 대가적인 것과 비용변상적인 것이 서로 다르다는 점, 따라서 후자는 임금으로 볼 수 없다는 점을 말하고 있을 뿐 근로의 대가가 어떠한 하위의 판단표지에 의해서 밝혀져야 하는지에 대해서는 말하고 있지 않다. 또한 금품의 지급이 특수하고 우연한 사정에 의해서 발생한 것이 아니어야 한다는 것은 지급의무의 발생근거에 관련되어 있는 것이지 근로의 대가성의 의미내용을 밝히고 있는 것은 아니다. 따라서 판례에 따를 때 근로의 대가성과 관련하여 남아 있는 적극적 판단표지, 말하자면 근로의 대가성의 의미내용을 언급하고 있는 부분은 '근로의 제공과 직접적으로 관련되거나 밀접하게 관련되어 있을 것' 정도이다. 그러나 근로제공

---

15) 대법원 1999.2.9, 선고 97다56235; 대법원 2003.4.22, 선고 2003다10650.

16) 앞의 각주 14)에서 인용한 판례 이외에 대법원 2006.8.24, 선고 2004다35052 판결 참조.

과의 직접적 관련성이나 밀접성의 판단표지는 그 자체가 공허한 추상적인 것으로서 근로의 대가성을 밝히고 있는 것이 아니라, 오히려 근로의 대가는 근로의 제공과 직접 또는 밀접하게 관련된 것이라는 연관관계의 측면에서 볼 때 동어반복적인 것이다. 이와 같은 점에서 보면 판례는 근로의 대가성을 임금 해당성 판단에 있어서 상위의 실질적 판단표지로 삼으면서도 그 내용은 비어 있는 공허한 것으로 놔두고 있다. 또한 판례에 따르면 "근로의 대상성이 있는 금품에 해당하려면 사용자에게 그 지급의무가 있어야 하는데, 이는 그 지급여부를 사용자가 임의적으로 결정할 수 없다는 것을 의미하는 것으로서 사용자가 지급의무 없이 은혜적으로 지급하는 금원 등은 근로의 대상으로서의 임금이 아니다. 다만, 그 지급의무의 발생근거는 단체협약이나 취업규칙, 급여규정, 근로계약에 의한 것이든 그 금품의 지급이 사용자의 방침이나, 관행에 따라 이루어져 노사 간에 그 지급이 당연한 것으로 여겨질 정도의 관례가 형성된 경우처럼 노동관행에 의한 것도 무방하다"고 한다. 그러나 여기서도 판례는 근로의 대가성에 대해 적극적인 판단표지의 발굴에 소극적이다. 근로자가 임금을 청구하기 위해서는 무엇인가의 청구권의 근거가 있어야 하는데, 이에는 근로관계에서는 판례가 말하는 바와 같은 단체협약, 취업규칙, 급여규정, 근로계약, 경영관행, 그리고 법률의 규정이 있다. 그러나 이러한 청구권 근거가 있는 금품이나 급여가 모두 근로기준법 제2조 제1항 제5호에서 말하는 임금에 해당하는 것은 아니다. 말하자면 근로기준법 제2조 제1항 제5호는 발생근거가 있는 청구권에 의해서 지급되는 각종의 금품 중 무엇이 임금에 해당하는가를 밝히기 위해서 존재하는 규정이다. 그런 점에서 보면 지급의무의 발생근거의 판단표지는 근로의 대가성에 내포되어 있는 징표가 아니라, 근로의 대가성의 외연에 지나지 않는 것이고, 근로의 대가성이 인정되기 위해서는 먼저 지급의무가 있어야 한다는, 말하자면 근로의 대가성 판단을 위한 선결문제이지, 근로의 대가성의 의미내용을 말하는 것이 아니다. 말하자면 지급의무 없는 금품이나 급여는 처음부터 근로의 대가가 될 수 없으며 따라서 임금에도 해당하지 않는 것이다. 또한 임의적으로 지급하는 금품은 근로의 대가가 아니라 임금에 해당하지 않는다는 판례의 언명도 마찬가지이다. 지급의무없이 임시적으로 지급되는 것, 지급의무없이 은혜적으로 지급되는 것은 처음부터 근로의 대가성을 따질 필요도 없이 임금에 해당할 여지조차 없는 것이다. 만일 판례가 지급의무와 연관시키지 않고,

임의적으로 또는 은혜적으로 지급되었는가를 근로의 대가성 판단의 기준으로 삼고자 하였다면 이는 어느 정도 근로의 대가성 판단기준으로 수용할 여지는 있다. 근로기준법 제2조 제1항 제5호가 근로의 제공과 임금을 쌍무적 교환관계로 표상하고 있기 때문에 사용자가 지급하는 각종의 금품이나 급여가 그러한 쌍무적 의미관련성 없이 임의적이고 은혜적으로 지급된 것이라면 근로의 대가성을 결여하고 있기 때문에 임금에 해당할 수 없다는 관점에서 **'임의성', '은혜성'**의 판단표지는 근로의 대가성 판단기준으로 수용할 수 있다. 그러나 이러한 판단기준도 근로 대가의 의미내용을 적극적으로 규명하는 것이 아니라, 임의적으로 또는 은혜적으로 지급되는 것은 근로의 대상이 아니라는 것을 말한다는 점에서 부정(否定, Negation)의 방법에 의해서 근로의 대가를 소극적으로 밝혀내고 있을 뿐이다. 결과적으로 여기서도 보면 근로의 대가성이라는 임금 해당성의 상위의 실질표지가 공백으로 남게 된다. 더욱이 초기의 판례들은 근로의 대가성을 어느 정도 규명하려는 노력이 있었지만,[17] 최근의 판결이나 대부분의 판결들은 근로의 대가를 실증적으로 규명하려 하지 않고 정기성과 일률성의 요건으로 직행하여 금원의 통상임금 해당성을 판단하거나 임의성과 은혜성 등의 소극적 요소만을 제시함으로써 근로 대가의 의미는 사실상 실종된 것이나 다름없다고 볼 수 있다.

이러한 판례의 태도에는 찬동할 수 없다. 근로기준법 제2조 제1항 제5호의 체계적, 목적적 해석에 의한 결과로서 임금지급의무가 근로제공 의무와 쌍무적 교환관계에 있다고 보면, 그리고 그러한 동 규정의 의미내용이 규범으로서 강행적 효력을 갖고 있는 이상, 법원은 근로의 대가성이라는 판단표지의 쌍무적 의미내용과 의미관련성을 적극적으로 밝혀야 한다. 그럼에도 불구하고 판례는 임금 해당성의 판단표지 중 상위의 실질적 판단표지로서 근로의 대가성을 공백으로 둔 상태에서 또는 임시성, 임의성, 은혜성 등의 소극적 요소만을 언급하면서 개별 사례에서 근로의 대가성과는 전혀 다른 판단기준으로 각종 급여의 임금 해당성을 판단하고 있다. 이와 같은 판례의 태도는 법률적용과 법률해석의 회피로서 이것이 법치국가의 원칙과는 상충된다는 점은 분명하다.

---

17) 예를 들어 대법원 1995.5.12, 선고 94다55934; 대법원 1996.5.14, 선고 95다19256 판결 등('근로제공과 밀접하게 관련된 것'); 대법원 2006.8.24, 선고 2004다35052('근로제공과 관련하여 지급하는 것') 판결 등 참조.

다른 한편으로 근로의 대가가 무엇인지를 밝히는 경우 이것이 근로의 **대(對)**가와 근로자를 위한 **보상(償)**이 결합된 것으로 볼 여지도 있다. 일본의 경우는 근로의 대가 대신 근로의 대상을 사용하고 이렇게 파악하는 것이 주류이다. 근로의 대상이라는 표현은 1953년도에 근로기준법을 제정할 때부터 별 의심없이 사용되어 왔고, 당시의 입법자가 근로의 대상의 의미내용을 어떻게 보고 있었는지는 분명하지 않지만, 입법 당시의 제안된 법안[18]들이 크게 보아 일본의 노동기준법(이하 '노기법'이라 한다)을 모델로 한 점 등이 인정되며, 일본 노기법 제11조도 근로의 대상이라는 용어를 사용하고 있으므로 근로의 대상을 근로의 대가와 보상으로 볼 여지가 있다. 그러나 이렇게 근로의 대상을 이중의 의미로 보는 것은 무노동무임금 원칙에 관한 대법원 전원합의체 판결에서 보는 바와 같이 임금2분설과 궤를 같이 하는 것으로서 수용될 수 없다. 더구나 근로기준법 제2조 제1항 제5호의 임금규정이 근로의 제공과 임금의 쌍무적 교환관계를 모델로 하고 있으므로 근로의 보상은 동 규정의 체계적이고 목적적 해석론상 수용하기가 어렵다. 따라서 근로의 대상은 **근로의 대가**로 이해하여야 할 것이다. 판례[19]도 개별적인 것이기는 하지만 수많은 곳에서 근로의 대상을 근로의 대가로 이해하고 있다. 이러한 점을 고려하여 2007년도 근로기준법 개정 시에는 종전 근로기준법 제18조의 임금개념규정을 제2조 제1항 제5호로 개정하면서 근로의 대가로 변경하였다.

2. 명칭불문

사용자가 지급하는 금품이 명칭에 따라 임금인지 아닌지로 달라지는 것은 아니다. 실무상 수많은 종류의 급여 내지 금품이 서로 각기 다른 명칭으로 지급되고 있지만, 이들이 명칭만으로 임금의 성질을 갖는지는 분명하지 않다. 따라서 중요한 것은 명칭이 아니라 사용자가 지급하는 금품이 근로제공과 직접적으로 관련되거나 이와 밀접하게 관련되어 있는가 여부이다. 판례[20]에 따르면 명칭과는 관계없이 금품이 근로의 대가로서 단체협약이나 취업규칙 등에서 사

18) 1953년 입법 당시의 임기봉안, 김용우안 참조.
19) 예컨대 대법원 1987.2.24, 선고 84다카1409; 대법원 1990.11.27, 선고 90다카23868; 대법원 1990.12.7, 선고 90다카19647; 대법원 1991.2.12, 90다15952, 15969, 15976; 대법원 1992.4.14, 선고 91다5587; 대법원 1995.7.11, 선고 93다26168; 대법원 2002.5.31, 2000다18127 등 참조.
20) 대법원 2002.10.17, 선고 2002다8025.

용자에게 지급의무가 정하여져 있고 그 지급조건에 해당하는 모든 근로자에게 정기적, 일률적으로 지급되는 것이면 근로의 대가로서 임금에 해당한다. 따라서 명칭불문이라는 요건이 특별한 의미를 갖는 것은 아니다.

3. 사용자가 지급

사용자가 지급하는 금품 내지 급여가 임금이 되기 위해서는 근로관계 당사자 사이에 지급되는 것이어야 한다. 이 구성요건과 관련하여 특히 문제가 되는 부분은 고객으로부터 받는 봉사료, 사용자로부터 분배받는 봉사료, 육성회 또는 기성회로부터 지급받는 교재연구비, 행정목적의 기능공 양성과정의 수강생 등에게 지급된 수당 등이다. 이 경우에도 물론 근로의 대가가 상위의 판단표지로서 임금 해당성 판단을 위하여 기능을 해야 한다. 따라서 오로지 고객으로부터 받은 팁만을 위하여 근로를 제공하는 경우는 근로자가 근로제공의 대가로 사용자로부터 현금 대신 일정한 영업설비를 사용할 수 있는 이익을 제공받는 관계로 인정된다. 따라서 해당 근로자가 고객으로부터 받는 팁은 근로자가 사용자로부터 제공받은 이러한 영업설비 사용이익에 갈음하는 것으로서 그 자체가 임금에 해당한다.[21] 사용자가 고객으로부터 대금의 일정비율을 봉사료 명목으로 일률적으로 받아 모아 두었다가 정기적으로 전체 근로자에게 그 총액을 균등하게 분배하는 경우는 명칭만 봉사료일 뿐 실질적으로는 영업에 따른 판매대금의 일부에 해당하는 것이며, 그 분배가 사용자에 의하여 정기적으로 균등하게 이루어진다는 점에서 임금에 해당한다는 것이 판례[22]의 입장이다. 그러나 사용자로부터 분배받는 봉사료가 임금이 되는 이유는 판례처럼 정기적으로 그리고 전체 근로자에게 일률적으로 지급되어서가 아니라, 그것이 근로계약의 본질적 요소로서 근로의 대가이기 때문에 임금이 되는 것이다. 말하자면 봉사료가 명칭만 봉사료일 뿐 실질적으로 영업에 따른 판매대금의 일부에 해당하여 근로제공에 대한 대가로 인정되는 것이지, 정기적으로 균등하게 이루어지기 때문에 근로의 대가가 되는 것은 아니다.

---

21) 대법원 1999.1.26, 선고 98다46198.
22) 대법원 1992.4.28, 선고 91누8104.

4. 일체의 금품

금품은 금전이나 유가증권뿐만 아니라 현물 또는 시설의 제공 등 금전적 가치가 있는 이익을 제공하는 경우가 포함된다. 임금액의 보호로서 임금을 강제통용력있는 통화로서 지급하여야 한다는 원칙은 채권관계로서 근로관계로부터 나오는 임금지급의무의 이행과 관련하여 현실적인 임금지급의 효과가 발생하였는지를 판단하는데 적용될 뿐이고, 계약자유의 원칙으로부터 통화 이외의 다른 급여를 임금범위에 포함시킬 수 없다는 의미로 이해되어서는 안 된다. 또한 현물로서 임금지급을 금하는 Trucksystem 금지의 원칙의 경우도 마찬가지이다. 임금은 근로의 대가로서 반드시 금전으로 존재할 필요는 없으며 생필품, 의복, 연료, 전기시설, 주택의 보장, 차량유지비의 지원, 별도의 소득을 올릴 수 있는 기회의 제공, 팁의 보장 등 기타의 금전적 가치의 보장형태로도 존재할 수 있다.

Ⅳ. 판례에 의한 적용례

근로기준법 제2조 제1항 제5호의 체계적, 목적적 해석에 의한 결과로서 임금지급의무가 근로제공의무와 쌍무적 교환관계에 있다는 점, 동 규정이 규범으로서 강행적 효력을 갖고 있다는 점을 고려한다면 법원은 근로의 대가성 판단표지의 쌍무적 의미내용과 의미관련성을 적극적으로 밝혀야 한다. 그러나 판례는 임금 해당성의 판단표지 중 상위의 실질적 판단표지로서 근로의 대가성을 공백으로 둔 상태에서 개별 사례에서 근로의 대가성과는 전혀 다른 판단기준으로 각종 급여의 임금 해당성을 판단하고 있다. 이와 같은 판례의 태도는 법률적용과 법률해석의 회피로서 이것이 법치국가의 원칙과는 상충된다는 점은 분명하다. 아래에서는 이에 대해 살펴본다. 특히 사용자가 지급하는 각종의 금품 내지 급여가 임금에 해당하는지에 대해, 특히 근로의 대가성을 어떻게 해석하고 있고, 추상적 개념인 근로의 대가성을 해석학적으로 재구성하기 위하여 방법론적으로 하위의 표지들을 어떻게 사용하고 있는지, 판례가 나름대로 활용하고 있는 근로기준법 제2조 제1항 제5호의 구성요건으로서 근로의 대가성, 정기성, 일률성, 발생 근거 있는 지급의무 등의 판단표지를 어떠한 상호연관 작용 및 체계 속에서 활용하고 있는지를 개별 사례와 관련하여 살펴본다.

1. 적용례

1) 가족수당

우선 가족수당과 관련해서 판례[23]는 "단체협약 등에 의하여 사용자에게 지급의무가 지워져 있고 일정한 요건에 해당하는 근로자에게 일률적으로 지급되어 왔다면 이는 임의적·은혜적 급여가 아니라 근로의 대가 또는 근로의 제공과 밀접하게 관련된 급여이다."라고 본다.[24] 따라서 여기서 근로의 대가가 되기 위해서는 **발생근거로서의 지급의무, 일률성**이 있어야 한다고 본다. 심지어 부양가족이 있는 근로자에게만 지급된 가족수당 또는 부양가족 수에 따라 차등 지급하는 가족수당도 임금에 해당한다는 판결[25]도 있다. 가족수당의 지급여부와 지급액이 부양가족 유무와 부양가족 수에 따라 달라진다면 근로의 제공과 관련이 없어 임금 해당성을 충족하지 않는다. 그러나 부양가족 유무에 관계없이 부양가족이 없는 자에게도 일정 금액이 가족수당이라는 명칭으로 지급되는 경우[26]에는 임금에 해당하는지의 여부는 정기적, 일률적으로 지급하는지의 여부를 따져서는 안 된다. 그러한 판단표지는 통상임금이나 평균임금을 판단할 때 적용하는 기준이지 임금에 해당하는가를 판단함에 있어서는 근로의 대가성만이 기준이 되기 때문이다.

2) 자녀학자금보조비

자녀학자금보조비에 관한 판례[27]에서는 "자녀학자금보조비 등의 명목으로 일정한 요건에 해당하는 모든 근로자에게 정기적, 계속적, 일률적으로 지급되면 임금"으로 인정한다. 여기서는 근로의 대가로서 임금이 되기 위해서는 정기성, 일률성, 계속성의 판단표지가 기준이 된다. 물론 정기적으로 지급되는 것은 계속성의 의미를 지니는 것이므로 **정기성과 일률성**이 근로의 대가성 여부를

---

23) 대판 1987.2.24, 선고 84다카1409; 대판 1990.11.27, 선고 90다카23868; 대판 1990.12.7, 선고 90다카19647; 대판 1991.2.12, 90다15952, 15969, 15976; 대판 1992.4.14, 선고 91다5587; 대판 1995.7.11, 선고 93다26168; 대판 2002.5.31, 2000다18127 등 참조.

24) 노동법실무연구회, 근로기준법 주해, 2010, 박영사, 193면도 판례를 지지한다.

25) 대법원 2002.5.31, 선고 2000다18127.

26) 대법원 1992.7.14, 선고 91다5501; 대법원 1996.5.14, 선고 95다19256 판결; 하갑래, 근로기준법, 중앙경제사, 2012, 423면은 이를 임금에 해당한다고 본다.

27) 대법원 1991.3.26, 선고 90다15662.

판단 기준으로 활용되었다. 그러나 각종 보조비나 후생비도 이것이 취업규칙에 직원의 복지후생을 위하여 예산의 범위에서 지급할 수 있도록 규정하였고, 이에 따라 마련된 복지후생규정에 의하여 직원의 취학자녀 중 2인 이내에서 중고생은 공납금의 100%를, 대학생은 공납금의 70%를 타 단체로부터 장학금을 받지 아니하는 한도에서 보조할 수 있도록 한 규정에 따라 학비보조비를 받은 경우 이 급여는 임금이 아니라고 본다. 여기서는 발생근거로서 지급의무가 규정되어 있다고 하여도 지급목적이 복지후생을 이유로, 그리고 복지후생규정에 해당하는 경우에만 급여가 주어지므로 일률성이 없어서 학비보조비가 임금으로 인정되지 않았다. 따라서 발생근거로서의 지급의무는 근로의 대가성 판단에 중요한 요소가 아니며, **지급목적과 일률성**이 근로의 대가성 판단의 기준이 되었다.

3) 사택의 제공 또는 사택수당

사택의 제공 또는 사택수당과 관련한 판례[28)]에서는 주택을 소유하고 있지 않거나 벽지에 근무하는 근로자에게 제공되는 사택은 원칙적으로 복지후생에 해당하므로 근로자가 그로 인하여 현실적으로 임료 상당의 이익을 얻었다 하더라도 임금이 아니라고 본다. 그러나 사택의 제공을 받지 않은 근로자라 하여도 일정액의 균형급여로서, 즉 사택의 제공을 받고 있는 근로자와 균형을 상실하지 않는 범위에서 일정한 사택수당이 제공되는 경우에는 임금에 해당한다고 본다. 여기서는 복리후생이라는 지급목적이 임금 해당성 부정의 판단기준이 되면서도 사택 제공을 받지 않는 근로자에게도 일률적으로 사택수당이 지급되면 임금에 해당한다고 본다. 따라서 여기서는 급여 **지급의 목적성과 일률성**이 근로의 대가성 판단의 기준이 된다.

4) 식대

식사의 제공 또는 식사대와 관련한 판례에서는 근로자가 근로를 제공하면서 현물로 제공받거나 구매권으로 지급받는 식사의 평가액이나 현금으로 지급되는 식대 등은 근로의 대가로 본다.[29)] 여기서는 근로자가 근로를 제공하면서

28) 대법원 1990.11.9, 선고 90다카6948.

29) 대법원 1981.10.13, 선고 81다697; 대법원 1991.2.26, 선고 90다15662; 대법원 1993.5.27, 선고 92다20316; 대법원 1993.5.11, 선고 93다4816.

식사 등의 급여를 받는다는 의미에서 **근로제공과의 밀접한 관련성**이 임금 해당성 판단기준이 된다. 또한 근로자 전원에게 급식수당이 일률적으로 지급되는 경우 임금에 해당한다고 본다. 여기서는 **일률성**이 임금 해당성의 판단기준이 된다.[30] 출장식대 중 모든 근로자에게 일률적으로 지급된 식대를 초과하는 금원은 임금이 아니라고 본 판례[31]에서도 일률성이 기준이 된다. 그러나 근로대가성 판단의 전형적 기준인 일률성이나 정기성과는 다른 기준을 제시한 경우도 있다. 단체협약에서 사용자가 근로자들에게 식사를 제공하는 것은 순수 복지후생적인 것이라고 명시하고 있고, 사용자가 근로자들에게 제공한 식권이 2일간 유효하고 식사를 하지 아니한 경우 다른 물품이나 현금으로 대체하여 청구할 수 없다면 사용자가 실제 근무를 한 근로자들에 한하여 현물로 제공한 식사는 근로자의 복지후생을 위하여 제공된 것으로 근로의 대가인 임금이 아니라고 본다.[32] 여기서는 단체협약에 지급의무가 규정되어 있어도 당사자가 명시적으로 임금이 아니라고 밝힌 경우, 따라서 **당사자의 명시적 의사**와 복지후생이라는 **지급목적**이 근로대가성 판단의 기준이 되고 있다. 자동차 판매회사의 영업사원에게 주어지는 추가중식비는 실비변상적인 것이어서 임금에 해당하지 않는다고 본다.[33] 정기성이나 일률성은 통상임금이나 평균임금에서의 판단기준이고, 해당 사례에서 먼저 문제가 되는 것은 임금에 해당하는 것으로서 근로의 대가인가가 문제인데, 일률적으로 지급하므로 임금에 해당한다는 것은 통상임금 해당성 판단 기준을 임금 해당성 판단기준에 적용한 것으로서 그와 같은 추가중식비는 실비변상적인 것으로 보아야 할 것이다.

5) 특별상여금

특별상여금의 근로대가성 여부에 관한 판례들은 상당히 많다. 이는 그만큼 상여금의 임금 해당성 여부가 문제된다는 것을 방증한다. 그러나 판례[34]는 우선적으로 지급사유의 발생이 불확정적이고 일시적으로 지급되는 특별상여금은

---

30) 대법원 1974.7.23, 선고 74다106; 대법원 2003.2.11, 선고 2002다50828; 대전지법 2012.8.31, 선고 2011가합7400은 현물대체 식대상당액을 지급하지 않았으며, 일정한 근무를 한 자에게만 지급하였다는 것을 이유로 식대가 통상임금 산정 기초가 되지 않는다고 한다.

31) 대법원 1998.1.20, 선고 97다18936.

32) 대법원 2002.7.23, 선고 2000다29370; 대법원 2006.8.24, 선고 2004다35052.

33) 대법원 2002.7.12, 선고 2001다82125.

34) 대법원 2001.3.27, 선고 99다71276.

임금이 아니지만, 특별상여금이 계속적, 정기적으로 지급되고 그 지급액이 확정되어 있으면 근로의 대가라고 본다는 원칙 하에서 개별 사례를 판단하고 있다. 특히 특별상여금이 일시적, 불확정적으로 지급되는 것이라 할지라도 취업규칙에 해당하는 급여규정과 단체협약 등에서 퇴직금 산정의 기초가 되는 평균임금에 특별상여금을 포함시키는 것으로 규정하고 있는 이상 이를 포함시키는 것이 타당하다고 본다. 따라서 특별상여금이 근로의 대가에 해당하는 가에 대해서는 원칙적으로 일시적인가 계속적·정기적인가, 그리고 발생근거로 지급의무가 규정되어 있는가, 그리고 당사자들이 평균임금에 특별상여금을 포함시키기로 하였다는 당사자의 의사 등이 판단의 기준이 된다. 여기서는 **정기성, 계속성, 지급액의 확정성, 발생근거로서 지급의무와 당사자의 의사**가 근로대가성의 판단기준이 되고 있다. 회사의 합병과 사세의 확장을 축하하는 의미에서 전 직원에게 특별상여금 명목으로 기본급의 200%를 지급하고 그 이후에도 매년 통합창사기념일에 같은 액수를 지급한 경우는 근로의 대가성을 인정한 판례[35]도 있다. 여기서는 축하 목적의 급여라 하더라도 전 직원에게 반복적으로 지급한 경우에 근로의 대가성을 인정하고 있기 때문에 **일률성, 정기성**이 판단기준이 되고 있다. 회사의 규정상으로는 지급여부가 회사의 재량에 맡긴다는 외관을 갖고 있는 경우라도 예외없이 전 직원에게 정기적, 계속적으로 지급된 경우는 근로의 대가성이 인정된다는 판례[36]도 있다. 여기서는 상여금지급을 당사자의 의사에 의하여 재량에 맡기는 경우에도 정기적, 계속적으로 전 직원에게 일률적으로 예외없이 지급하는 경우는 임금으로 본다. 따라서 **정기성, 일률성**이 판단기준이 된다. 직원임금규정에 의하여 경영실적에 따라 연 4회, 1회에 통상임금의 100%를 상여금으로 지급하되 공사의 감독관청의 승인을 받아 지급한다고 규정되어 있어 상여금지급이 의무적이 아니며 감독관청의 승인을 얻도록 하여 지급조건이 명시되어 있어도 일률적으로 지급한 경우는 근로의 대가로 보는 판례[37]도 있다. 여기서는 경영실적에 따른 특별급여의 경우라도 **일률성**이 있는 경우는 임금으로 본다. 그러나 지급사유의 발생이 불확정적이고 일시적으로 지급되는 경우 당해 연도의 경영실적에 따라 특별상여금이 단 1회

---

35) 대법원 1981.11.24, 선고 81다카174; 대법원 1982.4.13, 선고 81다카137; 대법원 1982.10.26, 선고 82다카342; 대법원 1982.11.23, 선고 81다1275; 대법원 1983.2.8, 81다카1140.

36) 대법원 1977.1.11, 선고 76다1408.

37) 대법원 1976.6.22, 선고 76다439.

지급되었을 뿐이고, 장래 계속 지급될지 여부가 불확실하여 계속적, 정기적으로 지급된다고 할 수 없는 경우는 특별상여금의 근로 대가성을 부정한다.[38] 여기서는 계속성과 정기성이 근로 대가성의 판단기준이 된다. 특별상여금의 지급을 급여규정에 정하여 공로가 인정되는 직원에게 지급한다고 할 뿐 지급기준이나 지급액수, 지급시기 등에 대해서는 아무런 규정이 없으며, 실제로도 매해 지급되는 것이 아니라 간헐적으로 지급되었고, 액수도 일정하지 않은 경우 지급기준과 지급명목에 비추어 계속적, 정기적으로 지급되었다고 하거나 그러한 관례가 성립되었다고 보기 어려워 근로의 대가성을 부정하는 경우도 있다.[39] 여기서는 **계속성과 정기성, 그리고 관례**를 근로 대가성 판단의 기준으로 삼고 있다. 정기성과 계속성 그리고 일률성 이외에 노동관행을 근로대가성의 판단기준으로 삼은 경우도 있다. 판매실적에 따라 지급하여 온 개인포상금의 경우 매해 지급시기는 다르지만 한두 차례 시행하는 것이 관례화되어 있고, 해마다 미리 지급기준과 지급비율을 정하고 그에 따라 포상금을 지급하였다면 근로의 대가라고 본다.[40] 개인포상금이기 때문에 일률성도 없고, 지급시기도 해마다 달라 정기성이 없어도 지급기준과 지급비율을 정하여 포상금을 지급하여 온 관행이 있다면 근로의 대가성을 인정한다. 여기서는 노동관행을 근로대가성 판단의 기준으로 삼는다. 또한 특별생산격려금이 근로의 대가인가가 문제된 경우도 있다. 이 사례에서 격려금을 지급하게 된 경위가 파업의 결과 생산격려금을 지급하기로 합의가 되어 이를 지급하게 되었고, 조정안에서 추가로 지급되는 상여금은 쟁의발생 전년도의 경영성과를 감안한 특별상여금으로서 그 해에 한하여 지급하기로 약정하였다고 하더라도 이후 경영실적의 변동이나 근로자들의 업무성적과 관계없이 일정 기간 동안 정기적, 계속적, 일률적으로 기본급의 250%에 해당하는 특별생산격려금을 지급하여 왔다면 이는 근로계약이나 노동관행에 의해 지급의무가 지워져 있는 것으로서 근로의 대가에 해당한다고 한다.[41] 특별상여금을 지급하게 된 상황이나 경위를 문제삼을 필요없이 일시적으로 또는 쟁의의 결과로서 지급되었던 상여금도 정기적, 계속적, 일률적으로 지급되었고 지급의무가 명시적으로 규정되지 않았어도 근로의 대가로 본다. 여기

---

38) 대법원 1998.1.20, 선고 97다18936; 대법원 2002.6.11, 선고 2001다16722.
39) 대법원 1999.9.3, 선고 98다34393.
40) 대법원 2002.5.31, 선고 2000다18127.
41) 대법원 2001.10.23, 선고 2001다53950.

서는 지급의무의 발생근거를 노동관행에서 찾고 있다. 따라서 근로대상성의 판단기준으로 **정기성, 계속성, 일률성과 지급의무 발생근거로서 노동관행**을 들고 있다.

6) 체력단련비

체력단련비와 관련한 판례[42]에서는 노사의 합의에 따라 모든 근로자에게 지급하여 온 체력단련비는 근로의 대가라고 본다. 여기서는 노사합의라는 **발생근거로서 지급의무**와 모든 근로자에게 지급하여 왔다는 **일률성**이 근로의 대가에 대한 판단기준이 되고 있다.

7) 휴가비

휴가비와 관련해서 단체협약에 전 종업원에게 일률적으로 일정액을 하기휴가비로 지급한다고 규정하고 있고, 일정한 휴가는 매년 특정기간에 반드시 실시하며 연・월차, 급여, 수당과는 무관하다고 하는 규정과 함께 휴가실시 여부와 관계없이 일률적으로 휴가비를 지급한 경우는 근로의 대가이지만, 휴가를 실시한 근로자에게만 휴가비를 지급하였다면 근로제공과는 관계없는 은혜적 급여로서 임금이 아니라는 판례[43]도 있다. 여기서는 발생근거로서 지급의무와 일률성이 임금판단의 기준이 된다. 그러나 휴가비가 정기적으로 일률적으로 일정한 조건을 충족한 모든 근로자에 지급되는 것이면 통상임금의 산정기초가 된다고 하여 임금에 해당한다는 것을 전제로 통상임금 해당성을 인정하는 것이 최근 판례의 경향이다.[44]

8) 경조사비

축의금・조의금・위로금은 의례적인 의미에서 임의적으로 지급되는 것이 보통이다. 따라서 근로의 대상성이 없어 임금이 아니다. 그러나 만일 이러한 명목의 금품이 단체협약 등에 정해져 있는 경우 임금에 해당한다고 보아야 하는지, 말하자면 발생근거로서 지급의무의 요건을 충족했기 때문에 임금으로 보

---

42) 대법원 1990.12.27, 선고 90다카19647; 대법원 1991.1.15, 선고 90다6170; 대법원 1991.2.12, 선고 90다15952, 15969, 15976; 대법원 1991.2.26, 선고 90다15662; 대법원 1993.5.27, 선고 92다20316.

43) 대법원 1996.5.14, 선고 95다19256.

44) 후술하는 2012년 3월 29일 판결 이후의 하급심 판결의 공통적인 판단태도이다. 이에 관해서는 후술하는 제3장 제2절 참조.

아야 하는지는 논란의 여지가 있다. 이에 관한 판례도 없는 상태이다. 다만 증산축하금, 생산성향상축하금, 노사신뢰구축격려금, 가동격려금 등이 지급동기나 경위, 지급사유가 미리 정하여 있지 아니하고 지급대상과 지급금액을 포함한 지급조건을 회사가 임의로 정한 경우는 임금이 아니라고 본다.[45]

9) 복리후생시설

기업 내의 운동시설·목욕시설과 관련해서는 근로자들이 이를 무료로 이용하고 있다고 하여도 이는 근로자의 복리후생시설로 마련된 것이므로 임금에 포함될 수 없다고 본다. 여기서는 복리후생이라는 **지급목적**이 근로 대가성 판단의 기준이 된다.

보험보조금, 근로소득세액 등과 관련해서 사회보험료 중 근로자 부담부분 상당액을 사용자가 근로자에 갈음하여 부담하는 경우나 근로소득세액을 근로자에게 직접 지급하는 것이 아니라 하더라도 근로의 대상이라고 본다. 그러나 이들 사회보장급여(Sozialleistungen)가 어떠한 판단기준에 의하여 근로의 대가인지는 분명하지 않다. 그리고 개인연금을 위한 회사의 지원금과 사내 신용협동조합 출자 보조금도 임금에 해당한다고 보는 사례도 있다.[46] 원심판결[47]은 위 금품들이 복리후생을 위하여 은혜적으로 지급하였다면 지급목적을 고려하여 지급의무가 없다는 이유에서 근로 대가성을 인정하지 않았다. 그러나 대법원은 해당 사회적 급여가 근로자 모두에게 계속적, 정기적으로 지급되었다는 것을 이유로 근로의 대가성을 인정한다. 여기서는 **일률성, 계속성, 정기성**이 근로 대가성의 판단기준이 되었다.

10) 할증임금

휴일수당, 연·월차휴가수당, 시간외근로수당, 야간근로수당, 휴일근로수당, 휴업수당 등은 법률의 규정에 의하여 지급이 인정되는 법정임금(수당)이다. 그러나 판례는 이를 소정 근로의 대가라든가, 위험부담자로서 사용자가 근로의 대상으로 지급하는 것이라고 본다.[48] 그럼에도 이들 수당은 소정의 근로시간에 대한 대가로서 지급되는 것이 아니고, 소정 근로 이외의 근로 제공에 대한 대

45) 대법원 1994.5.24, 선고 23다4649.
46) 대법원 2002.10.17, 선고 2002다8025.
47) 부산고법 2001.12.19, 선고 2001나3658.
48) 대법원 1992.4.14, 선고 91다5587.

가이며, 실제로 근무한 실적에 따라 지급되는 것이기 때문에 그 지급 여부와 지급액이 변동적이다. 따라서 임금에는 해당하지만, 소정 근로의 대가라고 할 수 없어 통상임금에는 해당하지 않는다.

11) 사납금

운송수입금 중 사납금을 공제한 금액이 임금에 해당하는가에 관해 판례[49]는 택시기사의 근로형태의 특수성과 계산의 편의 등을 고려하여 근로의 대가를 지급한 것으로 본다. 여기서는 판례의 근로 대가성 판단의 전형적 기준인 정기성, 일률성, 발생근거 있는 지급의무 등의 판단표지가 전혀 고려되지 않고, **근로형태의 특수성과 계산의 편의**라는 사안의 특수성이 고려되고 있다. 말하자면 **급여의 특수한 상황**이 고려되고 있다.

12) 실비변상적 급여

실비변상적 급여는 근로자가 특수한 근로조건이나 작업환경에서 직무를 수행함으로써 추가로 소용되는 비용을 변상하기 위한 비용변상으로서 근로의 대가인 임금과 다르다. 그러나 구체적 사례에서 사용자의 급여가 실비변상인가 임금인가를 구별하는 것은 용이하지 않다. 출장비는 사용자가 근로자로부터 근로의 제공을 받기위하여 당연히 갖추어야 할 기업시설에 갈음하는 실비변상이라고 본다.[50] 아마도 출장비는 근로자 전원에게 일률적으로 지급하는 것도 아니고, 정기적으로 지급되는 것도 아니라는 이유에서 임금 해당성을 부인한 것으로 보인다. 따라서 여기서도 근로 대가성의 판단은 **일률성, 정기성**이 기준으로 작용한 것으로 보인다. 이밖에도 작업출장비가 화물운전사의 근로의욕을 제고하여 업무능력을 향상시키고 화주에 대한 부당한 금품요구 관행 등을 시정하는 한편 운행 중 발생하는 경미한 사고 또는 고장의 수리비용 등 운전원 개인비용 지출에 따른 비용부담을 해소하기 위하여 지급되었다면 실비변상으로 본다.[51] 여기서는 **지급목적**이 근로 대가성 판단의 기준이 된 것으로 보인다. 집행관 업무를 보조하는 사무원에게 지급하는 조사수당 명목의 금원은 실제 집행업무나 조사업무를 수행할 때마다 지급하는 실비변상이지만, 매일 처리 사건

49) 대법원 1988.3.22, 선고 87다카570; 대법원 1993.12.24, 91다36192; 대법원 1997.3.25, 96누17905; 대법원 2000.4.25, 선고 98두15269; 대법원 2002.8.23, 선고 2002다4399.

50) 대법원 1971.10.22, 선고 71다1982.

51) 대법원 1998.1.20, 선고 97다18936.

수와 관계없이 매월 일률적으로 외근여비로 지급한 경우는 근로의 대가라고 본다.[52] 여기서는 일률성이 근로대가성 판단의 기준이 된 것으로 보인다. 그러나 일률성이 없는 경우에도 **지급동기나 지급목적**을 고려하여 근로의 대가성을 인정한 경우도 있다. 승무원의 승무수당 내지 위험수당과 관련하여 승무라는 근로 자체가 동일한 기업 내의 다른 근로자들의 근로에 비하여 힘들고 위험하다는 특성을 고려하여 지급되는 것이므로 근로의 대가라고 본다. 그러나 차량운행수당이 차량운행회수와 운행거리에 따라 그 지급액에 차이가 있더라도 관례적으로 1회당 지급액 등 지급기준을 정하고 운행회수에 비례하여 계산한 금액을 매월 임금지급일에 계속적, 정기적으로 지급한 경우는 근로의 대가라고 본다.[53] 여기서는 **계속성, 정기성과 발생근거있는 지급의무로서 관례**가 근로대가성 판단기준이 된다. 통근비의 경우는 급여규정에 지급의무가 규정되어 있지 않더라도 정기적, 제도적으로 지급되어 왔고, 전 직원에게 직급에 따라 일률적으로 지급되었고, 통근비가 지급되지 않은 직원에게는 통근차량이 제공된 경우는 근로의 대가라고 본다.[54] 전 직원에게 통근비에 갈음하여 정기승차권이 제공된 경우는 근로의 직접적인 대가는 아니지만, 근로의 제공을 원활히 하기 위하여 지급하는 것이므로 근로의 대가로 본다. 여기서는 **근로제공과의 직접적 내지는 밀접한 관련성**이 기준으로 된다. 차량유지비의 경우는 차량보유를 조건으로 지급하거나 직원들 개인 소유의 차량을 업무용으로 사용하는데 필요한 비용을 보조하기 위하여 지급한 경우는 실비변상이지만, 전 직원에 대하여 또는 일정한 직급을 기준으로 일률적으로 지급되었다면 근로의 대상으로 보며,[55] 차량보유자들에게만 지급되는 차량보조금은 직원들이 개인 소유한 차량을 업무용으로 사용하는데 필요한 비용을 실비변상으로 지급한 것으로 근로의 대가성이 없다고 본다.[56] 여기서는 **일률성**이 근로 대가성 판단기준이 된다. 자가운전보조비가 일정직급 이상의 직원 중 자기차량을 보유하여 운전하는 자에 한하여 지급된다면 이는 직급에 따라 일률적으로 지급되는 것이 아니며 지급여

52) 대법원 1999.2.9, 선고 97다56235.
53) 대법원 1997.5.28, 선고 96누15084.
54) 대법원 1981.10.13, 선고 81다697; 대법원 1990.11.27, 선고 90다카23868; 대법원 1990.12.7, 선고 90다카19647; 대법원 1992.4.10, 선고 91다37522.
55) 대법원 1997.10.24, 선고 96다 33037; 33044; 대법원 2002.5.31, 선고 2000다18127.
56) 대법원 1995.3.28, 선고 94다37639.

부도 근로제공과 직접적으로 또는 밀접한 관련성 없이 일정 직급 이상의 직원이 자기차량을 보유하여 운전하고 있는지 여부라는 개별근로자의 특수하고 우연한 사정에 따라 좌우되기 때문에 자가운전보조비 중 자기차량의 보유와 관계없이 교통비 명목으로 일률적으로 지급하는 금원을 초과하는 부분은 실제비용의 지출여부와 관계없이 계속적, 정기적으로 지급된 것이라 하여도 근로의 대상이 아니라고 본다.[57] 여기서는 **일률성**을 기준으로 판단하되 일률성이 없는 부분에 대해서는 정기성, 계속성이 있는 경우라 하여도 개별근로자의 특수하고 우연한 사정 등 **지급목적이나 지급상황**을 고려하여 근로의 대가성을 판단한다. 판공비, 기밀비, 접대교제비, 영업수당, 일·숙직근무수당 등은 실비변상으로서 영업활동을 위한 경비로, 일률성이 없이 영업사원만의 영업활동 경비나 근로자마다 개별적으로 지급되므로 근로의 대가성이 인정되지 않는다.

13) 개인연금보조금

사회보험료의 건정보험료 중 사용자 부담부분은 근로의 대가가 아니므로 임금성이 부정되었지만,[58] 운전기사인 근로자의 운전자보험금, 개인연금지원금, 개인연금보조금 등은 계속적, 정기적으로 지급되는 경우 임금에 해당한다고 본다.[59] 대상 금원의 대가성 여부를 판단하지 않고 정기성, 일률성을 기준으로 판단하고 있지만, 개인연금의 경우 근로관계 종료 후의 배려 차원에서 연금을 보조하거나 지원하는 제도로서 근로의 대가인지 의문이기도 하다. 퇴직금의 일부를 적립하는 경우 임금에 포함시키기 어려운 것처럼 이 경우도 근로의 대가성이 부정되어야 할 것이다.

2. 비판적 검토

이상과 같이 판례가 근로의 대가를 어떠한 기준에 따라 판단하는지를 살펴보았다. 개별 사례에서 판례가 사용한 판단기준을 열거하면 지급청구권의 발생근거로서 지급의무, 일률성, 정기성, 지급목적, 근로제공과의 직접적 내지 밀접

57) 대법원 1995.5.12, 선고 94다55934; 대법원 2011.10.27, 선고 2011다42324.

58) 대법원 1994.7.29, 선고 92다30801.

59) 대법원 1994.7.29, 선고 92다30801; 대법원 2005.9.9, 선고 2004다41217(개인연금보험료를 회사가 대납한 경우 정기적, 일률적, 고정적 급여라는 점에서 임금 해당성, 통상임금 해당성을 인정); 대법원 2006.5.26, 선고 2003다54322·54339(개인연금보조금이 정기적이고 계속적으로 지급되었으므로 임금에 해당함); 대전지법 2012.8.31, 선고 2011가합7400.

한 관련성, 당사자의 의사, 지급액의 확정성, 지급의무의 발생근거로서 노동관행, 계속성, 근로형태의 특수성, 급여지급의 특수한 상황, 지급상황 등이 있다. 이렇게 개별 사례에서 설정하거나 사용한 근로의 대가성 판단표지는 근로의 대가성 판단에 관한 원칙 판결과도 정확하게 일치하지는 않는다. 대법원이 임금 해당성 여부를 판단하기 위해서 결정한 원칙판결, 그리고 모든 개별 사례에서도 반복적으로 되풀이해서 강조한 판결원칙[60]은

① 사용자가 근로의 대상으로 근로자에게 지급하는 일체의 금품으로서,

② 근로자에게 계속적, 정기적으로 지급되며

③ 그 지급에 관하여 단체협약, 취업규칙, 급여규정, 근로계약, 노동관행 등에 의하여 사용자에게 그 지급의무가 지워져 있고,

④ 일정한 요건에 해당하는 근로자에게 일률적으로 지급하는 것이라면 그 명칭여하를 불문하고 평균임금의 산정대상이 되는 임금이라고 본다.

따라서 이 전원합의체 판례에 따르면 평균임금산정 범위에 들어오기 위해서는 근로기준법 제2조 제1항 제5호의 요건을 충족하여야 하고(①의 판단기준), 계속성과 정기성을 갖추어야 하며(②의 판단기준), 발생근거가 있는 지급의무가 있어야 하며(③의 판단기준), 일률성을 갖추어야 한다(④의 판단기준). 그러나 앞에서 살펴 본 바와 같이 개별 사례 상황에 따라서는 이들 판단기준 이외에 지급목적, 근로제공과의 직접적 내지 밀접한 관련성, 당사자의 의사, 지급액의 확정성, 근로형태의 특수성, 급여지급의 특수한 상황 등이 근로 대가성의 판단기준이 되고 있다(이하 기타의 판단기준이라고 함). 그럼에도 근로의 대가성에 대해서 판례가 신뢰할 만한 판단기준을 제시한 것으로는 보이지 않는다. 물론 각 사안들이 통상임금이나 평균임금에 관련된 사례이므로 정기성과 일률성 및 고정성 등의 판단요소로써 판단을 한 것으로 보이지만, 여기서 문제가 되는 것은 그러한 금원들이 통상임금의 산정기초가 되는 것이냐를 묻는 것이 아니라, 근로의 대가로서 임금에 해당하는 것인가를 묻는 것이기 때문에 근로의 대가성 판단을 위한 신뢰할 만한 판단기준을 제시하였어야 할 것이다. 그럼에도 근로의 대가성 해명은 뒤로 한 채 바로 정기성과 일률성의 요건으로 임금 해당성을 판단하는 것은 문제가 있다고 보여진다. 동시에 동일한 명칭의 금

60) 대법원 1999.5.12, 선고 97다5015(전원합의체).

원도 각각 사안의 구체적 상황에 따라 달리 판단될 수 있는 것인데, 이것은 어느 특정의 금원이 임금에 해당하는가의 문제가 정기성과 일률성의 객관적 기준 보다는 당사자들이 그 금원을 어떻게 형성하고 있는가 하는 주관적 상황이 임금 해당성을 더욱 확실하게 판단하는 기준이 되지 않는가 하는 생각이 든다.

1) 유형적 방법

우선 판례가 사용하는 앞의 4가지 판단기준은 근로의 대가성 판단을 위한 절대적 배타적 구성요건은 아니다. 왜냐하면 사용자가 지급하는 각종의 급여가 근로의 대가로서 임금에 해당하기 위해서는 4가지 징표를 모두 충족해야 하지만, 실제로 판례는 4가지 징표가 모두 충족할 것을 요구하지도 않으며, 이 징표 이외에 다른 징표들도(기타의 판단기준) 근로의 대가성 판단을 위해서 끌어들이기 때문이다. 따라서 판례는 근로의 대가성 여부를 개념적 징표(Merkmal)에 의해서 판단하려는 것이 아니라, 유형(Typus)에 의해 판단하고 있는 것으로 보인다. 임금 개념이 징표적으로 파악되어야 한다면 징표 중 하나라도 결여되면 근로의 대가성은 인정되지 않는 반면에, 유형적으로 파악되는 경우에는 유형기준의 어느 하나가 결여된 경우에도 다른 요소가 비중이 있는 경우에는 근로의 대가성이 인정될 수 있다. 즉 유형적 파악에 있어서는 각각의 기준들이 원칙적으로 동등한 가치를 가지면서도, 구체적 사안에 따라 그 비중과 정도에 있어서 차이가 있기 때문에 유형기준의 어느 하나가 결여되었더라도 사용자가 지급하는 급여가 근로의 대가성이 있는 경우에는 임금성이 인정될 소지가 있다. 실제로 개별 사례에서 판례가 정기성, 계속성이 있어도 일률성이 없으면 근로의 대가성을 부정한 예가 이를 증명한다. 그런 의미에서 개별 사례에서 판례가 취하는 방식은 근로의 대가성 판단에 있어서는 4가지 징표만을 요구하는 것이 아니라, 유형적 방법을 활용하고 있는 것이다. 그러나 사실상 임금의 구성항목들이 너무나 많기 때문에 판례는 가능한 한 유형들을 줄이고 공식처럼 4가지 판단기준만을 사용하고 있는 외관을 갖추고 있는 것이다.

그런데 근로기준법 제2조 제1항 제5호의 조문 구조는 근로기준법 제2조 제1항 1호와 동일하다. 임금을 목적으로 근로를 제공하는 자가 근로자라면, 이를 반대로 말하면 근로자가 근로를 제공하고 금품을 받으면 임금이 되는 것이다. 앞에서도 본 바와 같이 근로기준법 제2조 제1항 1호, 4호, 제5호는 통일적이고 체계적으로 채권관계로서의 근로관계를 중심으로 근로계약을 체결하는 자가 근로자이고, 그 근로자는 임금을 목적으로 근로를 제공하며, 임금은 근로의 제공에 대한 대가로서 금품을 의미하는 것이기 때문에 사용자가 지급하는 어느 금원의 근로의 대가성 여부는 근로계약, 근로자, 임금 판단에 있어서는 근로관계의 쌍무적 견련관계의 의미내용과 의미관련성을 토대로 유기적으로 판단되어야 하는 것이다. 이와 같이 유기적이고 통일적으로 연결되어 있는 3가지 개념은 그것이 법률에 규정되어 있는 이상 통일적인 방법과 기준에 의해서 해석될 필요성이 있다. 그렇지 않은 경우 통일적인 의미구조로서 근로관계의 쌍무적 견련관계의 의미내용과 의미관련성은 깨지고 말 것이기 때문이다.

그런데 어떠한 방법으로 임금을 판단할 것인지가 문제된다. 즉 개념(Begriff)적인 방법으로 파악할 것인가 유형(Typus)적인 방법으로 파악할 것인가가 문제되는데, 임금은 엄격한 의미에 있어서의 개념(Begriff)으로 파악될 수 있는 것이 아니라 유형(Typus)으로 파악되는 것이다. 왜냐하면 개념은 항상 존재해야 하는 결정적인 요소를 통해 정의될 수 있는 반면에, 유형은 개별적인 경우에 상이한 강도로서 존재할 수 있는 다양한 유형적인 표지들로서 존재하는 바, 법적 개념으로서 '임금'은 후자의 방법에 의해서만 파악될 수 있기 때문이다. 구체적으로는 근로의 대가성은 결국 존재하는 제반 사실관계(상황)의 종합적 평가에 의해서 결정된다. 따라서 유형적인 방법을 사용하지 않고서는 임금의 법적 형상을 정확하게 포착할 수 없으며, 유형적인 방법을 사용해야 임금개념을 상당히 탄력적으로 파악할 수 있다. 이 방법이 사용자가 지급하는 각종 급여의 근로 대가성을 판단하는데 구체적 타당성을 기할 수 있는 것이다.

이와 같은 이유에서 판례가 근로의 대가성 판단을 위하여 끌어들인 판단표지들이 옳다고 전제한다면 다음과 같은 공식을 도출할 수 있을 것이다. 우선 판례는 근로기준법 제2조 제1항 제5호의 근로의 대가성, 계속성과 정기성, 발생근거가 있는 지급의무, 일률성을 근로의 대가성 판단을 위한 기본적 틀로 전제하고 개별 사례 상황에 따라서 이들 판단기준 이외에 지급목적, 근로제공과의 직접적 내지 밀접한 관련성, 당사자의 의사, 지급액의 확정성, 근로형태의 특수성, 급여지급의 특수한 상황 등을 활용하고 있다. 따라서 이를 활용하여 공식을 만든다면 다음과 같은 것이 될 수 있다. 즉, 근로의 대가성에 따라 사용자가 지급하는 각종 급여의 임금 해당성을 판단하기로 하고(대원칙), 근로의 대가성은 명칭이 아니라 금품지급의 목적과 실질에 따라 판단하며(하위원칙: 실질적 판단), 근로의 대가의 실질은 이를 둘러싼 제반요소를 종합적으로 고려하여 판단한다(결론 내지 임금 해당성 판단의 방법)는 공식을 만들 수 있다. 그리고 근로의 대가성 판단을 위한 제반요소로서는 계속성과 정기성, 발생근거가 있는 지급의무, 일률성과 지급목적, 근로제공과의 직접적 내지 밀접한 관련성, 당사자의 의사, 지급액의 확정성, 근로형태의 특수성, 급여지급의 특수한 상황을 기준으로 한다.

그러나 앞의 개별적인 판례에서 보는 바와 같이 어느 사안에서는 정기성보다는 일률성을 강조하지만, 어느 사안에서는 그렇지 않으며, 개별사안에 따라 정형화 내지 유형화한 요소들 이외의 사실들을 근로의 대가성 판단의 요소로 끌어들이고 있다. 판례가 이와 같이 전체상황을 고려하는 한 근로의 대가성 인정에는 유형론에 찬성하는 자들이 바라보는 것보다는 더 탄력적으로 임금 해당성 여부가 판단될 수 있으며, 예를 들면 '체력단련비는 근로의 대가', '상여금은 임금', '영업수당은 비임금' 하는 식의 예단적이고 결정론적인 근로 대가성 인정은 더 이상 허용되지 않게 될 것이다. 결국 판례가 이와 같이 전체상황을 고려하여 근로 대가성을 판단하는 한, 입법자가 추상적으로 임금 개념을 상정했다고 하더라도 판례에게 주어지는 재량의 여지는 불가피한 것이라고 할 수 있다.

2) 임금 해당성 판단을 위한 유형적 방법의 한계

판례는 앞에서 언급한 바와 같이 근로의 대가성 판단에 있어서도 유형적 방법을 취하여야 한다고 하여도 이 방법에는 한계가 있을 수밖에 없다. 특히 개개의 판단기준에 어떠한 중요성이 주어지는 것인가, 그리고 이들은 서로 어떠한 관계에 있는 것인가 하는 점도 분명하지 않고, 구체적인 사안에 있어서의 여러 판단기준의 결합과 평가도 자의적이며, 유형적인 개념형성의 관점에서 보더라도 정당화되지 않는다. 그리고 유형 개개의 징표의 순위, 중요도도 고려되지 않은 채 자의적으로 근로의 대가성을 판단할 여지가 다분하다. 또한 판례가 전체적 상황을 고려하여 근로의 대가성을 판단하는 한 이는 개별 사례의 구체적 타당성을 위한 판결로 나갈 수밖에 없다. 그러므로 일반적으로 활용할 수 있는 법적 사실에 기초한 유형적 개념도 도출될 수 없다. 개별적 판단기준들도 각각 어떠한 비중을 갖고 있는지, 그들 상호간의 관계는 어떠한지를 가리지 않고 그때그때마다 판단기준을 달리하거나 비중을 달리하므로 판례의 방법은 자의적일 가능성이 많다.

3) 근로의 대가성과 하위 판단기준의 관계

그러나 판례가 임금개념 형성에 있어서 유형적 방법을 활용하기 어려운 진정한 이유는 법리적인 것이 아니라 실무상의 이유에 있다. 즉, 실제로 각 기업들의 임금구성항목들을 보면 다종다양하여 경우에 따라서 수십 개 이상을 상회하는 경우가 있다. 이렇게 복잡하게 전개되어 있는 임금구성항목을 몇 개의 징표로 유형화하기는 사실상 불가능에 가깝다고 해도 과언이 아니다. 여기에 판례는 다음과 같은 고민이 있고, 문제가 있을 것으로 생각된다. 즉, 사용자가 지급하는 금품이 임금에 해당하기 위해서는 근로의 대가성이 인정되어야 한다. 그러나 구태여 인정하자면 정기성, 계속성, 일률성, 정해진 지급의무와 같은 하위의 징표들이 도대체 근로의 대가성과 어떠한 함수관계가 있는지 의문이 아닐 수 없다. 예를 들어 명절 떡값이 매해 구정마다 반복해서 전체 근로자에게 지급된다면 이것이 근로의 대가라고 할 수 있는지 의문이다. 반대로 연말에 경영실적이 향상되어 그에 대한 보상으로 전체 근로자에게 단 1회 특별상여금을 지급하였다면 이를 근로의 대가가 아니라고 할 수 있는지 의문이다. 말하자면 정기성, 계속성, 일률성 등의 판단표지는 근로기준법 제2조 제1항 제5호의 임금에 관한 구성요건과는 무관하다. 이 판단표지는 통상임금 판단에 필요한 것들이다. 다만 이들 판단표지에 구태여 의미를 부여하자면 모든 근로자들이 일률적, 정기적, 계속적으로 동일하게 그리고 평균적으로 급여를 받으므로 근로의 대가가 될 개연성이 크며, 따라서 근로의 대가성을 간접적으로 입증할 수 있는 정황(Indizwirkung)이 된다는 것이다. 그러나 이러한 간접적 정황 증거들은 근로의 대가성의 의미내용을 적극적으로 밝히는 요소들이 아니다. 그러면 판례가 왜 근로의 대가성을 공백으로 두면서 이러한 간접적 정황증거 내지 판단기준을 사용하고 있는가 하는 의문이 제기된다. 이에 대한 대답을 간단히 말하면 복잡한 임금구성항목을 간단한 기준으로 판단하고자 하는 실무상의 기술적 요청, 말하자면 행정적 편의라고 할 수 있다. 그 이유는 다음과 같다. 즉 대법원 판례가 각종의 급여가 평균임금 산정 범위에 들어가는 임금에 해당하는

지에 대해 공식처럼 적용하고 강조하는 판결은 "사용자가 근로의 대상으로 근로자에게 지급하는 일체의 금품으로서, 근로자에게 계속적, 정기적으로 지급되며, 그 지급에 관하여 단체협약, 취업규칙, 급여규정, 근로계약, 노동관행 등에 의하여 사용자에게 그 지급의무가 지워져 있고, 일정한 요건에 해당하는 근로자에게 일률적으로 지급하는 것이라면 그 명칭여하를 불문하고 평균임금의 산정대상이 되는 임금"이라고 본다. 그러나 평균임금에 관한 근로기준법 제2조 제1항 6호는 평균임금을 "산정하여야 할 사유가 발생한 날 이전 3개월간에 그 근로자에 대하여 지급된 임금의 총액을 그 기간의 총일수로 나눈 금액"으로 정의한다. 따라서 이와 같은 평균임금의 정의규정은 임금총액에 포함되어야 할 산정기초임금이 어떻게 판단되어야 하는지에 대해서 규정하고 있지 않다. 다만 근로기준법 시행령 제2조 제2항에 의해 임금의 총액에는 임시로 지불된 임금 및 수당과 통화 이외의 것으로 지불된 임금은 산입되지 않는다. 따라서 이 시행령 규정이 정당하다면 일상용어로서 '임시'의 반대말은 '고정'이므로 고정성을 갖는 급여가 임금총액의 범위에 들어가야 하는 것이다. 말하자면 '고정성'이 평균임금 산정을 위한 기초임금의 판단기준이 되어야 한다. 물론 일면에서 급여가 정기적, 계속적, 일률적으로 지급되면 고정적으로 급여를 받는 것으로 볼 여지도 있다. 그러나 판례가 근로의 대가성을 부정한 경우들로서 출장식대, 복지후생을 위한 급여, 특별상여금, 노동조합 전임자에게 지급되는 금원, 자가운전보조비, 차량보조금, 판공비 등이 고정적으로 지급되면 근로기준법 제2조 제1항 6호와 동법 시행령 제2조 2항에 따라 평균임금 산정범위로 들어가야 할 것이다. 그러나 이러한 급여들이 산정범위로 들어가야 하는지에 대한 판단기준은 궁극적으로 근로기준법 제2조 제1항 제5호에 따라 근로의 대가성이 있지 않으면 안 된다. 그럼에도 판례는 근로의 대가성을 공백으로 둔 채 근로의 대가성과는 아무런 의미관련성이 없는 정기성, 계속성, 일률성이라는 판단기준으로 평균임금 산정 시 임금총액에 들어가야 할 임금을 판단하고 있다. 그런데 계속성의 판단기준은 정기성의 판단기준에 이미 함축되어 있으므로 정기성과 일률성의 기준을 살펴본다면 이는 근로기준법 시행령 제6조 제1항의 통상임금을 산정하는 기준이다. 이로써 판례는 사용자가 지급하는 각종 급여가 평균임금의 임금총액 범위에 들어가느냐의 판단을 근로의 대가성으로서 판단하지 않고, 통상임금의 산정기준으로 판단하고 있는 셈이다. 이러한 결과는 강행규정으로서 근로기준법 제2조 제1항 제5호와 제2조 제1항 6호와 일치하지 않는 것이다. 판례가 이와 같이 실정법을 위반하면서까지 통상임금 산정기준을 평균임금 산정기준으로 끌어들이는 이유는 정기성과 일률성의 간단한 평가척도가 복잡하게 구성되어 있는 현재의 임금체계를 판단하는데 아주 유용하다는 기술적 목적과 행정편의주의적 관점에서 나온 것이라고 설명할 수 있고, 더 근본적으로는 더 강한 노동강도와 노동의 재생산을 요하는 소정 근로 이외의 근로인 연장근로, 야간근로 등에 대해서는 통상임금의 외연을 확대하여 근로자에게 물질적인 보상을 해야 한다는 판례의 근로자보호를 위한 임금정책이 담겨 있다고 보여진다. 또한 후술하는 바와 같이 임금일원론에 의해서 교환적 임금과 생활보장적 임금을 구별할 필요가 없는 상황에서는 구태여 근로의 대가성에 큰 의미를 부여할 필요가 없기 때문인 것으로 보인다.

그러나 이러한 판례의 태도는 실정법에 반하는 것은 물론 경우에 따라서 당사자들이 헌법상 보장된 계약자유와 자기결정권의 범위에서 계약내용형성의 자유에 의해서 구축한 임금약정을 무시하는 결과가 된다. 아무리 임금체계가 복잡하다고 하더라도 계약내용형성의 자유의 행사에 의해서 형성된 임금약정에 투영된 당사자의 의사를 무시한 채 행정편의적으로 근로의 대가성을 판단하거나 무시해서는 안 된다. 당사자들이 왜 그러한 임금을 지급하기로 약정하였는가 하는 **임금지급목적**을 고려하지 않은 채 근로의 대가성을 판단한다는 것은 처음부터 당사자들이 근로계약이나 단체협약, 급여규정 등에 의해 근로의 대가를 형성한 기초를 무시하는 것이다. 그리고 근로기준법 제2조 제1항 제5호로부터 결과하는 근로의 대가성을 중심으로 사용자가 지급하는 급여의 임금해당성을 판단해야 하는 바, 근로기준법 제2조 제1항 제5호의 체계적, 목적적 해석에 의한 결과로서 임금지급의무가 근로제공의무와 쌍무적 교환관계에 있다는 점, 동 규정의 의미내용이 규범으로서 강행적 효력을 갖고 있다는 점을 고려하여 판례는 근로의 대가성이라는 판단표지의 쌍무적 의미내용과 의미관련성을 규명하여야 할 것이다.

물론 지금까지 설명한 것은 사용자가 지급하는 금원이 통상임금의 산정기초에 포함되기 위한 첫 번째 전제조건으로서 그 금원이 근로의 대가로서 임금에 해당하여야 한다는 것을 말한 것이다. 그러나 어느 금원이 근로의 대가로서 임금에 해당한다고 하여도 곧바로 그 금원이 통상임금에 해당한다고 할 수 없다. 어느 금원의 근로의 대가성과 임금 해당성의 문제는 그 금원의 통상임금 해당성 판단의 전제조건의 문제일 뿐이고, 금원의 통상임금 해당성의 문제는 이를 규정한 근로기준법 시행령 제6조 제1항의 적용문제로서, 근로의 대가인 임금 중에서 해당 임금이 소정 근로의 대가로서 정기적이고 일률적으로 지급되는 금원이기 때문에 법정수당 등의 산정을 위한 통상임금에 포함되는가를 다투는 문제이다. 이에 관해서는 후술한다.

제 3 장

문제된 대법원 판례와 그 이후의 하급심 판결들

본서에서는 통상임금에 관한 대법원 판례를 비판적으로 다루는데 중점을 두고 있다. 기술의 체계상으로는 통상임금에 관한 일반론을 먼저 언급하여야 할 것이다. 그러나 여기서는 현재 통상임금에서 대법원 판례가 왜 문제가 되는지를 먼저 살펴보고, 문제의 대법원 판례가 나온 뒤 후속하는 하급심 판결들의 문제가 무엇인지를 살펴보고자 한다. 이와 같이 개별 사례를 먼저 언급하는 이유는 그만큼 통상임금이 실무에서 심각하게 다투어지고 있기 때문에 먼저 문제변증적으로(topisch) 개별사안들을 살펴보는 것이 문제해결의 중심이 될 것이기 때문이다. 먼저 여기서 다루고자 하는 대법원 판례를 살펴보면 다음과 같다.

제1절 2012년 3월 29일의 대법원 판례

Ⅰ. 사안의 내용

통상임금 논쟁과 분쟁을 직접적으로 불러일으킨 2012년 3월 29일의 판결[1](이하에서는 '대법원 2010다91046'이라 한다)은 다음 사안을 기초로 하고 있다.

피고 회사는 시내버스 운수업을 영위하는 회사이고, 원고 근로자들은 피고 회사에 입사하여 버스운전기사로 근무하고 있다. 이들 운전자들의 임금에 대해서는 단체협약, 취업규칙, 임금 관련 노사합의를 기초로 노사 간 임금협정에 의하여 정하여진 시급을 기준으로 1일 기본급을 산정하고, 다시 이를 기준으로 월 기본급을 산정하며, 기본시급을 기준으로 각종 수당을 산정하였다. 다툼이 된 금원은 다음과 같다.

① 먼저 근속수당은 모든 근로자들에게 입사 후 1년부터 매월 5,000원을 지급하고, 매년 5,000원씩 증액하는 것으로 하였다.

② 상여금은 단체협약상의 규정에 의해 '상여금이 만근 기본급 기준으로 6개월 이상 근무 시 350%, 3년 이상 근무 시 550%, 8년 이상 근무 시 650%, 12년 이상 근무 시 750%를 지급'하되, '상여금 지급은 분기별로 지급하며 매분

1) 대법원 2012.3.29. 선고 2010다91046.

기 말까지 재직한 자로 하고, 퇴직자에 대하여는 월별로 계산 지급한다'라고 되어 있다.[2] 피고 회사는 이 단체협약에 따라 원고 근로자들에게 상여금을 분기별로 지급하였다.

③ 피고 회사는 원고 근로자들에게 기본 시급을 기준으로 산정하여 주휴수당과 구 근로기준법상의 월차유급수당을 지급하였다.

따라서 대상 사건에서는 위 3가지 금원이 통상임금에 해당하는지가 문제가 되었다. 즉, 원고 근로자들은 사용자가 1년을 초과하여 계속 근무한 근로자에게 근속연수가 증가함에 따라 일정 금액을 가산하여 1년 근속당 일정금액을 지급한 근속가산금과, 단체협약에 따라 지급하는 상여금과 근로기준법상의 주휴수당과 구 근로기준법상의 월차유급수당이 통상임금에 해당한다고 보아 이를 기초로 하여 계산한 금액에서 이미 지급한 제 수당을 공제한 차액의 지급을 구하였다. 이에 대해 피고 회사는 근속수당은 근속연수에 따라 차등 지급되거나 일부 근로자들에게만 지급되는 것이므로 근속수당은 통상임금의 산정범위에 포함될 수 없다고 본다. 상여금도 분기별로 나누어 연 4회에 걸쳐 지급되는 것이기 때문에 정기성이 없고, 근로자들의 실제 근무성적에 따라 좌우되는 것이므로 고정적인 것이 아니어서 통상임금에 해당하지 않는다는 것이다.

Ⅱ. 하급심과 대법원 판결

1. 근속수당의 통상임금 해당성

원고인 근로자들의 위와 같은 주장에 대하여 피고인 사용자는 먼저 근속수당은 근속연수에 따라 차등 지급되었다는 점(매년 증액됨), 그리고 입사 1년 후부터 지급되어 일부 근로자에게만 지급되었다는 점 등을 이유로 통상임금에 해당하지 않는다고 주장하였다.

이에 대해 1심[3]은 통상임금의 한 요건으로서 일률적이라는 것은 '모든 근로자에게 지급되는 것뿐만 아니라 일정한 조건 또는 기준에 달한 모든 근로자

2) 물론 이 사건 단체협약에 따르면 상여금 지급은 만근 기본급을 기준으로 하고, 입사일에서 6개월 경과 후 해당분기 지급분부터 지급하되, 6개월 경과 후 최초 해당분기 지급률은 1년 지급률의 1/2을 지급하는 것으로 되어 있다.

3) 대구지법 2009.8.12, 선고 2007가단131125.

에게 지급되는 것도 포함된다'고 하면서 문제가 된 근속수당은 근속연수라고 하는 고정적 조건에 이른 모든 근로자들에게 지급되는 것으로서 통상임금에 해당한다고 보았다. 제1심에 따르면 특히 근속수당의 지급에 대해서 피고 회사는 '임금협정서에 정한 바에 따라 매년 9월 30일을 기준으로 하여 매 1년 단위로 6,000원씩을 가산하여 지급하고 있는 사실에 근거하여 실제의 근무성적과는 상관없이 일정한 근속연수에 달한 근로자에게 정기적 · 일률적으로 지급되는 고정적인 임금이므로 통상임금에 해당한다'는 것이다. 제1심은 동시에 고정적으로 지급되는 것이 통상임금에 해당한다는 것을 강조하기 위하여 종전의 대법원 입장을 다시 확인한다. 즉, '통상임금에 있어서 일률적으로 지급되는 것이라 함은 모든 근로자에게 지급되는 것뿐만 아니라 일정한 조건 또는 기준에 달한 모든 근로자에게 지급되는 것도 포함되고, 여기서 말하는 일정한 조건이란 고정적이고 평균적인 임금을 산출하려는 통상임금의 개념에 비추어 볼 때 고정적인 조건이어야 한다'는 종전 대법원 판결[4]을 다시 한번 확인하고 있다. 제1심도 인정하는 바와 같이 이제는 사용자가 지급하는 어느 금원이 통상임금 산정범위에 들어가는 지는, 정기성과 일률성의 2개 요건 이외에 일률성을 다시 의미확대하여 '일정한 조건을 충족하는 모든 근로자'라는 고정성의 요건을 충족하여야 한다고 보는 것이 판례의 입장임을 확인하고 있다.

제2심인 원심법원[5]도 '근속수당은 근무성적과는 상관없이 매월 일정하게 지급된 것으로서 정기적 · 일률적으로 지급되는 고정적 임금이므로 통상임금에 해당한다'고 보았다.

대법원도 이러한 근속수당의 통상임금 해당성에 대한 하급심의 판단에 동조한다. 그리하여 '1년을 초과하여 계속 근무한 근로자에게 근속연수가 증가함에 따라 일정 금액을 가산하여 1년 근속당 일정금액을 지급한 근속가산금은 근무성적과 관계없이 매월 일정하게 지급된 것으로서 정기적 · 일률적으로 지급되는 고정적 임금으로서 통상임금에 포함된다'고 본다. 대법원도 정기적 · 일률적으로 지급되는 고정적 임금의 성질을 가지는 금원은 통상임금의 산정범위에 포함된다는 입장이다.

---

4) 대법원 2005.9.9, 선고 2004다41217.
5) 대구고법 2010.10.7, 선고 2009나6692.

2. 상여금의 통상임금 해당성

상여금은 기업의 경영실적이나 근로자의 근무성적 등을 고려하여 사용자가 정기 또는 일시적으로 근로자에게 지급하는 금원을 말한다. 따라서 상여금은 경영실적이나 근무성적에 따라 일률성이 없는 것이 보통이다. 종래 판례는 상여금이 1개월을 넘는 기간마다 정기 또는 임시로 기업의 경영실적, 근로자의 근무성적 등을 감안하여 지급되고 있는 것이므로 임금에 해당하지 않는다고 하는 입장을 고수하였었다.[6] 행정해석도 상여금이 1임금 산정기간을 넘어 지급되는 것이기 때문에 통상임금에서 제외된다는 입장이다.[7] 물론 상여금을 통상임금에서 제외하는 이유는 1임금지급기를 넘어서라기보다는 실적이나 성적을 고려하여 지급되는 것이기 때문에 일률성을 충족하지 못하기 때문이다.[8]

그러나 여기서 다루고자 하는 사안에서 판례는 지금까지의 입장과는 다르다. 상여금이 통상임금에 해당하는가에 대해 종전의 대법원 판례와 달리 제1심은 피고 회사가 노사합의에 따라 매분기 말까지 모든 원고 근로자들이 재직하고 있으면 익월 급여 지급일에 만근 기본급을 기준으로 하여 상여금을 지급하며, 퇴직자에게도 월별로 계산지급하기로 하였기 때문에 "이 사건 상여금은 근로의 대상인 임금의 성질을 갖는 돈이고, 매분기 말까지 재직하면 근로자는 당연히 상여금을 지급받는 이상 이는 정기적·일률적으로 지급되는 것이라 할 것이므로, 특별한 사정이 없는 한 소정 근로의 양 또는 질에 대하여 지급되는 고정적이고 평균적인 일반임금으로서 통상임금에 속한다"고 한다. 그러나 이에 대해 제2심인 대구고등법원은 문제된 사안의 상여금이 통상임금에 해당하지 않는다고 본다. 대구고등법원에 따르면 "상여금은 분기별로 지급하는 것이나 6개월 미만 근무한 자에게는 지급되지 않고, 매분기 말까지 재직한 자에 한하여 지급하며, 퇴직자에 대하여는 월별로 계산 지급하고, 만근 기본급을 기준으로 6개월 이상 근무 시 350%, 3년 이상 근무 시 550%, 8년 이상 근무시 650%, 12년 이상 근무 시 750%를 지급하는 점에 비추어 상여금의 지급 여부 및 그 지급액이 근로자의 실제 근무성적에 따라 좌우되는 것이어서 이를 고정적인 임금이라고 할 수 없다"고 하여 통상임금 판단의 기준으로서 고정성에

---

6) 대법원 1990.2.27, 선고 89다카2292.
7) 고용노동부예규 통상임금 산정지침.
8) 같은 이유로 노동법실무연구회/최은배, 근로기준법 주해 I, 박영사, 252면 이하 참조.

따라 상여금의 통상임금 해당성을 부정하였다. 그러나 이에 대해 대법원은 피고 회사의 단체협약 규정상의 '퇴직자에 대해서는 월별로 계산 지급한다'는 규정을 강조하여 퇴직자에게도 재직기간에 비례하여 상여금을 지급한다는 것은 상여금의 지급여부 및 지급액이 근무성적에 따라 좌우되는 것이 아니라는 것을 보여 주며, 오히려 상여금액이 확정된 것으로서 정기적·일률적으로 지급되는 고정적 임금이므로 통상임금에 해당한다는 것이다. 그리하여 사용자가 지급하는 금원이 통상임금에 해당하는지를 판단하는 기준에 대해 대법원 스스로가 세운 일반법리인 정기성과 일률성, 그리고 고정성에 비추어 "이 사건 상여금은 피고가 6개월을 초과하여 계속 근무한 근로자에게 근속연수의 증가에 따라 미리 정해놓은 각 비율을 적용하여 산정한 금액을 분기별로 지급하는 것으로서, 매월 월급 형태로 지급되는 근속수당과 달리 분기별로 지급되기는 하지만 그러한 사정만으로 통상임금이 아니라고 단정할 수 없다. 나아가 이 사건 단체협약 제27조에 '상여금 지급은 매 분기 말까지 재직한 자로 하고'라고 규정하면서도 곧이어 '퇴직자에 대해서는 월별로 계산 지급한다'고 추가로 규정함으로써 상여금 지급 대상에서 중도퇴직자를 제외한 것으로 볼 수 없으며, 또한 상여금 지급대상에 관한 위 규정의 의미가 기본급 등과 마찬가지로 비록 근로자가 상여금 지급대상 기간 중에 퇴직하더라도 퇴직 이후 기간에 대하여는 상여금을 지급할 수 없지만 재직기간에 비례하여 상여금을 지급하겠다는 것이라면, 이 사건 상여금은 그 지급 여부 및 지급액이 근로자의 실제 근무성적 등에 따라 좌우되는 것이라 할 수 없고, 오히려 그 금액이 확정된 것이어서 정기적·일률적으로 지급되는 고정적인 임금인 통상임금에 해당한다고 볼 여지가 있다. 그렇다면 원심으로서는 실제 피고의 상여금 지급실태 등을 포함하여 이 사건 단체협약 제27조의 구체적 의미를 검토하여 과연 원심 판시의 상여금이 소정근로 또는 총 근로의 대상으로 근로자에게 지급되는 금품으로서 그것이 정기적·일률적으로 지급되는 통상임금에 해당하는지를 살펴보았어야 한다"는 것이다. 이렇게 됨으로써 종전 상여금은 통상임금 산정범위에서 제외된다는 판례법리로부터 벗어나, 1996년 2월 9일 이른바 '의료보험 사건'에 대한 대법원의 판례[9]법리가 다시 부활하게 되었다.

---

9) 대법원 1996.2.9. 선고 94다19501.

3. 주휴수당과 월차유급수당의 통상임금 해당성

근로기준법상 사용자가 근로자에게 1주일에 평균 1회 이상의 유급휴일을 주어야 하는데, 이 유급휴일에 대하여 지급되는 수당이 주휴수당이다. 그리고 구 근로기준법상 사용자가 근로자에게 1월에 대하여 유급휴일을 주어야 하는데, 이 유급휴일에 대하여 지급되는 수당이 월차유급수당이다.

이 주휴수당이나 월차유급휴가수당이 통상임금의 산정범위에 포함되는지에 대해 종전의 판례는 주휴일수당이나 월차유급수당의 통상임금 해당성을 부정하여 왔다. 그리하여 "근로자에게 월급으로 임금을 지급하는 경우 그 월급에는 법 55조 소정의 유급휴일에 대한 임금이 포함되어 있다"고 하고,[10] "유급휴일에 대한 임금은 원래 소정 근로 일수를 개근한 근로자에게만 지급되는 것으로서 정기적·일률적으로 지급되는 고정적인 임금이라고 할 수 없어 통상임금에는 해당하지 않는다"고 보았다.[11] 물론 주휴수당이나 종전의 월차유급수당은 근로제공과 관계없이 법령에 의해서 반드시 1회 이상 받게 되는 임금이므로 당연히 통상임금에 포함되어야 한다는 견해도 있어 왔다.[12]

그런데 여기서 문제된 사안에서 원고 근로자들은 1년 동안 평균 52일의 주휴일에도 불구하고, 피고 회사가 1년 48일 분의 주휴수당만을 지급하였으므로 매년 4일에 상당하는 미지급 주휴수당을 청구하였다. 이에 대해 원심인 대구고등법원은 '매년 48일을 초과하여 유급휴일을 얻을 수 있을 만큼 매주 소정 근로일을 개근하였음을 인정할 만한 증거가 없다'는 것을 이유로 원고 청구를 배척하였다. 그러나 이에 대해 대법원은 주휴수당이나 월차유급수당은 실제 근무에 따라 변동적으로 지급되는 것이 아니라는 것을 이유로 통상임금 산정범위에 포함해야 한다는 것이다. 즉, "근로기준법 제55조의 주휴수당이나 구 근로기준법상의 월차휴가수당은 역시 근로기준법상의 수당으로서 근로자가 주휴일 또는 월차휴가일에 실제로 근무를 하지 않더라도 근무를 한 것으로 간주하여 지급되는 임금이므로, 그 성질상 통상임금을 기초로 하여 산정할 수당으로 보는 것이 타당하다"고 보아 종전 대법원 판례와는 다른 입장을 취하고 있다.

---

10) 무엇보다 대법원 1985.12.24, 선고 84다카254; 대법원 1994.5.24, 선고 93다32514.

11) 대법원 1998.4.24, 선고 97다28421.

12) 무엇보다 김기덕, "주휴일 임금과 통상임금의 산정", 노동과법 제6호, 금속법률원, 2006, 296면 이하; 김기덕, "통상임금 개념요소로서의 고정성", 노동과법 제6호, 금속법률원, 2006, 213면 이하.

Ⅲ. 대상 판결의 의의

1. 금원의 통상임금 해당성 판단의 일반원칙 설정

대상 판결은 사용자가 지급하는 금원이 통상임금의 산정범위에 포함되어야 하는지에 대한 판단기준에 대해 종전 판례[13)]와 같은 원칙을 되풀이 한다. 그리하여 통상임금의 판단에 대해서는 "소정 근로 또는 총 근로의 대상으로 근로자에게 지급되는 금품으로서 그것이 정기적·일률적으로 지급되는 것이면 원칙적으로 모두 통상임금에 속한다 할 것이나, 근로기준법의 입법 취지와 통상임금의 기능 및 필요성에 비추어 볼 때 어떤 임금이 통상임금에 해당하려면 그것이 정기적·일률적으로 지급되는 고정적인 임금에 속하여야 하므로, 정기적·일률적으로 지급되는 것이 아니거나 실제의 근무성적에 따라 지급 여부 및 지급액이 달라지는 것과 같이 고정적인 임금이 아닌 것은 통상임금에 해당하지 아니한다고 할 것인데, 여기서 '일률적'으로 지급되는 것이라 함은 '모든 근로자'에게 지급되는 것뿐만 아니라 '일정한 조건 또는 기준에 달한 모든 근로자'에게 지급되는 것도 포함되고, 여기서 말하는 '일정한 조건'이란 '고정적이고 평균적인 임금'을 산출하려는 통상임금의 개념에 비추어 볼 때 '고정적인 조건'이어야 한다"는 것이다. 이로써 금원의 통상임금 해당성에 대한 판단기준은 다음과 같이 정리될 수 있을 것이다. 즉, 판례의 공식은 **'정기적·일률적으로 지급되는 고정적인 임금'이어야 하며, 이 경우 일률성은 모든 근로자 뿐만 아니라, '고정적인 조건에 달한 모든 근로자를 의미한다'**는 것이다. 따라서 정기적·일률적으로 지급되지 아니하거나 실제의 근무성적에 따라서 지급 여부 및 지급액이 달라지는 것과 같이 고정적인 것이 아닌 것, 일정한 기준에 달하지 않아도 지급되는 것, 고정적이지 못한 금원은 통상임금에 해당하지 않는다고 할 것이다. 또한 판례는 행정해석과 달리 상여금과 같이 1개월을 초과하여 지급되는 금원도 정기성과 일률성의 요건을 갖추고 있는 한 통상임금으로 인정한다. 그리하여 '1임금지급 기간'을 넘어서 지급되는 금원이라 하여도 "통상임금은 근로자에게 소정 근로 또는 총 근로의 대상으로서 정기적·일률적으로

13) 대법원 2007.6.15, 선고 2006다13070; 대법원 2010.1.28, 선고 2009다74144.

지급하기로 정해진 고정적 임금을 말하므로, 근로자의 실제 근무성적에 따라 지급 여부 및 지급액이 달라지는 항목의 임금은 고정적인 임금이라 할 수 없어 통상임금에 해당하지 아니하나, 근로자에 대한 임금이 1개월을 초과하는 기간마다 지급되는 것이라도 그것이 정기적·일률적으로 지급되는 것이면 통상임금에 포함될 수 있다"고 본다. 이것 또한 판례의 확정된 공식처럼 자리 잡은듯 하다.[14] 따라서 이와 같은 판례의 공식에 따라서 사용자가 지급하는 금원이 통상임금의 산정범위에 포함되기 위해서는 정기성과 일률성 및 고정성의 요건을 갖추고 있어야 하고, 정기상여금도 이러한 요건을 충족하고 있는 한 통상임금의 산정범위에 포함될 수 있을 것이다.

2. 종합적 판단방법

물론 위와 같이 대상 판결이 금원의 통상임금 해당성 판단기준에 관한 원칙을 다시 확인함으로써 곧바로 당해 사건의 효력이 즉각적으로 발생하는 것은 아니다. 물론 이 사건은 원심으로 파기환송되어 원심이 사실관계 등을 재심리하여 다른 판결을 내릴 수 있는 가능성도 배제할 수 없는 것은 아니다. 그렇지만 원심이 대법원의 결정과 다른 결론을 내릴 가능성은 적다. 다만, 대법원의 판결은 상여금 전체에 대하여 포괄적이고 일반적으로 통상임금 해당성을 인정한 것이 아니다. 오히려 대법원은 원심이 상여금을 통상임금 산정범위에 해당하는 지에 대해 i) 상여금 지급실태, ② 단체협약 해당 규정의 구체적 의미, ③ 상여금이 소정 근로 또는 총 근로의 대상으로 근로자에게 지급되는지 여부, ④ 정기적·일률적으로 지급되는지 여부를 살펴볼 것을 주문함으로써 사용자가 지급하는 금원이 통상임금에 해당하는지에 대해 종합적이고 유형적 고찰을 할 것을 요구하고 있는지도 모른다. 이것이 갖는 의미는 대법원이 앞으로 정기상여금 등 사용자가 지급하는 금원의 통상임금 해당성 판단은 정기성이나 일률성 또는 고정성의 기준으로만 판단되어서는 아니 되며, 오히려 더 다양하고 유연한 기준에 의해서 판단할 것을 주문한 것으로 보인다. 따라서 대법원 판결의 내면에는 '정기상여금은 통상임금'이라는 일반적 공식이 자리 잡고 있는 것이 아니라, 그 반대로 사용자가 지급하는 금원의 통상임금 해당성은 금원

14) 대법원 1996.2.9. 선고 94다19501; 대법원 2003.6.13. 선고 2002다74282.

의 지급실태, 지급근거 규정의 의미, 근로의 대가성이라는 실질적 기준을 중심으로 여기에 더하여 정기성과 일률성 및 고정성이라는 형식적 기준도 고려하여 판단해야 하는 것으로 읽힌다. 그런 점에서는 후술하는 하급심이나 학설처럼 지나치게 단순화하여 사용자가 지급하는 금원이 정기성과 일률성 및 고정성의 요건을 충족하면 통상임금에 해당한다는 판단방법에 대한 일종의 지침이나 방향타를 제시한 것이라고 본다.

3. 판례의 변경인가?

그러나 위와 같은 대법원 판결에도 불구하고 한 가지 검토해야 할 것[15]은 위 대법원 판결이 전원합의체에서 결정해야 했던 사건은 아닌가 하는 점이다. 왜냐하면 법원조직법 제7조 제1항에 따라 종전에 대법원에서 판시한 헌법・법률・명령 또는 규칙의 해석적용에 관한 의견을 변경할 필요가 있음을 인정하는 경우에는 대법원 전원합의체에서 결정을 해야 하며, 경우에 따라서 전원합의체에서 판결해야 할 것을 대법원부에서 판결한 경우 정기상여금의 통상임금 해당성에 관한 종전의 대법원의 의견을 변경한 경우로서 대법관 3인으로 구성된 부에서 재판한 대상 판결에는 민사소송법 제451조 제1항 제1호의 재심사유가 있을 수 있기 때문이다.[16]

그런데 종전에 대법원은 상여금이 '1개월을 넘는 기간마다 정기 또는 임시로 기업의 경영실적, 근로자의 근무성적 등을 감안하여 지급되는 경우'는 임금에 해당하지 않는다고 판결을 한 바 있다.[17] 물론 이 판결에서도 통상임금은 근로기준법 시행령에 따라서 근로자에게 정기적・일률적으로 소정 근로 또는 총 근로에 대하여 지급하기로 정하여진 금액임을 인정하면서도, 1임금지급기를 넘어 '정기' 또는 임시로 기업의 경영실적 또는 근로자의 근무성적 등을 감안하여 지급되는 상여금은 통상임금의 산정기초에 포함될 임금에 포함되지 않는다고 하였다. 이 판례에서는 '1임금지급기'를 넘어 정기 또는 일시적으로 지급되는, 실적 또는 성적에 따라 지급되는 금원으로서 상여금이 통상임금의 범위에 들어오지 않는 것이므로 논리적인 해석상 통상임금의 범위에 들어오지

15) 대법원 2010다91046판결의 문제에 대해서는 후술한다.
16) 예를 들어 이사의 감시의무에 대해서 판례변경에 해당한다고 보아 재심사유에 해당하는지를 다툰 사건에서 이를 부정한 최근의 판례로서 대법원 2006.12.8, 선고 2005재다20.
17) 대법원 1990.2.27, 선고 89다카2292.

않는 상여금은 1임금지급기를 넘어 정기적으로 지급되는, 실적 또는 성적에 따라 지급되는 상여금과 1임금지급기를 넘어 일시적으로 지급되는, 실적 또는 성적에 따라 지급되는 상여금이다. 따라서 이 판결에서는 상여금이 정기적으로 지급되는 것인가, 일시적으로 지급되는가는 중요한 것이 아니다. 이들 판례에 따르면 1임금지급기를 넘어 실적 또는 성적에 따라 지급되는 상여금이 통상임금의 산정범위에서 제외되는 것이다. 그런 점에서 '1임금지급기'를 넘을 것의 요건과 '실적 또는 성적에 따른 것'일 것의 요건은 상여금의 통상임금 해당성을 부정하는 판단기준으로서 필요충분요건이 된다. 실제 사건에서는 상여금이 실적 또는 성적에 따라 지급되었다는 점도 중요하지만, 상여금을 '1임금지급기'를 넘어 3개월마다 지급하여 왔기 때문에 '실적 또는 성적'에 따른 지급의 요건과 함께 '1임금지급기'의 요건도 동일한 비중을 갖는 판단기준이 되는 것으로 보았다. 그런 점에서 상여금의 통상임금 해당성 판단은 행정해석처럼 상여금을 통상임금에서 배제하는 이유로서 '1임금지급기'를 넘었다는 것만을 기준으로 하여서도 안 되고, 실적 또는 성적에 따라 지급되었다는 것만을 이유로 통상임금 산정범위에서 배제해서도 안 되는 것이다.[18] 그렇게 보면 매월 상여금을 지급하는 바와 같이 '1임금지급기'에 실적 또는 성적에 따라 지급하는 상여금, 1년분 상여금을 12개월로 분할하여 지급하는 바와 같이 '1임금지급기'에 실적 또는 성적과 관계없이 지급하는 상여금, '1임금지급기'를 넘어 실적 또는 성적에 따라 지급하는 상여금, '1임금지급기'를 넘어 실적 또는 성적과 관계없이 지급하는 상여금이 있을 수 있을 것이다. 그런데 종전의 판례에 따라 '1임금지급기'를 넘어 실적 또는 성적에 따라 지급되는 상여금이 통상임금의 산정범위에 들어오지 않는다고 한다면, 말하자면 위 4가지 경우의 수 중 '1임금지급기'와 '실적 또는 성적'의 요건을 모두 충족하는 '1임금지급기'내에 '실적 또는 성적'에 관계없이 지급되는 상여금만이 통상임금의 산정범위에 들어오는 것이다. 이와 같이 종전 판례의 상여금의 통상임금 해당성 판단기준의 하나로서 '1임금지급기'는 근속수당의 통상임금 해당성에서도 그대로 유지된다. 즉, 종전의 대법원 판례에 따르면 '통상임금은 **1임금산정기간**에 지급하기로 정하여진 고정급

18) 노동법실무연구회, 근로기준법 주해 I, 252면은 대법원 판례가 상여금을 통상임금에서 배제한 이유는 '1임금산정기간'을 넘어서가 아니라, 실적 또는 성적을 고려하여 지급한 것이기 때문에 통상임금에서 배제하였다고 한다.

임금'으로서[19], '실제 근무 여부 또는 근무실적에 따라 지급 여부 및 지급액이 변동되는 임금'은 통상임금의 산정범위에서 제외된다는 것이다. 따라서 근속수당이 통상임금의 산정범위에 해당하는가에 대해 판례는 구체적 사례마다 각각 정기적·일률적으로 지급되었는가를 기준으로 어느 경우에는 이를 부정하고,[20] 어느 경우에는 긍정하면서도[21] 1임금지급기 내지 매월 지급의 요건은 그대로 유지하고 있었다.[22]

그러나 상여금의 통상임금 해당성 판단기준에서 '1임금지급기'가 의미를 상실하고, 정기성과 일률성 내지 고정성을 중심기준이 되도록 한 것은 1996년도의 '의료보험조합 사건'에 대한 대법원 판례이다.[23] 이 사건에서 상여금은 예산의 범위 안에서 매년 3월, 6월, 9월, 12월의 보수지급일에 각각 상여금 지급일 현재 기본급의 100%를 지급하기로 하였다. 그런데 동 판결에 따르면 먼저 법적인 구속력이 있는 (구)근로기준법 시행령 제31조 제1항이 통상임금을 '근로자에게 정기적, 일률적으로 소정 근로 또는 총 근로에 대하여 지급하기로 정하여진 금액'으로 보기 때문에 '근로자에게 소정 근로 또는 총 근로의 대상으로 지급되는 금품으로서 그것이 정기적, 일률적으로 지급되는 것은 통상임금'으로서 '임금이 1개월을 초과하는 기간마다 지급되는 것이라도 그것이 정기적, 일률적으로 지급되는 것이면 통상임금에 포함될 수 있는 것'이라고 보았다. 그런 점에서 이 판결에 의해서 종전의 상여금의 통상임금 해당성에 관한 판단기준으로서 '1임금지급기'는 의미가 없어졌다. 따라서 상여금의 통상임금 해당성 판단에 있어서는 정기성과 일률성만이 남아있는 중요한 판단기준이 되었다. 그렇기 때문에 '1임금지급기'를 초과하여 상여금을 지급한다 하더라도 정기적, 일률적으로 지급되었는가가 기준이 되므로 이제는 구체적인 사건에서 상여금

19) 대법원 1990.11.9, 선고 90다카6984; 대법원 1991.6.28, 선고 90다카14758.

20) 정기성과 일률성이 없어서 근속수당의 통상임금 해당성을 부정한 것으로는 대법원 1992.2.14, 선고 91다17955; 대법원 1992.5.22, 선고 92다7306; 대법원 1994.10.28, 94다26615.

21) 정기성과 일률성이 있어서 근속수당의 통상임금 해당성을 긍정한 것으로는 대법원 2002.7.23, 선고 2000다29387; 선고 95다2227.

22) 예를 들면 대법원 2002.7.23, 선고 2000다29370.

23) 대법원 1996.2.9, 선고 94다19501. 1994년도까지는 대법원은 '실제 근무일수나 수령액에 구애됨이 없이 정기적, 일률적으로 1임금 산정기간에 지급하려고 정하여진 고정급임금'을 통상임금이라고 하여 상여금 등을 포함하여 사용자가 지급하는 금원은 1임금산정기간마다 지급되는 경우에 통상임금으로 인정되었었다. 이 점을 지적한 것으로는 유성재, "상여금의 통상임금성 – 대상판결: 대법원 2012.3.29, 선고 2010다91046", (사)노동법이론실무학회 제19회 정기학술대회 자료집, 2012, 31면 참조.

이 정기적, 일률적으로 지급되었는가가 중요한 기준이 된다. 그리하여 당해 사건에서는 '1임금지급기'를 넘어 지급되었다고 하더라도 '입사 1개월 미만인 자에게는 지급되지 않고, 근속기간이 3개월 미만인 자와 휴직·정직·직위해제 처분 등으로 상여금 지급 기간 중 그 직무에 종사하지 않은 자(업무상 부상으로 휴직한 경우를 제외한다), 근속기간이 3개월 이상인 자로서 상여금 지급기간의 2분의 1 미만을 근무하고 퇴직한 자에 대하여는 근무일수를 근거로 일할계산하여 지급하도록 한 것은 상여금의 지급 여부 및 그 지급액은 결국 피고 조합들 소속 임·직원들의 실제의 근무성적에 따라 좌우되게 되어 그것이 고정적인 임금이라고 할 수 없으므로 통상임금'에 해당하지 않는다는 것이다. 그러나 종전의 판례대로 한다면 상여금을 정기적, 일률적으로 지급하였다고 하더라도 1임금지급기를 넘어 지급하였으므로 이 상여금은 통상임금에 해당하지 않는다고 했어야 할 것이다.

그렇다면 이와 같이 이른바 '의료보험조합 사건'에서 대법원이 종전 판례와 달리 상여금의 통상임금 해당성 판단기준으로서 '1임금지급기'라는 요건에 의미를 두지 않은 것이 판례의 변경으로서 전원합의체의 판결을 필요로 한 것이었는가 하는 점이 문제될 것이다. 먼저 법원조직법 제7조 제1항에 따른 전원합의체의 판결을 요하는 판례의 변경, 따라서 이를 위반하는 경우 민사소송법 제451조 제1항 제1호의 '법률에 따라 판결법원을 구성하지' 않은 경우로서 재심사유가 되는 경우, 말하자면 '종전에 대법원에서 판시한 헌법·법률·명령 또는 규칙의 해석적용에 관한 의견을 변경할 필요가 있음을 인정하는 경우'가 어느 경우인지에 대해서 대법원은 다음과 같이 본다.[24] 즉, 구체적인 대법원의 재판에서 "어떠한 표현으로 법의 해석에 관한 일정한 견해가 설시되어 있다고 하더라도, 그것이 진정으로 의미하는 바가 무엇인가, 즉 어떠한 내용으로 또는 어떠한 범위에서 장래 국민의 법생활 또는 법관을 비롯한 법률가의 법운용을 '구속'하는 효력, 즉 판례로서 효력을 가져서 그 변경에 대법원 전원합의체의 판단이 요구되는가를 살피려면, 사람의 의사표현행위 일반에서와 마찬가지로, 그 설시의 문구에만 구애될 것이 아니라 당해 판결의 전체적인 법판단에 있어서 그 설시가 어떠한 위상을 가지는가에 유의하면서 또 다른 재판례들과의 관

24) 대법원 2009.7.23, 선고 2009재다516.

련을 고려하면서 면밀하게 따져보아야 한다. 특히, 판결은 1차적으로 개별적인 사건에 법적인 해결을 부여하는 것을 지향하는 것이고, 대법원 판결에서의 추상적·일반적 법명제의 설시도 기본적으로 당해 사건의 해결을 염두에 두고 행하여지므로, 그 설시의 위와 같은 '의미'는 당해 사건의 사안과의 관련에서 이해되어야 한다"는 것이다.

그렇다면 종전 판례와 달리 상여금의 통상임금 해당성 판단기준으로서 '1임금지급기'에 의미를 부여하지 않고, 정기성과 일률성의 기준만을 중시하여 판단한 위 이른바 '의료보험조합 사건'에서 대법원 판례는 위와 같이 종전에 자신이 판시한 '법률의 해석적용에 관한 의견'을 변경하는 경우에 해당하는지의 여부에 관한 판단방법을 따르고 있는가?

사용자가 지급하는 어느 금원이 통상임금의 산정기초에 해당하기 위한 판단기준으로서 '1임금지급기'는 사실 연원을 따지면 법률이나 법률의 위임에 의한 시행령 어느 곳에도 그 근거를 두고 있는 기준은 아니다. 이 기준은 고용노동부의 통상임금 산정지침[25] 제3조에 그 근거를 두고 있다. 즉, 이 지침은 '통상임금의 산정기초가 되는 임금은 근로계약이나 취업규칙 또는 단체협약에 의하여 소정 근로시간(소정근로시간이 없는 경우에는 법정근로시간, 이하 같다)에 대하여 근로자에게 지급하기로 정하여진 기본급 임금과 정기적·일률적으로 1임금산정기간에 지급하기로 정하여진 고정급 임금으로 한다'고 규정하고 있다. 그러나 통상임금 개념의 법적 근거가 되는 근로기준법 시행령 제6조 제1항은 통상임금을 '정기적이고 일률적으로 소정근로 또는 총 근로에 대하여 지급하기로 한 시간급' 등으로 규정한다. 따라서 어느 금원의 통상임금 해당성을 판단하기 위한 기준으로서 고용노동부 통상임금 산정지침의 '1임금산정기간'은 법적인 의미의 판단기준이 아니다. 법원은 이 지침에 구속되지 않으며, 오히려 법원(法源)으로서 법관을 구속하는 효력이 있는 시행령은 1임금지급기간에 대한 내용이 없기 때문에 대법원이 시행령에 충실한 법률의 해석을 하고자 한다면 이 '1임금지급의 산정기간'은 금원의 통상임금 해당성을 판단하는 규범적 기준이 될 수 없다. 그런 의미에서는 이른바 앞의 '의료보험조합 사건'에서 대법원이 '1임금지급기'의 기준을 적용하지 않은 것은 일응 법규범으로서의 시행

25) 통상임금 산정지침 2002.1.22 노동부 예규 제476호.

령의 충실한 해석과 적용이라고도 볼 여지가 있다. 그럼에도 후술하는 바와 같이 통상임금의 개념정의에 관한 근로기준법 시행령 제6조 제1항의 규정은 근로기준법의 위임을 받지 않고 제정된 것으로서 위임입법의 한계를 넘은 법규명령으로서 무효이다.[26] 따라서 대법원 판례가 자신의 종전 판례로부터 유지해오던 '1임금산정기간'이라는 통상임금 해당성 판단기준을 포기하고, 근로기준법 시행령 제6조의 통상임금 개념정의에 맞게 정기성과 일률성의 판단기준을 강조한 것은 시행령에 충실한 해석이라고 본다 하여도 무효인 시행령에 충실한 해석이다.[27] 그러나 이 무효는 학설상의 주장일 뿐 대법원이 재판례를 통하여 근로기준법 시행령 제6조 규정이 무효라고 한 적이 없다. 따라서 대법원이 이 시행령 규정을 무효로 보지 않는 한 '1임금지급기'의 요건을 고수하지 않은 '의료보험조합 사건'은 법률규정인 근로기준법 시행령 제6조 제1항에 구속되는 법률에 충실한 해석이라고 할 수 있다.

그러나 그렇다고 하여 '의료보험조합 사건'에서 대법원이 '1임금지급기'를 포기한 것이 항상 정당화되는 것은 아니다. 무엇보다 근로기준법 시행령 제6조 제1항이 통상임금 개념정의로서 완결성을 갖춘, 말하자면 무오류의 법률규정이 아니기 때문이다. 그런 점에서는 앞의 대법원 판결이 '전원합의체 판결을 해야 할 판단기준과 방법'에 대해 설시한 바와 같이 통상임금의 의미를 고려할 때 '1임금지급기'가 금원의 통상임금 해당성에 관한 판단기준으로서 의미가 있는가, 이 요건이 상여금과 관련된 사안과의 관계에서 의미가 있는가, 있다면 어떤 의미가 있는가 하는 관점에서 근로기준법 제6조 제1항도 해석되어야 할 것이다. 이와 같이 본다면 '1임금지급기'의 판단기준 문제는 동 규정에는 규정되지 않은 '1임금지급기'가 금원의 통상임금 해당성 판단에서 갖는 의미를 대

26) 이러한 입장으로는 김기덕, "노동부 예규 통상임금산정지침에 관한 검토", 「노동과 법」 제6호(전국금속산업노동조합연맹 법률원), 2006, 221면; 김희성 · 한광수, "정기상여금의 통상임금 해당성에 대한 연구", 노동법논총 제25집(한국비교노동법학회), 2012, 379면 이하; 김영문 외, 임금개념과 평균임금 · 통상임금의 산정범위, 법문사, 2004, 134면 이하 참조.

27) '1임금지급기'를 판단기준으로 내세운 종전의 판례와 이를 포기한 이른바 '의료보험조합 사건'에 관한 판례를 비교할 때 판례변경에 해당하여 전원합의체 판결을 해야 하는데 이를 하지 않아 재심사유가 되는가와 관련하여 대법원 판례가 말하는 것처럼 '그 사안에 즉하여 판시'한 것이 아니라, '1임금산정기간'을 통상임금 해당성의 판단기준으로 해야 하는가에 대한 법률의 해석 적용의 문제이다. 그런 점에서 '의료보험조합 사건'에 관한 대법원의 판결은 '법률의 해석적용에 관한 의견'의 변경인가 하는 문제이다. 전원합의체의 판결을 받아야 하는 판단기준과 방법에 관해서는 대법원 2009.7.23, 2009재다516 판결 참조.

법원 스스로 판단해야 하는, 말하자면 동 규정이 규율하지 않은 것에 대해 법을 형성해야 하는가 하는 문제이다. 그런데 '1임금지급기'를 규정하지 않은 근로기준법 시행령 제6조 제1항의 통상임금 개념정의 규정은 1982년 근로기준법 시행령 개정 시에 제31조의 통상임금의 정의 규정이 수정되는 과정에서 '정기성'과 '일률성'이 통상임금의 구체적인 개념요소로 입법화되어 현재에 이르고 있는 규정이다. 따라서 1982년도 시행령 개정 이후에 '의료보험조합 사건' 이전까지 대법원 판례가 '1임금지급기' 이후에 지급된 상여금을 통상임금의 산정범위에서 배제한 것은, 따라서 이 판단기준을 통상임금 해당성 판단기준으로 세운 것은 이 시행령이 정하지 않은 판단기준에 대한 대법원 판례의 법형성에 해당하는 것이다. 이 기준과 병행하여 정기성과 일률성의 기준을 고려할 때 후자의 기준은 법률에 충실하게 시행령을 따른 것이지만, '1임금지급기'의 기준은 판례가 스스로 세운 법형성이다. 물론 이러한 법형성이 타당한지에 대해서는 논란의 여지도 있고, 판례의 법형성이 전원합의체의 판결을 요하는 것인가 하는 점도 논란의 여지는 있다. 그러나 방법론상 근로기준법 시행령상의 '정기성과 일률성'의 기준과 병행하여 법률에 규정되지 않은 '1임금지급기'를 통상임금 해당성의 판단기준으로 삼은 것은 그 내용의 정당성과는 별개로 분명히 시행령상의 통상임금의 개념규정의 의미내용을 일탈하였거나, 법률을 초월하여 법형성한 것이다. 따라서 '1임금지급기'의 기준을 세운 것은 초법률적 법형성에 해당한 것이다. 따라서 그러한 기준설정은 방법론상 무효에 해당한다.

그러나 이와 같은 무효의 법형성이 지속되고 수년에 걸쳐 사안에 그대로 적용되면 방법론상 타당성을 상실한 법형성에 해당하는 것이지만, 계속 반복되는 경우에는 판례의 구속력이 인정될 정도의 효력을 갖는 운좋은 법형성(geglückte Rechtsgestaltung)[28]이다. 또한 동시에 근로기준법 시행령은 '1임금지급기'를 규정하지는 않았지만, '1임금지급기'의 기준은 내용상 정당성도 있기 때문에 '의료보험조합 사건' 판결 이전의 판결들은 판례의 정당한 법형성을 한 것으로 평가할 수 있다. 법원을 구속하는 것은 아니지만 행정해석이 지금까지도 '1임금지급기'의 기준을 포기하지 않는 것도 다 이유가 있다. 이와 같은 '1

28) 법률초월적 법형성은 contra legem한 것으로서 문제가 있지만, 이것이 반복적으로 행하여지는 경우 법관법으로 승인될 수도 있음을 지적하는 것으로는 이미 Larenz, Methodenlehre der Rechtswissenschaft, 4.Aufl., 1979, S. 417 이하 참조.

임금지급기'라는 판단기준을 판례로 설정한 것이 정당한 법형성인지는 다음과 같은 점을 고려해 보면 알 수 있다. 즉, "정기상여금과 같이 아무리 정기적으로 지급된다 하더라도 매월 1회 이상 정기불로 지급되는 것이 근로자들이 통상적으로, 보통으로 받는 임금이 될 것이다. 일본의 경우는 먼저 임시로 지불된 임금, 상여 기타 이에 준하는 것으로 후생노동성령에서 정하는 임금은 매월 1회 이상 정기불의 원칙 적용에서 제외한다. 그리고 가족수당, 통근수당 이외에 별거수당, 자녀교육수당, 주택수당, 임시로 지불된 임금, 그리고 1개월을 넘는 기간으로 지불되는 임금은 할증임금의 산정기초에서 제외한다. 일본 기업은 일반적으로 6월과 12월로 연 2회 정기적으로 상여금을 지급하는 것이 관행이다. 말하자면 정기적으로 연 2회 상여금을 지급한다. 그럼에도 왜 상여금을 매월 1회 이상 정기불의 원칙에서도 제외하고, 할증임금의 산정기초에서 제외[29]하고 있는가 하는 의문이 든다. 이에 대해 한 달을 초과하는 기간마다 지불된 임금은 법체계상 노동기준법 제24조 제2항의 매월·정기일 지급이 적용되는 '통상'의 임금에 해당하지 않는다는 것, 말하자면 매월·정기일 지급의 예외로 되는 임금은 논리상 통상임금이 될 수 없으며, 본래 근로자에게 매월 정기적으로 지급되어야 하는 보통의 임금과는 다른 의미에서의 예외적인 임금으로서 '통상'의 임금이 아니라는 것이다.[30] 그러나 여기서도 강조되어야 할 것은 통상의 임금이 '통상적으로 지급된 임금', 판례처럼 말한다면 '정기적이고, 일률적으로 지급된 임금'이 아니라, 시간의 요소가 중요한 이른바 '통상의 근로시간 또는 근로일'에 대해서 지급한 임금이라는 점이다. 상여금은 일본의 경우처럼 6월과 12월에 정기적으로 지급된다고 하더라도 통상의 근로시간이나 근로일에 대해 지급하는 것이 아니기 때문에 할증임금의 산정기초나 매월 1회 이상 정기불의 원칙에서 제외하는 것이다. 아마도 노동부의 통상임금 산정지침이 상위의 법원

---

29) 물론 상여금이나 보너스 등의 일시금도 지급시기, 지급액, 계산방법 등이 정해지고, 이에 따라 지불되는 경우는 근로의 대상으로서의 임금이지만, 사용자의 재량에 의해 지불되는 것은 임금이 아니라고 보는 견해도 있다. 이에 대해서는 무엇보다 荒木尙志, 같은 책, 111면 참조. 그러나 상여금이 임금이라고 해서 통상임금에 포함되어야 한다는 것은 아니다. 통상의 임금이 아닌 임금이 될 수도 있다. 일본 노동기준법은 상여를 매월 1회이상 정기불의 원칙에서도 제외하고, 할증임금의 산정기초에서도 제외한다.

30) 노상헌, "일본의 평균·통상임금법리(日本における平均·通常賃金の法理)", 「노동법 포럼」, 노동법이론실무학회, 2009, 44면 이하 참조; 이정, "통상임금에 대한 판례법리의 재검토-정기상여금(대법원 2012.3.29, 선고 2010다91046판결)을 중심으로", 「노동법학」 제43호(한국노동법학회), 2012, 183면 이하 참조.

으로서 근로기준법 시행령 제6조의 규정이 있음에도 불구하고 이와 같이 1임금산정기간을 넘는 임금을 통상임금에서 제외하는 것은 통상임금의 본질을 염두에 둔 것이 아닌가 하는 생각이 든다. 물론 우리나라에는 일본 노동기준법 제24조, 제37조, 노동기준법 시행규칙 제21조와 같이 상여금을 할증임금의 산정기초나 매월 1회 이상 정기불의 원칙에서 제외한다는 규정은 없다. 오히려 법원을 구속하는 법원(法源)의 효력이 있는 근로기준법 시행령 제6조의 통상임금에 관한 정의규정이 있기 때문에 이에 따라야 할 것이지만, 노동법에서 대체입법자로서의 기능이 강조되는 대법원은 합리적인 법형성작용과 근로기준법 제6조의 제한해석에 의하여 통상임금의 위상을 제대로 만들었다"고 볼 여지도 있다.[31)]

이와 같이 '1임금지급기'라는 통상임금 해당성 판단기준을 설정한 판례는 방법론상 문제가 있으나, 내용상 정당하면서도 운이 좋은 법 형성으로서 분명하게도 이른바 '의료보험조합 사건' 이전에는 하나의 판례원칙으로 자리 잡고 있었다.

그러나 1996년도 '의료보험조합 사건'에서 대법원은 종전의 법 형성으로서 '1임금지급기'의 요건을 포기하고, 상여금이 '실적 또는 성적'에 따라 지급되었는지, 아니면 정기적이고 일률적으로 지급되었는지를 기준으로 상여금의 통상임금 해당성을 판단하였다. '1임금지급기'의 판단기준은 상여금의 통상임금 해당성을 판단하는 중요한 기준으로서 정기성과 일률성의 요건과 동등한 비중을 갖는 판단기준이다. 물론 상여금이 '실적 또는 성적'에 따라 지급되는가, 이와 관계없이 지급되는가 하는 문제는 상여금의 통상임금 해당성 판단에 있어서 중요한 기준이다. 그러나 그러한 기준이 중요하다고 하여도 '1임금지급기'의 기준을 충족하지 못한 '의료보험조합 사건'에서는 상여금이 1임금지급기간을 초과하여 지급되었다는 점과 실적과 성적에 따라 각각 지급되었기 때문에 상여금이 통상임금의 산정범위에 들어가지 않는다. 당해 사건에서처럼 물론 '1임금지급기'를 초과하였던 그렇지 않았던 간에 상여금이 '실적 또는 성적에 따라 지급되었다면 통상임금의 산정범위에 들어가지 않아 결과적으로 대법원의 판결과 결과를 같이 할 것이다. 그 점에서 대법원 판결은 판례의 변경이 아니라

---

31) 이 부분은 김영문, "금원의 통상임금 해당성 판단기준의 비판적 고찰", 「노동법학」 제43호(한국노동법학회), 2012, 212면 이하를 전제하였다.

종전의 판례를 반복한 것이므로 전원합의체 판결이 필요한 것도 아니고 따라서 민사소송법 제451조의 재심사유에도 해당하지 않는다고 볼 여지도 있을 것이다. 그러나 '의료보험조합 사건'은 정기성과 일률성의 구체적 사실로서 '실적 또는 성적'에 따라 상여금이 지급되었기 때문에 통상임금에 산정되지 않은 것이 아니라, 처음부터 통상임금 해당성 판단의 한 기준이 '1임금지급기'를 넘어 지급되었기 때문에 통상임금의 산정범위에 들어갈 수가 없는 것이다. '1임금지급기'의 요건과 '정기성과 일률성'의 판단기준은 통상임금 해당성 판단을 위해 동등한 비중을 갖는 것으로서 '1임금지급기'의 요건은 '정기성과 일률성'의 요건에 앞서서 검토되어야 하는 요건이다. 따라서 1임금지급기를 초과하여 지급되는 상여금은 '정기성과 일률성'을 따질 필요도 없이 통상임금의 산정범위에서 제외되어야 하는 것이다. 그러므로 상여금이 '1임금지급기'를 초과하여 지급되면 정기성과 일률성의 요건을 갖추었어도 통상임금의 산정범위에 포함되지 않는다. 이것이 이른바 '의료보험조합 사건' 이전의 판례의 입장이라고 본다. 그러나 '의료보험조합 사건'에서는 '1임금지급기'를 초과하였어도 구체적 사안에서 '정기성과 일률성'에 따라 각각 상여금의 통상임금 해당성을 달리 볼 수 있다고 함으로써 금원의 통상임금 해당성 판단기준에 대한 종래 자신의 법형성에 중대한 변경을 가져온 것이라고 본다. 따라서 '1임금지급기'의 판단요건의 폐기는 종전 판례의 변경으로서 전원합의체의 판결을 거쳤어야 한다고 본다.

그런데 이 글에서 문제가 되는 2012년도의 대법원 판결도 상여금이 분기별로 지급됨에도 불구하고 '1임금지급기'는 문제삼지 않고, 당해 사건에서 상여금 지급과 지급액이 근로자의 실제 근무성적에 따라 좌우된 것이었는가, 아니면 실제 근무성적과 관계없이 정기적, 일률적으로 지급되는 고정적인 임금인가만을 판단기준으로 하였다는 점에서 '1임금지급기'의 판단에 관한 한 1996년도의 '의료보험조합 사건'의 대법원 판례를 반복하고 있다. 따라서 2012년의 대법원 판례는 법원조직법 제7조 제1항과의 관계에서 '1임금지급기'에 관한 한 1996년도의 '의료보험조합 사건'에 관한 대법원 판례를 반복한 것이므로 전원합의체 판결을 필요로 하지 않으며, 따라서 민사소송법 제451조 제1항의 재심사유도 되지 않는 것으로 볼 수 있다. 그러나 여기서 지적해야 할 것은 상여금을 '1임금지급기'를 넘어 지급하는 경우 통상임금의 산정범위에 들어가지 않는다는 것은 1996년도 '의료보험조합 사건'에 관한 대법의 판결 이전의 판례법리라는 점이다.[32] 이 사건 이후에는 '1임금지급기'는 더 이상 문제되지 않고 1임금지급기를 넘어 분기별로 지급된다고 하더라도 구체적인 사안에 따라서 실제 근무성적에 따라 지급되는 것인가, 아니면 이에 좌우되지 않고 정기적이고 일률적으로 지급되는 고정적 임금인가가 중요하다. 따라서 1996년도 이후의 판결에서는 상여금이 통상임금의 산정 범위에 들어오지 않는 이유는 지급하기로 한 임금 중 정기적·일률적으로 정하여진 고정급이 아닌, 실제 근무여부 또는 근무실적에 따라 지급 여부 및 지급액이 변동되는 것이기 때문에 통상임금 산정범위에 들어오지 못하는 것이었다. 말하자면 1임금지급 산정기간내의 금원이라도 정기성과 일률성이 없기 때문에 임금산정범위에 들어오지 못하는 것이었다. 따라서 이들 판례에서 중요한 것은 각각의 개별 사례에서 상여금이 정기성과 일률성의 요건을 충족하는 것인가가 중요한 것이었다. 그러므로 판례법리에 따르면 '상여금은 통상임금이 아니다'라는 일반명제는 성립하지 않으며, 반대로 '상여금은 통상임금이다'라는 반대명제 또한 성립하지 않는다. 대법원 판례는 구체적 사안에서 상여금이 실제 근무성적에 따라 지급되었는가, 정기적·일률적으로 지급되는 고정적 임금이었는가를 기준으로 판단하기 때문에 상여금에 관한 일반 명제의 판례법리가 아니라, 개별사안에 따른 구체적 타당성을 도모하고 있는 것으로 보인다.

그러나 여기서 문제가 된 대법원 판결로써 상여금을 비롯한 통상임금의 법률문제가 다 종결된 것은 아니다. 먼저 위에서 문제가 된 '1임금지급기'의 통상임금 해당성 판단기준은 무용한 것인가 하는 이론적인 문제와 이를 통상임금 해당성의 판단기준에서 배제하는 것이 당사자의 헌법적 권리를 침해하는 것은 아닌가 하는 헌법적인 문제는 남아 있기 때문이다. 또한 '1임금지급기'가 통상임금 해당성 판단에서 중요하지 않다는 것을 인정한다하더라도 대법원 판례가 사용하고 있는 정기성과 일률성의 판단기준은 정당한가, 이 기준을 판례법리로 설정하고 있으면서도 다른 판례에서는 이를 또 다시 확장하여 판례변경이라고 할 정도가 되어 전원합의체의 판결이 필요한 것은 아닌가, 그리고 정기성과 일률성의 판단기준을 구체적 개별 사례에서 제대로 적용하여 판결하였는가 하는

---

32) 1996년도 '의료보험조합 사건'에 관한 대법원 판결의 '1임금지급기'의 판단기준과 관련하여 왜 당시 전원합의체 판결을 구하지 않았는가 하는 의문점은 여전히 남아 있다.

문제는 여전히 규명해야 할 문제로 남아 있다. 또한 노동법 사건에서는 종종 법원이 대체입법자의 역할을 하기 때문에 대법원 판례로 인하여 현재와 같은 혼란스러운 판결로 인하여 법적 불안정성을 야기하는 대법원 판례에 대해 대법원이 법정책적으로 스스로 '대체입법자'로서 판결을 통하여 통상임금에 관한 가이드라인을 제시하는 것이 바람직하지 않는가 하는 점은 여전히 남아 있는 문제라고 생각한다. 이에 관해서는 후술하기로 한다.

〈보론〉 대법원 2012.3.29, 선고 2010다91046 판결에 대한 평석

이상에서는 본서에서 주로 다루고자 하는 대법원 2012.3.29, 선고 2010다91046 판결의 일반적 문제를 다루었다. 이하에서는 이 판결에 대해서 구체적인 검토를 한다.[33)]

Ⅰ. 서 론

근로기준법 제2조 제2항은 동법 제1항 제6호에 따라 산정한 평균임금이 통상임금 보다 적으면 그 통상임금을 평균임금으로 한다고 규정하고 있다. 실제 근로시간이나 실적에 따라 그 액수가 달라질 수 있는 평균임금이 소정 근로나 총 근로에 대하여 지급하기로 한 통상임금보다 적은 경우에 통상임금을 기준으로 최저한도의 평균임금을 보장하기 위해서 마련된 근로자보호 입법정책 규정이다. 그런데 이 통상임금이나 평균임금은 사용자가 근로계약이나 취업규칙 또는 단체협약에 의해서 정하여진 노무급부제공에 대한 반대급부로서의 임금을 말하거나 임금의 종류를 말하는 것이 아니다. 사용자가 근로자들이 제공한 노무급부에 대해 쌍무관계에서 지급하여야 하는 것이 임금이고, 통상임금이나 평균임금은 그러한 임금을 토대로 법률에서 보장한 각종 법정 수당이나 보상

33) 이 보론은 필자가 위 판례에 대해 비판적 검토를 하여 2012년 노동법학 제43호에 수록한 글, "금원의 통상임금 해당성 판단에 관한 기준의 비판적 고찰", 노동법학 제43호(한국노동법학회), 2012.9를 이해의 편의를 위하여, 그리고 논문 작성시 본서를 염두에 두고서 쓴 글로서 수정・보완하여 여기에 옮겨 놓는다.

금을 산정할 때 기준으로 삼아야 하는 것이다. 따라서 평균임금이나 통상임금은 독자적인 임금의 종류가 아니라, 법정수당과 보상금 등을 산정하기 위한 기초이자 산정방법에 지나지 않는 것이다. 그런 점에서 사용자는 평균임금이나 통상임금 자체를 근로자에게 주는 것이 아니라, 통상임금이나 평균임금을 기초로 하여 산정한 휴업수당, 잔업수당, 퇴직금, 연차유급수당 등을 주는 것이다. 말하자면 평균임금이나 통상임금은 무엇인가를 산출하고 산정하기 위한 도구개념이지 그 자체가 임금은 아니다.

그런데 현행 근로기준법 제2조 제1항 6호는 평균임금이 무엇인지 법률로 명시하고 있으면서도, 통상임금은 법률로 정하지 않고, 시행령으로 정하고 있다. 통상임금은 해고예고수당, 시간외·야간 및 휴일근로시의 가산임금, 연차유급휴가수당 등을 산출할 때 기준이 된다. 근로기준법 시행령 제6조 제1항은 근로기준법과 동시행령상의 '통상임금'을 '근로자에게 정기적이고 일률적으로 소정근로 또는 총 근로에 대하여 지급하기로 정한 시간급 금액, 일급 금액, 주급 금액, 월급 금액 또는 도급 금액이라고 정의한다. 이렇게 되면 앞의 정의와는 달리 시간급, 주급, 월급 등은 임금이므로 통상임금은 도구개념이 아니라, 그 자체가 임금이 된다. 그러나 동시에 시행령의 기준에 따라서 정기적, 일률적으로 지급되는 고정적인 것이면 통상임금의 범위에 들어오지만, 정기적·일률적으로 지급되는 것이 아니거나 실제의 근무성적에 따라 지급 여부나 지급액이 달라지게 되면 고정성의 요건이 충족되지 못하여 통상임금의 범위에 들어오지 못한다.

이와 같이 통상임금이나 평균임금은 사용자가 지급하여야 할, 근로자들이 노무제공의 대가로 받아야 할 임금이므로, 임금을 생존수단으로 삼고 있는 근로자나 근로자의 노무제공으로부터 생산을 해야 하는 사용자는 이를 어떻게 판단하는가에 따라 민감하게 반응할 것이다. 사용자가 지급하는 수많은 금품 내지 금원이 통상임금의 범위에 들어가는지는 근로계약의 당사자에게 민감하면서도 개념도 명확하지 않고, 구별기준도 분명하지 않거나, 구별기준이 있어도 과연 그러한 구별기준이 옳은 것인지 등에 대해 논란이 많아 이를 둘러싸고 끊임없이 분쟁이 초래되고 있다. 더욱이 통상임금에 대해 명확한 규정이 없고, 규정이 있어도 실제로 사용자가 지급하는 금원이 통상임금에 해당하는지 여부에 대해서도 용이하게 사용할 구분기준도 분명하지 않기 때문에 법적용자로서의 판례와 행정해석이 상이하여 실무상 혼란을 가져 오는 경우도 많다. 예를 들어 행정해석은 법원과 같이 통상임금이라는 동일한 용어와 동일한 내용의 개념을 사용하면서도 차량유지비, 식사수당, 가족수당, 고정적 상여금과 같은 구체적 사례에서는 통상임금에 포함되어서는 안 되는 복리후생적 금원이라고 하지만, 근래의 판례들은 복리후생적 급여 내지 고정적 상여금이라 하더라도 그 지급이 취업규칙이나 단체협약에 명시되어 있고 일률적으로 지급된 것이라면 통상임금으로 인정한다. 따라서 어느 금원이 통상임금의 범위에 들어가는지를 둘러싸고 법적 불안정성이 배가되어 실무상의 혼란이 증폭되어 가고 있다. 특히 일정액의 상여금을 매월 또는 분기별로 나누어 지급하는 정기상여금이 통상임금에 포함되는지에 대해 종전의 판례는 "정기상여금은 실제의 근무성적 내지 근속기간에 따라 그 지급여부 및 지급액이 달라지므로, 그것은 고정적 임금이라 할 수 없어 통상임금의 범위에 포함되지 않는다"고 보았다.[34] 노동부의 행정해석도 "지급률을 연간 단위로 책정하고 매분기 또는 매월 지급하는 형태의 상여금은 1임금 산정기간을 초과하여 설정한 후 매월 분할 지급한 것에 불과하므로 통상임금의 범위에서 제외된다"고 보았다.[35] 물론 학설의 일부는 "근로자에 대하여 1개월을 초과하는 기간마다 지급되는 것이라도 정기적·일률적으로 지급되는 것이면 통상임금에 포함될 수 있다"는 대법원 판결[36]을 소개한다.[37] 이러한 대법원 판결에 동조하여 최근의 판결들은 종전의 판례와는 다른 판결들을 내놓고 있다. 그리하여 인천지방법원은 "정기상여금은 원고들의 근로제공과 밀접하게 관련되어 지급된 것으로서, 이 사건 단체협약에 따라 지급조건을 충족하는 근로자들에게 정기적·일률적으로 일정액이 지급되어 왔고, 그것이 근로의 대가성이 없는 은혜적 금품이거나 근로자의 특수하고 우연한 사정에 의해 좌우되는 우발적·일시적 급여라고 볼 만한 근거가 없다. (중략) 정기상여금은 근로의 대가로서 정기적·일률적으로 지급되는 고정적 임금이라고 봄이 타당하므로 근로기준법상의 통상임금에 해당하고, 정기상여금이 처음 도입될 당시에는 피고의 경영실적에 따라 지급되는 일시적·

34) 대법원 1996.2.9, 선고 94다19501; 대법원 2002.6.11, 선고 2001다16722.

35) 노동부 2002.03.29, 임금 68207-207; 「통상임금산정지침」(제정 1988.1.14 노동부예규 제150호, 개정 2009.9.25 노동부예규 제602호).

36) 대법원 1996.2.9, 선고 94다19501.

37) 김형배, 노동법, 제21판, 2012, 376면 참조.

비고정적인 성격의 금품이었다거나, 노사합의에 따라 기존 통상임금 산정 기초임금에서 제외되었다는 사정만으로는 통상임금에서 제외된다고 볼 수 없다"고 판시[38]하고 있다. 말하자면 정기상여금은 근로의 대가이고, 그 근로의 대가가 정기성과 일률성을 갖춘 고정적 임금이라면 통상임금에 해당한다는 것이다. 이와 같이 판례와 행정해석, 학설들이 서로 다른 입장을 취함에 따라서 근로자와 사용자는 법적으로 매우 불안정한 상태에 빠지게 된다. 그리고 그러한 법적 불안정성이 노사관계에 미치는 영향도 또한 적지 않다. 통상임금은 해고예고수당, 시간외·야간 및 휴일근로시의 가산임금이나 연월차유급휴가수당 등을 산출할 때의 기준이 된다. 따라서 법원이 사용자가 지급하는 금원이 통상임금에 해당한다고 보는 판단기준은 노사에 대하여 막대한 금전적 이해관계를 가져온다. 그 결과 사용자가 지불하는 금원의 통상임금 해당성에 대한 법원의 판단기준은 정기상여금, 추석선물비 등 정기적이고 일률적으로 지급된 이상 모두 통상임금에 해당할 수 있다는 문제가 발생한다. 따라서 통상임금의 외연은 정기성과 일률성의 요건을 충족하는 한 전체 수당으로 확장 될 가능성이 농후하다. 그렇게 되면 근로자들은 종전에는 통상임금이 아니라고 판단되었던 금원에 대해서 법원의 판결을 근거로 소급하여 통상임금을 기초로 하고 있는 금원에 대해서 청구권을 행사하려 할 것이다. 따라서 잔업수당이나 휴일과 야간의 가산임금으로 지급받았던 금액에 덧붙여 법원의 판단기준을 적용하여 그 동안 받지 못하였던 금원을 통상임금으로 추가하여 그 차액을 청구할 가능성이 매우 높아졌다. 또한 현재의 근로자뿐만 아니라 임금청구권이 소멸시효에 걸리지 않는 한 이미 퇴직한 근로자들도 차액을 청구할 가능성이 높아졌다. 그러한 상황에서 노동계는 먼저 가능한 한 임단협을 통해 각종 수당의 지급근거를 단체협약에 마련하고 정기성과 일률성의 요건도 명시하여 '실질임금의 확보'라는 차원에서 '제 수당의 통상임금화'를 시도하고 있다. 우리나라의 대부분의 사업장에서 정기상여금 제도를 시행하고 있고, 정기상여금은 대체로 통상임금에 해당하지 않는다는 판례와 행정해석을 믿고 오랫동안 문제없이 정기상여금 제도를 실시하고 있는 사업장에서는 근로자에게는 상당한 정도의 금액을 손에 쥘 수 있으리라는 기대감을 한껏 부풀려 주고 있는 반면에, 기업들은 추가로 부담해

38) 인천지법 2012.2.23, 선고 2011가합6096.

야 하는 비용으로 매우 곤혹스러운 입장에 처해 있다.

물론 사용자가 지급하는 어느 금원이 통상임금에 해당하는지의 판단에 있어서 법원은 그것이 몰고 올 경제적 파급효과나 산업계에 미치는 영향에 대해서 심각하게 고민할 의무는 없다. 당위로서의 법률의 세계와 현실의 세계로서의 경제는 다르기 때문이다. 그러나 다른 학문보다도 변화하는 현실세계의 첨병에 서 있는 노동법에 있어서 법원은 종종 입법자와 같은 역할을 하기 때문에 노동법 문제를 다루는 법원은 대체입법자(Ersatzgesetzgeber)로 기능하는 경우가 많다. 따라서 법원은 판례가 가져올 영향력이나 파급효과에 대해서도 진지하게 고민해야 할 것이다. 특히 판례가 가져 올 임금판단의 불명확성으로 인한 법적 불안정성, 기업의 경쟁력과 생존에 미치게 될 영향, 근로자 측 대다수의 소송제기로 인한 생산차질, 그리고 제수당의 통상임금화의 단체교섭 전략에 따른 노사 간의 갈등 등을 고려하는 가운데 통상임금 판단 기준을 더욱 발전시켜 나가야 할 것이다.

그러나 최근 대법원은 앞의 인천지방법원 판결과 맥을 같이 하는 판결을 내놓고 있다.[39] 즉, 정기상여금은 통상임금에 해당한다는 것이고, 그 이유는 상여금액이 확정된 것이어서 정기적·일률적으로 지급되는 고정적인 것이므로 통상임금에 해당한다는 것이다. 이로써 어느 금원이 통상임금에 해당하는지의 판단에 있어서 그 금원이 확정적인 것으로서 '정기성', '일률성', '고정성'의 요건을 충족하는 한 통상임금에 해당한다는 것이다. 말하자면 '정기성', '일률성', '고정성'을 통상임금인지의 판단에 있어서 '요건'으로 내세우고 있다. 최고법원이 내린 이러한 법적 결단이 가져 오는 파급효과는 앞에서 본 바와 같이 예측할 수 없을 정도이다.

따라서 아래에서는 이 대법원 판결을 비판적으로 검토하여 통상임금의 위상을 정확하게 분석하고 자리매김함으로써 통상임금이 가지고 있는 제도의 목적과 기능을 확고히 하여 노사 간의 갈등을 없앨 필요가 있으며, 동시에 판결이 가져오는 부정적 여파를 차단하여 통상임금 제도가 노동시장에서 순기능을 할 수 있도록 해야 할 것이다. 그런 의미에서 정기상여금의 통상임금 해당성을 인정한 대법원 판례에 대한 비판적 검토는 매우 시급하면서도 절실한 문제라

---

39) 대법원 2012.3.29, 선고 2010다91046.

고 할 수 있다.

이러한 시각에서 아래에서는 문제의 대법원 판결을 소개하고, 통상임금 제도의 일반론을 전개한 다음, 위 대법원 판례에 대해 비판적인 검토를 하고자 한다. 비판적인 검토에 있어서는 판례가 내세우는 각 요건들이 요건으로서 합당한 것인지, 통상임금 판단에 있어서 간과해서는 안 되는 기준으로서 '근로의 대가성' 기준은 통상임금 해당성 판단에 있어서 어디에 위치해야 하는지, 그리고 정기상여금이 임금인지, 임금이 아니라면 어떠한 성질의 금원인지 등을 중점적으로 살펴보고, 우리나라의 '통상임금' 개념과 제도에 대해 깊은 영향을 미친 국가들에서는 잔업수당액 결정에 있어서 통상임금의 산정기준을 어떻게 설정하는지를 비교법적으로 검토하여 우리나라 제도를 위한 시사점을 도출하기로 한다.

Ⅱ. 문제된 대법원 판례의 내용

1. 사건의 개요

사례의 시외버스회사는 지역버스운송사업조합에 가입하였고, 이 버스회사의 운전기사로 일하는 근로자들(원고)들은 지역자동차노동조합 조합원이다. 회사는 지역버스운송조합과 지역자동차노동조합이 체결한 단체협약과 임금협정에 근거하여 임금을 지급하여 왔다. 이 임금협정에 의하면 회사는 시외버스 운전이라는 업무의 성질상 정확한 근로시간의 산정이 어려우므로 실제 근로시간과 관계없이 1일 근로시간을 기본근로 8시간과 연장근로 4시간(그 중 1시간은 야간근로이고, 1월당 4회의 토요일 연장근로는 8시간)을 합한 12시간으로 하고, 그에 해당하는 연장근로 및 야간근로 수당을 지급하여 왔다. 또한 상여금에 대해서는 단체협약에 그 지급근거를 마련하였는 바, '만근 기본급 기준으로 6개월 이상 근무 시 350%, 3년 이상 근무 시 550%, 8년 이상 근무 시 650%, 12년 이상 근무 시 750%'를 지급하기로 하고, '상여금 지급은 분기별로 지급하며 매분기말까지 재직한 자로 하고, 퇴직자에 대하여는 월별로 지급'하기로 규정하였다(단체협약 제27조). 이와 같은 상황에서 원고들은 피고회사를 상대로 기본시급 이외에 상여금 및 근속수당도 통상임금에 포함시켜 각종 수당을 재산정해 줄 것을 요구하는 소송을 제기하였다.

이에 대해 원심 판결[40]은 상여금은 그 지급 여부 및 지급액이 근로자의 실제 근무성적에 따라 좌우되는 것이어서 이를 고정적 임금이라 할 수 없어서 통상임금에 해당할 수 없다고 보아 원고의 주장을 받아들이지 않았다. 원심은 종전의 대법원 판례에 따라 정기상여금의 통상임금 해당성을 인정하지 않았다. 무엇보다 원심판결이 정기상여금의 통상임금 해당성을 부정한 이유는 근속년수마다 차등적용하였다는 점, 일률적으로 모두에게 정기상여금을 지급한 것이 아니라, 매분기 말까지 재직한 자로 하고, 퇴직자에게는 월별로 지급한다고 규정되어 있지만, 단체협약에 따라 분기별로 상여금을 지급하였다는 것이다. 말하자면 원심이 정기상여금의 통상임금 해당성을 부정한 중요한 이유는 일률성이 없다는 것이었다. 그러나 이에 대해 대법원은 원심은 당해 사건에서 "상여금 지급실태 등을 포함하여 단체협약 제27조의 구체적 의미를 검토하여 상여금이 소정 근로 또는 총 근로의 대상으로 근로자에게 지급되는 금품으로서 그것이 정기적·일률적으로 지급되는 통상임금에 해당하는지를 살폈어야 하는데, 원심은 통상임금의 법리를 오해한 나머지 심리를 다하지 못한 잘못이 있다"하여 사건을 원심법원으로 파기환송하였다.

2. 대법원 판결의 요지

물론 대법원은 통상임금의 판단에 관해 원칙이 된 확정판결[41]을 반복한다. 즉 "통상임금은 근로자에게 소정 근로 또는 총 근로의 대상으로서 정기적·일률적으로 지급하기로 정해진 고정적 임금을 말하므로, 근로자의 실제 근무성적에 따라 지급 여부 및 지급액이 달라지는 항목의 임금은 고정적인 임금이라 할 수 없어 통상임금에 해당하지 아니하나, 근로자에 대한 임금이 1개월을 초과하는 기간마다 지급되는 것이라도 그것이 정기적·일률적으로 지급되는 것이면 통상임금에 포함된다"는 원칙판결을 되풀이 한다. 그리고 원심판결을 파기환송한 주된 이유는 문제된 상여금이 근무성적에 따라 지급된 것이 아니라는 것이다: "이 사건 상여금은 피고가 6개월을 초과하여 계속 근무한 근로자에게 근속연수의 증가에 따라 미리 정해 놓은 각 비율을 적용하여 산정한 금액을 분

40) 대구고법 2010.10.7, 선고 2009나6992.

41) 대법원 1996.2.9, 선고 94다19501; 대법원 2003.5.13, 선고 2002다74282.

기별로 지급하는 것으로서 매월 월급형태로 지급되는 근속수당과 달리 분기별로 지급되기는 하지만 그러한 사정만으로 통상임금이 아니라고 단정할 수 없다. 그리고 이 사건 단체협약 제27조에 '상여금 지급은 매 분기 말까지 재직한 자로 하고'라고 규정하면서도 곧 이어 '퇴직자에 대해서는 월별로 계산 지급한다'고 추가로 규정함으로써 상여금지급 대상에서 중도퇴직자를 제외한 것으로 볼 수 없으며, 또한 상여금 지급대상 기간 중에 퇴직하더라도 퇴직 이후 기간에 대하여는 상여금을 지급할 수 없지만 재직기간에 비례하여 상여금을 지급하겠다는 것이라면 이 사건 상여금은 그 지급 여부 및 지급액이 근로자의 실제 근무 성격 등에 따라 좌우되는 것이라고 할 수 없고, 오히려 그 금액이 확정된 것이어서 정기적·일률적으로 지급되는 고정적인 임금인 통상임금에 해당한다고 볼 여지가 있다"고 판시하였다.

3. 대법원 판결의 의의

이 판결은 통상임금의 개념과 판단기준에 대해서는 종전의 판례원칙을 확인한다. 즉, 당해 사건은 근속연수의 증가에 따라 미리 정해 놓은 각 비율을 적용하여 산정한 금액을 '**분기별로 지급**'함으로써 금원의 통상임금 해당성 판단의 기존 요건인 '정기성'의 요건을 충족하였다는 것이다. 그리고 상여금 지급은 매분기 말까지 재직한 자는 물론 퇴직자에 대해서까지 월별로 계산 지급함으로써 중도퇴직자를 제외한 것으로 볼 수 없기 때문에 모든 근로자에게 지급함으로써 금원의 통상임금 해당성 판단의 기존 요건인 '일률성'의 요건도 충족하였다는 것이다. 그러나 통상임금 해당성 판단의 또 다른 요건으로서 고정성에 대해 기존과는 다른 입장을 보이고 있다. 기존 판례는 원심과 같이 "정기상여금은 실제의 근무성적 내지 근속기간에 따라 그 지급여부 및 지급액이 달라지므로 고정적 임금이라 할 수 없어 통상임금의 범위에 포함되지 않는다"고 본다. 정기상여금이기 때문에 통상임금 범위에 들어가지 못하는 것이 아니라, 정기상여금도 고정적 임금이 아니기 때문에 통상임금의 범위에 들어가지 못한다는 것이 판례의 입장이다. 그러나 문제의 대법원 판결은 '재직기간에 비례하여 상여금을 지급한다는 것은 근로자의 실제 성적과 관계없이 상여금을 지급하는 것'으로서 이미 그 지급액이 미리 확정된 고정적 임금이므로 금원의 통상임금 해당성 판단의 또 다른 기준인 '고정성'의 요건을 충족하는 것이므로 통상임금에 해당한다는 것이다. 따라서 정기상여금에서 중요한 것은 그것이 정기상여금 명목으로 지급된다 하더라도, 근로자의 실제 성적과는 무관하게 근로자 모두에게 확정된 금액(단체협약 제27조에 따라 '만근 기본급 기준으로 6개월 이상 근무시 350%, 3년 이상 근무시 550%, 8년 이상 근무시 650%, 12년 이상 근무시 750%'를 지급)을 보장하는 한 고정적 임금으로서 통상임금에 해당한다는 것이다. 따라서 정기상여금의 통상임금 해당성에서 중요한 것은 그것이 근무 성적에 따라 지급되는 것인가, 아니면 미리 사전에 확정될 정도로 재직기간에 비례하여 지급되는 것이라면 통상임금에 해당할 수 있다고 보아, 경우에 따라서 정기상여금도 지급 여부와 지급액이 변동적인가, 미리 확정되어 고정적인가에 따라서 통상임금에 해당할 수 있다는 것이다. 따라서 종전의 '정기상여금은 통상임금에 해당하지 않는다'는 명제는 유지될 수 없고, '확정된 것으로서 고정적인가' 아니면 '근무성적에 따라 변동적인가'에 따라 통상임금에 해당하는지가 달라지게 될 것이다. 그러므로 이것은 통상임금 판단에 있어서는 객관적 판단이 아니라, 개별적으로 상여금 지급실태, 단체협약의 구체적 의미를 검토하여 판단해야 한다는 것을 의미한다. 그러나 대법원 판결은 여전히 상여금을 비롯하여 사용자가 지급하는 금원이 통상임금에 해당하기 위해서는 가장 먼저 소정 근로 내지 총 근로의 대가로서의 평가가 이루어져야 한다는 것을 말하고 있고, 그 다음에 정기적·일률적으로 지급되는 고정적 임금이어야 통상임금에 해당한다고 본다. 말하자면 대법원 판례도 모든 금원이 통상임금이든 평균임금이든 임금에 해당하기 위해서는 근로의 대가성이 인정되어야 한다는, 말하자면 금원이 임금에 해당하기 위해서는 근로의 대가성이 있어야 한다는 근로기준법 제2조 제1항 제5호의 원리원칙을 천명하는 것을 이 판결에서도 잊지 않고 있다. 또한 근로의 대가 중에서 금원이 소정의 근로의 대가성이 있어야 통상임금이 될 자격이 있으며, 마지막으로는 정기적·일률적으로 지급되어야 통상임금에 해당한다는 것을 인식하고 있다.

그러면 과연 대법원 판례가 내세운 원칙들, 즉 어느 금원이 통상임금에 해당하기 위해서는 근로의 대가성이 있어야 하는데 이 사건 정기상여금이 근로의 대가성이 있는 것인가, 통상임금 판단을 위한 정기성, 일률성, 고정성의 요건이 규범적으로 금원의 통상임금 해당성을 판단하기 위한 요건으로서 타당한 것인가, 타당하다고 인정한다 하더라도 이 사건에서 과연 그러한 요건이 충족되었다고 할 것인가, 통상적으로 시간외 근로 등의 잔업수당을 결정하기 위해서 사용되는 통상임금이 소정 근로와 총 근로를 넘어 1년 단위로 무한정하게 늘어져 평가되어 지급하는 정기상여금도 포함하는 것이 타당한가 하는 문제는 여전히 남는다. 특히 정기상여금이 통상임금의 개념규정에 따라서 소정 근로시간에 대해서 사전에 미리 지급하기로 정한 것인가 하는 점에 대한 문제도 남아 있다.

아래에서는 이러한 문제들에 대해 위 대법원 판례에 대해 비판적으로 상론한다. 다만 이를 먼저 언급하기 전에 상여금을 포함한 통상임금에 대해 현재의 법적용자들인 법원과 행정해석이 어느 정도 지그재그 판결을 하고 있는지를 살펴보기로 한다.

Ⅲ. 통상임금에 대한 법적용자의 판단기준

1. 금원의 통상임금 해당성에 관한 판단기준

통상임금이 무엇인지에 대해 대법원은 통상임금이 문제된 사안에서는 거의 공식적으로 확인한다: "소정 근로 또는 총 근로의 대상으로 근로자에게 지급되는 금품으로서 그것이 정기적·일률적으로 지급되는 고정적인 것이면 통상임금에 속하지만, 정기적·일률적으로 지급되는 것이 아니거나 실제의 근무성적에 따라 지급 여부 및 지급액이 달라지는 것과 같이 고정적인 임금이 아닌 것은 통상임금에 해당하지 아니 하는 바, 여기서 '일률적'으로 지급되는 것이란 '모든 근로자'에게 지급되는 것뿐만 아니라, '일정한 조건 또는 기준에 달한 모든 근로자'에게 지급되는 것도 포함된다. 그리고 여기서 말하는 '일정한 조건'은 '고정적이고 평균적인 임금'을 산출하려는 통상임금의 개념에 비추어 볼 때 '고정적인 것'이어야 한다."[42]

이와 같은 대법원의 판례공식에 따르면 상여금을 포함하여 사용자가 근로자에게 지급한 금원이나 금품이 통상임금에 해당하기 위해서는 i) 소정 근로 또는 총 근로의 대가이어야 하며, ② 정기적이고 일률적으로 지급되어야 하고,

---

42) 대법원 2011.9.8, 선고 2011다22061; 대법원 2011.8.25, 선고 2010다63393; 대법원 2010.1.28, 선고 2009다74144; 대법원 2007.6.15, 선고 2006다13070 외 다수.

③ 고정적이어야 한다.

2. 소정 근로 또는 총 근로의 대가

사용자가 지급하는 금품이나 금원이 임금에 해당하기 위해서는 근로의 대가 내지 대상이 되어야 한다는 것이 규범력을 갖는 근로기준법 제2조 제1항 제5호의 개념규정이다. 근로의 대가가 아닌 금품이나 금원은 임금, 통상임금, 평균임금의 어디에도 들어올 수 없는 금품이다. 그러나 대법원 판례는 무엇이 근로의 대가인지, 근로의 대가인지를 어느 기준에 의해서 판단해야 하는지에 대해 명백하게 밝힌 적이 없다. 분명하게도 법률은 통상임금 이전에 선결되어야 할 문제로서 어느 금원이나 금품도 임금에 해당되어야 그 뒤에 그것이 통상임금에 포함되는가, 평균임금에 해당될 것인가를 판단하는 문제가 제기될 것이고, 앞에서도 상여금의 통상임금 해당성에 관한 대법원의 공식화된 판례도 제일 먼저 어느 금원이 소정 근로 내지 총 근로의 대가인지의 요건이 충족된 다음 나머지 정기성과 일률성, 고정성의 요건 충족을 따져 통상임금에 해당하는지 판단할 것을 강조한 바 있다. 그럼에도 아직까지 어느 금원의 통상임금 해당성의 판단에 선행하는 문제로서 근로의 대가성 내지 대상성에 대해 판례는 사실상 침묵하고 있다.[43] 그러나 아무리 정기적·일률적으로 지급되는 것으로서 고정적인 금품이라도 근로의 대가성을 결여하면 통상임금이나 평균임금의 범위에 포함될 수 없는 것이다. 그런 면에서 보면 근로의 대가성은 금원의 임금 해당성을 판단하는 선결문제이자 실질적 요건이고, 정기성과 일률성 내지 고정성은 임금이 어떻게 지급되었는가 하는 점에서 임금지급의 방식 내지 형식이라는 점에서 분명한 차이가 있음에도 대법원 판례는 이 문제에 대해 아무런 언급이 없다.

다만, 1개월을 초과하여 지급되는 상여금이 통상임금에 해당하는지에 대해 대법원은 종전에는 상여금이 원칙적으로 1개월을 초과하는 단위로 지급되는

---

43) 대법원 판례(예를 들면 대법원 2011.9.8, 선고 2011다22061; 대법원 2011.8.25, 선고 2010다63393)에서 문제가 되는 금원들이 예를 들면 효도제례비, 연말특별소통단말금, 출퇴근보조여비, 특수업무수당, 작업장려수당, 가계보조비, 근속가산금, 정액급식비, 교통보조비, 급량비, 위생비, 공해수당 등이 통상임금에 포함되는지에 대해 정기적·일률적으로 지급되는 고정적 임금으로서 통상임금에 해당한다고 하면서도 이와 같은 금원들이 근로의 대가로서 지급되는지의 실질적인 문제에 대해서는 침묵하고 있다.

임금으로 소정 근로시간의 근로에 대한 대가로 볼 수 없다는 입장이었다.[44] 그러나 최근에는 1개월을 초과하는 기간마다 지급되는 정기적·일률적으로 지급되는 상여금이 통상임금에 포함되는가의 여부에 대해 "소정 근로시간의 근로에 직접적으로 또는 비례적으로 대응하여 지급되는 임금이 아니라 하여도 그것이 소정근로 또는 총 근로에 대하여 지급되는 임금이 아니라고 할 수 없으므로 그런 사유만으로 그 임금을 통상임금에서 제외할 수는 없다"고 하여 1개월을 초과하여 지급되는 금원도 통상임금의 범위에 들어올 수 있으며, **소정 근로시간에 대응하지 않는 금원**도 총 근로의 대상으로서 통상임금에 포함될 수 있다는 것이다.[45] 이와 같은 판례들은 통상임금이 '소정의 근로시간' 또는 '총 근로시간'에 따라 제공된 근로의 대상을 떠나, 말하자면 '평상시' 또는 '약정한 대로의 근로시간'과는 별개로, 임금이 '(노동)시간'을 떠나, 이와 별개로 인정될 수 있다는 것을 보여 주고 있다. 그러나 근로의 대가는 근로시간을 기초로 산정되는 것이고, 그것이 임금의 본질이라는 것, 말하자면 임금은 노동력을 제공한 노동시간에 대응하여 그 대가(대상)로서 주어진다는 것, 다시 말하면 노동과 임금이 '시간의 규율'을 받는 것인데, 판례처럼 소정 근로에 대응하지 않는 것도 통상임금 범위에 들어온다는 것은 그 자체로서 이미 통상임금의 본질을 벗어나 있는 것이고, 그 안에 근로자 보호의 임금론이라는 입법정책이 내재한 것이라고 볼 수밖에 없다. 아마도 대법원 판례는 정기상여금이 소정 근로에 직접적으로 비례하지 않는 것이라도 총 근로에는 포함될 수 있는 것이므로 통상임금이 될 수 있다고 보는듯하다. 그러나 후술하는 바와 같이 총 근로의 대가로서 통상임금은 도급근로에 대한 대가로서 통상임금을 말하는 것이다. 그 결과 소정 근로의 대가에 포함될 수 없는 것을 총 근로에 포함시키는 잘못을 범하고 있다. 결과적으로는 소정근로시간에 따라 측정되어야 하는 '근로의 대가성'에는 별 다른 의미도 없게 되고, 판례는 암묵적으로 이것을 의도한 것이 아닌가 생각된다.

행정해석도 사용자가 지급하는 어느 금원이 통상임금에 해당하는가에 대해서 '근로의 대가'에 대한 내용설명이나 판단기준을 구체화한 적이 없다. 다만, 대법원 판례와 달리 통상임금의 '시간제약성'과 관련해서는 지금까지 일관되게

---

44) 대법원 1990.2.2.7, 선고 89다카2292; 대법원 1990.11.9, 선고 90다카6948 등.
45) 대법원 1996.2.9, 선고 94다19501.

통상임금을 '1임금산정기간'에 지급하기로 정하여진 고정급 임금으로 제한한다. 즉, 고용노동부 통상임금산정지침[46] 제3조에 따르면 "통상임금의 산정기초가 되는 임금은 근로계약이나 취업규칙 또는 단체협약 등에 의하여 소정 근로시간(소정근로시간이 없는 경우에는 법정근로시간, 이하 같다)에 대하여 근로자에게 지급하기로 정하여진 기본급 임금과 정기적·일률적으로 **1임금산정기간에** 지급하기로 정하여진 고정급 임금으로 한다"고 규정하여 정기성을 갖고 있더라도 1개월을 초과하여 지급되는 금원은 통상임금에서 배제한다. 이 행정해석은 통상임금이 별개의 독립된 임금이 아니라 일정 기간 내에 통상적으로 지급된 금원을 통상임금의 산정기초로 한다는 점에서 통상임금의 '시간적 제약성'을 인정하고 있다.

3. 통상임금 판단기준으로서 정기성·일률성·고정성

원래 판례는 상여금이 "계속적·정기적으로 지급되고 그 지급액이 확정되어 있다면 이는 근로의 대가로서 지급되는 임금의 성질을 가지나, 그 지급사유의 발생이 불확정적이고 일시적으로 지급되는 것은 임금이라고 볼 수 없다"는 원칙을 고수하고 있는 것으로 보인다.[47] 그러나 앞에서 본 바와 같이 1임금지급기일을 초과하여 지급하는 정기상여금에 대해서는 통상임금에 포함되지 않는다는 입장을 가지고 있었다. 그럼에도 판례는 사용자가 지급하는 금원의 통상임금 해당성의 일종의 구성요건에 해당하는 '정기성'이라는 요건이 무엇을 의미하는지, 정기성은 무엇을 기준으로 판단해야 하는지에 대해서는 구체적 언명을 주지 않고, 구체적 사안에서 이를 인정하고 있다. 여기서 문제가 된 판례도 정기성 판단의 추상적 기준을 제시하지 않은 채, 구체적 사안에서 근속연수의 증가에 따라 미리 정해 놓은 각 비율을 적용하여 산정한 금액을 '**분기별로 지급**'하였기 때문에 정기성을 충족한 것으로 보는 것 같다. 그리고 더 나아가 이 판례에서는 '정기'적으로 지급되는 상여금이 문제가 되기 때문에 이미 이 상여금은 정기성을 충족한 것이 아닌가 하는 판단을 내린 것으로 보인다.

일률성에 대해서는 "'모든 근로자'에게 지급되는 것뿐만 아니라, '일정한 조건 또는 기준에 달한 모든 근로자'에게 지급되는 것도 포함하며, '일정한 조건'

---

46) 노동부예규 제476호 2002.1.22 개정, 2009.9.25 노동부예규 602호.

47) 대법원 1996.2.9, 선고 94다19501; 대법원 2002.6.11, 선고 2001다16722.

은 '고정적인 조건'이어야 한다"고 본다.[48] 판례는 이러한 입장에서 종전에 정기상여금의 통상임금 해당성을 판단하였다. 따라서 모든 근로자에게 또는 고정적인 조건 하에 그 기준에 달하는 모든 근로자에게 지급되면 일률성의 요건은 충족된다고 본다.

고정성에 대해서는 판례는 종전에 엄격한 해석을 유지해왔다. 그리하여 "소정근로 또는 총 근로의 대상으로 근로자에게 지급되는 금품으로서 그것이 정기적 · 일률적으로 지급되는 것이면 원칙적으로 모두 통상임금에 속하는 임금이라 할 것이나, 근로기준법의 입법취지와 통상임금의 기능 및 필요성에 비추어 볼 때 어떤 임금이 통상임금에 해당하려면 그것이 정기적 · 일률적으로 지급되는 고정적인 임금에 속하여야 하므로, 정기적 · 일률적으로 지급되는 것이 아니거나 실제의 근무성적에 따라 지급 여부 및 지급액이 달라지는 것과 같이 고정적인 임금이 아닌 것은 통상임금에 해당하지 않는다고 본다."[49] 또한 "상여금은 근로자들이 상여금 지급일까지 근무하였는지의 여부와 1년의 근속기간을 충족하였는지 여부 등과 같은 실제 근무성적에 의하여 지급여부와 지급액이 달라지는 비고정적인 임금이므로 통상임금에 속한다고 할 수 없다"고 본다.[50] 그러나 여기서 다루는 판례에 있어서는 정기상여금이라고 하여도 그 명칭이 중요한 것이 아니라, '재직기간에 비례하여 상여금을 지급한다는 것은 근로자의 실제 성적과 관계없이 상여금을 지급하는 것'으로서 이미 그 지급액이 미리 확정된 고정적 임금이므로 금원의 통상임금 해당성 판단의 또 다른 기준인 '고정성'의 요건을 충족하고 있는 것으로 본다.

이상과 같이 사용자가 지급하는 금원의 통상임금 해당성을 판단함에 있어서 법적용자의 기준은 전체적으로는 같은 용어로써 요건정립의 효과를 노리고는 있지만, 구체적 사안에서는 이를 달리 활용하여 다른 결과에 이르고 있다. 대체적으로 – 물론 개별사안에서는 적용의 형태와 결과는 다르지만 – 근로기준법 시행령 제6조 제1항과 판례 및 행정해석을 기준으로 통상임금 해당성의 판단기준은 다음과 같이 정리할 수 있을 것이다: 사용자가 지급하는 금원은 "i) 근로의 대가로서 임금의 범위에 포함되어야 한다. ② 소정의 근로의 양 또는

48) 대법원 2007.6.5, 선고 2006다1307.
49) 대법원 1998.4.24, 선고 97다28421; 대법원 2003.4.22, 선고 2003다10650.
50) 대법원 2007.4.12, 선고 2006.81974.

질과 관련이 있어야 한다. 3) 지급하기로 정하여진 임금으로서 실제 근무일수나 수령액에 구애됨이 없어야 한다. 4) 통상임금은 근무실적과 관계없으므로 생산량이나 근무성적에 따라 변동되는 임금은 제외된다. 다만, 도급제 등 생산고에 따라 임금을 지급하기로 정한 경우에는 그러하지 아니하다. 5) 1임금 산정기간에 지급하기로 정하여진 고정급 임금이어야 한다. 6) 일률적으로 지급되어야 한다. 6) 정기적으로 지급되어야 한다. 7) 직접적으로 또는 비례적으로 대응되지 않더라도 소정 근로 또는 총 근로에 대한 대가로 인정되어야 한다."[51]

그럼에도 판례에서 결정된 경우들을 보면 이 원칙에 따라 판단했을까 하는 의문이 들고, 따라서 법수규자의 입장에서는 어느 판례에 따라야 할까 할 정도로 판례의 경향은 지그재그식이다. 먼저 통상임금의 범위에 포함되지 않는 금품들과 그 이유를 살펴보면, 특수직무수당은 일률성이 없어서,[52] 연장·휴일근로수당, 특근수당, 실적수당[53], 일시적 지원금은 변동적이어서 고정적이지 않기 때문에, 비행수당은 고정성이 없어서, 연4회 지급한 상여금은 고정성이 없어서, 연료수당과 출근장려수당은 실적에 따라 변동되어 고정성이 없으므로,[54] 가족수당은 가족이 있는 경우에만 지급되어 일률성을 결하기 때문에,[55] 가족수당은 근로의 양이나 질과 무관하게 일부에게만 지급되어 근로의 대상성도 결하고 일률성도 결하므로,[56] 근속수당이 일정 출근일 이상인 자와 미만인 자를 구분하여 달리 지급하는 경우 고정적인 임금이 아니어서,[57] 각각의 금원이 통상임금에 포함되지 않는다는 것이다. 그러나 작업수당, 기술수당, 위험수당, 교통보조비, 위생수당, 명절휴가비, 체력단련비는 일률성이 있으므로 통상임금에 포함되고, 고열작업수당이 정기적·일률적으로 지급되어서,[58] 식대보조비가 일률적으로 모든 근로자와 고정적으로 지급되므로,[59] 근속수당이 일정한 근속년

---

51) 이상의 정리된 판단기준표는 하갑래, 근로기준법, 중앙경제사, 415면 이하에서 전제한 것이다.
52) 대법원 1994.5.24, 선고 93다31979.
53) 대법원 1990.2.27, 선고 89다카2292.
54) 대법원 1990.11.7, 선고 90다카6948.
55) 대법원 1991.6.28, 선고 90다카14758.
56) 대법원 1990.11.9, 선고 90다카6948; 대법원 1992.3.10, 선고 91다11407; 대법원 2003.10.9, 선고 2003다30777.
57) 대법원 1992.5.22, 선고 92다7306; 대법원 1996.3.22, 선고 95다56767.
58) 대법원 2005.9.9, 선고 2004다41217.
59) 대법원 1994.9.23, 선고 93다8924; 대법원 1994.5.24, 선고 93다319; 대법원 1993.5.27, 선고 92다20316; 대법원 2005.9.9, 선고 2004다41217.

수에 이른 근로자에게 실제의 근무성적과는 관계없이 매월 일정하게 지급되었으므로,[60] 앞의 문제된 사건에서처럼 1개월을 초과하는 기간마다 지급되는 것이라도 정기적·일률적으로 지급되었으므로,[61] 체력단련비, 월동보조비, 효도휴가비 등도 정기적이고 일률적으로 지급된 것이면 통상임금의 범위에 포함된다는 것이다.

이상과 같이 동일한 금원이라 하여도 통상임금 해당성은 구체적인 사례 상황에 따라 달리 판단될 것이므로 통상임금의 의의와 제도적 목적과 기능, 지급근거 규정, 직종·근무형태, 지급관행 등을 종합적으로 고려하여 판단하여야 할 것이지만, 그로인한 법적 안정성의 결여로 근로계약의 당사자는 예측가능한 임금급여 체계를 가질 수 없다. 그러나 더욱 최근에 관찰되는 판례의 경향은 점차 통상임금이 사회보장급여화되는 방향으로 가고 있다는 것이다. 앞에서 든 바와 같이 체력단련비, 월동보조비, 효도휴가비와 같은 것은 근로의 대상과는 관계없는 것들이다. 그럼에도 일단 정기적이고 일률적으로 지급되면 통상임금에 해당한다하여 사용자가 지급하는 금원의 통상임금 해당성을 무더기로, 구별없이 인정하고 있다. 효도휴가비, 효도제례비가 정기적으로, 일률적으로 지급되면 정말 통상임금에 해당한다고 볼 수 있을까? 그럼에도 최근 대법원 판례들은 특수업무수당, 작업장려수당, 가계보조비, 근속가산금, 정액급식비, 교통보조비, 급량비, 위생비, 공해수당, 기말수당, 정근수당, 체력단련비, 명절휴가비,[62] 효도제례비, 연말특별소통장려금, 출퇴근보조비,[63] 등에 대해서 그것이 근로의 대가성이나 대상성을 갖는지조차 묻지 않고, 정기성과 일률성의 요건만을 갖추면 통상임금 해당성을 인정하고 있다.

물론 다른 나라와 달리 우리나라에서 사용자가 지급하는 금원이 통상임금에 포함되는지가 유난히 소란스럽게 다투어지는 이유 중의 하나는 기업들이 통상임금의 증가를 피하기 위하여 각종의 금원들을 수당의 명목으로 바꾸어 임금체계를 기형으로 만들었기 때문이다. 그러나 임금체계의 단순화와 유연화의 임무는 입법자와 기업과 근로자들의 자율적 결정에 맡겨야 하는 것이다. 법

60) 대법원 2002.7.23, 선고 2000다29370; 대법원 1996.5.10, 선고 95다2227.
61) 대법원 1996.2.9, 94다19501; 대법원 2002.6.11, 선고 2001다16722.
62) 이상은 대법원 2011.8.25, 선고 2010다63393; 대법원 2011.9.8, 선고 2011다22061 판결이 통상임금 해당성을 인정한 판결이다.
63) 대법원 2007.6.15, 선고 2006다13070.

적용자의 입장에서는 그러한 입법정책을 수행해서는 안 된다. 무엇보다 어느 금원이 임금에 해당하는지, 내지 통상임금에 해당하는지에 대해서는 아무리 임금체계가 복잡하고 수많은 수당의 명목의 금원이 있다고 하여도 그것이 근로의 대가인지부터 출발하지 않으면 안 된다. 법관이 사회정책을 수행하는 한 법관의 법률구속의 원칙은 무너지게 된다.

Ⅳ. 대법원 판례에 대한 비판적 검토

1. 용어의 사용례

대법원을 비판적으로 검토하기 전에 통상임금에서 논의되는 용어례들을 살펴보기로 한다. 예를 들면 통상임금에서 '통상'이 무엇을 의미하는가, 정기성, 일률성, 고정성이라는 것은 무엇을 의미하는가, 그리고 궁극적으로는 통상임금에 포함되기 위해서는 근로의 대가가 되어야 하는데, 근로의 대가는 무엇이고, 그러한 근로의 대가로서 임금은 무엇을 의미하는가, 또한 통상임금이 되기 위해서 소정 근로의 대가나 총 근로의 대가는 무엇인지 하는 근원적인 문제가 제기될 것이다. 금원이 근로의 대가로서 임금이 아닌 한, 그 금원의 통상임금 해당성은 논의할 필요조차 없다. 그런 점에서 금원의 임금 해당성은 그 금원이 통상임금에 해당하는가를 판단하기 위한 선결문제에 해당하기 때문이다. 여기서는 먼저 '통상'에 대해서 살펴보기로 한다.

대법원 판례는 기본적으로 정기적이고 일률적으로 지급되는 고정적인 임금을 통상임금에 해당한다고 본다. 따라서 대법원의 관념에 '통상'은 정기적이고, 일률적이며, 고정적인 것이다. 이러한 입장은 근로기준법 시행령 제6조 제1항에서도 유지되고 있는 것으로 보인다. 동 규정에 따르면 '통상임금'은 근로자에게 정기적이고 일률적으로 소정 근로 또는 총 근로에 대하여 지급하기로 정한 시간급 금액 등을 말한다. 소정 근로 또는 총 근로에 대해 정기적이고 일률적으로 지급하기로 정한 시간급 등이 동 규정에 따른 통상임금이므로 이 규정에서도 '통상'은 정기적이고, 일률적인 것을 말한다고 할 것이다.

그런데 '통상'의 사전적 의미는 '특별하지 않고 예사인 것'을 말한다. '정기적'인 것의 사전적 의미는 '일정한 시기나 기간을 정하여 시행하는' 것을 말한다. '일률적'인 것의 사전적 의미는 '사물의 상태나 어떤 일을 하는 방법 따위가 한결같은' 것을 말한다. '고정적'인 것의 의미는 '일정한 상태로 있어 움직이지 않는 것'을 말한다. 물론 이러한 일상적인 용어의 사용례가 법률용어의 해석에서 그대로 사용될 수는 없을 것이다. 법률은 나름대로 규범적 체계 내에서 자신의 언어에 대한 가치체계를 부여하기 때문이다. 그러나 법률의 해석은 법공동체 구성원이 알아들을 수 있게 법률용어와 문언의 의미 내용을 해석학적으로 재구성하는 작업이고, 법관을 설득할 수 있도록 법문과 용어의 의미내용을 재구성하는 작업이다. 그런 점에서 법문의 해석은 법문 자체의 언어로부터 도출될 수 없고, 법문의 의미내용을 밝히기 위해서는 법문과 법용어의 사회적 의미맥락을 주입하지 않을 수 없다.[64] 그러한 점에서 법문과 법용어는 사회적 의미맥락의 주입행위에 의해서 일상의 일반인들이 사용하는 언어와 연계되지 않을 수 없다. 그렇게 보았을 때 '일정한 시기나 기간을 정하여 시행하는', 말하자면 '정기적'인 것은 '특별하지 않고 예사로운 것'과는 무관하다. 왜냐하면 아주 특별한 것을, 예를 들면 판례에서 통상임금에 해당한다고 하는 효도휴가비, 효도제례비, 연말특별소통장려금 등은 '예사롭지 않고 특별한 것'으로서 이것을 일정한 시기나 기간을 정하여 시행할 수 있기 때문이다. 그런 점에서 정기성의 요건은 통상성의 요건과는 무관하거나 아무런 함수관계가 없는 것이다. 따라서 만일 법원이 '정기'상여금이 '정기적'인 것이기 때문에 이를 통상임금에 포함시키는 것은 넌센스이다.

'일률적'인 것의 사전적 의미는 '사물의 상태나 어떤 일을 하는 방법 따위가 한결같은' 것을 말한다. 이것도 또한 '통상'과는 무관하다. 왜냐하면 위에서 말한 바와 같이 '예사롭지 않고 특별한 것'으로서 효도제례비 등을 모든 근로자에게 한결같이 지급한다고 해서 근로의 대가성이 없는 급부가 근로의 대상으로 둔갑하여 통상임금에 해당할 수는 없기 때문이다.

'고정적'인 것의 의미는 '일정한 상태로 있어 움직이지 않는 것'을 말한다. 그런데 판례는 정기적이고 일률적으로 지급되는 것은 고정적인 임금으로서 통상임금에 포함되어야 한다는 것이다. 앞의 '정기성과 일률성'이 '통상성'과 무관한 것이라면 이를 전제로 하는 '고정성'도 '통상성'과는 무관한 것이다. 그럼에

64) 이런 입장으로는 무엇보다 이상돈, '형법해석의 한계', 법률의 해석(법문사), 2000, 41면 이하 참조.

도 판례나 시행령이 '통상성'의 구성요소로서 정기성과 일률성, 고정성을 고집하는 한 그것은 '통상'임금과는 별개의 그 어떤 임금이나 금원을 대상으로 하는 것이라고 생각된다.

그러면 이와 같은 문제가 왜 생기는가? 독일에서는 잔업수당이나 야간근로에 대한 가산임금을 규제하는 법률은 없다. 당사자의 합의에 의하여 근로계약에 의해서 처리하거나 단체협약 등에 의해서 당사자들이 자율적으로 결정한다. 그렇다면 당사자들이나 단체교섭 당사자들은 무엇을 기준으로 가산임금을 정하는가? 대개의 경우 잔업수당은 기본급과 가산금으로 구성되는데, 기본급이 부가적인 시간외 근로를 커버하며, 말하자면 시간당의 기본급에 일한 시간을 곱하여 산정하는데, 기본급은 시간급에 상응하며, 그에 부가하여 단계별로 가산금이 합산된다. 따라서 독일의 잔업수당은 보통의(üblich) 시간급(Stundenverdienst)을 기초로 하여 산정한다. 따라서 독일에서는 잔업수당을 정하기 위한 통상임금의 산정은 '보통의' 시간급이 기초가 된다. 그런데 '보통의'(üblich)라는 말은 영어의 usual, customary, standard, common, conventional을 의미한다.[65] 이 낱말들은 우리나라의 '특별하지도 않고 예사로운 것'을 말하는 것으로서 일반적인 관행과 같은 말이기도 하다.[66] 여기에 잔업수당은 보통 '시간급'을 기준으로 산정한다. 그러나 여기서 주의하지 않으면 안 되는 것은 통상임금은 통상적으로 지급되는 임금이 아니라, 따라서 통상적이라는 말이 정기적, 일률적인 것을 말하므로 정기적이고 일률적으로 지급되는 임금을 통상임금으로 보아서는 안 되고, 통상적인 소정의 근로에 대해 지급되는 임금, 말하자면 보통 약정된 근로시간에 대해서 사전에 지급하기로 정한 임금이 통상임금이 되어야 한다는 것이다. 말하자면 '통상임금'에서의 '통상'은 임금을 수식하는 것이 아니라, 통상은 '소정 근로'를 수식하는 것이라는 점이다. 말하자면 통상은 근로제공의 대가인 임금 보다는 (소정)근로시간에 대한 수식어라는 것이다. 그런 의미에서 학설의 일부[67]는 통상임금은 **통상의 근로일이나 근로시간에 대해 통상적으로**[68] 지급되는 임금, 즉 약정된 시간급, 일당 등을 말한다고 본다. 주로 기준근로일이나 근로시간을 초과한 것에 대한 대가를 계산하기 위해서 판단한

65) Dietl/Lorenz, Wörterbuch, Bd. II, S. 722 참조.
66) Der grosse Duden, Bd. 10, S. 677 참조.
67) 김형배, 노동법 제22판, 박영사, 2013, 373면 각주 3) 참조.
68) 물론 통상의 의미를 소정의 근로시간과 임금에 모두 사용하고 있다.

다고 본다. 따라서 여기서 통상임금의 판단에 있어서 중요한 것은 사용자로부터 받은 일체의 금품이 아니고, 정기적이고 일률적으로 받은 고정적 임금도 아니며, 통상적으로(평소에, 보통은) 소정 근로시간을 일하고, 그 일한 것에 대해 얼마를 지급하기로 당사자들이 사전에 정하였는가가 기준이 되어야 한다는 것이다. 말하자면 통상임금 범위 판단에서 중요한 것은 소정근로의 '시간'의 요소가 중요하며, 그 시간에 얼마를 주기로 사전에 약정하였는가를 중심으로 통상임금이 정해져야 한다는 것이다. 통상임금은 통상적으로, 판례처럼 말한다면 정기적이고 일률적으로 지급된 임금, 즉 통상적으로 지급된 임금이 아니라, 통상의 근로시간에 대해서 지급하기로 사전에 정한 임금[69]으로 재해석되지 않으면 안 된다. 통상의 임금형태라고 한다면 이것은 우리나라의 통상임금이 아니라, 월급제, 주급제, 시급제를 의미할 것이고, 통상의 노동시간에 대한 임금이 진정한 의미의 통상임금이 될 것이다. 그런 의미에서 통상임금은 시간급이 원점이 된다.[70]

잔업 내지 시간외 근로 시 가산되는 임금의 산정기초가 되는 통상의 임금에는 당해 노동에 통상적인 임금과 시간외·심야가 아닌 통상의 노동시간에 연동된 경우의 임금이라고 하는 의미가 있을 수 있다. 임시로 지불된 임금, 1개월을 넘는 기간으로 정해져 지불되는 임금[71], 그 밖에 그 '통상의 임금'이라고 할 수 없기 때문에 가산임금의 산정기초에서 제외되는 임금도 있을 수 있다. 당해 노동에 통상의 임금이 아니기 때문에 할증임금 산정기초에서 제외되는 예로서는 갱내광부가 갱외에서 시간외 노동을 한 경우의 갱내수당, 수금업무를 담당하는 자가 수금업무 이외에서 잔업한 경우에 있어서 수금수당, 1인 승무를 해야 하는 운전기사가 1인 승무 이외의 경우에 시간외노동을 한 경우에 있어서 '원맨 수당' 등이 이에 해당한다. 이러한 경우들은 당해 노동에 통상적으로 제공되는 임금이 통상임금이 되는 것으로서 그 임금이 정기적으로 주어지는

---

69) 일본에서도 이렇게 표현하고 있는 문헌도 있다. 예를 들면 菅野和夫, 勞働法, 第7版, 259頁 이하; 荒木尙志, 勞働法, 有斐閣, 2009, 148頁 참조.

70) 물론 시간이 아닌, 일의 성과를 기준으로 임금이 정해지는 경우도 있지만, 어디까지나 예외적인 경우이다.

71) 일본은 노동기준법 시행규칙 제21조 제5호에 1개월을 넘는 기간으로 지불되는 임금은 시간외 노동 등의 할증임금 산정기초에서 제외하도록 명문으로 규정하고 있는데, 상여·정근수당·근속수당·능률수당 등이 이에 해당한다. 일반적으로는 이들 수당은 계산기술상 할증임금 기초로의 산입이 곤란하여 제외된다고 한다. 이에 관해서는 菅野和夫, 앞의 책, 260頁 참조.

것인가, 모든 근로자에게 주어지는가는 전혀 문제되지 않는다. 노무제공에 대해 일반적으로 주기로 정한 임금이 통상의 임금이 되는 것이다. 이렇게 보는 것이 근로기준법 시행령 제6조 제1항에서 말하는 소정 근로에 대한 대가에 상응하는 것이다.

통상의 노동시간의 임금이 아니기 때문에 가산임금 산정기초에서 제외되는 예로서는 주간 근무조의 간호사가 야간근무한 경우의 간호수당이 있다. 그리고 통상의 노동시간에 주어지는 임금을 기초로 한 가산임금과는 별개로 단체협약이나 임금협정으로 시간외 가산임금을 정한다 하더라도 통상의 노동시간에 대한 임금과는 별개의 금원이기 때문에 통상임금의 범위에 들어 올 수 없다.[72] 이러한 임금이 정기적이고 일률적으로 주어진다 해도 통상의 노동시간[73]에 대한 임금이 아니기 때문에 통상임금에 포함될 수 없는 것이다.

이와 같이 진정한 의미의 통상임금은 '통상의 근로시간이나 근로일에 대한 임금'이라는 통상적인 '시간'에 대한 임금으로서 사전에 지급하기로 정하여야 하는데, 왜 통상의 임금, 즉 정기적이고 일률적으로 지급되는 임금이 통상임금이 되었는가? 이에 대해서는 후술한다.

2. 1임금산정기간을 넘어 지급되는 임금

통상임금의 법적 근거가 되는 근로기준법 시행령 제6조 제1항은 통상임금을 '정기적이고 일률적으로 소정 근로 또는 총 근로에 대하여 지급하기로 한 시간급' 등으로 규정한다. 그러나 고용노동부의 통상임금 산정지침[74] 제3조는 '통상임금의 산정기초가 되는 임금은 근로계약이나 취업규칙 또는 단체협약에 의하여 소정근로시간(소정근로시간이 없는 경우에는 법정근로시간, 이하 같다)에 대하여 근로자에게 지급하기로 정하여진 기본급 임금과 정기적・일률적으로 1임금산정기간에 지급하기로 정하여진 고정급 임금으로 한다'고 규정하고 있다. 법원을 구속하는 규범적 효력을 갖는 시행령에는 1임금지급기간에 대한 내용이 없지만, 현재에도 대법원 판례나 시행령과 달리 통상임금 산정지침은 '1임금산정기간'을 규정하고 있다. 물론 법원은 이 지침에 구속되지 않기 때문에

72) 荒木尙志, 勞働法, 有斐閣, 2009, 148頁, 각주 24 참조.

73) 일본의 노동기준법 제37조는 할증임금의 산정기초에 포함되는 임금은 '통상의 노동시간 또는 노동일의 임금(通常の勞働時間又は勞働日の賃金)'이라고 명시하고 있다.

74) 통상임금 산정지침 2002.1.22 노동부 예규 제476호.

연간 단위로 지급할 것을 약정한 '정기상여금'도 통상임금에 들어가야 한다고 판단할 수 있다. 그러면 왜 이와 같이 시행령과 대법원 판례와 달리 통상임금 산정지침은 '1임금산정기간'을 고수하고 있는가 하는 의문이 든다. 정기상여금과 같이 아무리 정기적으로 지급된다 하더라도 매월 1회 이상 정기불로 지급되는 것이 근로자들이 통상적으로, 보통으로 받는 임금이 될 것이다. 일본의 경우는 먼저 임시로 지불된 임금, 상여 기타 이에 준하는 것으로 후생노동성령에서 정하는 임금은 매월 1회 이상 정기불의 원칙 적용에서 제외한다. 그리고 가족수당, 통근수당 이외에 별거수당, 자녀교육수당, 주택수당, 임시로 지불된 임금, 그리고 1개월을 넘는 기간으로 지불되는 임금은 할증임금의 산정기초에서 제외한다. 일본 기업은 일반적으로 6월과 12월로 연 2회 정기적으로 상여금을 지급하는 것이 관행이다. 말하자면 정기적으로 연 2회 상여금을 지급한다. 그럼에도 왜 상여금을 매월 1회 이상 정기불의 원칙에서도 제외하고, 할증임금의 산정기초에서 제외[75]하고 있는가 하는 의문이 든다. 이에 대해 한 달을 초과하는 기간마다 지불된 임금은 법체계상 노동기준법 제24조 제2항의 매월·정기일 지급이 적용되는 '통상'의 임금에 해당하지 않는다는 것, 말하자면 매월·정기일 지급의 예외로 되는 임금은 논리상 통상임금이 될 수 없으며, 본래 근로자에게 매월 정기적으로 지급되어야 하는 보통의 임금과는 다른 의미에서의 예외적인 임금으로서 '통상'의 임금이 아니라는 것이다.[76] 그러나 여기서도 강조되어야 할 것은 통상의 임금이 '통상적으로 지급된 임금', 판례처럼 말한다면 '정기적이고, 일률적으로 지급된 임금'이 아니라, 시간의 요소가 중요한 이른바 '통상의 근로시간 또는 근로일'에 대해서 사전에 지급하기로 정한 임금이라는 점이다. 상여금은 일본의 경우처럼 6월과 12월에 정기적으로 지급된다고 하더라도 통상의 근로시간이나 근로일에 대해 지급하는 것이 아니기 때문에 할증임금의 산정기초나 매월 1회 이상 정기불의 원칙에서 제외하는 것이다. 아

75) 물론 상여금이나 보너스 등의 일시금도 지급시기, 지급액, 계산방법 등이 정해지고, 이에 따라 지불되는 경우는 근로의 대상으로서의 임금이지만, 사용자의 재량에 의해 지불되는 것은 임금이 아니라고 보는 견해도 있다. 이에 대해서는 무엇보다 荒木尙志, 같은 책, 111면 참조. 그러나 상여금이 임금이라고 해서 통상임금에 포함되어야 한다는 것은 아니다. 통상의 임금이 아닌 임금이 될 수도 있다. 일본 노동기준법은 상여를 매월 1회이상 정기불의 원칙에서도 제외하고, 할증임금의 산정기초에서도 제외한다.

76) 노상헌, "일본의 평균·통상임금법리", 「노동법 포럼」, 노동법이론실무학회, 2009. 58면 이하 참조.

마도 노동부의 통상임금 산정지침이 상위의 법원으로서 근로기준법 시행령 제6조의 규정이 있음에도 불구하고 이와 같이 1임금산정기간을 넘는 임금을 통상임금에서 제외하는 것은 통상임금의 본질을 염두에 둔 것이 아닌가 하는 생각이 든다. 물론 우리나라에는 일본 노동기준법 제24조, 제37조, 노동기준법 시행규칙 제21조와 같이 상여금을 할증임금의 산정기초나 매월 1회 이상 정기불의 원칙에서 제외한다는 규정은 없다. 오히려 법원을 구속하는 법원(法源)의 효력이 있는 근로기준법 시행령 제6조의 통상임금에 관한 정의규정이 있기 때문에 이에 따라야 할 것이지만, 노동법에서 대체입법자로서의 기능이 강조되는 대법원은 합리적인 법형성작용과 근로기준법 시행령 제6조의 제한해석에 의하여 통상임금의 위상을 제대로 만들어야 할 것이다. 인천지방법원이 그러한 것처럼 귀성여비, 선물비, 정기상여금 등이 정기적이고 일률적으로 지급되었다고 해서 '통상의 소정근로시간에 대해서 지급하기로 정한 임금'이었는지에 대해서는 의문이다.

3. '정기적이고 일률적으로 지급되는 임금'으로서의 통상임금 개념 연혁

1953년도의 제정 근로기준법은 통상임금이라는 용어를 사용하면서도 이것이 무엇을 의미하는지에 대해서 정의를 내리지 않았다. 이 근로기준법의 적용을 구체화한 1954년도의 근로기준법 시행령 제31조도 통상임금의 종류로서 시간급, 주급, 월급 등만을 규정하고 있었다. 현재의 근로기준법 시행령 제6조처럼 통상임금이 '정기적 · 일률적으로 지급하기로 정한 임금'으로 정의된 것은 1982년 8월 13일의 근로기준법 시행령[77]이다. 즉, 당시의 시행령 제31조는 종전과 달리 통상임금을 '근로자에게 정기적 · 일률적으로 소정 근로 또는 총 근로에 대하여 지급하기로 정하여진 시간급금액 · 일급금액 · 주급금액 · 월급금액 또는 도급금액을 말한다'고 규정하고 있다. 이와 같이 종전의 통상임금 규정을 개정한 이유는 '통상임금의 정의를 정함으로써 각종 임금 및 재해보상의 산출기준을 명확히 함'에 있다는 것이다. 당시에도 통상임금의 산출기초에 포함되는 임금에 대해서 논란이 많이 일어나자, 노동부는 이를 명확하게 하기 위하여 당시의 판례원칙과 당시의 노동부 예규와 일본의 노동기준법 등을 참조

77) 대통령령 제10898호, 1982.8.13일 개정.

하여 위와 같이 통상임금의 '통상성'을 '정기성과 일률성'으로 오해하여 '정기적·일률적으로 소정 근로 또는 총 근로에 대하여 지급하기로 정하여진 시간급금액'등으로 개념 정의하게 된 것이다. 그러나 그 후 이 개념 정의가 기계적으로 사용되고, 대법원 판례가 1임금지급기간을 넘는, '통상의 소정 근로나 총 근로에 대해서 지급하는 임금'이 아니면서도 정기적·일률적으로 지급되는 임금에도 확장 적용하자, 본래의 의미에서의 통상임금, 즉 통상의 소정 근로시간과 근로일에 대해서 지급하는 임금 이외의 임금까지 통상임금의 범주로 들어오게 된다는 것을 자각하게 되었다. 그리하여 노동부는 1988년 1월 4일 통상임금산정지침을 노동부예규[78]로 만들면서 동지침 제3조의 반대해석에 따르면 정기적·일률적으로 지급된 것이라도 1임금산정기간을 넘어 지급하기로 정하여진 임금은 통상임금의 산정범위에서 제외한다는 의미의 지침을 두게 된 것이다. 그러한 확고한 의지는 동지침 '통상임금 등의 판단기준 예시'에서도 확인되는데, 이 예시에 따르면 취업규칙 등에 지급조건, 금액, 지급시기가 정해져 있거나 전 근로자에게 관례적으로 지급하여 사회통념상 근로자가 당연히 지급받을 수 있다는 기대를 갖게 되는 정기상여금과 체력단련비는 통상임금에 포함되지 않으나, 평균임금에는 포함된다고 하고 있고, 관례적으로 지급한 사례가 없고, 기업이윤에 따라 일시적·불확정적으로 사용자의 재량이나 호의에 의해 지급하는 경영성과분배금, 격려금, 생산장려금, 포상금 등은 통상임금이나 평균임금에 아예 포함되지 않는다는 것을 분명하게 예시하고 있다. 그런데 1996년 2월 9일 대법원 판례는 '근로자에 대하여 1개월을 초과하는 기간마다 지급되는 것이라도 정기적·일률적으로 지급되는 것이면 통상임금에 포함될 수 있다'는 판결을 한 바 있다. 만일 이 대법원 판결이 절대적으로 옳다면 노동부는 이 지침을 바꾸도록 했어야 할 것이다. 그러나 노동부는 원래 통상임금은 일본의 경우처럼 '통상의 근로시간 또는 근로일에 대한 임금'이라는 것을 알면서도, 따라서 이미 한번 자신들이 주도하여 만들었던 근로기준법 시행령 제6조의 '정기적이고 일률적으로 지급된 임금'이 통상임금의 본래적 의도와 기능과는 맞지 않다는 것을 알면서도, 그리고 이 시행령의 통상임금 규정이 대법원의 판례와 어느 정도 일치하고 있다는 것은 인정하여 시행령은 시행령대로 그대로 두고,

78) 제정 1988.1.14 예규 제150호.

통상임금산정 지침을 통하여 통상임금의 정의에 대한 원래의 의도를 그대로 유지하고 있는 것은 아닌가 생각된다. 따라서 지금이라도 노동부는 대법원 판례를 수용하여 통상임금산정지침을 고치든지, 아니면 통상임금의 본래의 목적과 기능을 살려 시행령 규정을 개정하고, 대법원이 이에 따르도록 하는 정책을 수행해야 할 것이다. 그럼에도 대법원이 현재와 같은 판결을 계속하는 한, 여기에는 판례를 통해 근로자 보호를 강화하고, 복잡한 임금체계를 개선하자는 사법부의 숨은 임금정책적 의도가 있는 것이 아닌가 하는 의문이 남는다.

4. 근로의 대상으로서 임금과 통상임금에 대한 시간의 규율

사용자가 지불하는 금원이나 금품이 임금이 되기 위해서는 먼저 근로의 대가이어야 한다. 근로의 대가가 아닌 한 임금도 아니며, 따라서 통상임금에 포함될 수도 없다. 어느 금원의 임금 해당성의 문제는 그 금원이 통상임금에 해당하는가를 판단하는 것보다 먼저 해결되어야 할 문제이다. 따라서 임금 해당성은 통상임금 해당성 판단의 선결문제이다. 임금을 정의하고 있는 근로기준법 제2조 제1항 제5호에 따르면 임금은 사용자가 '근로의 대가'로 근로자에게 주는 일체의 금품을 말한다. 이것은 정의 규정이기도 하지만, 그 자체로서 규범력을 갖는 규정이다. 근로의 대가가 아닌 한 임금의 성질을 갖지 않는다.

그렇다면 선결문제로서 임금이 되기 위한 근로의 대가는 무엇인가? 근로의 대가에 대해서는 법률에 정의된 바가 없다. 그러나 근로의 대가가 임금이라면 이 안에는 노동력의 제공과 임금이 서로 대가관계에 있다는 것, 두 개념이 서로 교환된다는 것, 말하자면 쌍무계약으로서 근로계약의 특성상 주채무인 근로자의 노동력제공과 사용자의 임금제공이 의무로서 교환된다는 것을 의미한다.

그러나 근로의 대가라는 개념은 매우 포괄적이어서 이를 개념적으로 포착하기가 용이하지 않다. 그렇기 때문에 소거법 내지 부정(不定: Negation)의 방법으로 근로의 대가가 아닌 것을 설명하여 근로의 대가를 드러내는 방법을 사용한다.[79] 그리하여 근로의 대가가 아닌 것으로서 임의적·은혜적 급부(경조사시의 급부, 퇴직금, 상여금), 스톡옵션, 복리후생급여, 업무필요경비 등은 임금이 아니라고 본다. 물론 상여금의 경우 지급시기와 지급액, 계산방법 등이 정해진

---

79) 이에 관해서는 荒木尙志, 같은 책, 110면 참조.

경우는 임금이라고 보지만, 사용자의 재량에 의해 지급되는 경우는 임금이 아니라고 본다.

그런데 근대사회에서 노동이라는 관념은 일하는 것을 시간으로 규율하는 것을 특징으로 한다. 말하자면 근대의 노동에 있어서는 일정한 시간에 일정한 금액을 지불하는 것을 약속하는, 시간의 구속이 있는 근로계약이 일반화되어 있다. 이 경우 사용자는 정해진 시간 내에 근로자의 노동력으로부터 가능한 한 많은 성과를 끌어내려고 하기 때문에 표준화된 작업방식을 추구하게 되고, 결과적으로 시간에 쫓기는 노동이 근대 노동의 특성이다. 즉, 근대의 노동에서는 정해진 시간에만 사용자의 지휘에 들어가, 그 지휘에 따라 일하는 것에 대해 보수로서의 임금이 정해진다. 따라서 종래의 성과에 대한 급여로서의 임금은 시간에 대한 보수로 그 의미가 바뀌게 된다. 그런 점에서 임금 내지 보수는 시간과 무관하지 않으며, 오히려 시간의 의미가 더 적극적으로 고려되지 않으면 안 된다.[80] 그런 점에서 통상임금에도 그 자체 임금 보다는, 시간의 요소가 고려되지 않으면 안 된다.

근로의 대가로서 임금의 '금'은 단순한 지불수단에 지나지 않는다. 따라서 임금(賃金), 임은(賃銀), 임동(賃銅), 임전(賃錢)도 가능한 것이다.[81] 그러므로 근로의 대가로서 중요한 것은 임금의 '임'(賃)이다. 이 '임'(賃)이 사용자가 지불하는 금품의 목적이나 의미를 나타내고 있다. 그런데 이 '임'(賃)이라는 한자어에는 임대료와 같이, 지불되는 것은 매매의 대가라기 보다는 사용권과 이용권의 대가라는 의미가 담겨 있다. 노동력의 매매의 대가로서 '임'(賃) 또는 임금을 사용하는 것은 그런 의미에서 정확한 표현이다. 왜냐하면 근로계약의 경우에도 매매의 대상은 근로자의 노동하는 능력이지만, 이 능력을 가진 근로자로부터 분리하여 팔아넘길 수 없기 때문이다. 따라서 임금은 일정한 시간만큼 고용주의 지배 하에서 자신의 노동능력을 지출한 것에 대한 대가이다. 말하자면 노동능력을 팔아넘기기 보다는 근로자가 일정한 시간을 사용자에게 빌려주고 그 빌려 준 시간에 대한 대가로서 받는 것이 임금이라고 할 것이다. 따라서 근로의 대가는 노동능력의 소유자인 근로자가 자신의 노동력을 사용자에게

---

80) 西谷敏, 労働法, 日本評論社, 2009, 243면도 노동과 시간의 관계, 임금과 시간의 관계를 언급하고 있다.

81) 일본에서의 이와 같은 사례에 대해서는 武田晴人, 仕事と日本人, ちくま新書, 208頁 이하 참조.

일정 시간 빌려주고, 그에 대해서 금품을 받는 것을 말한다. 따라서 임금과 시간은 불가분의 관계에 있는 것이고, 통상임금에서도 시간의 요소가 고려되지 않으면 안 된다.

5. 정기성과 일률성의 판단표지

대법원 판례나 근로기준법 시행령 제6조는 통상임금의 판단에 있어서 사용자가 지불하는 금원이 정기적, 일률적으로 지급되었는지에 대해 상당한 비중을 두고 있다. 마치 '정기성'과 '일률성'이 통상임금 판단을 위한 요건인 것처럼 해석된다. 그런데 이미 설명한 바와 같이 1임금산정기간 내에 지불된 것에 한하여 통상임금으로 보려는 것이 노동부의 행정해석이다. 즉, 1임금산정기간 내의 소정 근로시간 또는 법정 근로시간에 대하여 정기적・일률적으로 지급되는 임금 및 수당 등이 통상임금에 해당한다는 것이다. 이 '1임금산정기간 내'의 기준은 통상임금이 1임금지급기의 액수를 넘어서는 경우가 발생할 수 있기 때문에 이를 제한하려는 것이 이 기준의 목적이라는 것이다. 따라서 예를 들면 상여금을 기본급의 연 600%로 하여 매 분기마다 지급한다는 약정이나 협약이 있는 경우 이것이 정기적으로 지급하는 방식을 취한다고 하더라도 당초부터 상여금의 지급대상기간을 1임금산정기간 내를 초과하는 연간단위로 설정하고 이를 매월 또는 매분기마다 분할 지급하는 것에 불과하므로 통상임금의 범위에서 제외해야 한다는 것이 노동부의 행정해석이다.[82] 그렇게 보면 '정기성'의 요건은 1임금산정기간 내의 소정 근로시간 또는 법정 근로시간에 대하여 지급하는 것을 의미하고, '일률성'은 모든 근로자에게 지급되는 것을 포함하여 일정한 조건 또는 기준에 달한 모든 근로자에게 지급하는 것을 의미한다. 그런 점에서 정기성의 요건은 근로시간 내의 노무제공을 말하고, 일률성의 요건은 지급대상의 인적 범위를 말하는 것으로 된다.

그렇게 되면 정기성과 일률성의 요건은 통상임금 판단을 위한 필요조건이 되는 셈이다. 그러나 정작 판례는 이 두 기준을 요건으로 하는 것 같지는 않다. 어느 판례[83]에서는 지급의무 규정이 있을 것과 일률성을 인정하여 통상임금

---

82) 임금 68207-207, 2002.3.29.

83) 예를 들면 대법원 1987.2.24, 선고 84다카1409; 대법원 1990.11.27, 선고 90다카23868; 대법원 2002.5.31, 선고 2000다18127.

해당 여부를 판단하고, 어느 판례[84]에서는 정기성, 일률성, 계속성을 기준으로 하였고, 일부 판례[85]에서는 지급의 목적성과 일률성을 기준으로 하였으며, 어느 판례[86]에서는 근로제공과의 밀접한 관련성을, 어느 판례[87]에서는 정기성과 계속성, 지급액의 확정성 등을 기준으로 하여 사용자가 지불하는 금품의 통상임금 해당성을 판단하고 있다.[88] 따라서 대법원 판례는 통상임금의 판단에 있어서 먼저 그 금품이 임금에 해당하는지의 판단기준인 근로의 대가성에 대해서는 별 다른 의미를 두지 않는다. 또한 통상임금이 소정 근로시간에 대하여 사전에 지급하기로 정한 금액이라는 소정 근로에 대한 대가성이라는 것에 대해서는 상론을 하지 않는다. 오히려 통상임금의 '통상'에 주안점을 두어 정기성과 일률성을 요건으로 하는 듯하면서도 실제로는 충분조건으로 활용하거나 통상성을 정황하는 간접증거로서 활용하고 있는 것으로 보여진다. 따라서 근로의 대가성이 없는 경우에도, 그리고 소정 근로에 대한 대가성이 없는 경우에도 통상성으로서 정기성과 일률성이 있으면 통상임금으로 인정하는 것으로 보인다. 대법원이나 인천지방법원이 언급하듯, 명절선물비, 효도제례비, 효도휴가비, 정기상여금, 연말특별소통수당 등 사용자가 그 금원을 지급하는 의사와 목적, 동기 등을 살펴보았을 때 근로의 대가성을 인정하기 매우 어려운 금품들이 통상임금의 산정범위로 들어오고 있다. 이러한 대법원 판례는 통상임금의 판단에 있어서 그 핵심인 '통상의 근로시간'이라는 시간과의 연계성과 통상'임금'이 되기 위해서는 금품이 근로의 대가이어야 한다는 것을 잊고 있는 것이다. 엄밀히 보면 어느 금품이 통상임금에 해당하기 위해서는 제일 먼저 그 금품이 임금에 해당하는지를 검토해야 한다. 임금에 해당하는 지를 판단하기 위해서는 근로의 대가성이 있는지가 결정적인 기준이 되어야 한다. 그러나 근로의 대가성이 무엇인지에 대해 판례는 이를 말하지 않는다. 일종의 논증이 없고 결론만 있는 판결을 하고 있는 셈이다. 이는 임금을 정의한 근로기준법 제2조 제1항 6호를 위반한 것이 된다.

---

84) 예를 들면 대법원 1991.3.26, 선고 90다15662.

85) 예를 들면 대법원 1990.11.9, 선고 90다카6948.

86) 예를 들면 대법원 1981.10.13, 선고 81다697; 대법원 1991.2.26, 선고 90다15662; 대법원 1993.5.27, 선고 92다20316; 대법원 1993.5.11, 선고 93다4816.

87) 예를 들면 대법원 2001.3.27, 선고 99다71276.

88) 이 페이지의 내용은 김영문 외, 임금개념과 평균임금·통상임금의 산정범위, 법문사, 2004, 137면의 내용을 재정리한 것이다.

그러나 근로의 대가성이 있는지를 판단하기 위해서는 첫째, 임금과 근로가 쌍무적 대가관계로 견련되어 있다는 본질을 염두에 두고서 당사자가 금품을 교환하는 의사, 금품지급의 목적, 모티브, 법률상의 원인을 검토하지 않으면 안 된다. 노동의 양과 질에 관계가 없는 금품은 일차적으로 통상임금의 산정범위에서 배제되어야 한다. 여기서는 사용자가 지급하는 금품이 근로계약의 주된 급부의무로서 제공되는지, 아니면 배려의무와 보호의무 차원에서 제공되는지도 살펴보아야 할 것이다.

두 번째로는 통상임금의 판단을 위해서는 그 개념본질상 '통상의 근로시간에 대해 사전에 지급하기로 정한 금품'에서 통상의 시간규율에 대해 고려를 해야 한다는 것이다. 통상의 소정의 근로시간에 대해 지급하는 것이 통상임금이지, 통상 정기적이고 일률적으로 지급하고 있는 것이 통상임금은 아니다. 아마도 판례는 '정기'상여금에는 '정기성'이 있으므로 통상임금 판단기준인 '정기성'이 있다는, 말하자면 통상임금 판단의 정기성의 요건을 '정기'상여금의 정기성에 덧씌우어 동치(同値)시키고 있는 우를 범하고 있는지도 모른다.

세 번째로는 통상임금의 정의에 관한 근로기준법 시행령 제6조 제1항에서 보는 바와 같이 어느 금품이 통상임금에 포함되기 위해서는 '정기적, 일률적으로 지급되는 고정적 임금'이기 전에 그 금품은 소정 근로에 대한 대가로서 사전에 지급하기로 정하였는지를 살펴보아야 한다. 정기적, 일률적으로 지급되는 고정적 임금이라 하여도 소정 근로에 대한 대가로서 사전에 지급하기로 정하여진 것이 아니라면 통상임금에 포함될 수 없다. 특히 통상임금의 주요 기능은 법정 수당을 산정해야 하는 사유가 발생하였을 때 지급해야 할 법정수당을 산정하는 기초로서 사용해야 하는 것이기 때문에 사전에 이미 정하여져 있어야 한다. 과연 정기상여금도 정기적, 일률적으로 지급되는 고정적 임금이라고 하여도 이와 같은 소정 근로의 대가로서의 성질을 갖고 있는지에 대해서도 살펴보지 않으면 안 된다.

네 번째로는 사용자가 지급하는 금품이 통상임금에 해당한다는 것을 간접적으로 정황하는 증거들을 검토하는 것이다. 판례가 말하는 정기성과 일률성의 기준들은 최소한 이러한 간접정황증거에 지나지 않거나, 요건이 아니라 통상임금의 통상성을 전거하는 여러 가지 요소들 중의 하나라고 생각된다.

다섯 번째로는 당사자의 의사의 탐구이다. 취업규칙의 급여규정이나 단체협약에 근거규정이 있다고 하여 모두 통상임금에 해당하는 것은 아니다. 모든 금품이 통상임금에 해당하기 위해서는 먼저 근로의 대가성 등 위와 같은 절차를 거쳐야 하는 것이고, 특히 무엇보다 통상임금으로서의 본질인 '통상의 소정 근로에 대하여 지급되는 임금'이라는 기준을 충족하지 않으면 안 되는데, 통상임금이 소정의 근로시간 근로제공에 대해 미리 지급하기로 사전에 정한 임금이기 때문에 소정 근로의 대가로서 상여금과 같은 금품들을 당사자들이 사전에 지급하기로 정하였는지를 살펴보아야 할 것이다. 물론 단체협약에 규정되어 있다고 해서 모든 금품들이 통상임금의 산정범위에 다 들어가는 것은 아니다.

그리고 마지막으로는 법률효과 통제로서 그렇게 산정된 통상임금이 임금지급기의 임금을 초과하지 않는 등 합리적인 수준에 있는지를 검토해야 할 것이다. 정기상여금을 많이 주는 경우 매월 분할하여 지급받는 금품이 본래의 월급을 초과하는 경우에 이를 통상임금이라고 할 수 있는지는 매우 의문스럽다. 따라서 사용자가 지급하는 금품이 통상임금에 해당하는지를 판단함에 있어서는 i) 근로의 대가성, ② 통상의 소정근로에 대해서 지급하는 것인가, ③ 당사자의 의사와 금품지급의 목적, 모티브, 일률성과 정기성, ⑤ 협약에 통상임금으로 정하여져 있는 경우에 통상임금의 본질을 구비하고 있는가 등을 살펴보아야 할 것이며, 정기성과 일률성에만 의존하는 것은 지나친 행정편의적인 발상이라고 할 수 있다.[89)]

6. 통상임금 산정범위에 대한 당사자의 처분가능성

통상임금에 대해서 당사자들이 근로계약이나 취업규칙 내지 단체협약으로 어느 한도에서 자유로이 정할 수 있는가 하는 문제가 통상임금 산정범위에 대한 당사자의 처분가능성의 문제이다. 예를 들면 사용자는 단체협약에 "어느 금품은 통상임금에 해당한다", 또는 "통상임금인지의 여부는 아래와 같은 기준으로 판단한다", 또는 "어느 근로조건은 통상임금으로 본다. 다만 사용자에게 회사사정을 고려하여 철회권을 유보한다"는 등의 다양한 규정을 둘 수 있다. 그러한 규정을 통하여 원래 통상임금에 해당하는 것으로 처리해야 할 것을 법률에 반하여 이를 배제함으로써 근로자에게 불이익한 결과가 초래할 소지도

89) 이에 관해서는 보다 상세하게 김영문, 앞의 책, 47면 이하 참조.

있을 것이다.

어느 금원이 통상임금에 포함되어야 하는지는 개별 사례 상황을 전체적으로 종합하여 판단하여야 할 것이다. 학설의 일부[90]도 "통상임금의 개념과 범위는 통상임금의 제도적 존재의의, 임금약정 및 지급관행, 기업마다의 특수한 임금체계와 노사간 단체교섭 및 협약의 실태, 근로자의 노조가입 여부, 직종 및 근무형태, 종전 노동행정당국의 행정지도상의 관례, 당사자간의 법적 분쟁이 일어나게 된 경위 등을 종합하여 판단하여야 한다"고 본다. 이와 같은 판단기준의 합동작용에 의하여 통상임금에 산입되어야 할지 여부를 판단한다는 것이다.[91] 대법원 판례에 따르면 원래 통상임금에 산입되어야 할 수당을 통상임금에서 제외하기로 하는 노사 간의 합의는 근로기준법 제15조 1항에 따라 법이 정한 기준에 미달하는 근로조건을 정한 계약으로서 무효라고 본다.[92] 이와 같은 노사의 합의를 인정한다면 가산임금을 지급하고 해고예고수당을 지급하기로 하는 근로기준법의 취지는 몰각될 것이기 때문에 그러한 노사 간의 합의는 무효이되, 그 전부가 무효로 되는 것이 아니라 근로기준법에 정한 기준과 전체적으로 비교하여 그에 미치지 못하는 근로조건이 포함된 부분에 한하여 무효로 된다는 것이다.[93]

물론 통상임금에 해당하는 금원은 당연히 통상임금의 산정범위에 포함되어야 할 것이다. 강행법규의 내용을 당사자의 처분에 맡겨 둘 수는 없기 때문이다. 통상임금의 산정범위에 대해 근로기준법 시행령 제6조 제1항을 위반하면서까지 당사자들이 마음대로 처분할 수는 없다. 그러나 노사 간의 의사합치에 의해서 근로의 대가성이 없는 금원을 단체협약으로 통상임금 산정범위에 포함한다는 규정을 둔 경우, 그리고 그러한 금원이 정기적이고 일률적으로 지급되어 고정적인 임금이 된다면 판례의 원칙을 고수할 때 이들 금원은 통상임금의 산정범위에 들어온다고 해야 할 것이다. 그러나 이러한 경우 이외에 헌법상 보장된 계약자유와의 관계에서, 그리고 노사 간의 힘의 균형성과 대등성이 보장된다면 보수산정의 선택은 당사자에게 맡겨질 수 있는 것이다.[94] 노동법의 강

90) 김형배, 노동법, 제22판, 박영사, 2013, 381면 참조.
91) 대법원 1990.11.9, 선고 90다카6948; 서울고법 1990.1.24, 선고 89나39510.
92) 대법원 1993.5.11, 선고 93다4816.
93) 예를 들면 인천지법 2012.2.23, 선고 2011가합6096.
94) 이에 관해서는 무엇보다 Preis, Grundlagen der Vertragsgestaltung im Arbeitsrecht, 1993,

행적 성격은 유지되어야 하지만, 근로관계는 사적 자치에 기초한 법률관계이고, 이를 보완하는 집단자치에 의한 자율적 단체협약 체결이 가능하기 때문에 어느 금원을 통상임금의 산정범위에 포함시킬 것인지는 계약내용의 형성에 달려 있는 것이다. 이와 같은 당사자의 의사를 무시하고 기계적으로 통상임금의 산정기준을 정기성과 일률성으로 획일적으로 판단하는 것은 당사자의 계약의 자유와 자기결정권, 더 나아가 노사 간의 집단적 자율인 단체교섭권의 침해의 소지가 있는 것이다. 특히 근로의 대가성이 없음에도 단체협약으로 정기성과 일률성을 갖추어 통상임금에 해당한다고 규정하면 그 반대의 경우, 즉 근로의 대가성이 있으나 통상임금의 산정범위에서 제외한다는 뜻의 노사 간의 합의도 어느 정도 인정해야 할 것이다. 그렇기 때문에 임금약정에 대해서는 그것이 옳은지, 그른지, 많은지 적은지에 대해 법원은 원칙적으로 적정성의 통제를 할 수 없는 것이다.[95] 특히 노동력 제공의 급부와 임금지급의 쌍무적 대가관계에 있지 않은 부가급여, 특별급여, 상여금 등에 대해서는 쌍무적 교환관계에 있는 임금의 핵심영역 보다 더 용이하게 처분성을 인정하여 철회권 유보조항을 수용할 수도 있다. 독일 판례에서 당사자의 처분성을 인정하여 철회권의 유보조항을 긍정한 경우로는 초과근로를 총액으로 지불한다는 규정을 개별적으로 산정한다고 한 경우,[96] 성탄절 상여,[97] 창립기념일 축하금,[98] 협약상의 임금을 상회하는 부가급여와 장해급여[99]에 대해서는 그것이 정기적으로, 그리고 일률적으로 지급되어 있는가를 묻지 않고 당사자의 의사에 따라 철회권을 유보할 수 있다고 본다.[100] 더욱이 대법원 판례[101]는 퇴직금 산정 시 기준이 되는 평균임금에 일부 항목을 제외한다고 하여도 그것이 법정퇴직금을 상회하는 경우 이를 긍정한다. 이 논리는 여기서도 적용되어야 할 것이다. 그리하여 통상임금의 항목에서 특정의 금품을 제외한다고 하여도 다른 항목에서의 금품이 기준치를 크게 상회하여 통상임금의 목적과 기능을 손상하지 않을 정도로 합리적인 경

S. 380ff.

95) LAG Berlin, v.3.1.1984, BB 1984, S. 1362.

96) BAG 12.2.1987, 6AZR 129/84, Juris Document Nr. 38, 4140.

97) BAG 27.10.1978, AP Nr. 97 zu § 611 BGB Gratifikation.

98) BAG 3.11.1987, AP Nr. 25 zu § 77 BetrVG 1972.

99) BAG 13.5.1987, AP Nr. 4 z u § 305 BGB Billigkeitskontrolle.

100) 이 부분은 김영문 외, 앞의 책, 115면 이하에서 전제한 것임.

101) 대법원 2006.5.26, 선고 2003다54333 · 54339; 대법원 1987.2.24, 84다카1409; 대법원 1992.2.28, 선고 91다30828.

우에는 이를 긍정하여야 할 것이다.

Ⅴ. 요약 및 결론

이상에서 말한 바를 간략하게 요약하면 다음과 같다.

정기상여금이 통상임금에 해당한다는 대법원의 판례는 다음과 같은 점에서 문제가 있다. 먼저 대법원은 통상임금에서 통상성을 정기성과 일률성으로 분해하여 이를 사용자가 지급하는 금원의 통상임금 해당성 판단의 기준 내지 요건으로 삼고 있다. 그러나 통상임금 판단에 있어서 중요한 것은 정기적으로, 일률적으로 지급된 임금이 중요한 것이 아니다. 통상임금의 '통상성'은 '통상의 근로시간 또는 근로일에 대한 임금'에 대한 것으로서 시간에 대한 규율이 핵심적 사항이다. 통상성의 의미가 이와 같이 통상의 소정 근로에 대해서 지급하는 임금의 의미를 가져야 하는데, 이것이 변질되어 정기적이고 일률적으로 지급된 임금으로 해석되다 보니 근로의 대가성이 없는 금원도 정기성과 일률성의 요건을 갖추면 통상임금으로 인정되는 기이한 경우도 발생한다. 그러나 더욱 문제가 되는 것은 근로의 대가성이 있는 임금이라 하여도 통상임금의 산정기초가 되기 위해서는 근로기준법 시행령 제6조 제1항이 정한 바와 같이 '정기성과 일률성'을 갖추기 이전에 소정 근로의 대가로서 사전에 지급하기로 정한 임금이어야 한다. 그러나 대법원 판례는 근로의 대가성을 무시하는 바와 같이 소정 근로의 대가성도 그렇게 비중있게 다루지 않고, 정기적, 일률적으로 지급된 고정적 임금인가의 여부를 지나치게 강조하고 있다. 이러한 판례의 태도는 근로기준법 시행령 제6조 제1항의 통상임금의 정의규정에도 맞지 않는 것이며, 통상임금의 본질과 기능에도 상응하지 않는 것이다. 그리고 더욱 의문이 가는 것은 1임금산정기간 내에 지급된 임금을 통상임금의 산정기준으로 삼는 것이 '통상의 소정근로에 대한 임금'의 통상임금의 본질에 합당한 것임에도 불구하고 1임금산정기간을 초과하는 경우에 대해서까지 확대적용함으로써 통상임금의 외포의 범위를 넘어가게 되었다. 그런 의미에서 노동부의 통상임금산정 지침은 이를 명확하게 인식하고 있다. 이러한 판례와 통상임금산정지침의 불일치는 이를 초래한 노동부가 스스로 시행령을 개정하여 통상임금 본연의 모습, '통상의 근로시간'에 대한 임금을 규율하는 방향으로 가는 것이 옳다고 생각한다.

판례가 복잡한 임금체계를 단순화하고, 근로자에게 돌아가야 할 임금이 수당의 명목으로 변질되어 통상임금의 제도의 목적과 기능이 몰각되는 우려 때문에 그러한 판단을 내리는 것은 법률의 적용이라기 보다는 법률의 제정, 내지 입법자로서 정책을 수행하는 것이다. 더욱이 판례는 통상임금 판단에서의 선결문제, 어느 금원이 통상임금에 해당한다고 하기 위해서는 먼저 임금에 해당하는지, 따라서 근로의 대상인지를 검토하여야 함에도 불구하고 이에 대해서는 적극적으로 검토하지 않은 채, 정기성과 일률성, 고정성의 의미에 너무 비중을 둠으로써 행정편의적인 판결을 하고 있다. 예를 들면 정기상여금의 '정기'를 통상임금의 정기성과 동치(同値)한 판결은 그 전형적 사례라고 할 수 있다.

근로의 대가성의 판단에 있어서는 당사자의 의사, 금품 지급의 목적, 동기, 법률상 원인으로서 causa 등을 중심으로 판단하여야 하는데, 이를 행하지 않았다는 문제도 있다. 또한 정기성과 일률성은 엄밀히 말하면 통상성을 간접적으로 정황하는 증거 또는 수많은 판단기준 중의 요소에 지나지 않음에도 거의 요건화하는 수준으로까지 격상하고 있다. 그러나 실제 구체적인 사안에서는 이 두 가지 기준이 요건화되어 있지도 않아 법적 불안정성이 증대되는 측면이 있다. 또한 당사자의 합의, 특히 노사 간의 합의에 의해서 통상임금 산정기준에 포함되는 임금을 배제할 수 있는가에 대해서는 당사자들이 단체협약으로 근로의 대상이 아닌 금품을 통상임금으로 할 수 있다는 것을 인정하는 한, 그 반대로 노사 간의 힘의 균형성과 대등성이 인정되는 한 그 반대의 경우도 인정해야 할 것이다. 합리성의 기준 범위 내에서 통상임금 항목의 협약에 의한 배제가 법정 수준을 상회하는 경우에는 노사당사자의 의사가 존중되어야 할 것이다.

제2절 2012년 3월 29일 대법원 판례 이후의 하급심 판결

Ⅰ. 통상임금 소송의 급증

2012년 대법원 판결 이후에 노동조합을 중심으로 조합원들은 상여금 등 그 동안 통상임금의 산정범위에서 제외되었던 금원의 지급근거를 단체협약에 명시하도록 하는 한편, 미지급분 등을 청구하는 소송이 계속되고 있고, 심지어 퇴직한 근로자들도 대법원 판결에 고무되어 통상임금을 기초로 한 각종의 급여를 청구하는 소송이 계속되고 있는 상황이어서 전체적인 실태를 파악하기조차 어려운 실정이다. 따라서 아래에서는 대법원 판결 이후에 하급심에서 다루어진 사건들의 전체적인 윤곽을 파악하는 것 보다는, 개별적 사건을 소개하고 이에 대한 평가를 함으로써 대법원 2010다91046 판결이 지니는 문제점을 하급심들이 어떻게 받아들이고 대처하는 것을 살펴보아 법원의 일선 실무에서 통상임금이 제대로 정착되도록 하기 위해서 이를 검토하기로 한다.

1. S고속 사건[102]

1) 사안과 당사자들의 주장

근로자들은 여객자동차 운수업을 사업목적으로 하는 회사의 운전기사로 근무하였거나 근무하는 기사로서 이들의 임금은 노동조합과의 사이에 체결되는 단체협약과 임금협정에 의해서 결정된다. 이러한 지급의무를 정한 지급근거 규정에 의해 원고들은 근속수당, 교통비, CCTV수당 등은 근로기준법이 정한 통상임금이라고 주장한다.

이에 대해 피고 측 회사는 근속수당은 광역승무원들의 장기근속을 유도하기 위하여 1년 이상 근속자에 한하여 은혜적 차원에서 지급한 것이므로 임금이라 할 수 없고, 해당 근무 월에 실제 근무를 함으로써 임금이 발생되는지 여부 등 실제의 근무성적에 따라 지급 여부가 달라지므로 고정적으로 지급되는 통상임금으로 볼 수 없다는 것이다.

교통비도 광역승무원들의 만근을 유도하기 위하여 은혜적 차원에서 지급한 것일 뿐이므로 임금이라고 할 수 없고, 1일 근무를 모두 마치는지 여부에 따라 그 지급여부가 달라지므로 통상임금이라고 볼 수 없다는 것이다.

CCTV수당은 CCTV의 설치에 따른 광역승무원들의 인권침해에 대한 위로금 명목으로 은혜적 차원에서 지급한 것일 뿐이므로 임금이 아니며, 1일 근무를 모두 마치는지 여부에 따라 그 지급여부가 달라지므로 고정적으로 지급되는 것이 아니라는 것이다. 이와 같이 보면 피고들은 문제가 되는 금원이 근로

102) 서울중앙지법 2012.1.31, 선고 2010가합101429.

의 대가인 임금의 성격을 갖지 못한 것이고, 고정적인 임금이 아니므로 통상임금에 들어갈 수 없다는 것이다.

2) 하급심의 판단

하급심은 다른 여타의 하급심처럼 이제는 통상임금에 관하여 공식처럼 되어버린 대법원의 확정된 판결의 법리를 되풀이 한다. 즉, 근로기준법 시행령 제6조 제1항의 통상임금 개념정의에 따라서 "통상임금이란 정기적 · 일률적으로 소정 근로의 양 또는 질에 대하여 지급하기로 된 임금으로서 실제 근무일이나 실제 수령한 임금에 구애됨이 없이 고정적이고 평균적으로 지급되는 일반임금"이라는 것이다. 따라서 판례는 이 시행령 규정을 구속력있는 법규범으로 보고 통상임금의 개념정의를 그대로 적용하고 있다. 그리고 "'일률적'으로 지급되는 것이라 함은 '모든 근로자'에게 지급되는 것뿐만 아니라 '일정한 조건 또는 기준에 달한 모든 근로자'에게 지급되는 것도 포함되고, '일정한 조건'이란 '고정적이고 평균적인 임금'을 산출하려는 통상임금의 개념에 비추어 볼 때 '고정적인 조건'이어야 한다는 것이다. 또한 노사당사자의 의사합치에 따른 통상임금의 산정범위 결정 가능성에 대해서도 종전의 판례법리를 되풀이 한다. 즉, "근로자에게 지급되는 급여가 통상임금의 범위에 포함되는지 여부는 급여의 성질에 따라 객관적으로 결정되는 것이지 노사합의에 따라 결정되는 것이 아니므로, 성질상 객관적으로 근로기준법 소정의 통상임금에 산입될 수당을 통상임금에서 제외하기로 한 노사합의가 성립되었다고 하더라도 이는 근로기준법 제15조 제1항 소정의 '근로기준법이 정하는 기준에 미치지 못하는 근로조건을 정한 것'으로 무효이다"라는 취지이다.[103)]

이러한 대법원 판례 법리에 기초하여 하급심은 먼저 근속수당에 대하여는 '실제의 근무성적과는 상관없이 일정한 근속연수라는 일정한 조건에 달한 근로자에게 정기적 · 일률적으로 지급되는 고정적인 임금이므로 통상임금의 범위에 포함된다'는 것이다.

그러나 하급심은 대법원 판결처럼 천편일률적으로 정기성과 일률성을 기준으로 금원의 통상임금 해당성을 판단하고 있다. 동시에 통상임금 판단에 있어서 정기성과 일률성 이외의 고정성의 요건에 대해서는 이것이 정기성과 일률

103) 하급심이 인용한 판결로서 대법원 1993.5.11, 선고 93다4816.

성과 동등한 위치를 가지는 별개의 요소가 아니라 고정성을 판단하는데 기준이 되는 구성요소가 정기성과 일률성이라고 하여 방론으로 통상임금 해당성 판단기준으로서 정기성과 일률성 및 고정성의 관계를 설명하기도 한다.

소속 근로자들에게 1일 일정액의 출퇴근을 위하여 지급한 교통비도 '근로기준법 제2조 제1항 제5호에서 말하는 근로의 대가로서의 임금의 성질을 갖고 있고, 나아가 월급제가 아닌 일급제로 지급되는 임금 항목에 대하여 비록 월 단위를 기준으로 삼은 결과 근로자마다 출근일수가 달라 월 합산 액에 차이가 발생하더라도 이를 두고 실제의 근무실적에 비례하여 지급액이 변동되는 것이라고도 할 수 없으므로, 위 교통비 역시 통상임금의 범위에 포함된다'고 한다. 출퇴근 교통비는 단체협약과 임금협정에 의하여 1일 운전시 5,000원을 지급한다. 그러나 그 액수는 월 단위로 출근일수에 따라 별도로 산정됨에도 불구하고 1일 일률적으로 전체 근로자에게 5,000원을 지급한다는 것을 통상임금 산정의 이유로 삼은 듯하다.

CCTV수당도 근무일수에 따라 일률적으로 1일 5,000원씩 지급하였는데, 이 수당도 실제의 근무성적과 관계없이 정기적, 일률적으로 지급되어 온 고정적 임금이므로 통상임금에 해당한다는 것이다.

이와 같이 근속수당과 교통비 및 CCTV수당이 통상임금에 해당함에도 이를 배제한 기본시급만을 기초로 연장근로수당, 야간근로수당, 주휴수당, 휴일근로수당, 유급휴일근로수당, 연차수당을 산정하여 지급하였으므로 원고들은 그 차액을 구하는 한편, 통상임금에 포함되어야 할 위 수당 등을 제외하고 기본시급만을 기초로 야간근로수당과 상여금을 산정하여 지급하였으므로 위 수당들을 포함하여 계산한 통상임금을 기초로 산정한 야간근로수당과 상여금에서 원고들에게 이미 지급한 야간근로수당과 상여금을 공제한 차액을 미지급 임금으로서 청구하고 있다.

피고 회사측은 임금협정에서 정한 정액의 기본급 및 야간근로수당을 기준으로 상여금을 산정하여 지급하기로 하는 약정이 있었고, 이 약정대로 상여금을 지급하였으므로 추가로 상여금을 지급할 의무가 없다고 주장한다. 야간근로수당의 경우도 임금협정에 따라서 기본시급에 가산율 300%를 적용하여 계산한 야간근로수당을 지급하였는데, 이 금액은 '근로기준법에 따라 계산한 수당액, 즉 원고들이 주장하는 재산정된 통상임금(근속수당, 교통비, CCTV수당을 포함하여 제산정한 통상임금)에 근로기준법상의 할증임금율 200%(기본시급 100%+연장근로가산율 50%+야간근로가산율 50%)를 적용하여 계산한 금액을 상회하는 것이므로 추가로 야간근로수당을 청구할 수 없다는 것이다.

이와 같은 당사자들의 주장에 대해 하급심은 먼저 '노사 간의 합의에 따라서 성질상 통상임금에 산입되어야 할 각종 수당을 통상임금에서 제외하기로 한 합의의 효력'에 대하여 판단한다. 그리하여 종전의 대법원 판례를 그대로 반복한다. 즉, 근로기준법에는 시간외, 야간근로, 휴일근로 등의 산정근거가 되는 통상임금에 대해서 위 법정수당의 가산율 또는 지급일 수 이외에 최저기준을 정한 바가 없으므로 "노사 간의 합의에 따라서 성질상 통상임금에 산입되어야 할 각종 수당을 통상임금에서 제외하기로 한 합의의 효력을 인정한다면 근로기준법에서 시간외, 야간 및 휴일근로에 대하여 가산수당을 지급하고, 해고근로자에게 일정기간 통상적으로 지급받을 급료를 지급하도록 규정한 취지는 몰각될 것이기 때문에 성질상 근로기준법 소정의 통상임금에 산입될 수당을 통상임금에서 제외하기로 하는 노사 간의 합의는 근로기준법이 정한 기준에 달하지 못하는 근로조건을 정한 계약으로서 무효라고 할 것이다"고 하여 노사 간의 합의로 함부로 통상임금 산정범위에 들어갈 금원을 자의적으로 배제하지 말라고 한다. 이러한 판결의 내용도 물론 종전 대법원 판례[104]의 입장을 그대로 반영한 것이다. 다만 노사 간의 합의에 의해 통상임금 산정범위에 대해 자율적으로 정할 수 있음을 인정하지만, 예외적인 것으로 본다. 그리하여 "근로기준법상 아무런 기준을 정한 바 없는 수당을 산정함에 있어 노사 간의 합의로 근로기준법상의 개념이나 범위와 다른 통상임금을 그러한 수당을 산정하기 위한 수단으로 삼은 경우에는 앞서 본 바와 같이 근로기준법상의 법정수당을 지급하기로 한 취지가 몰각될 우려가 당초부터 없다고 할 것이므로 그 합의는 유효하다"고 본다. 물론 이 내용도 종전의 대법원 판례를 그대로 답습한 것이다.

통상임금이 기준이 되는 법정수당은 근로기준법상의 시간외수당, 야간수당, 휴일근로에 대한 가산수당, 해고예고수당 등이 있다. 그런데 상여금이나 효도휴가비, 체력단련비, 개인연금보험료 등 문제가 되는 수많은 수당들은 판례의

---

104) 대법원 2007.11.29, 선고 2006다81523; 대법원 2009.1.9, 선고 2007가합24292.

원칙대로 한다면 '성질상 통상임금에 산입되어야 할 각종 수당'은 아니라고 해야 할 것이다. 따라서 이 범위에서는 특정의 금원을 통상임금에서 제외하기로 한 합의의 효력을 인정하는 것이 맞다고 해야 할 것이다. 아마도 그런 점에서는 통상임금의 산정범위에 대한 노사 간의 배제합의에 대해서는 상당히 넓은 자유재량의 여지를 허용한 것이 아닌가 생각된다. 따라서 하급심은 상여금에 대해서는 근로기준법과 시행령에 아무런 규정이 없기 때문에 노사 간에 그 지급에 관한 합의가 있으면 이 합의에 따라 지급하면 족한 것으로 본다. 특히 노사가 합의한 임금협정에 따르면 "1년 이상 근속자에 대하여(기본급+야간근로수당)의 700%를 지급하는 것인데, 위 임금협정에서 기본급은 월간 근무시간 92시간에 협정에서 정한 각 시급을 곱하여 계산된 금액을 지급하고, 야간근로수당 또한 마찬가지로 각 시급의 300%를 적용하여 계산된 금액을 지급하는 것으로 정하여 상여금 산정의 기준이 되는 기본급, 야간근로수당은 근로기준법상의 통상임금과는 직접 관계없이 위와 같이 정해진 각 시급을 기준으로 산정되는 것인 점, 일반적으로 임금 협상에서 임금을 인상하거나 또는 삭감하는 경우 총 임금액이 얼마나 인상 또는 삭감되었는지가 중요한 것이므로 임금협상에 임하는 노조와 피고 또한 총 임금액 산정에 전체적인 영향을 미치게 되는 시간급에 관하여는 이를 염두에 두고 조정에 임하였을 것으로 보이는 점 등을 종합해 보면, 노조와 피고는 상여금의 산정에 있어 임금협정 당시 정해진 고정된 시급을 기준으로 산정된 기본급과 야간근로수당에 가산율을 적용하여 상여금을 지급하기로 합의하였다고 봄이 상당하다"는 것이다. 따라서 상여금 지급시 회사는 임금협정에서 정한 고정된 시급을 기준으로 산정된 금액을 지급하면 되고, 근속수당, 교통비, CCTV수당을 포함하여 산정된 통상임금을 기준으로 시급을 재산정하여 지급할 의무는 없다는 것이다.

물론 이 사건에서 상여금은 단체협약과 임금협정에 따라 "1년 이상 근속자에 대하여 '기본급+야간근로수당'의 연 700%를 지급하되, 지급월 현재 재직자에 한하여 지급한다"고 되어 있지만, 당사자들이 이 상여금을 통상임금의 산정범위로 하여 시간외, 야간, 휴일근로수당 등을 청구하지는 않았다. 그러나 만일 원고 측이 이 상여금을 포함하여 통상임금을 산정하여 할증임금을 계산하도록 요구하였다면, 다시 상여금이 통상임금의 산정범위에 포함되어야 하는가에 대한 논란이 일어나게 될 것이다. 필연적으로 상여금은 독자적으로 상여금대로

지급되고, 다시 통상임금을 산정할 때 다시 포함되는 이중지급의 문제는 여전히 남아 있을 것이다.[105]

또한 근로기준법상의 법정수당인 야간근로수당의 경우에도 원래는 통상임금의 산정범위에 포함되어야 하지만, 노사 합의로 일정 수당을 제외하여도 산정한 금액이 근로기준법이 보장한 액수를 상회하는 경우에는 이 합의는 무효라고 할 수 없다는 것이다. 그리하여 문제가 된 근속수당, 교통비, CCTV수당을 제외하고 기본시급의 300%를 야간근로수당으로 지급하기로 약정한 이 사건에서는 근로기준법이 정한 야간근로 수당을 위하여 근속수당, 교통비, CCTV수당을 통상임금에 포함하여 계산한 금액에 200%의 가산율을 적용하여 계산된 금액을 상회하는 것이므로 근속수당, 교통비, CCTV수당을 제외하고 기본시급의 300%를 야간근로수당으로 지급하기로 약정한 합의는 유효하다는 것이다. 아마도 이러한 하급심의 태도는 평균임금을 산정기초로 하는 퇴직금 산정시 평균임금의 임금총액에 해당하는 일부 금원을 배제하고 퇴직금을 산정해도 산출된 금액이 퇴직급여보장법 제8조 1항이 보장하고 있는 최저액을 상회하는 경우에는 근로기준법 제2조 제1항 6호의 규정을 따르지 않아도 된다는 대법원 판례[106]와 그 태도를 함께 하는 것이라고 본다. 다만 평균임금에 관해서는 강행법규로서 근로기준법 제2조 제1항 6호가 이를 명문으로 정하고 있어서 산정금액의 상회와 하회 여부만으로 그 정당성을 판단하고 있지만, 통상임금은 그러한 명문의 규정 보다는 시행령 규정이 근로기준법 제2조 제1항 6호와 같은 기능을 하고 있어서 여전히 문제는 남아 있다고 본다. 더욱이 방법론적으로는 법률의 규정형식과 내용을 무시하고 법관이 사후적으로 산출한 결과만을 가지고 그 정당성을 인정하는 것은 더욱 문제이며, 이 경우에는 집단적 노사 당사자의 의사를 법률규정에 우선시하는, 예를 들면 대단체협약 임의규정이론(tarifdispositivität)과 같은 이론적 논거를 제시하지 않으면 안 된다고 본다.

---

105) 이 점을 지적하는 것으로서 김형배, 노동법, 제22판, 2013, 385면 참조.

106) 대법원 1998.1.20, 97다21086; 대법원 2003.4.11, 2001다9380 판결 이외에 다수. 판례 인용은 김형배, 노동법 제22판, 749면 각주 1 참조. 물론 이러한 판례의 태도는 강행법규인 근로기준법 제2조 제1항 6호에 반하여 문제가 있다. 김형배, 같은 책, 750면 참조.

2. S여객 사건[107)]

1) 사안과 당사자들의 주장

원고들은 피고 시내버스여객회사의 운전기사로 입사하여 퇴직하였거나 현재 근무 중인 자로서 이들의 임금에 대해서는 노동조합과 시내버스운송사업조합 사이에 체결된 임금협정으로 규율하였다. 그런데 원고의 주장에 따르면 '피고 회사는 각종 수당을 산정함에 있어서 교통비, 식대, 운전자보험금, 하계휴가비, 상여금을 제외한 기본시급만을 기초로 하였으나, 위 수당 등은 통상임금에 속하는 것이므로 이를 포함하여 계산한 시간급 통상임금을 기초로 하여 산정한 각종 수당과 그 기간 동안 기지급한 각종 수당의 차액지급을 청구하였다. 또한 퇴직한 자의 퇴직금 산정에서도 기본시급만을 기초로 계산한 각종 수당과 식대를 기준으로 평균임금을 산정하였으나, 위 교통비 등을 포함함 시간급 통상임금 등을 기초로 하여 재산정한 각종 수당과 식대를 기준으로 산정하여 기지급된 퇴직금과의 차액'을 청구하였다.

이에 대해 피고 회사는 근로자들과의 사이에 포괄임금제에 대한 약정이 성립하였기 때문에 원고들이 통상임금에 산입되어야 한다고 주장하는 각종 수당은 기본시급에 이미 포함되었다고 보아야 한다고 주장한다. '포괄임금제에 관한 약정이 성립하지 않았다고 하더라도 교통비, 식대, 운전자보험금은 고정적, 일률적으로 근로의 대가로서 지급되는 것이 아니라 복리후생적인 차원에서 지급되는 금품일 뿐만 아니라, 각 임금협정에서 교통비, 식대, 운전자보험금을 통상임금 산정에서 제외하기로 합의하였기 때문에 이 합의는 유효하며, 하계휴가비는 노사 간의 약정에 의하여 정규직 기사에게만 복리후생적 차원에서 지급되는 금품이며, 상여금은 기본시급 액수에 비하여 이를 통상임금으로 재산정하는 것은 부당하다'는 것이다. 결과적으로 피고 회사의 입장에서는 이들 수당들은 통상임금으로 포함되어서는 안 된다는 것이다.

2) 하급심의 판결

이러한 당사자들의 주장에 대해서 하급심은 먼저 문제가 되는 포괄임금제 합의를 인정하지 않는다. 그리고 원고 측이 제기한 각 금원의 통상임금 해당성에 관해서는 종전의 판례원칙[108)]을 되풀이 하면서 법원이 근로기준법 시행령

107) 대전지법 2012.8.31. 선고 2011가합7400.

제6조 제1항의 통상임금의 개념정의에 구속되는 것이므로 정기성과 일률성으로 통상임금 해당성을 판단하되, 일률성은 모든 근로자 뿐만 아니라 고정적인 조건에 달한 모든 근로자를 말한다는 판례법리에 의하여 통상임금 해당성을 판단하고자 한다.

그리하여 먼저 '교통비는 임금협정이 택시 기본요금으로 교통비를 지급한다는 사실, 1개월분의 교통비를 정산하여 다음 달에 지급하였다는 사실, 임금협정을 통해 교통비를 기본시급에 포함하여 지급하기로 한 사실 등을 볼 때, 교통비는 일정 성과시에 지급하는 불규칙한 금액이 아니라 근로제공시 당연히 지급되는 금원인 점에서 정기적, 일률적으로 지급된 고정적 임금이므로 통상임금의 범위에 들어온다'는 것이다. 통상임금 판단의 정기성과 일률성의 요건을 기계적으로 적용하여 판단한 것으로 볼 수 있다.

그러나 식대에 대해서는 피고 회사가 '운행대수에 비례한 식권을 지정 기사식당에 교부하고 이 기사식당이 시내버스운송조합에 식권을 제출하면서 그 식권만큼의 식비를 청구하고 다시 이 시내버스운송조합이 회사에 그 식비를 청구한 점으로부터 볼 때 식대의 지급실태와 지급경위 및 각 임금협정에 식대가 후생복지 항목으로 규정되어 있는 점을 종합할 때 식대는 후생복지적 성격 또는 실비변상적 성격으로 지급되는 금원으로서 통상임금이 아니'라는 것이다. 대법원 판례대로 한다면 식대가 임금협정에 복리후생비로 규정되어 있는가는 식대의 통상임금 해당성을 판단할 때 중요한 것이 아니다. 오히려 그러한 임금협정에도 불구하고 정기적, 일률적으로 지급하는가가 중요한 판단요소이다. 따라서 대법원 판례의 입장에 따르면 식대가 근로자 전원에게 지급되었는가,[109] 매월 일정액으로 지급되었는가가 통상임금 해당성을 판단하는 기준이 된다.[110] 그러므로 현물을 대체한 식대 상당액을 지급하지 않거나, 일정한 근무를 한 자에게만 지급하는 식대는 통상임금이 아니라고 한 대법원 판례[111]를 하급심은

---

108) 대법원 2005.9.9, 선고 2004다41217.

109) 대법원 1974.7.23, 선고 74다106; 대법원 1990.11.9, 선고 90다카6948; 대법원 1995.9.26, 선고 94다28123; 대법원 2003.2.11, 선고 2002다50828 등.

110) 대법원 1996.5.10, 선고 95다2227; 대법원 2000.12.22, 선고 99다10806 판결 등 참조.

111) 대법원 1996.6.28, 선고 95다24074(국제선 승무원에게 지급하는 식대); 대법원 2003.4.22, 선고 2003다10650(식사에 상당하는 현금이 지급되지 않은 점); 대법원 1996.5.14, 선고 95다19256(8시간 근무, 2시간 이상 연장근무, 밤 9시 이후 근무한 근로자에게만 제공하기로 한 식사비 상당액) 판결 등 참조.

그대로 답습한 것으로 보인다.

이 사건에서는 CCTV설치가 근로의욕 저하를 가져 올 것에 대비하여 모든 근로자에게 운전자보험에 가입하도록 하고 보험료를 피고 회사가 근로자에게 매월 직접 지급하였다. 원고들은 이 보험료를 수령한 후 금원을 추가하거나 감액하여 자유롭게 개별적으로 보험회사를 선택하고 보험계약을 체결하여 운전자보험에 가입하였고, 이 금원을 이용하여 보험료를 매달 보험회사에 지급하였다. 이에 대해 하급심은 '운전자보험금은 임금협정에 후생복지항목으로 정하였는지, 그 명칭이 무엇인지 불구하고 원고들의 근로의욕 저하를 방지하고 노동강도를 높이기 위한 CCTV수당 또는 업무수행과정에서 발생할 수도 있는 위험에 대비한 위험수당'의 성격을 가진 것으로서 임금협정에 의해 지급근거가 정하여졌고, 근로의 대가로서 정기적, 일률적으로 지급되는 고정적 임금이므로 통상임금의 범위에 포함된다는 것이다. CCTV수당이 정기적이고 일률적으로 지급되는 고정적 임금인 한 통상임금에 해당한다는 앞의 1)의 S고속 사건과 입장을 같이 한 사건이다.

하계휴가비는 피고회사가 일률적으로 매년 1회 지급하였고, '근로자에 대한 임금이 1개월을 초과하는 기간마다 지급되는 것이라도 그것이 정기적 · 일률적으로 지급되는 것이면 통상임금에 포함될 수 있고, 소정 근로시간의 근로에 직접적으로 또는 비례적으로 대응하여 지급되는 임금이 아니라 하여도 그것이 소정 근로 또는 총 근로에 대하여 지급되는 임금이 아니라고 할 수 없으므로 그런 사유만으로 그 임금을 통상임금에서 제외할 수 없다'는 대법원 판례를 근거로 하계휴가비가 1임금지급기를 넘어 매년 1회 지급된다 하더라도 실제 근무성적과는 상관없이 정기적, 일률적으로 지급되는 고정적 임금이므로 통상임금의 범위에 들어온다는 것이다. 이미 앞에서 본 바와 같이 노동부의 행정해석에도 불구하고 '1임금지급 산정기간'을 통상임금 해당성의 판단기준에서 제외한 대법원 판례와 입장을 같이 한 것으로 보인다.

상여금에 대해서는 임금협정에서 연간 해당 급수의 일정일분 기본급의 600%를 연간 4회로 나누어 지급하고, 그 후 노사합의로 상여금을 매월지급하기로 하였다는 점, 최근의 임금협정에서는 연간 해당 급수의 22일분 기본급의 600%를 연 12회로 분할하여 지급하기로 하는 한편, 재직일수나 근무시간에 따른 제한없이 입사일로부터 3개월 또는 1개월 미만인 근로자에게도 상여금을 지급하였다는 점, 근무성적과는 상관없이 매월 일정한 금액을 상여금으로 지급하여 왔다는 점을 고려할 때 이 사건 상여금은 임금협정 및 노사합의에 의하여 실제 근무성적과는 무관하게 정기적, 일률적으로 지급되어 온 고정적 임금으로서 통상임금의 범위에 포함된다는 것이다.

이 사건에서는 결과적으로 교통비, 운전자보험금, 하계휴가비, 상여금 등은 통상임금에 포함되고, 식대는 통상임금에서 제외되었는 바, 이 하급심 판결에서도 통상임금 해당성의 판단기준은 금원이 정기적, 일률적으로 지급되는 고정적 임금인가가 결정적 기준이 되고 있다.

3. K오토텍 사건[112)]

1) 사안과 당사자들의 주장

당사자들 사이에서는 설·추석상여금과 하기휴가비, 김장보너스, 선물비 등이 통상임금에 해당하는지를 다투고 있다. 물론 짝수 달마다 지급되었던 연 600%의 상여금에 대해서는 다투지 않았지만, 피고 회사와 노동조합 사이에 체결된 단체협약은 "상여금은 통상임금(기본급, 직책수당, 생산수당 등 9개 수당)+2만원+O/T35시간)의 연 700%를 지급하며, 짝수 월에 100%, 설날과 추석에 각각 50%씩 지급하는 것으로 한다"고 규정하고 있으며, 지급일 현재 6개월 이상 휴직 중인 자는 지급을 제외하며, 취업규칙에 따르면 개인사정 및 입영으로 휴직한 자에게는 지급하지 않는 것으로 하였다. 그리고 하계휴가비는 정액으로 50만원씩을 지급하기로 하였으며, 회사는 김장철에 김장보너스를 지급하며, 그 지급액은 노사가 협의하는 것으로 하였다. 피고 회사는 복리후생적 금품인 설·추석 상여금은 통상임금에 포함하지 않는다는 명시적 묵시적 합의가 있었음에도 이를 통상임금에 넣어 가산된 임금을 달라고 주장하는 것은 피고 회사와 노동조합 사이의 약정에 정면으로 배치되는 것으로서 신의칙에 반한다고 주장한다.

2) 하급심의 판결

하급심의 판결에 따르면 설·추석 상여금은 실제 근무성적과 관계없이 6개월 이상 휴직 중인 근로자를 제외한 모든 근로자에게 50%씩 지급되는 것이므

---

112) 대전고법 2012.9.12, 선고 2011나6388.

로 정기적, 일률적으로 지급되는 고정적 임금에 해당하여 통상임금의 산정범위에 들어가야 한다는 것이다.

하기휴가비의 경우도 지급일 전 퇴사자, 3개월 이상 휴직자, 1개월 이상 정직자는 제외하며, 실제로 2005년에는 1명, 2009년에는 2명에게 지급을 제외한 사실이 있었음에도 불구하고, 단체협약에 의해서 회사에 지급의무가 주어져 있고, 근로의 대가로서의 성질을 가지므로 임금에 해당하며, 실제 휴가의 사용여부, 근무성적과 상관없이 휴직자, 정직자 등을 제외한 모든 근로자들에게 지급되었으므로 정기적, 일률적으로 지급되는 고정적 임금으로서 통상임금 산정 범위에 포함되어야 한다는 것이다.

김장보너스의 경우도 지급조건은 하기휴가비와 동일하였다. 여기서도 하급심은 실제 근무성적과 관계없이 휴직자, 정직자 등을 제외한 근로자들에게 지급되었기 때문에 통상임금에 해당한다고 보았다.

선물비의 경우도 매년 2회 10만원 상당의 선물지급을 노사협의회를 통하여 결정하고, 수개의 품목 중에서 근로자가 선택할 수 있도록 하되, 초과부문에 대해서는 임금에서 공제하도록 하고 있었지만, 이것 또한 근무성적과 관계없이 연 20만원 상당의 금품이 지급되었으므로 통상임금에 해당한다는 것이다. 일견하여 모든 근로자에게 일괄적으로 지급하는 것이 아니라 일부의 근로자에게는 지급을 제외하였음에도 불구하고 근무성적에 관계없이 지급하였다는 점에서 일률성의 요건을 충족하기 때문에, 그리고 매년 몇 회씩 정기적으로 지급하는 것이므로 통상임금에 해당한다고 보아, 대법원 판례의 통상임금 해당성 판단기준 공식을 거의 기계적으로 적용하고 있는 것으로 보인다.

그리고 하급심은 '원고들이 임금협정 당시 노사 간 합의된 내용과는 달리 설·추석 상여금 등을 통상임금에 넣어 가산된 임금 등을 달라고 주장하는 것은 피고 회사와 노동조합 사이의 약정에 정면으로 배치되는 것으로서 신의칙에 반하므로 원고의 청구에 응할 수 없다'는 피고 회사의 주장도 배척한다.

그러나 하급심은 대법원 판례[113]의 법리에 따라 '노사의 합의로 통상임금에 산입되어야 할 각종 수당을 통상임금에서 제외하는 합의의 효력을 인정한다면 근로기준법이 시간외, 야간 및 휴일근로에 대하여 가산수당 등을 지급하기로

113) 대법원 1993.5.1, 선고 93나4816.

한 근로기준법의 취지는 몰각될 것이므로 근로기준법 소정의 통상임금에 산입될 수당을 통상임금에서 제외하기로 한 노사 간의 합의는 근로기준법이 정한 기준에 달하지 못하는 근로조건을 정한 계약으로서 무효'라는 것이다. 그러나 엄밀하게 보면 문제가 되는 것은 근로기준법이 보장하는 시간외, 야간, 휴일근로 등의 가산임금 등을 산정하는 기준이 되는 통상임금에 무엇을 포함시킬 것인가 하는, 말하자면 근로기준법이 보장하는 법정수당의 산정을 위해서 통상임금을 무엇으로 할 것인가 하는 것은 근로기준법상 보장된 법정수당의 전제조건인 통상임금 해당성의 문제이다. 즉 근로기준법상 법정수당의 선결문제인 통상임금 해당성의 문제인데도, 미리 한 발을 앞질러 나가 근로기준법이 보장한 법정수당의 기본취지가 몰각된다는 것은 논리적으로 앞뒤가 전도된 것이다. 특정의 금원을 통상임금 산정기초에서 배제한다는 당사자의 합의는 법정수당을 주지 않겠다는 것이 아니라, 합의의 대상이 되는 금원이 통상임금에 해당하는지 몰라 합의로 통상임금에서 배제한다는 것이다. 그러나 법원이 강행법규 위반으로 무효로 선언하여 보호하고자 하는, 그러한 법정수당의 산정기초인 통상임금에 대해서는 근로기준법이 규정하지도 않았고, 어느 금원을 통상임금에 포함해야 할 것인지도 근로기준법은 규정하지 않았음에도 불구하고 금원을 통상임금에서 제외하기로 하는 배제합의를 무효라고 본 것은 통상임금의 본질을 도외시하는 것이고, 법정수당의 성질도 이해하지 못하는 태도라고 아니할 수 없다. 판례가 말하는 것처럼 '성질상 근로기준법 소정의 통상임금에 산입되어야 할 수당을 통상임금에서 제외한다는 노사 간의 합의'에서 현재 문제가 되는 것은 '통상임금에서 제외한다는 당사자의 합의'가 문제가 아니라, 도대체 무엇이 성질상 근로기준법 소정의 통상임금이고 어느 금원이 통상임금에 포함되고, 어느 금원이 포함되지 않는가 하는 점이다. 그런데 이 문제의 해결을 위해서 근로기준법 시행령 제6조 제1항이 규정되어 있지만, 이 규정도 추상적이고 일반적인 규정으로서 구체적인 사안에 대해서 직접적인 해답을 주는 것이 아니라, 사법부에 의한 이 규정의 적용과 법형성 단계에서 비로소 문제가 해결된다. 이러한 법적 상황에서 당사자들은 어느 금원이 통상임금에 해당되어 합의로 배제할 수 없는 것인지, 또는 합의로 배제할 수 있는 것인지를 알 수 없다. 그러나 합의로 배제할 수 없는 것은 근로기준법상 보장된 법정수당이지, 어느 금원을 통상임금에 포함시킬 것인가 하는 것이 아니다. 법정수당의 산정범위에 들어오는 것을 결정하는 것은 입법과 판례의 법형성, 그리고 당사자의 의사이다. 이것은 법적 권한의 문제이다. 어느 금원을 근로기준법 소정의 통상임금에 포함시킬 것인지가 법적으로 명확하게 되어 있지 않은 상황에서, 그리고 이를 판례의 법형성에 의해서 만들 수밖에 없는 상황에서 당사자의 배제합의를 강행법규 위반으로 보는 것은 판례의 독단이라고 아니할 수 없다. 동시에 그러한 당사자의 배제 합의를 강행법규 위반이라고 보는 경우 당사자의 헌법적 권리가 당연히 주장될 수밖에 없을 것이다. 결과적으로 앞의 1)의 사건에서 보는 바와 같이 합의에 의해 특정의 금원을 통상임금의 산정기초에서 배제하여도 그것이 평균임금이나 통상임금을 상회하면 유효하다는 것은 규범적인 문제가 아니라 사후에 경제적으로 보아 결국 근로자에게 유리한가를 기준으로 판단하는 것이다. 그러나 통상임금이 법정수당의 산정을 위해서 소정 근로를 하면 지급하기로 사전에 정하여져야 한다는 것을 고려한다면 과연 이런 종류의 판례가 법적 명확성과 법적 정의와 법적 안정성에 합당한 것인지는 의문이 아닐 수 없다.

4. WM회사 사건[114)]

1) 사안과 당사자들의 주장

이 사건에서도 당사자들은 위 'K오토텍 사건'에서처럼 설상여금과 추석상여금, 김장보너스, 개인연금보험료, 단체보험료, 선물비, 생일자 지원금 등이 통상임금의 산정기초에 해당하는지에 대해 다투고 있다.

2) 하급심의 판결

이 판결에서도 하급심은 K오토텍판결에서처럼 정기성과 일률성의 기준을 천편일률적으로 적용한다. 그리하여 설상여금과 추석상여금에 대해서는 계약직 직원과 지급일 현재 6개월 이상 휴직한 자에 대해서는 상여금을 지급하지 않는다는 규정을 두고 있음에도 불구하고 통상임금을 인정하였으며, 개인연금보험료도 5년 이상 근속자를 대상으로 회사가 대납을 한 후 급여명세서에 기재하고 근로소득세도 징수하였음에도 불구하고 통상임금을 인정하였다. 단체보험료는 1년 이상 근속자를 대상으로 일괄 가입후 회사가 대납을 하였으나

114) 대전지법 천안지원 2012.9.4, 선고 2011가합6093.

통상임금을 인정하였다. 김장보너스의 경우는 계약직 직원, 지급일 현재 3개월 휴직자는 지급하지 않는다는 규정 하에 전 근로자에게 24만원을 지급하였는바, 이 금원도 하급심은 통상임금으로 인정하였다.

일률성의 요건이 모든 근로자로부터 일정한 조건을 갖춘 모든 근로자에게로 확장됨에 따라 5년 이상 근속자나 1년 이상 근속자에게만 보장되는 수당 등도 통상임금에 포함되는 결과가 발생하게 되어 도대체 일정한 조건과 기준을 갖춘 근로자 집단의 한계를 어디에 설정하여야 하는지, 따라서 일률성의 요건이 어디까지 확장되어야 하는지 정확한 기준을 설정할 수 없다. 선물비는 매년 20만원씩 상반기, 하반기 각1회마다 10만원 상당의 생활용품 또는 상품권을 제시하고 근로자가 이를 선택하는 것이었으며, 생일자 지원금은 문화상품권을 모든 근로자에게 지급하는 것이었다. 그러나 하급심은 이러한 금품이 그 성질이 무엇이며, 왜 제공하는지, 소정 근로의 대가로서 사전에 지급하기로 정하였는지를 문제삼지 않고, 천편일률적으로 정기성과 일률성으로 제공하는 고정적인 것인가에만 초점을 두고 모두 통상임금으로 인정하고 있다. 소정의 근로에 대해서 사전에 지급하기로 정한다는 의미에서 통상임금은 소정 근로시간에 대한 근로의 대가로 이해한다. 그러면 위와 같은 상품권이나 선물 등이 정기성과 일률성의 요건을 갖추었다고 해서 통상적인 소정 근로시간에 대한 근로의 대가로 이해될 수 있는지 의문이다. 더구나 그와 같은 생일자 지원금이나 선물비는 1임금지급기간 내에 지급하는 것이 아니라, 연중 행사의 일원으로 지급되는 것인데, 이를 두고 소정 근로의 대가라고 할 수 있는지는 여전히 의문이다. 후술하는 바와 같이 어느 금원이 통상임금에 해당하는가는 정기적, 일률적으로 주는가 하는 형식적 판단이 중심이 되어서는 안 되고, 근로계약의 급부의 대상으로서 근로의 대가인지를 판단해야 함에도, 그리고 지급을 하게 된 동기가 계기 또는 취지 등을 구체적이고 개별적으로 종합하여 판단해야 하며, 소정 근로의 대가로서 사전에 지급하기로 정한 것인가를 판단해야 함에도 불구하고 판례는 편의적으로 정기성과 일률성의 간편한 도구틀로써 판단하고 있다.

5. G자동차 사건[115)]

1) 사안과 당사자들의 주장

피고는 자동차관련 기계, 설비 및 그 부품의 설계·제조·조립·정비·판매 등을 행하는 회사이고, 원고는 생산직(일급제 기능직)으로 근무하는 근로자들이다. 이들의 임금은 기본급과 제 수당, 시간외근무수당, 휴일근로수당, 야간근로수당, 상여금, 복리후생비(임금의 성격), 임시로 지급하는 임금 등으로 구성되어 있는데, 이 중 상여금은 매년 2월, 4월, 5월, 6월, 8월, 10월, 12월 말일에 지급하여 왔고, 근로자들이 자신들의 명의로 노후적립연금보험에 가입하도록 한 후 개인연금보험료로서 보험료의 일부를 지원하였으며, 하기휴가 때 휴가비를, 설날과 추석 때 귀성여비 및 선물비(상품권)를 각각 지급하여 왔다. 그리고 단체협약으로 1년 이상 근속한 경우에 한하여 퇴직금을 지급하되, 연 미만은 월할 계산하고 월 미만은 일할 계산하며, 퇴직금 중간정산은 노사 간 별도 합의한 퇴직금 중간정산 규정에 따르도록 하였다. 법정수당 지급 및 그 기초가 되는 통상임금의 산정은 단체협약과 임금규정에 따른 통상임금산정 기초자료표를 기준으로 산정하였는 바, 이는 주로 통상시급에 법정가산율 이상을 곱하여 계산하는 것으로 하였다.

원고들은 피고 회사가 '지급해 온 정기상여금, 개인연금보험료, 휴가비, 귀성여비, 선물비(이를 통틀어 '정기상여금 등'이라 한다)는 근로의 대가로서 정기적·일률적·계속적으로 지급하기로 정하여진 고정적 임금이고, 그에 관하여 단체협약, 노사합의 등에 의해 사용자인 피고에게 지급의무가 지워져 있으므로 근로기준법상 통상임금 및 평균임금을 산정함에 있어 모두 포함되어야 한다'는 것이다. 따라서 피고 회사는 법정수당을 지급함에 있어서 기존 통상임금 산정기초에다가 정기상여금을 더하여 근로기준법상의 통상임금을 기초로 지급했어야 하므로 기지급 법정수당을 공제한 미지급 법정수당의 지급을 구한다.[116)]

이에 대해 피고 회사는 통상임금 부분과 평균임금 부분을 구분하여 통상·평균임금 해당성을 부인하고자 한다. 여기서 문제가 되는 금원의 통상임금 해

---

115) 서울고법 2012.11.23, 선고 2012나23773.

116) 물론 당해 사건에서는 중간퇴직금의 정산 시에도 기존 평균임금 산정 기초임금에다 개인연금보험료, 선물비와 미지급 법정 수당을 더하여 평균임금을 산정한 것을 기초로 계산·지급했어야 하므로 기지급 퇴직금을 공제한 미지급 퇴직금의 지급을 구한다. 따라서 통상임금의 문제가 평균임금의 문제로까지 비화하게 된다.

당성 부인 논거로서 피고 회사는 다음과 같은 것을 들고 있다. 먼저 정기상여금은 노사합의로 통상임금에 포함시키지 않기로 하였으므로, 당사자들의 의사에 따라서 정기상여금은 통상임금에 포함되어서는 안 된다는 것이고, 둘째, 정기상여금 도입의 연혁을 보면 당시 회사의 경영실적에 따라 비정기적으로 지급하기로 한 것이고, 개인연금보험료 · 휴가비 · 귀성여비 · 선물비는 복리후생적 차원에서 노사 간의 합의에 따라 지급해 온 금품으로서 소정 근로의 대가성이 없으므로 임금 자체에 해당하지 않는다는 것이다. 또한 정기상여금은 '1개월, 3개월, 6개월의 근속기간 및 휴직 후 복직에 따른 실제 근무일 수에 따라, 개인연금보험료는 1개월의 근속기간 및 월말에 재직 중이었는지의 여부에 따라, 휴가비 · 귀성여비, 선물비는 지급일 5일전에 재직 중인지 여부 및 개인적 이유로 휴직하였는지에 따라 각 지급 여부와 지급액이 달라지게 되므로 이는 근로자의 근무성적에 따라 달리 지급되는 것으로서 비고정적 금품'이라는 것이다. 동시에 피고 회사는 '노동조합과의 합의하에 복리후생적인 개인연금보험료와 선물비의 지급을 중단하였으며', '정기상여금, 휴가비, 귀성여비, 선물비 등은 장래의 근무성적에 따라 변동되는 비고정적인 수당으로서, 법정수당 산정시 정기상여금을 통상임금에 포함시킨다면 그 후 실제 근무성적 및 퇴직 시기에 따라 기지급된 법정 수당의 반환문제와 동일 경력의 근로자 사이에 가산수당 액수가 달라질 수 있어 형평성의 문제 등이 발생할 수 있고, 통상임금을 기초로 산정하는 정기상여금 등을 다시 통상임금에 포함시킬 경우 정기상여금 등의 액수가 무한대로 증가되는 순환오류에 빠지게 된다'는 것이다.

이에 대해 하급심은 정기상여금과 개인연금보험료 · 휴가비 · 귀성여비 · 선물비를 별도로 나누어 다른 판결과 달리 이들 금원의 역사와 연혁을 언급하고, 통상임금 해당성 인정을 위하여 매우 상세한 논거들을 제시하고 있어서 여기서는 각각 별도로 언급하기로 한다.

2) 정기상여금에 관한 하급심의 판결

먼저 하급심은 통상임금의 법리에 관한 대법원의 일반법리를 전개한다. 즉, 근로기준법이 언급하고 있는 통상임금은 근로기준법상의 평균임금이 통상임금보다 적을 때 그 통상임금을 평균임금으로 대신한다는 규정만 있을 뿐, 통상임금이 무엇인지를 규정하고 있지 않다는 것이다. 다만 시행령 규정에 통상임금에 개념정의 규정이 있으므로, 통상임금은 '원칙적으로 소정 근로 또는 총 근로의 대가로 근로자에게 지급되는 금품으로서 그것이 정기적·일률적으로 지급되는 것이면 모두 통상임금에 속하는 임금이나, 근로기준법의 입법취지와 통상임금의 기능 및 필요성에 비추어 볼 때 어떤 임금이 통상임금에 해당하려면 그것이 정기적·일률적으로 지급되는 고정적인 임금에 속하여야 하므로, 정기적·일률적으로 지급되는 것이 아니거나 실제 근무성적에 따라 지급 여부 및 지급액이 달라지는 것과 같이 고정적인 임금이 아닌 것은 통상임금에 해당하지 않는데, 여기서 '일률적'으로 지급되는 것이라 함은 '모든 근로자'에게 지급되는 것도 포함되고, 여기서 말하는 '일정한 조건'이란 '고정적이고 평균적인 임금'을 산출하려는 통상임금의 개념에 비추어볼 때 '고정적 조건'이어야 한다'는 종전의 대법원 판례[117]를 반복한다. 그러나 이 사건에 대한 하급심의 판결은 종전의 판례법리와는 달리 정기성과 일률성 또는 고정성의 판단에 있어서 정형적이고 패턴적인 판단을 강조하는 것이 아니라, 구체적인 사안에 따라 개별적으로 판단할 것을 강조한다. 즉, 이 판결에 따르면 "고정성에 관하여 언급된 '근무성적'은 '근무시간'이나 '근무사실 자체'와는 다른 의미로서, 임금의 개념 자체가 근로의 대가이므로 그 명칭 여부를 불문하고 소정 근로 또는 총 근로에 대응하여 그 지급액이 결정되는 것, 즉 특정근로의 가치에 직접 대응하여 지급되는 성격의 금원은 전형적인 통상임금이다. 따라서 통상임금에 해당하는 임금에 해당하는지의 여부는 앞서 본 근로기준법 시행령 규정과 대법원 판례의 취지에 기초하여 구체적 사안에서 정기성, 일률성 및 고정성의 요소를 종합적으로 고려하여 개별적으로 판단할 수밖에 없다"는 것이다.

이 하급심 판결이 종전의 하급심 판결과 다른 점은 i) 금원의 통상임금 해당성의 판단은 구체적 사안에서 종합적인 고찰을 할 것이라고 하여 종전의 판례와 달리 천편일률적인 정기성과 일률성의 요건 보다는 사안에서의 구체적인 타당성을 기하여야 한다는 것과, ② 금원의 통상임금 해당성 판단의 법적 근거는 근로기준법 시행령의 정의규정과 대법원의 판례라는 것이라고 하여 이들 법적 근거가 과연 통상임금 해당성 판단에서 어느 의미를 갖고 있는지에 대한 논의의 단초를 제공하고 있다는 점, ③ 통상임금은 '특정근로의 가치에 직접

117) 대법원 2010.1.28, 선고 2009다74144.

대응하여 지급되는 성격의 금원'이어야 한다고 함으로써 정기성과 일률성 또는 고정성이라는 형식적 요건 보다는 근로의 대가성이라는 근로계약의 급부와 반대급부로서의 임금을 말함으로써 이제는 임금이나 통상임금이 계약적 사고에 의해서 결정될 소지가 있음을 간접적으로 들어내고 있는 점이 특징이다.

그러나 노사의 합의에 의한 통상임금 배제에 대해서는 여전히 종전의 대법원 판례[118]에서 벗어나지 못하고 있다. 그리하여 통상임금은 근로기준법 제2조 제2항에 의해서 평균임금의 최저한으로 보장되고, 각종 법정 수당의 산정근거가 되는데, 근로기준법의 해당 조항에는 '가산율 또는 지급일수 외의 별도의 최저기준이 규정된 바 없으므로, 노사 간 합의에 따라 성질상 통상임금에 산입되어야 할 각종 수당을 통상임금에서 제외하기로 하는 합의는 합의의 효력을 인정한다면, 위 각 조항이 시간외·야간·휴일근로에 대하여 가산수당을 지급하고 해고 근로자에게 일정기간 통상적으로 지급받을 급료를 지급하도록 하는 취지는 몰각될 것이기 때문에, 성질상 근로기준법에 정한 통상임금에 산입될 수당을 통상임금에서 제외하기로 하는 노사 간 합의는 같은 법이 정한 기준에 달하지 못하는 근로조건을 정하는 계약으로서 무효이되, 다만 그 전부가 무효로 되는 것이 아니라 위 법에 정한 기준과 전체적으로 비교하여 그에 미치지 못하는 근로조건이 포함된 부분에 한하여 무효로 된다'는 것이다.

하급심 판결의 이 부분에 대해서는 후술하겠지만, 앞서 말한 바와 같이 노사합의에 의한 통상임금 배제가 근로3권과의 관계에서, 그리고 법정수당을 보전하고자 하는 근로기준법과의 관계에서 타당한지는 후술할 것이다. 그러나 이 하급심 판결이 다른 판결과 다른 점은 매우 상세하고 다양한 논거로서 정기상여금 등의 통상임금 해당성을 인정하고 있다는 것이다. 그러나 역시 정기성과 일률성의 틀을 벗어나지 못한 것은 여전하다.

이 하급심이 정기상여금 등의 통상임금 해당성 인정의 논거로 삼고 있는 것은 다음과 같다. 먼저 인정 사실로서 i) 정기상여금에 관한 단체협약이 '회사는 정기상여금 지급 시 통상임금 지급기준으로 30시간 가산지급하며, 2, 4, 5, 6, 8, 10, 12월 말일에 100%씩 지급하며, 노조원의 근속년수가 1개월 이상 3개월 미만일 경우에는 지급액의 50%, 3개월 이상 6개월 미만일 경우는 지급액의

118) 대법원 2007.11.29, 선고 2006다81523.

75%, 6개월 이상일 경우는 지급액의 100%를 지급하는 것으로 되어 있다. 또한 본인의 귀책사유로 휴직 후 복직하는 노조원에 한하여 복직하는 날이 상여금지급 15일 전인 경우에는 지급액의 100%, 15일 미만인 경우에는 일할 계산하여 지급한다'고 하였다. ② 피고 회사는 단체협약의 정기상여금 규정에 따라 2, 4, 5, 6, 8, 10, 12월 말일에 노사합의로 약정한 기준임금을 기초로 산정한 정기상여금을 지급하였는 바, 이 기준임금은 매월 고정적인 기준에 따라 정기적·일률적으로 지급되는 기본급, 근속수당, 라인수당간A, 정비5단계수당5, 복지후생수당으로 구성되어 있고, 정기상여금의 급여명세서 및 지급대장에는 통상임금 기초자료표 중 정기상여금란 기재와 같이 이 기준임금의 구성항목별로 월 지급액의 100%에 상당하는 금원이 특정되어 기재되어 있다. 그런데 피고회사는 정기상여금과는 별도로 전년도 사업실적에 따라 그 지급 여부 및 지급액이 달라지는 성과급 및 사업목표 격려금을 지급하여 왔다. ③ 어느 금원이 통상임금에 해당하는지는 구체적 사안이나 당해 금원지급의 역사와 연혁 등도 함께 고려해야 할 것인 바,[119] 피고 회사와 노동조합의 합의 내지 단체협약에 의해서 시행해 온 정기상여금은 처음에는 '경영실적에 따라 필요시에 지급하며 그 지급율은 그때그때 정하며, 기준임금의 400%'를 지급하도록 하였다. 그 후에는 '직전 상여금 지급기준일부터 금번 상여금 지급기준일까지의 기간 동안 실근무기간이 60% 이상이면 기준임금의 100%, 실근무기간이 60% 미만이면 실근무기간에 따라 일할 계산하며, 기준임금은 기본급에 TQC수당을 합산하는 것'으로 하였다. 이렇게 일시적이고 경영실적에 따라 지급하던 상여금이 정기적으로 지급하도록 변경된다. 즉, '상여금은 매 분기말 100%씩 연 4회 지급하며, 상여금 지급 기준일 현재 근무기간이 1개월에서 6개월 미만이면 기준임금의 50%, 근무기간이 6개월 이상이면 기준임금의 100%를 지급하며, 기준임금은 기본급에 TQC 수당과 생산장려수당을 합산하여 산정'하도록 하였다.

이와 같이 이 회사의 상여금은 노사의 합의나 단체협약에 의하여 일시적으로 실적에 따라 지급되던 상여금이 정기상여금으로 되고, 기준임금에 포함되는 것도 노사의 합의에 의하여 확장되어 가는 것을 보여 준다. 피고 회사의 후속하는 노사 합의는 이러한 노사의 자율적 결정에 의해서 상여금이 결정된다는

119) 이에 대해서는 김영문·이상윤·이정, 임금개념과 평균임금·통상임금의 범위, 법문사, 2004, 95면 이하 참조.

것을 보여 주는 바, 노사는 '짝수 달 말일 기준임금의 100%씩 총 600%를 지급하되, 상여금 지급액 100%마다 2만원씩 가산 지급하며, 기준임금은 통상임금으로 하되, 통상임금은 기본급에 제 수당으로서 TQC 수당, 생산장려수당, 감독수당, 조장수당, 반장수당, 근속수당, 특수작업수당, 라인수당, 관청등록수당, 기능사1급 자격수당을 합산'하여 정하는 것으로 하였다. 이 회사의 정기상여금에 관한 노사합의는 통상임금에 해당하는 금원이 원래부터 법률이나 규범에 따라 객관적으로 존재하는 것이 아니라, 노사의 합의에 따라서 그 범위가 늘어날 수도 있고, 줄어들 수 있어서 노사가 주관적으로 통상임금(이른바 '약정통상임금'에 따른 상여금 지급)을 정할 수 있으며, 상여금의 정기성도 노사의 합의에 의해서 정할 수도 있음을 보여 주고 있다. 그리하여 피고 회사와 노동조합은 다시 상여금을 '2, 4, 6, 8, 10, 11, 12월 말일에 기준임금의 100%씩 총 700%를 지급하며, 상여금에 2만원 가산지급을 폐지'하는 것으로 하였다가, 최종적으로는 '2, 4, 5, 6, 8, 10, 12월말에 기준임금의 100%씩 총 700%를 지급하기로 하되, 정기상여금 지급 시 통상임금 기준으로 30시간 가산지급하는 것으로 하였다'. 상여금이 어느 목적에서 어떤 성질을 갖고서 지급되는가 하는 점은 별론으로 하더라도 이 회사의 상여금 규정의 역사와 연혁은 상여금의 지급시기를 정기적으로 할 것인지, 일시적인 것으로 할 것인지, 그리고 처음부터 통상임금에 포함되어야 하는 금원이 객관적으로 정하여지는 것이 아니라, 기본급을 기본으로 하고 노사가 합의에 의해서 확장하는 것도 가능하다는 것을 보여주고 있다. 그런 점에서 보면 이 사례는 통상임금은 정기성, 일률성, 고정성 등의 외부적 형식이나 객관적 기준에 의해서 판단되는 것이 아니라, 노사의 합의와 같은 당사자의 의사합치에 의해서 정해질 수 있다는 것을 보여 주고 있다. 이러한 통상임금 결정 구조는 현행법과도 상응하는 것이다. 왜냐하면 근로기준법 시행령 제6조 제1항은 통상임금의 본질을 일차적으로 '정기적, 일률적으로 지급되는 고정적인 임금'에 둔 것이 아니라, '소정 근로에 대해서 지급하기로 정한 것'에 두고 있기 때문이다. 여기서 소정 근로는 소정의 근로시간에 따른 근로를 의미하는 것인데, 소정의 근로시간은 당사자들이 정한다. 또한 그와 같은 소정 근로시간의 근로에 대해서 무엇을 지급할 것인지도 당사자들이 단체협약이나 임금협정 등에 의해서 사전에 정한다. 그렇기 때문에 통상임금은 당사자들이 소정 근로에 대해서 시전에 '지급하기로 정하는' 금액을 그 본질로 삼고 있다. 그럼에도 하급심은 이러한 점을 고려하지 않고, 여전히 1임금지급기간을 초과하여도 정기성과 일률성을 중심으로 획일적인 판단을 하고 있다. 하급심이 정기상여금의 통상임금 해당성 인정을 위해서 간단명료하게 강조하면서 이를 논증한 것은 다음과 같다. 즉, 당해 사건의 '정기상여금은 근로의 대가로서 정기적·일률적으로 지급되는 고정적 임금이라고 봄이 타당하므로 근로기준법상 통상임금에 해당하고, 정기상여금이 처음 도입될 당시에는 피고의 경영실적에 따라 지급되는 일시적·비고정적인 성격의 금품이었다거나, 노사합의에 따라 기존 통상임금 산정 기초임금에서 제외되었다는 사정만으로 통상임금에서 제외된다고 볼 수 없다'는 것이다. 하급심 스스로의 판단이 정기성과 일률성의 요건을 천편일률적으로 적용한 것은 아니라고 하기 위해서 하급심은 여러 가지 다양한 논거들을 제시한다. 그리하여 i) '정기상여금은 원고들의 근로제공과 밀접하게 관련되어 지급된 것으로서, 정기상여금의 특성상 매월 월급형태로 지급되는 것이 아니지만 이 사건 단체협약에서 미리 정해 놓은 지급시기와 지급비율을 적용하여 산정한 금액에 따라 매년 2월, 4월, 5월, 6월, 8월, 10월, 12월 말일에 지급조건을 충족하는 근로자들에게 정기적·일률적으로 일정액이 지급되어 왔고, 그것이 근로의 대가성이 없는 은혜적 금품이거나 근로자의 특수하고 우연한 사정에 의해 좌우되는 우발적·일시적 급여라고 볼 만한 근거가 없다'는 점, ② 단체협약에 '회사는 정기상여금 지급시 통상임금 지급기준으로 30시간 가산지급한다'고 규정하고 있고, '회사는 노조원에게 2, 4, 5, 6, 8, 10, 12월 말일에 상여금을 지급한다'고 규정하고 있어서 이 규정이 '강제성을 띠는 규정형식을 취함으로써, 피고로서는 이 사건 단체협약에서 규정하고 있는 지급조건을 충족하는 근로자들에 대하여 정기상여금의 지급을 거절할 수 없다'는 것이다.[120] 그럼에도 이 단체협약의 규정들은 상여금이 협약상 약정된 것으로서 협약이 상여금청구권의 근거가 되며, 협약을 법규범으로 보는 한 사용자는 상여금지급을 임의적으로 할 수 없다는 단체협약의 효력을 말하는 것일 뿐, 말하자면 상여금지급 근거로서의 단체협약을 말하는 것일 뿐, 단체협약에 정하였다고 해서 해당 상여금이 통상임금에 해당한다는 것을 말하는 것

120) 피고 측은 당해 사건에서 근속기간에 따라 지급 여부와 지급액이 달라지기 때문에 고정성의 요건을 충족하지 못한다는 점을 주장하기 위하여 대법원 2007.4.12, 선고 2006다81974 판결을 원용하였으나, 하급심은 원용된 판결에서의 상여금은 일시적, 부정기적으로, 그리고 지급을 하지 않을 수도 있는 경우로서 당해 사건에 원용하기에는 부적절하다고 지적한다.

이 아니다. 통상임금에서의 고정성은 '단체협약에서 지급시기와 지급비율'을 미리 정하였다고 해서 인정되는 것은 아니다. 통상임금에서의 고정성은 일정한 조건이나 기준에 달하는 모든 근로자에게 예외없이 적용된다는 의미에서의 고정성을 의미한다. 그렇지 않고서 단체협약에 사전에 지급시기와 지급비율을 정하였기 때문에 고정성이 인정되어 통상임금에 해당된다고 하면, 소정외 근로의 대가나 복리후생적 금품이나 실비변상적 금품이 단체협약에 미리 정하여졌다고 해서 통상임금으로 산입되는 결과도 발생할 수 있다. 따라서 그와 같은 하급심의 판단은 고정성의 의미를 잘못 이해한 것이다. 그러므로 하급심이 들고 있는 위와 같은 논거들은 상여금의 통상임금 해당성을 논증하는 것과는 전혀 관계가 없는 것이다. 그렇기 때문에 하급심은 정기성의 요건과 관련해서는 단체협약에 정해진 달마다 지급하는 것이므로 정기성이 있다는 것만을 강조할 수밖에 없을 것이다. 그러나 엄밀히 말하면 원래 임의적으로 지급하고, 부정기적으로 지급하던 것을 단체협약으로 정기적으로 지급한다고 해서 그 금원의 성질이나 본질이 변하여 통상임금이 되는 것은 아니다. 오히려 당사자의 의사가 또는 노사의 합의가 금원을 통상임금으로 만드는 것이고, 정기적으로 준다고 해서 상여금의 성격과 본질이 변하는 것은 아니다. 그렇기 때문에 하급심은 이 정기성의 요건에 대해서는 더 근거있는 논증을 하지 않고, 일률성의 요건으로 간단하게 넘어가버린다.

일률성에서는 모든 근로자에게 지급하는지가 문제되는데, 당해 사건에서는 근속연수마다 상이한 지급을 한 것이 다투어지게 되었다. 이에 대해 하급심은 단체협약의 해당규정의 ③ '근속년수 1개월 이상 3개월 미만일 경우 지급액의 50%, 3개월 이상 6개월 미만일 경우 지급액의 75%, 6개월 이상일 경우 지급액의 100%'는 근속기간마다 지급액이 차이가 있는 것은 분명하다. 그러나 하급심은 일률성의 인정 근거로서 '실제 근무일만이 아닌 휴직기간 및 정직기간도 근속기간으로 산정되고, 또한 통상임금에서 말하는 '일률적'으로 지급되는 것이라 함은 '모든 근로자'에게 지급되는 것뿐만 아니라, '일정한 조건 또는 기준에 달한 모든 근로자'에게 지급되는 것도 포함되는데, 위 3단계 근속기간 중 어느 하나의 근속기간에 속한 근로자들 사이에서는 일률적으로 각 소속 단계별로 정해진 동일한 액수의 정기상여금이 지급된다는 점에서 위와 같은 지급조건만으로 그 일률성을 부정할 수 없다'는 것이다. 특히 하급심에 따르면 '근속년수 6개월 이상과 6개월 미만을 구분하여 6개월 미만 근무자들에게 정기상여금을 차등 지급되었으나, 6개월 이상 근무한 사원에게는 근무성적에 상관없이 일률적으로 지급액의 100%를 지급하였다'는 점에서 정기상여금이 일률성이 있으므로 통상임금에 해당한다는 것이다. 그러나 일률성의 판단을 받아야 할 집단의 한계 획정선을 어디에 두어야 하는지 모호한 점이 있다. 만일 하급심 판결처럼 6개월 이상의 근속기간이 있는 자에게 일률적으로 지급액의 100%를 지급하였다고 한다면, 이는 6개월 근속기간이 있는 경우라면 동일하게 지급액의 100%를 지급한다는 의미이기는 하지만, 사실 6개월 이상 근속기간의 자라고 하여도 지급액 자체는 각 근로자의 통상임금을 기준으로 하고, 그 통상임금은 제 수당을 합산하는 것이므로 사실은 각 근로자마다 지급액은 천차만별인데, 6개월 미만의 근속기간을 가진 자에게는 차등 지급을 용인하면서도, 6개월 이상의 근속기간을 가진 자에게는 지급액의 100%라는 지급조건만 동일하고 지급액이 천차만별인 것을 용인하는 이유는 무엇인지 의문이 아닐 수 없다. 아마도 하급심이 보기에 일률성이 부정되는 경우는 어느 특정 집단에게는 상여금을 주지 않고, 어느 특정 집단에게는 일률적으로 주는 경우만이 일률성이 부정되는 것이 아닌가 생각된다. 결과적으로 하급심 판결의 일률성의 기준은 '모든 근로자'로부터 '일정한 조건의 모든 근로자'로 확대되어 결국 일률성의 개념은 점차 분할되고 종당에 남는 것은 앞에서 일률성은 '일정한 조건에 따라 여러 그룹에 고유한 임금'이 되어 원래 의미의 일률성은 소멸되지 않을까 생각된다. 그리하여 그렇게 대수롭지 않은 경우에 상여금을 지급하지 않은 것은 정기상여금의 통상임금 해당성을 인정하는데 영향을 주지 않는 것으로 본다. 하급심에 따르면 ④ 당해 사건의 단체협약에서 "'본인의 귀책사유로 휴직 후 복직하는 경우 복직하는 날이 상여금 지급일 15일 전 미만인 때에는 일할 계산하여 지급하도록 규정'하고 있는데, 이는 '근로자의 귀책사유로 휴직 후 복직'이라는 특별한 사유가 발생하여 정기상여금의 각 지급기간인 1개월 또는 2개월 중 15일 미만의 기간만 근무한 경우 정기상여금을 일할 계산한다는 취지로서, 이러한 예외 규정을 들어 정기상여금이 근로자의 근무실적에 따라 차등 지급된다고 볼 수 없으며", 이러한 '특별한 사정이 있는 근로자와의 사이에서 정기상여금은 매 근무일마다 지급되는 일급제 수당'으로서 '월 출근일수가 달라 월 합산 액에 차이가 있다고 하더라도 이를 두고 실제 근무실적에 따라 그 지급액이 달라진다고 볼 수 없다'는 것이다. 그럼에도 본서에서 문제삼고 있는 대법원 2010다91046판례는 퇴직자에게도 재직기간에 비례하여 상여금이 지급된다는 점을 일률성을 인정하기 위한 중요한 요소로 보며, 상여금 지급대상에서 중도퇴직자를 제외한 것으로 볼 수 없기 때문에 일률성을 인정하여야 한다고 본다. 그러나 하급심은 특별한 사정으로 일급제 수당 형식으로 받는 경우를 예외적인 경우로 치부해버리는 자의적인 해석을 하고 있다.

만일 특별한 경우로서 상여금이 월 출근일수가 달라 월 합산액에 차이가 있다면 정해진 틀로서의 일률성이 없는 것으로 평가해야 함에도 불구하고, 그와 같은 경우들은 전체 6개월 이상의 근속기간을 가진 자에게 주어지는 정기상여금의 통상임금 해당성에 별 영향을 주지 않는 것으로 치부해버리는 것이 과연 정당한 것인지, 그리고 만일 소송에서 그러한 근로자들이 통상임금 관련 소송을 제기하는 경우 어떠한 판단을 해야 하는지는 의문이 아닐 수 없다. 또한 하급심에 따르면 ⑤ 정기상여금의 지급액 산정기준으로서 '일정한 근속기간' 또는 '휴직 후 복직 시 일정한 경우 일할 계산'도 일시적이고 유동적인 기준이 아니라, 단체협약에 의해 이미 정해진 고정적인 것이며, '단체협약상의 근속연수의 증가라는 조건도 근로자의 근무성적과는 무관한 시간의 경과라는 자연적인 조건이므로 모든 근로자에게 해당하는 일정한 조건 또는 기준'이라는 것이다. 그러나 만일 단체협약에 정하여졌기 때문에 고정적인 것이라면 구태여 정기성과 일률성의 요건을 고수할 필요는 없을 것이다. 오히려 단체협약, 취업규칙, 근로계약 등에 의해서 '미리 확정된 것'이면 통상임금에 해당하는 것으로 보는 것[121]이 간편할지도 모른다. 그럼에도 단체협약에 어느 금원을 지급하기로 정하였다는 것은 지급의무나 지급근거를 만들었다는 것, 따라서 청구권의 근거를 정하였다는 것 이상의 의미를 지니지 못한다. 금원의 속성상 복리후생비의 지급을 단체협약에 정한다고 하여도 그로써 고정성의 요건이 충족되는 것이 아니라, 지급의무가 근거지워졌다는 의미를 가질 뿐, 해당 금원의 성질이나 본질이 결정되거나 바뀌는 것은 아니라고 해야 할 것이다. 그와 같이 협약에 정하였다고 해서 소정의 근로, 말하자면 통상의 소정 근로시간에 대한 근로제공의 대가로서 지급되었는지를 다시 한번 검토했어야 한다.

---

121) 이러한 입장을 취하는 견해로는 김기덕, "최근 판례를 통한 통상임금 법리에 관한 검토", 「노동법포럼」제1호(노동법이론실무학회), 2008, 277면 참조.

또한 근속연수의 증가는 호봉제나 연공급에서 임금인상이나 승진 또는 정년 내지 임금피크제에서 중요한 법률효과를 발생시키는 법적인 요인 내지 요건이다. 근속연수의 증가는 단순한 시간의 경과라는 자연적인 조건이 아니다. 근속연수의 증가마다 상여금의 액수를 달리하는 것은 근무성적에 따른 상여금의 지급이라고 보아야 할 것이다. 물론 근속연수의 증가와 근무성적은 직접적인 상관관계나 인과관계는 없지만, 근속연수의 증가에 따른 상여금의 차이는 이미 상여금이 근로자 개개인마다의 주관적 조건에 의해서 결정된다는 것을 의미하는 것인데, 이는 각 개인마다의 근무실적에 따라 지급되는 것을 의미하는 것이다.

그리고 하급심 판결에 따르면 피고 회사는 ⑥ 정기상여금과는 별도로 전년도 사업실적에 따라 그 지급 여부 및 지급액이 달라지는 성과급 및 사업목표 격려금을 지급하였기 때문에 정기상여금은 통상임금의 범위에 들어가야 한다는 것이다. 그러나 특별상여금을 지급한다고 해서 정기상여금이 통상임금에 포함되어야 한다는 것은 논리적 비약이다. 정기상여금이 통상임금이 아니라 하더라도 특별상여금과 정기상여금은 병행해서 지급될 수도 있는 것이다.

또한 하급심은 '정기상여금이 통상임금에 포함되지 않아 연장근로에 대한 가산임금 산정시 고려요소가 되지 않는다면, 기본근로에 대한 시간당 대가에 대해서는 상여금이 고려되는 반면, 기본근로시간을 초과한 연장근로에 대해서는 그 대가로 고려되지 않음으로써 기본근로보다 연장근로 등의 시간당 노동가치가 더 떨어지는 결과를 가져온다'고 하여 연장근로의 노동가치는 기본근로와 동일하거나 적어도 그 이상의 가치평가를 받아야 한다고 본다.[122] 그러나 연장근로의 할증임금에 대해서는 기본임금 100%에 50%의 가산임금을 받기 때문에 계산상 연장임금에 상여금을 포함하지 않았다고 하여 기본근로보다 연장근로의 노동가치가 더 떨어진다고 볼 수는 없다. 연장근로의 노동가치에 대한 고평가는 입법자가 이미 규범적으로 통상임금의 50%를 가산해 주는 것으

122) 이러한 하급심의 견해는 상여금은 소정근로의 대가라고 전제하고 있기 때문에 연장근로의 가산임금 산정시에 상여금도 포함되어야 한다는 입장에서 이와 같은 판단을 한 것으로 보인다. 그러나 여기서 논란이 되는 것은 바로 당연하다고 전제하고 있는 '상여금이 소정근로의 대가'인가 하는 점이다. 1개월을 초과하여 연급의 형태로 결정되며, 1년 중 수차로 분할하여 지급하는 것이므로 소정근로의 대가로 보기 어렵다. 같은 취지로 박지순・이상익, 통상임금의 이해, 신조사, 2013, 145면 이하.

로 하였고, 실제의 구체적 사안에서 연장수당 산정을 위한 통상임금에 상여금을 포함하지 않았다고 해서 연장근로가 기본근로보다 저평가되었다고 할 수 없는 것이다. 일반적으로는 사용자와 개개 근로자 또는 노동조합과의 합의에 의하여 가본근로에 대한 대가로서 기본급을 정하고 이 기본급에 일정 금원을 더하여 기준임금을 정한다. 그 기준임금이 통상임금이 되는 경우도 있으나 다시 통상임금은 기본급에 몇 가지를 추가하여 산정한다. 이를 토대로 연장근로나 야간근로에 대한 법정 가산임금으로 50%를 추가지급받는 것이 연장근로수당 등의 법정 수당이기 때문에 상여금을 배제하였다고 해서, 또는 노사가 합의로 특정의 수당만을 통상임금 산정기초로 하거나 특정의 수당을 통상임금의 산정기초에서 배제하였다고 해서 연장근로 등이 기본근로에 대해서 저평가되었다고 할 수 없다. 연장근로 산정을 위한 통상임금에 상여금을 포함할 것인가의 문제는 금원의 통상임금 해당성 자체의 문제일 뿐, 연장근로의 저평가와 고평가의 문제는 그와는 전혀 별개의 문제이다. 기본근로에 상여금을 포함시킬 것인지의 문제도 분명하지 않은 상황에서 연장근로에서 상여금을 배제하였다고 해서 당장에 연장근로가 저평가되었다고 하는 것은 지나친 논리의 비약이다. 소정 근로의 대가로서의 기본근로와 소정외 근로의 대가로서 연장근로는 전혀 별개의 지급근거를 가진 것이어서 비교의 대상이 되는 것도 아니지만, 상여금은 이러한 소정 근로의 대가도 아니고, 소정외 근로의 대가도 아닌 기타의 근로의 대가로서 상여금이 당연히 소정 근로의 대가로 포함되는 것도 아니기 때문에 연장근로에 대한 수당을 산정함에 있어서 상여금을 배제하였다고 해서 연장근로가 저평가되는 것은 아니다.

마지막으로는 판례의 법리대로 한다면 정기상여금이 통상임금에 포함되기 위해서는 고정성의 요건을 갖추어야 한다. 그런데 그러한 고정성은 퇴직한 근로자들이 퇴직 시점과 무관하게 재직기간에 비례하여 월할 또는 일할 계산을 받는 경우에 비로소 인정된다는 피고 회사의 주장에 대해 하급심은 대법원 판례법리에 따라 '어느 임금이 통상임금이 되기 위해서는 정기적·일률적으로 지급되는 고정적인 임금이어야 하는데, '일률적'은 모든 근로자 뿐만 아니라, '일정한 조건 또는 기준에 달한 모든 근로자'에게 지급되는 것도 포함되고, '일정한 조건'은 '고정적이고 평균적인 임금'을 산출하려는 통상임금의 개념에 비추어 볼 때 '고정적인 조건'으로서 통상임금의 해당 여부는 위와 같은 정기성, 일률성, 고정성의 요소를 종합적으로 고려하여 판단하여야 한다는 것이다. 따라서 하급심은 '정기상여금 지급대상 기간 중에 퇴직자라는 특수한 예외적 경우 등을 상정하여 정기상여금이 퇴직시점과 무관하게 재직기간에 비례하여 월할 또는 일할 계산되지 아니한다는 사정만으로 이 사건 정기상여금에 대한 통상임금으로서의 성격이 달라지는 것은 아니라'는 것이다. 그러나 본서에서 문제가 된 대법원 2010다91046판결이 "'퇴직자에 대해서는 월별로 계산 지급한다'는 규정을 강조하여 퇴직자에게도 재직기간에 비례하여 상여금을 지급한다는 것은 상여금의 지급여부 및 지급액이 근무성적에 따라 좌우되는 것이 아니라는 것을 보여 주며, 오히려 상여금액이 확정된 것으로서 정기적·일률적으로 지급되는 고정적 임금이므로 통상임금에 해당한다"고 한 판례와 비교할 때 모순이다. 하급심은 퇴직자에게 월할 내지 일할로 지급하지 않는다는 사실을 금원의 통상임금 해당성의 인정에서 특수하고 예외적인 상황으로 치부해버리는 반면에, 대법원은 퇴직자에게 월할 내지 일할로 재직기간에 비례하여 지급한다는 사실을 고정성 인정의 중요한 요소로 본다는 것은 사안 판단에 동일한 원칙을 적용해야 한다는 법관의 임무를 져버리는 것이라고 아니 할 수 없다. 그렇게 자의적인 판단이 지배하는 한 법의 지배의 원칙은 더 이상 의미가 없어지게 될 것이다.

3) 개인연금보험료, 휴가비, 귀성여비, 선물비에 대한 하급심의 판결

하급심이 위와 같은 수당들에 대해 인정한 사실은 다음과 같다. 먼저 개인연금보험료에 대해서는 노사합의로 '근속기간이 1개월 이상으로서 지급일이 속한 당해 월말을 기준으로 재직 중인 근로자들에게 매월 4만원씩의 개인연금보험료를 지급'하기로 하였고, 이에 따라 피고 회사는 원고들에게 개인연금보험료로 매월 4만원씩을 지급하고 그 보험료를 급여명세서에 기재한 후 근로소득세를 원천징수하였다.

또한 단체협약과 노사합의로 "'노사가 합의한 기준일 현재 군 입대 휴직자를 제외한 근로자 전원'에게 하기휴가비로 기존 통상임금의 50% 상당액을, 매년 설날과 추석 때 '노사가 합의한 기준일 또는 지급일로부터 5일 전을 기준으로 군 입대 휴직자를 제외한 근로자 전원'에게 귀성 여비로 각 40만원을, 매년 설날과 추석 때 근로자 전원에게 선물비로 각 15만원 상당의 상품권을 각 지

급해 왔다." 이 중에서 설과 추석의 선물비는 단체협약의 '복리후생시설'에 규정되어 있다.

금원이 통상임금에 해당하는지는 정기적, 일률적으로 지급되는 고정적 임금이라는 성질 이외에 통상임금으로 산출되는 각종 수당 및 가산임금 등의 취지와 성질상 통상임금 산입에 포함하는 것이 적정한지, 지급의 역사와 연혁, 지급의 동기 등을 살펴서 판단하는 것이 합리적이다. 하급심은 그러한 연유에서 위 각 금원의 지급의 역사와 연혁을 밝히고 있다.

먼저 개인연금보험료는 노후적립연금보험으로 하여 월 6만원 가운데 회사는 4만원을 지원하고 본인은 2만원을 부담하되, 10년 만기 정기적금으로 가입지원하도록 하였다. 그러나 전 조합원을 가입대상으로 하되 만 51세 이상자에 대해서는 회사가 4만원, 개인 2만원을 정기적금으로 가입지원하고 만 51세자가 정년퇴직할 경우에는 10년 만기 잔여기간에 대한 회사 지원금을 연차별로 차등하여 퇴직 시 일시 지급하는 것으로 하였다. 그러나 IMF금융위기 시에는 회사의 재정악화로 인하여 노사합의에 따라 개인연금보험료 지원을 2년간 중단한 사실이 있으며, 현재에는 종전의 지원제도를 회복하여 개인연금보험료 6만원 중 4만원을 피고 회사가 지원하고 있다. 그리고 정년 퇴직자에 대해서는 퇴직 이후 장래의 개인연금보험료 지원은 중단하였다.

휴가비의 경우는 군입대 휴직자를 제외한 전 조합원에게 상여금의 20%를 지원하였고, 그 후 지원 대상은 동일하나 지급액을 통상임금의 50%, 15만원, 통상임금의 50%, 10만원으로 변경하였다가 현재에는 통상임금의 50%를 지급하는 것으로 하였다.

귀성여비는 매년 설날과 추석에 노사가 합의한 기준일 현재 군 입대 휴직자를 제외한 전 조합원에게 10만원을 지급하기로 하였고, 그 후 지급대상은 동일하게 하고 지급액을 15만원으로 인상하였으며, 그 후 지급대상을 재직 중인 자 중 휴직자를 제외하여 지급제외 대상을 확대하고 지급액은 25만원으로 상향조정하였으나, 현재는 노사가 합의한 기준일 또는 지급일로부터 5일전을 기준으로 군 입대 휴직자를 제외한 재직자를 대상으로 35만원씩을 지급하기로 하였다.

선물비는 처음에는 미혼 조합원에 대하여 1만원에 상당하는 생일기념품을 증정하기로 하였으나, 전 조합원을 대상으로 1만원에 상당하는 생일기념품을 증정하는 것으로 하였다가, 지급액을 15,000원으로 증액하였다. 그 후 노사 합의로 5~6만원의 상품권 또는 선물을 지급하기로 하였다가 연간 선물 2회 지급하기로 하되 지급시기, 지급금액과 관련한 사항은 별도로 논의하기로 하다가 IMF금융위기 시에는 회사의 재정악화로 노사합의로 선물비 지원을 2년간 중단하기로 하였다가 선물비 지급제도를 부활하여 각각 설과 추석의 연 2회에 상품권을 지급하기로 하였다.

이와 같은 금원의 역사와 연혁을 고려하여 하급심은 그 본질에 있어서 복리후생지원이나 생활보장적인 급여에 대해 모두 통상임금 해당성을 인정한다. 통상임금 인정의 논리도 임금일원설과 정기성과 일률성을 기계적으로 적용하는 것은 다른 판례와 다르지 않다.

우선 하급심에 따르면 개인연금보험료 등 위 금원들은 근로의 대가로서 '정기적 · 일률적'으로 지급되는 고정적 임금으로서 근로기준법상의 통상임금에 해당하고 노사가 합의로 중간에 지급을 중단하였거나 기존 통상임금 산정기초에서 제외되었다는 사정만으로는 이를 복리후생적 성격의 은혜적 금품이라거나 비고정적인 금품이라고 볼 수는 없다는 것이다. 아마도 모든 금원들이 근로의 대가라는 것, 따라서 자동적으로 통상임금에 해당하기 위한 선결문제로서의 임금 해당성을 인정하기 위해서는 논리적 조작 내지 논리적 형상으로서의 임금일원설이 배후에 자리잡고 있어야 할 것이다. 이 사건 하급심도 개인연금보험료, 휴가비, 귀성여비, 선물비와 같은 금원들의 통상임금 해당성을 인정하기에 가장 용이한 논리적 틀로서 임금일원설[123]을 인용하고 있다. 즉, "모든 임금은 근로의 대가로서 '근로자가 사용자의 지휘를 받으며 근로를 제공하는 것에 대한 보수'를 의미하므로 현실의 근로 제공을 전제로 하지 않고 단순히 근로자의 지위에 기하여 발생한다는 이른바 생활보장적 임금이란 있을 수 없고, 또한 우리 현행법상 임금을 사실상 근로를 제공한데 대하여 지급받는 교환적 부분과 근로자로서의 지위에 기하여 받는 생활보장적 부분으로 이분할 아무런 법적 근거도 없을 뿐만 아니라, 임금의 지급 실태를 보더라도 임금은 기본적으로 근로자가 생활하는 데 필요한 생계비와 기업의 지불능력과의 상관관계에 따라 형성되는데 임금을 지불항목이나 성질에 따라 사실상 근로한데 대하여 지급받

123) 이미 무노동무임금과의 관계에서 대법원 1995.12.21. 선고 94다26721(전원합의체).

는 교환적 부분과 현실의 근로제공과는 무관하게 단순히 근로자로서의 지위에 기하여 받는 생활보장적 부분으로 나누고(이른바 임금2분설) 이에 따라 법적 취급을 달리 하는 것이 반드시 타당하다고 할 수도 없고, 실제로 현실의 임금 항목 모두를 교환적 부분과 생활보장적 부분으로 준별하는 것은 경우에 따라 불가능할 수 있으며, 임금2분설에서 전형적으로 생활보장적 임금이라고 설명하는 가족수당, 주택수당 등도 그 지급내용을 보면 그것이 근로시간에 직접 또는 비례적으로 대응하지 않는다는 의미에서 근로 제공과의 밀접도가 약하기는 하지만 실질적으로는 근로자가 사용자가 의도하는 근로를 제공한 것에 대하여 그 대가로서 지급되는 것이지, 단순히 근로자로서의 지위를 보유하고 있다는 점에 근거하여 지급된다고 할 수 없으며, 이러한 수당 등을 지급하게 된 것이 현실의 근로 제공과는 무관하게 단순히 근로자의 생활이나 지위를 보장하기 위한 것이라고 할 수도 없으므로, 이러한 수당 등을 현실적인 근로 제공의 대가가 아닌 것으로 보는 것은 임금 지급의 현실을 외면한 단순한 의제에 불과한바, 개인연금보험료 등은 원고들의 근로제공과 밀접하게 관련되어 지급된 것으로서, 그 중 개인연금보험료는 연금보험료에 관한 합의에 따라 매월, 휴가비·귀성여비·선물비는 이 사건 단체협약에 따라 매년 하기휴가 때 또는 매년 설과 추석 때 각 지급조건을 충족하는 근로자들에게 정기적·일률적으로 일정액이 지급되어 왔고, 그것이 근로의 대가성이 없는 은혜적 금품이거나 근로자의 특수하고 우연한 사정에 의해 좌우되는 우발적·일시적 급여라고 볼 만한 근거가 없다"는 것이다.

이러한 개인연금보험료 등의 각종 수당 등이 임금일원설에서는 다른 종류의 금원이 될 가능성이 봉쇄되어 있기 때문에 금원의 통상임금 해당성 판단의 전제조건 내지 선결문제가 되는 임금 해당성의 문제는 거의 자동적으로 인정되는 결과가 되고, 이제 남는 것은 각 금원들이 정기성과 일률성 내지 고정성의 요건을 충족하는가 하는 점만이 남게 된다. 그리하여 하급심은 이러한 임금일원설의 장황한 설명 하에 해당 각 금원들의 정기성과 일률성 및 고정성 충족 여부를 판단하고 있다. 그러나 어느 금원이 임금에 해당한다고 해서 그것이 당연히 통상임금에 해당하는 것은 아니다. 만일 어느 금원이 임금에 해당하면 즉시 정기성과 일률성을 판단하여 통상임금 해당성을 가려야 한다고 하면, 통상임금 해당성의 단계적 검토, 즉 근로의 대가성 여부와 소정 근로의 대가성 여부와 정기성과 일률성 판단의 검토에 있어서 중간단계인 소정 근로의 대가성 여부에 대한 판단단계를 생략해버리는 결과가 발생할 것이다. 아마도 판례의 입장에서는 임금일원설의 지배 하에 어느 금원이 근로의 대가이면 임금에 해당하고, 그 임금이 통상임금인지에 대해서는 정기성과 일률성만을 판단하는 것으로 족하다고 생각한다면, 이미 통상임금은 평균임금과 동일하게 다루어진 결과가 된다. 그러나 평균임금은 근로자의 실질적인 생활보장을 위하여 산정해야 할 사유가 발생한 경우 임금총액을 기준으로 하기 때문에 근로의 대가로서 받은 금품은 모두 임금총액에 포함될 것이다. 그러나 통상임금은 법정 수당 등을 산정하기 위하여 산정사유 발생 이전에 미리 지급하기로 정하여져야 한다. 그러므로 임금총액을 기준으로 근로의 대가 전체를 대상으로 하는 평균임금과 통상 소정 근로시간에 대해 미리 지급하기로 정한 통상임금은 성질과 기능이 각각 다르다. 그럼에도 판례가 어느 금원의 소정 근로의 대가성을 판단하지 않고, 근로의 대가성이 인정되면 정기성과 일률성으로 통상임금을 인정하는 것은 사실상 통상임금을 평균임금화하는 것이나 마찬가지이다.[124] 이와 같은 판례의 태도는 통상임금의 법적 의미를 일탈하는 것이다.

또한 후술하는 바와 같이 어느 금원이 임금인가 아닌가, 어느 금원이 생활보장적 임금인가, 아닌가, 임금을 객관적으로 판단해야 하는 것인가, 근로자 개인의 주관적 능력을 중심으로 판단해야 하는 것인가, 임금은 둘로 나누어지는가, 아닌가 하는 문제는 대법원의 결단적인 임금일원론에도 불구하고 계약과 취업규칙, 단체협약 등에 의해서 기본적으로는 근로자와의 합의에 의해 임금이 결정된다는 주관적 측면을 갖고 있다. 이것은 동시에 임금의 본질에 관한 논쟁이기는 하지만, 사용자와 근로자의 합의에 의해 사회적 부가급여, 사회적 급여 등을 얼마든지 약정할 수 있는 바, 이러한 사회적 부가급여가 계약의 급부목적을 떠나 정기성과 일률성 등의 객관적 기준에 의해 통상임금 해당성이 판단되어야 하는 것에 대해서는 강한 의문이 제기된다.

먼저 개인연금보험료는 그 지급조건이 '1개월 이상의 근속기간과 당해 월말을 기준으로 재직 중인 근로자일 것'을, 휴가비·귀성여비·선물비의 지급조건으로 '노사가 합의한 기준일 현재 또는 지급일로부터 5일 전을 기준으로 군

124) 같은 취지로 박지순·이상익, 같은책, 106면 이하 참조.

입대 휴직자가 아닐 것'을 규정하고 있기는 하나, 통상임금에서 말하는 '일률적'으로 지급되는 것이라 함은 '모든 근로자'에게 지급되는 것뿐만 아니라, '일정한 조건 또는 기준에 달한 모든 근로자'에게 지급되는 것도 포함되므로 위와 같은 지급조건만으로 일률성을 부정할 수 없을 뿐만 아니라, 위 지급조건은 노사합의에 따라 사전에 이미 정해진 고정적인 것으로서 근로자들의 실제 근무성적에 따라 그 지급 여부 및 지급액이 달라지는 것도 아니다'는 것이다. 선물비의 경우도 일정한 액수의 금원이 아니라, 일정한 가치의 현물로서 상품권이 지급되는 경우에도 정기적·일률적·고정적으로 지급되는 것이므로 통상임금에 해당되는 것이며, 휴가비의 경우도 단체협약상 '기존 통상임금의 50%'로 정해졌지만, 기존 통상임금이란 근로기준법상의 통상임금이 아니라 노사간의 약정 통상임금에 불과하고, 귀성여비와 선물비는 이 사건 단체협약상 고정되어 있으므로, 앞서 정기상여금 부분에서 살펴 본 바와 같이 휴가비 등을 근로기준법상 통상임금에 포함시킨다고 하여 그 액수가 무한대로 증가되는 순환 오류의 문제는 발생하지 않고, (생략) 정기적·일률적으로 지급되는 것이므로 통상임금에 해당한다는 것이다. 마지막으로는 노사합의에 의한 통상임금의 결정, 말하자면 약정 통상임금에 의해 특정의 수당을 제외하는 것이 타당한가에 대해서 하급심은 여전히 대법원의 법리를 반복한다. 즉 '노사의 합의에 의하여 기존 통상임금 산정 기초임금의 범위를 정하면서 정기상여금 등을 제외하기는 하였으나', 이미 앞에서 설명한 바와 같이 대법원 판례 법리에 따라 '성질상 근로기준법에서 정한 통상임금에 산입될 수당을 통상임금에서 제외하기로 하는 노사 간의 합의는 근로기준법이 정한 기준에 달하지 못하는 근로조건을 정한 계약으로서 무효이므로, 피고가 위 노사 간 합의에 따라 원고들에게 지급한 기지급 법정수당이 미지급 법정수당 산정내역표 기재와 같이 정기상여금 등을 통상임금 산정의 기초임금에 포함시켜 산정한 근로기준법상 법정수당에 미달함이 계산상 명백한 이상, 피고와 노동조합 사이의 위 합의는 근로기준법이 정한 기준에 미달하는 범위에서는 효력이 없다'는 것이다.

그럼에도 하급심이 말하는 '성질상 근로기준법에서 정한 통상임금에 산입될 수당'이 무엇인지가 문제의 핵심이다. 물론 근로기준법은 그러한 기준을 제시한 바도 없고, 시행령을 통하여 정기성과 일률성의 요건을 규정하고는 있지만, 현재 다툼이 있는 것은 정기상여금 등이 과연 '성질상 근로기준법에서 정한 통상임금에 산입될 수당'에 해당하는가 하는 점이다. 그런데도 하급심은 일응 정기상여금은 이미 성질상 근로기준법에서 정한 통상임금에 산입될 수당이라고 확정하여 성급한 결론을 내려놓고, 이를 배제하는 노사 간의 합의를 무효라고 하고 있다. 정기상여금을 통상임금에 포함시켜야 하는지에 대한 명료한 법규범이 없는 상황에서 정기상여금을 통상임금에 포함시켜 산정한 법정수당과 기지급 법정수당이 차액이 있으므로 이를 지급하라고 하는 것은 정기상여금은 근로기준법이 정한 법정통상임금에 해당한다는 예단을 미리 해 놓고 논리를 전개하는 것에 지나지 않는다. 더구나 노사는 정기상여금이 법정통상임금에 해당하는지도 모르는 채, 노사 간의 합의에 의하여 이를 통상임금 해당성에서 배제한다는 합의를 했다는 점은 여전히 헌법적 문제를 남겨 놓고 있다. 왜냐하면 정기상여금이 법정통상임금에 해당하는지 불분명하고 이를 정한 법규범도 없고, 법규범이 있다고 하여도 그것이 모법에 근거하지 않는 시행령에 근거를 둔 규정에 의거하여 정기상여금을 미리 법정수당이라고 판단하여 당사자들이 노사 합의에 의하여 통상임금에서 배제하기로 미리 정한 것을 무효로 하는 것은 근로3권의 행사인 협약자치를 무가치하게 만드는 것으로서 이것이 헌법적으로 용인되는지의 문제는 여전히 검토되어야 할 것이기 때문이다.

6. H여객 사건[125]

1) 사안과 당사자들의 주장

원고들은 여객자동차 운수사업을 하는 피고의 근로자이거나 근로자였다가 퇴사한 자들이다. 피고 회사는 단체협약과 임금협정에 의해서 임금을 지급한다. 원고들은 피고 회사가 단체협약에서 정한 상여금을 제외하고 기본 시급만을 기초로 통상임금을 산정하였고, 이를 기초로 야간근무, 연장근무, 심야근무, 휴일근무, 주휴수당, 칠대절수당, 쉬프트수당, 주휴수당, 연차수당을 지급하였다고 주장한다. 그리고 피고 회사는 이미 퇴직한 원고들에게도 상여금을 제외한 통상임금으로 계산한 위 각 수당 들을 기준으로 퇴직금을 지급하였다고 주장한다. 특히 상여금은 근로자들에게 정기적, 일률적, 고정적으로 지급된 임금으로 통상임금에 해당하므로, 이 상여금을 통상임금에 산정한 위 각 수당에서

125) 서울 북부지원 2012.12.5. 선고 2012가합3757.

기지급된 각 수당과 퇴직금의 차액의 지급을 청구하였다.

2) 하급심의 판결

하급심은 먼저 통상임금에 관한 대법원의 확립된 판결[126]을 되풀이 한다. 그리하여 어느 금원이 통상임금에 해당하기 위해서는 근로의 대상으로서 정기성과 일률성을 가져야 하며, '일률적'이라 함은 모든 근로자뿐만 아니라, '일정한 조건 또는 기준에 달한 모든 근로자'도 포함되고, '일정한 조건'은 '고정적이고 평균적인 임금'을 산출하려는 통상임금의 개념에 비추어 볼 때 '고정적인 조건'이어야 한다는 것이다.

그러나 이 사건에 대한 하급심의 판결은 앞의 다른 판결과는 매우 다른 입장을 취하고 있다. 즉, 이 사건에서의 상여금은 단체협약에 규정되어 있는데, 연 6회로 나누어 각 지급일마다 그 지급일 직전 2월 동안 근로자가 지급받은 월 기본급 총액의 1/2을 기준으로 한 100%를 지급하는 것으로 되어 있다. 연6회로 나누어 지급하므로 종전의 판례법리에 따른다면 정기성의 요건은 충족되어 있다. 그러나 하급심은 이 사건에서는 일률성의 요건은 충족하지 못한 것으로 보고 있다. 그 이유는 다음과 같다. 즉, "월 기본급은 근로자가 근속한 햇수에 따라 일정액수로 고정되어 있으나 무단결근한 근로자, 운전면허정지기간 중에 있는 근로자, 입원 및 골절을 제외한 상병으로 인하여 결근한 근로자에 대하여는 실제 근무한 날에 따라 일할 계산되고, 위와 같은 사유가 있는 근로자에게는 실제 근무한 날을 기준으로 일할 계산된 월 기본급이 이 사건 상여금 산정의 기초가 된 사실, 입사일로부터 6개월이 지나지 않은 근로자는 이 사건 상여금을 지급받지 못하고 상여금 산정 기간 중 퇴직한 근로자는 그 산정기간 중의 상여금을 전혀 지급받지 못하는" 것 때문에 상여금이 1년에 6회씩 정기적으로 지급된다 하여도 '근로자들이 상여금 산정 기간 동안 결근 등이 없이 정상적으로 근무하였는지 여부, 근로자들이 상여금지급일까지 근무하였는지 여부 및 6개월의 근속기간을 충족하였는지 여부 등과 같은 실제 근무성적에 의하여 지급여부와 지급액이 달라지므로' 당해 금원인 상여금은 고정적이지 못하여 통상임금에 해당하지 않는다는 것이다. 이 사건은 앞의 G자동차 사건과 비교할 때 유사한 점이 있다. 앞의 G자동차 사건은 일정기간의 근속년수를 충

---

126) 대법원 1996.2.9, 선고 94다19501; 대법원 2007.4.12, 선고 2006다81974.

족하고 정기적으로 상여금을 지급하면 정기상여금이 통상임금에 해당한다고 보면서 정기상여금을 받지 못하거나 일할 계산하는 자 등이 있다는 사실은 정기상여금의 통상임금 해당성 인정에 영향을 주지 못하는 예외적인 경우로 본다. 그러나 당해 사건에서는 6개월 이상 근속기간을 충족하는 자에게는 고정적으로 그리고 정기적으로 상여금을 준다고 하여도, 그렇지 못하는 자들의 존재로부터 일률성을 부정하여 상여금의 통상임금 해당성을 인정하지 않는다. 어느 판결이 옳든 관계없이 담당 재판부가 일률성을 이렇게 자의적으로, 그리고 편의적으로 판단하는 것이 과연 옳은 것인지 의문이 아닐 수 없다. 상여금을 지급하여야 하는 사용자의 입장에서는 어떻게 해야 할지를 알 수가 없다. 더욱이 후술하는 바와 같이 행정해석이나 지침에 의해서 실제 현장의 기업인이나 사용자의 법률에 관한 규준적 행동을 유도해야 하는 고용노동부조차 통상임금관련 소송의 당사자가 되는 상황에서 통상임금에 관한 법률수요자인 사용자나 근로자 모두 불안한 것은 사실이다.

7. 고용노동부 사건[127)]

1) 사안과 당사자들의 주장

원고들은 고용노동부에 무기계약근로자로 채용되어 근무하였거나 근무 중인 근로자로서 피고인 대한민국은 무기계약근로자 관리계약에 의하여 원고들에게 매월 호봉에 따른 봉급과 조정수당과 복리후생비를 지급하였다. 그런데 피고는 원고들의 법정 제 수당을 산정함에 있어서 복리후생비를 뺀 금액을 통상임금으로 산정하여 이를 기준으로 산정된 각 법정수당을 지급하였다.

원고들은 복리후생비는 실비변상을 위한 것이거나 은혜적 급여가 아니라, 정기적ㆍ일률적ㆍ계속적으로 지급되어 온 것이고, 근로계약서, 취업규칙, 고용노동부 무기계약근로자 관리규정에 의하여 지급의무가 명시되어 있기 때문에 근로의 대가로 지급된 임금임과 동시에 월 일정액의 고정적 금액을 일률적, 정기적, 계속적으로 지급한 것이어서 통상임금에 해당한다는 것이다.

이에 대해 피고는 무기계약직으로 전환된 근로자들은 호봉제에 따른 봉급 및 조정수당과 법정수당 이외에는 복리후생비를 받지 못하여 근로와 관계없이

---

127) 서울중앙지법 2012.12.10. 선고 2011가단394320.

복리후생 차원에서 은혜적으로 이를 지급한 것이며, 노동조합과 체결한 임금협약에서도 복리후생비는 소정 근로와 관계없이 '생활보조적, 복리후생적으로 지급하는 것임을 확인하고 합의'하였다는 것이다. 또한 '노동부 예규 제602호도 자신들이 만든 기준에 따라 생활보조적, 복리후생적으로 보조하거나 혜택을 부여하는 금품은 근로의 대가가 아닌 임금이라는 것이다. 따라서 이 복리후생비는 임금에도 해당하지 않기 때문에 통상임금에도 해당하지 않는다는 것이다.

2) 하급심의 판결

이 사건에서 문제가 된 금품에 대해서 법원은 당해 임금이 계약법적 근거에서 출발한다는 것을 밝히고 있다. 즉, 현행 실정법인 근로기준법 제18조나 제2조 제1항 제5호에 따르면 임금은 근로의 대상으로 지급하는 금품이기 때문에 "모든 임금은 근로의 대가로서 '근로자가 사용자의 지휘를 받으며 근로를 제공하는 것에 대한 보수'를 의미하므로 현실의 근로제공을 전제로 하지 않고 단순히 근로자로서의 지위에 기하여 발생한다는 이른바 생활보장적 임금은 있을 수 없다"는 대법원의 임금일원설을 토대로 하여 '사용자가 근로의 대가로 근로자에게 지급하는 일체의 금품으로서, 근로자에게 계속적, 정기적으로 지급되며 그 지급에 관하여 단체협약, 취업규칙, 급여규정, 근로계약, 노동관행 등에 의하여 사용자에게 그 지급의무가 지워져 있고, 또한 일정 요건에 해당하는 근로자에게 일률적으로 지급하는 것이라면 그 명칭 여하를 불문하고 평균임금 산정 대상이 되는 임금이라고 보아야 한다'는 것이다.

물론 이 설명은 문제가 된 금원이 평균임금에 해당한다는 것을 근거짓기 위한 것이지만, 동시에 해당 금원이 임금에 해당되어 통상임금에도 포함될 수 있다는 것을 말하고 있다. 이와 같이 임금 해당성을 인정할 수 있기 때문에 하급심은 "임금의 개념과 근로계약이 근로자가 사용자에게 근로를 제공하고 사용자는 이에 대하여 임금을 지급하는 것을 목적으로 체결하는 계약으로 근로계약에 따른 근로제공과 임금이 대가관계에 있는 점에 비추어 볼 때 사용자가 근로자에게 실비변상차원에서 지급하거나 순수하게 은혜적인 차원에서 지급의무 없이 지급하는 돈을 제외한 나머지 금품은 명칭에 관계없이 근로의 대가로 지급되는 임금"이라고 본다. 아마도 대법원 판결과 하급심 판결을 모두 합해 처음으로 임금이 근로계약에 의한 근로제공의 반대급부로서의 대가관계에 있음을 밝힌 판결로 보인다. 특히 '복리후생비가 원고들의 근로시간에 직접 또는 비례적으로 대응하지 않는다는 의미에서 근로제공과의 밀접도가 약한 것으로 보일 수 있지만, 실질적으로는 근로자가 사용자가 의도하는 근로를 제공한 것에 대한 대가로서 지급되는 것이지 단순한 근로자로서의 지위를 보유하고 있다는 점에 근거하여 근로와 전혀 관계없이 생활보조를 위한 급여로 볼 수 없다'고 설시하고 있는 부분은 임금 해당성에 대한 판단은 근로제공과 밀접도가 있거나 근로제공에 대한 대가로서 지급되어야 한다는 점에서 근로제공과 임금과의 인과관계 내지 원인관계(causa)에 있어야 한다는 것을 말하는 것으로서 쌍무계약의 핵심이 바로 급부와 반대급부의 교환적 '원인관계'라는 점을 말하고 있는 것으로 보인다. 그런 점에서 이 하급심 판결은 금원의 임금 해당성을 계약적으로 파악하고자 하며, 계약의 중심이 되는 당사자의 의사를 중심으로 판단하고자 한다는 점에서 다른 판결과 다르다. 그러나 임금에 대해 계약적 사고를 관철시킨다면 근로제공의 반대급부로서의 임금은 '객관적'으로 판단되는 것이 아니라, 당사자들의 합의에 의해 결정됨으로써 '주관적'인 것이 될 수밖에 없을 것이다. 다만, 이 판례는 임금의 근로계약적 성질을 이해하면서도 이러한 사고를 끝까지 밀고 나가지 못한 것 같다. 그리하여 '사용자가 근로자에게 실비변상차원에서 지급하거나 순수하게 은혜적인 차원에서 지급의무 없이 지급하는 돈을 제외한 나머지 금품은 명칭에 관계없이 근로의 대가로 지급되는 임금'이라는 비계약적 사고로 결론을 짓고 있다. '실비변상차원에서 지급하거나 순수하게 은혜적인 차원에서 지급의무 없이 지급하는 돈'이라는 판단은 사용자가 지급하는 금원을 객관적으로 판단한 것이다. 근로계약적 사고에 입각한 판단이라면 당사자들이 무엇을 근로로 생각하여 그에 대한 반대급부의 대가로서 지급할 것인가 하는 것이 금원의 임금 해당성 판단의 중심이 되었어야 할 것이다. 그러나 이 하급심 판결은 나름대로 계약적 사고를 총론적으로 전개하면서도 실제로는 임금을 객관적으로 판단하고야 말았다. 그렇기 때문에 이 하급심은 금원의 임금 해당성 판단에서 결국은 다음과 같은 것을 내세움으로써 객관적 판단으로 결론을 내리고 있다. 즉, '복리후생비는 그 지급의무가 근로계약서, 취업규칙, 관리규정 등에 규정되어 있다는 점', '무기근로계약자 근로자 모두에게 지급하기로 되어 있다는 점', '복리후생비를 정기적, 계속적으로 지급해 온 점' 등을 복리후생비가 통상임금에 포함된다는 근거로 내세운 것이 그것이다. 이것은 지급의무, 일률성, 정기성과 계속성을 말하는 것으로서 모두 금원의 임금 해당성 판단의 객관적 기준들이다. 협약이나 계약에 지급의무가 있고, 모두에게 주고, 정기적으로 주는가 하는 점 등은 계약적 요소로 들어올 수 없는 요소들이다. 이 하급심 판결은 당사자의 의사에 기초하여 복리후생비가 임금에 해당하는지를 판단하지 않았다. 즉, '복리후생비가 실비변상적 급여가 아니고 또한 지급의무없이 은혜적으로 지급하는 급여도 아니어서 생활보장적 임금이 인정될 수 없는 우리 법제에서 복리후생비는 근로의 대가로 지급되는 임금이며, 따라서 피고가 주장하는 이 사건 복리후생비는 근로의 대가로 지급되는 임금이다. 피고가 주장하는 이 사건 복리후생비의 지급경위나 임금협약에 첨부된 보수표에 이 사건 복리후생비에 관하여 소정 근로와 관계없이 생활보조적, 복리후생적으로 지급하는 것이라고 기재하였다는 사정만으로 이 사건 복리후생비가 가지는 임금으로서의 성격이 사라지는 것은 아니'라는 것이다. 임금일원설과 금원의 근로의 대가해당성이 있으면, 당사자가 복리후생적인 의사로서 지급한다는 명시적인 의사가 있어도 임금에 해당한다는 것이다. 따라서 이러한 법원의 입장이 고수되는 한 향후 당사자들 사이에 의사합치로서 사회적 급여나 사회적 부가급여 등을 지급한다고 하여도 임금에 해당하는지의 여부는 금원의 근로의 대가성이나 당사자의 주관적 의사가 아닌, 앞에서 말한 지급의무, 정기성과 일률성의 요건에 의해 좌우될 것이다.

이와 같이 하급심은 총론으로서는 임금 해당성에서 중요한 것이 당사자의 의사라는 것을 인정하는 듯하면서도 결국은 임금 해당성을 지급의무와 정기성과 일률성이라는 객관적 기준에 의하여 판단하고, 당사자의 명시적인 의사로 복리후생비로 지급하는 금원조차도 임금으로 보며, 평균임금 해당성을 인정한다. 아마도 통상임금도 그와 유사한 판단을 한 것으로 보인다. 그렇게 됨으로써 해당 금원이 통상임금이 되기 위한 소정 근로의 대가로서의 성질을 갖고 있는지에 대해서는 검토하지 않고, 근로의 대가성과 정기성 및 일률성의 요건만을 검토하기 때문에 통상임금은 평균임금화되어 가고 있는 결과가 발생한다. 그리하여 하급심은 거의 기계적으로 앞에서 적시한 대법원 판례법리를 반복하여[128] 통상임금이 되기 위해서는 임금에 해당하고 정기성과 일률성을 갖춘 고

128) 대법원 2007.6.15, 선고 2006다13070.

정적 임금이면 족한 것으로 보고, 일률성은 다시 세분하여 모든 근로자를 뿐만 아니라 고정적인 조건을 모든 근로자에게 지급하는 금원은 통상임금에 해당한다는 것이다. 그러나 일률성은 '사물의 상태나 어떤 일을 하는 방법 따위가 한결같은' 것을 범주화한 것인데, 그 일률성이 다시 고정적 조건에 달한 모든 근로자로 분할됨으로써 결국 일률성은 분할되고, 결과적으로 일률성이라는 기준은 범주화의 오류의 산물이 된다.

하급심은 대법원 판례법리를 마치 포맷처럼 사용하기 때문에, 논증을 할 필요없이 판례법리가 그렇기 때문에 복리후생비는 고용노동부산하 '모든 무기근로계약자들에 대하여 근로의 대가로 실제의 근무성적과는 관계없이 정기적, 계속적, 일률적으로 지급되는 고정적 임금으로 보이므로 이는 총 근로에 대한 대상으로서 통상임금의 성질을 갖는다'는 것이다. 또한 고용노동부가 자체적으로 만든 통상임금 산정지침이 근로시간과 관계없이 '근로자에게 생활보조적, 복리후생적으로 지급하는 금품이 통상임금에 해당하지 않는다는 판단기준은 고용노동부가 제정한 행정규칙으로 그 자체로 법규성이 없고, 그 내용 또한 근로기준법이 정한 임금, 통상임금의 개념에 적합하지 않으므로 위 예규나 고용노동부의 행정해석을 근거로 이 사건 복리후생비를 통상임금에서 제외할 수 없다'고 한다. 물론 권력분립의 원칙상 사법부가 행정부의 예규나 행정해석에 구속될 필요는 없다.[129] 그럼에도 고용노동부의 예규나 행정해석은 다른 어느 법보다도 현실변화에 민감한 노동법에 있어서 차지하는 비중은 매우 높다. 물론 법원이 행정해석을 그대로 받아들이는 한 행정해석은 사실상의 행위규범으로서, 사실상 재판의 규준으로서 기능하는 것은 사실이지만, 법원을 구속하거나 행정해석이 청구권의 기초가 되는 것은 아니다.[130] 그럼에도 제기되는 하나의 문제는 통상임금 해당성에 관한 한 노동부의 지침은 그 동안 노동부가 외국, 특히 일본의 입법을 참고하고 연구하여 상당히 고심 끝에 나온 것이라는 점에서 사법부가 간단하게 무시하기에는 그 내용과 원칙에 나름대로의 논리가 있다는 점이다. 특히 1임금 산정기간을 고수하는 노동부의 지침은 일본의 노동기준법의 내용을 참고하여 만든 것이다.[131] 그럼에도 우리 판례가 이를 간단하게 법치

129) 대법원 1990.9.25, 선고 90누2727; 대법원 1993.2.23, 선고 92누7122.

130) 이에 관해서는 김형배, 노동법 제22판, 2013, 107면 참조.

131) 이에 관해서는 상세하게 이정, "일본의 통상임금 및 할증임금의 산정법리", 「노동법학」 제45호(한국노동법학회), 2013, 327면 이하 참조.

국가의 논리로 물리치는 것은 크게 납득이 가지 않는다. 물론 외국의 입법례가 법원을 구속할 정도의 법원이 되는 것은 아니다. 단지 그것은 참고자료에 지나지 않는다. 그러나 나름의 이유와 근거가 있는 외국의 입법자료를 배척하기 위해서는 근거가 있게 논증을 하여야 하는데, 우리 사법부가 그러한 논증을 하였는지는 의문이다. 법원이 행정해석이나 예규에 구속될 필요는 없다는 간단명료한 논증밖에 없다면 법원의 입장은 우리나라에서 수많은 수당으로 파행적으로 운영되는 임금제도를 법원의 판결에 의해서 교정하여 근로자의 정당한 임금을 찾아 주려는 임금정책을 수행하는 것이 아닌가 하는 의문도 있다. 그러나 권력분립의 원칙에서 행정부의 해석이나 지침을 쉽게 배척한다면, 반대로 법원은 입법부가 수행해야 하는 입법정책을 수행해도 되는지 하는 것에 대한 강한 의문이 일어나지 않을 수 없다. 물론 그러한 문제점 때문에 사법부가 통상임금 해당성을 판단할 때는 근로기준법상의 임금규정과 근로기준법 시행령의 통상임금의 정의에 따라서 판단한다는 판례법리를 전개하고 있기는 하다. 그러나 근로의 대가에 대한 규범적 임금개념을 과연 판례가 존중하고 있는지, 그리고 근로기준법 시행령 규정이 과연 효력이 있는지 하는 의문이 제기되고 있기 때문에 판례가 통상임금에 관해 입법정책을 수행하는 것이 아니라면 이 점을 분명히 밝혀야 할 것이다. 그리고 한 가지 더 규명해야 할 문제가 있다. 기업들은 정기상여금이 통상임금 산정범위에 포함되어야 하는지에 대해 대개의 경우 고용노동부에 질의를 하고 응답을 받는 유권해석의 방법을 취한다. 그런데 정기상여금 등 1임금지급 기간이 넘어 지급되는 상여금의 경우는 이미 1989년부터 고용노동부가 일관되게 지침이나 예규를 통해 1임금산정 기간이 넘는 것으로서, 그리고 복리후생비는 그 자체로서 임금 해당성이 없는 것으로 보아 통상임금 산정범위에 들어오지 않는다는 견해를 지침과 예규 및 질의에 대한 응답을 통해 개개 기업들에 표명한 바 있다. 물론 행정청의 처분행위 이외의 지침이나 예규, 질의・응답을 통한 유권해석에 대해서도 행정절차법 제4조에 따른 신뢰보호의 원칙이 적용될 수 있는가 하는 문제는 있다. 그러나 대법원이 스스로 세운 행정청의 행위에 대한 신뢰보호 원칙의 적용요건[132]은 첫째 행정청이 개인에 대하여 신뢰의 대상이 되는 공적인 견해표명을 하여야 하고, 둘째 행정청

132) 대법원 2002. 11. 8. 선고 2001두1512; 대법원 1998. 5. 8. 선고 98두4061.

의 견해표명이 정당하다고 신뢰한 데에 대하여 그 개인에게 귀책사유가 없어야 하며, 셋째 그 개인이 그 견해표명을 신뢰하고 이에 상응하는 어떠한 행위를 하였어야 하고, 넷째 행정청이 그 견해표명에 반하는 처분을 함으로써 그 견해표명을 신뢰한 개인의 이익이 침해되는 결과가 초래되어야 하며, 마지막으로 위 견해표명에 따른 행정처분을 할 경우 이로 인하여 공익 또는 제3자의 정당한 이익을 해할 현저한 우려가 있는 경우가 아니어야 한다. 따라서 대법원 판결에 따르면 4번째의 요건 충족이 되지 않아 노동부의 지침이나 예규 또는 질의응답에 대한 유권해석을 받은 기업주는 사실상 보호 받을 길이 없다. 그러나 노동부 스스로가 이 하급심 사건에서처럼 행정지침이 법원에 의해서 받아들여지지 않아 소송에서 패소를 하고 있는데, 기업들이 고용노동부의 행정지침이나 행정해석을 믿고 정기상여금과 1임금지급기간을 넘는 금원을 문제가 없다고 신뢰하여 근로자에게 지급하였다면 행정상의 견해표명에 대한 당사자의 신뢰는 어떻게 보호하여야 할 것인가? 과연 사법부가 이러한 문제를 고려하면서까지 금원의 통상임금 해당성을 판단한 것인지 의문이다. 노동부를 신뢰한데 대하여 귀책사유가 없다고 할 수는 없지만, 그 동안 고용노동부의 지침에 의거하여 금원을 지급한 사용자의 신뢰는 전혀 보호받을 길이 없는지 여전히 문제가 되지 않을 수 없다.

마지막으로 이 사건에서 하급심은 근로계약서와 취업규칙에서 복리후생비를 통상임금에서 제외하기로 한 합의가 있어 이것이 통상임금 배제의 근거가 될 소지가 있어 이에 대해 판단한다. 그러나 여기서도 하급심은 앞의 K오토텍 사건에서처럼 그와 같은 배제합의가 근로기준법 제15조 제1항 소정의 근로기준법이 정한 기준에 달하지 못한 근로조건을 정한 계약으로서 무효라는 대법원의 판례[133]를 원용하면서 '복리후생비를 노동조합과의 합의를 통해 통상임금에서 제외하기로 하고 이를 취업규칙에 기재하고, 같은 취지로 임금협약에 첨부된 보수표에 복리후생비가 소정 근로와 관계없이 생활보조적, 복리후생적으로 지급하는 금품이라는 기재를 한 것으로 보이나', '복리후생비는 근로기준법이 정한 통상임금에 산입될 수당으로 인정되므로 이를 통상임금에서 제외하기로 하는 합의는 근로기준법 제15조 제1항에 의하여 근로기준법이 정한 기준에

133) 대법원 2007.6.15, 선고 2006다13070.

달하지 못하는 근로조건을 정한 것으로 무효'라는 것이다. 그러나 이에 대해서는 앞의 K오토텍 사건에 대한 비판이 이 사건 하급심 판결에 대해서도 그대로 타당하다고 본다.[134]

8. S시 시내버스 사건[135]

1) 사안과 당사자들의 주장

대중교통에 기여하는 사업장에서 통상임금 소송이 많이 제기되는 것처럼 이 사건에서도 버스여객 자동차 운송업을 하는 회사를 피고로 하여, 이 피고 회사에 입사하여 시내버스 운전기사로 근무하다가 퇴직하였거나 현재 근무하고 있는 노동조합의 조합원들이 통상임금 소송을 제기하였다. 피고 회사의 근로자들에게 지급되는 임금은 피고 회사와 노동조합 사이에 체결된 단체협약과 임금협정서에 따라 결정된다.

이 사건에서 원고들은 앞의 다른 하급심 사건에서처럼 피고 회사가 각종 수당을 산정함에 있어 기본시급만을 기초로 하였으나 이는 상여금, 근속수당, 교통비를 제외한 것이고, 이 금원들은 통상임금에 해당하는 것이므로 이를 포함한 시간급 통상임금을 재계산하여 산정한 각종 수당에서 기지급된 수당을 공제한 나머지 금원을 지급할 것을 청구하였다.

2) 하급심의 판결

이에 대해 하급심은 먼저 통상임금의 판단기준에 대해 대법원의 일반 법리를 전개한다. 그리하여 금원이 통상임금에 해당되는지의 여부는 급여의 성질에 따라 객관적으로 정하여지는 것이지 노사합의에 따라 정하여지는 것이 아니므로 '성질상 객관적으로 근로기준법 소정의 통상임금에 산입될 수당을 통상임금에서 제외하기로 한 노사합의는 무효'라는 종전 판례의 입장을 확인한 다음, 이 사건에서의 단체협약 또는 임금협정이 상여금, 근속수당, 교통비를 통상임금에서 제외하기로 하였다는 것만으로 이들 수당이 당연히 통상임금에서 제외되는 것은 아니라고 한다. 그러나 근로기준법 시행령 제6조 제1항의 통상임금의 개념정의에 따라서 근로의 대상으로 지급되는 정기적, 일률적인 금원이 모

134) 이에 관해서는 앞의 3. K오토텍 사건에 대한 비판 참조.
135) 서울고법 2012.12.21, 선고 2012나38980. 1심 판결로는 서울중앙지법 2012.4.26, 선고 2011가합68284.

두 통상임금이 되어야 할 것이지만, 근로기준법의 입법취지와 통상임금의 기능 및 필요성에 비추어 볼 때 정기적·일률적으로 지급되는 고정적인 임금이어야 하고, 실제의 근무성적에 따라 지급여부 및 지급액이 달라지는 것은 고정적인 임금이 아니어서 통상임금에 해당하지 않는다는 것이다. 물론 이러한 내용은 앞의 하급심 사례들을 언급하면서 여러 차례 되풀이한 대법원 판례의 일반적인 법리이다.

그러나 각 항목별 금원의 통상임금 해당성에 대해서는 앞의 하급심 판례들과 결론을 달리 한다. 먼저 상여금에 대해서는 통상임금 해당성을 부정한다. 부정하는 이유는 이 사건에서는 상여금이 실제 근무성적에 따라 지급된 것으로서 고정적인 임금이 아니라는 것이다. 즉, 이 사건에서의 임금협정에 따르면 '6개월을 초과하여 근무한 자로서 해당 월에 실 근로 13일 이상을 승무(만근)한 근로자에게만 매월 일정액의 상여금을 임금에 포함하여 지급하였다'는 점, '정직 및 출근(승무)정지 10일 이상의 징계위원회 처분으로 출근하지 않은 자, 업무상 요양으로 산재보험 및 자동차 보험 등 제 보험요양을 받고 있는 자, 해당 월에 징계위원회에 회부된 자, 퇴직원을 20일 전에 제출하지 않은 자, 면허정지 기간 중 면제 교육을 받지 아니한 자에 대해서는 상여금이 지급되지 않은 점' 등을 고려할 때 이 사건에서 상여금은 그 지급여부 및 지급액이 실제 근무성적에 따른 것으로서 고정적인 임금이 아니어서 통상임금에 해당하지 않는다는 것이다. 이 사건에서 피고 회사의 임금협정에 따른 상여금 규정은 근속기간별로 구분하여 정액으로 매월 급여에 포함하여 연간 12회로 분할하여 지급하도록 하고 있어서 상여금이 1임금산정 기간 내에 지급되도록 함으로써 정기성의 요건을 충분히 갖추고 있다. 그러나 상여금이 매월 실 근로 13일 이상을 만근한 자에 대해서만 지급되고 지급제외자가 많아 일률성의 요건을 충족하지 못하여 상여금이 통상임금에서 제외되는 것으로 하였다.

이 사건은 앞의 6. H여객사건에서처럼 지급제외 대상자가 많아 일률성이 충족되지 못하는 것으로 보는 바, 여기서도 판례로서의 일관성을 갖추고 있는 것은 아닌 것으로 보인다. 따라서 그 사건에서 판례에 대해 비판적인 견해를 여기서도 반복하면 다음과 같다. 즉, "앞의 G자동차 사건에서는 일정기간의 근속년수를 충족하고 정기적으로 상여금을 지급하면 정기상여금이 통상임금에 해당한다고 보면서 정기상여금을 받지 못하거나 일할 계산하는 자 등이 있다는 사실은 정기상여금의 통상임금 해당성 인정에 영향을 주지 못하는 예외적인 경우로 치부해버리지만, 당해 사건에서는 6개월 이상 근속기간을 충족하는 자에게는 고정적으로 그리고 정기적으로 상여금을 준다고 하여도, 그렇지 못하는 자들의 존재로부터 일률성을 부정하여 상여금의 통상임금 해당성을 인정하지 않는다. 어느 판결이 옳든 관계없이 담당 재판부가 일률성을 이렇게 자의적으로, 그리고 편의적으로 판단하는 것이 과연 옳은 것인지 의문이 아닐 수 없다. 상여금을 지급하여야 하는 사용자의 입장에서는 어떻게 해야 할지를 알 수가 없다." 다만, 판례가 각각의 구체적 사건에서 정기상여금의 지급실태를 달리 판단하여 앞에서 보는 바와 같이 어느 사건에서는 이를 긍정하기도 하고, 이를 부정하기도 함으로써 '정기상여금은 통상임금에 해당한다'는 일반 법리[136]를 만든 것이 아니라, 구체적 사례에 따라 각각 달리 판단하여야 한다는 점에서 구체적 타당성을 기하고 있다는 점에서는 일응 타당한 점이 있다고 보여진다. 그러나 어느 정도로 어느 특정 지급대상이 적용에서 배제되지 않아야 일률성이 인정되는지에 대해서는 여전히 명확한 기준이 없기 때문에 자의적이라는 비판을 면하기는 어려울 것이다.

근속수당의 경우도 '1년 이상 계속 근로한 자로서 해당 월에 실 근로 13일 이상을 승무(만근)한 근로자에게 1년당 일정액을 가산하여 매월 임금에 포함하여 지급'하지만, '13일 미만을 승무한 경우는 근속수당을 지급하지' 않기 때문에 근속수당은 그 지급 여부가 근로자들의 실제의 근무성적에 따라 좌우하게 되어 고정적인 임금이 아니기 때문에 통상임금 산정범위에 들어가지 않는다는 것이다. 여기서도 만근한 근로자에게는 매월 정기적으로 지급되기 때문에 정기성의 요건은 충족하고 있다. 그러나 13일을 만근하지 못한 자에게는 근속수당을 지급하지 않기 때문에 일률성의 요건이 결여되어 이 근속수당은 통상임금에 해당하지 않는다는 것이다. 그런데 엄밀히 보면 이 사건에서 근속수당의 지급조건으로서 13일의 만근을 하였는가, 즉 13일의 기준은 근무성적이 아니다. 이 13일은 근로의 양에 지나지 않는다. 판례가 근로의 대가를 통상임금 해당성의 핵심적인 기준으로 본다면 근로의 질을 판단의 기준으로 보아야 할

136) 이 책에서 비판의 대상으로 삼는 대법원 판례가 '정기상여금은 통상임금이다'는 일반 법리를 전개한 바가 없기 때문에 정기상여금의 고정성을 인정한 판례로 평가할 필요는 없다는 견해로는 이미 이정, "통상임금에 대한 판례법리의 재검토", 「노동법학」 제43호(한국노동법학회), 2012, 201면; 같은 취지로 하경효, 임금법제론, 신조사, 2013, 103면 각주 1) 참조.

것이고, 근무성적은 근로의 양 보다는 근로의 질이 더 중요한 판단의 기준이 되어야 할 것이다. 그럼에도 대법원이 1996년도 2월 9일[137] 판결부터 "일정 근속년수에 달한 자에게 실제의 근무성적과 관계없이 매월 일정액을 지급하여 온 장기근속수당에 대하여 '근로의 양 또는 질에 무관하게 지급된 고정적인 임금'은 통상임금"이라고 보았다면, 이 사건에서 하급심이 13일의 만근이라는 근로의 양 기준에 따라 지급 여부를 달리한 근속수당은 통상임금에 해당하지 않는다고 본 것은 대법원의 법리를 충분히 반영한 것이라고 본다. 그러나 일률성의 요건은 모든 근로자 뿐만 아니라, "일정한 조건 또는 기준에 달한 모든 근로자'도 포함되고, '일정한 조건'은 '고정적이고 평균적인 임금'을 산출하려는 통상임금의 개념에 비추어 볼 때 '고정적인 조건"을 의미한다는 대법원 판례에 따르면 이 사건에서 '13일의 만근'이라는 일정한 조건은 고정적인 조건이다. 따라서 13일의 만근을 한 모든 승무원들에게 지급하는 근속수당은 따라서 대법원 판결에 따르면 일률성의 요건을 충족하여 통상임금에 해당한다고 해야 할 것이다. 그럼에도 위 1996년도 2월 판결에 따르면 그와 같은 경우는 근무성적인 근로의 양에 따라 지급 여부가 달라지는 것이므로 통상임금에 해당하지 않는다고 해야 할 것이다. 따라서 일률성과 관련하여 판례는 어느 경우에는 '고정적인 조건'을 충족하는 모든 근로자라고 하면서도, 어느 경우에는 근무성적인 근로의 양에 따라 지급되는 것이라고 하여 근로의 대가성을 판단의 기준으로 삼아 도대체 무엇이 기준이 되어야 하는 것인지를 모르게 한다. 만일 대법원 판례처럼 일정한 조건, 즉 고정적인 조건 하에 지급되는 금원이 아닌 경우, 즉 13일의 만근을 충족하지 못하는 경우에 지급하지 않는 금원은 통상임금이 되지 못하므로 임금은 근로의 대가라는 객관성의 요건, 즉 성질상 근로의 대가에 의해서 결정되는 것이 아니라, 일정한 조건을 채우는가에 따라 달라지게 된다. 결국 지급의 대상이 되는 적용범주가 어떻게 되는가, 그리고 그 적용범주를 당사자들이 단체협약이나 임금협정 등의 의사합치에 의해서 정하는 것이 되어 결국 임금 해당성이나 통상임금 해당성은 결과적으로 당사자의 의사 내지는 주관적 결정에 의해서 정해지는 것이지[138] 금원의 객관적 성질에 의해서

137) 대법원 1996.2.9, 선고 94다19501.

138) 하경효, 임금법제론, 47면 각주 3)은 판례가 일정한 사례에서 당사자의 의사를 근로의 대가성에 대한 판단기준으로 삼는 것으로 보았다.

결정되는 것이 아니라는 것을 자인하고 있는 것과 다르지 않다.

그러나 더욱 문제가 되는 것은 결국 일정한 조건, 즉 고정적인 조건을 충족한 모든 근로자에게 지급되는 금원은 일률성이 있어 통상임금에 해당한다면 그때의 통상임금은 고정적인 조건을 충족한 모든 근로자 이외에 모든 근로자에게 적용되는 것인지, 아니면 그러한 고정적인 조건을 충족한 모든 근로자 일부에게 적용되는 것인지도 분명하지 않다. 아마도 판례는 일정한 조건을 충족한 모든 근로자에게 지급되는 금원을 통상임금으로 보고, 그 통상임금은 전체 근로자에게 다시 확대되는 것으로 보는 논리를 펴기 위해서 정기상여금이 통상임금에 해당되는데 일부의 자에게 적용을 배제하는 노사 간의 합의는 무효라고 하는 것으로 보아 일정한 조건을 충족하는 모든 근로자에게 지급되는 금원은 적용이 배제되는 다른 모든 근로자에게도 통상임금에 해당한다고 보는 듯하다. 이것은 근로기준법이 정한 통상임금에 대한 법리의 전개라기 보다는 일률성의 요건을 모든 근로자에서, 일정한 조건을 충족한 모든 근로자로 확대 적용을 관철하기 위한 판례의 고육지책이 아닌가 생각된다. 어쨌든 이러한 판례의 논리에 대해 노사의 합의에 의해 일정한 요건을 갖춘 특정의 근로자에게 적용을 배제하는 노사의 합의가 강행법규인 근로기준법의 통상임금 규정에서 어느 정도 허용되어야 할 것인지는 여전히 문제된다.

9. TT자동차 사건[139)]

1) 사안과 당사자들의 주장

문제된 사건의 피고는 자동차제조회사이고, 원고들은 기술직 또는 사무직으로 근무하다가 퇴직하였거나 근무하고 있는 자로서 노동조합의 조합원들이다. 원고들은 피고 회사로부터 지급받은 급여 중 '자격수당, 개인연금보험료, 근로보조수당, 정기상여가산금, 정기상여금, 설 · 추석 귀성여비, 휴가비, 상품권(선물비), 유류비, 조직관리수당, 경리수당, 조사연구수당(이하 '자격수당')은 근로의 대가로 정기적 · 일률적 · 계속적으로 지급하기로 정하여진 고정적인 임금'으로서 근로기준법에서 말하는 통상임금의 산정범위에 들어가야 한다는 것이다.

---

139) 서울중앙지법 2013.1.22, 2011가합30463.

이에 대해 피고 회사는 ① "조사연구수당, 조직관리수당은 근로자의 조사연구와 조직관리라는 업무수행비용을 보전해주기 위한 실비변상적 성격의 급여로서 근로의 대상이 아니며", ② "자격수당은 특정 자격증 보유 근로자의 계속 근무를 장려하기 위하여 은혜적 차원에서 지급되는 것이므로 근로의 대상이 아니기 때문에 통상임금에 해당할 수 없으며", ③ "개인연금보험료는 근속기간이 1월 미만인 근로자, 월말 이전에 퇴직하거나 휴직한 근로자, 보험가입을 원하지 않는 근로자에게는 지급되지 않으므로 실제 근무성적에 따라 그 지급여부가 달라지는 비고정적 급여에 해당하여 통상임금으로 볼 수 없으며", ④ "정기상여금 · 업적연봉은 지급여부 및 지급액이 근로자의 실제 근무성적에 따라 달라지므로 고정적인 임금이라고 볼 수 없고, 장래의 근무성적에 따라 변동되는 정기상여금 등을 법정수당시 통상임금에 포함하면 그 후 실제 근무성적 및 퇴직시기에 따라 기지급된 법정수당의 반환문제가 발생할 수 있고, 통상임금을 기초로 산정하는 정기상여금 등을 다시 통상임금에 포함시키는 경우 정기상여금 등의 액수가 무한대로 증가되는 순환오류에 빠지므로 통상임금이라고 할 수 없으며", ⑤ "귀성여비, 휴가비, 상품권(선물비), 유류비는 복리후생적 차원에서 지급되는 금품으로 근로의 대가가 아니며, 지급일 전 퇴직하거나 지급일 이후 입사한 근로자, 군복무로 인한 휴직자에게는 지급하지 않는 등 실제 근무성적에 따라 그 지급여부가 달라지는 비고정적 급여에 해당하고, 이 사건 법정수당 산정 시 귀성여비 등을 통상임금에 포함시킨다면 그 후 퇴직시기에 등에 따라 기지급된 법정수당의 반환문제가 발생할 수 있으므로 통상임금이 아니고, 휴가비는 통상임금을 기초로 산정되므로 휴가비를 다시 통상임금에 포함시킬 경우 휴가비의 액수가 무한대로 증가되는 순환오류에 빠지며", ⑥ "경리수당은 경리관련 업무 종사자의 부담감과 노고를 위로하고 사기를 진작시키는 차원에서 지급되는 급여로 근로의 대상이 아니어서 통상임금으로 볼 수 없으며", ⑦ "근로보조수당은 휴일근무에 대한 보상차원에서 시작되어 현재는 휴일근무 여부에 관계없이 기술직 관리직인 직장, 공장에게 일률적으로 지급되는 은혜적인 성격의 급여로 근로의 대상으로 지급되는 임금이 아니므로 통상임금이 아니며", ⑧ "자격수당 등에 관한 피고와 이 사건 노동조합 사이의 노사합의 내용 등에 비추어 볼 때 당사자의 의사 해석상 자격수당 등은 통상임금으로 볼 수 없다"는 것이 피고 회사의 주장이다. 아마도 단일 사건으로는 가장 많은 항목들이 통상임금 해당성에 관해 다투어진 사건으로 보인다.

2) 하급심의 판결

이 사건 하급심도 대법원의 통상임금에 관한 판례법리를 있는 그대로 반복한다. 말하자면 하급심이 대법원 판결문을 작성하는 것처럼 통상임금의 정의, 판단기준으로서의 정기성과 일률성, 일률성의 확대범위로서 고정적인 조건, 그리고 노사의 합의에 의한 금원의 통상임금 해당성 배제의 무효라는 패턴적 공식을 반복한다. 그리하여 이제는 하급심 판결에서는 대법원 판례법리가 통상임금에 대한 공식적인 전형(Prototyp)으로 자리잡고, 이 패턴에 대해서는 하급심으로서 이제는 더 이상의 고민이나 법리의 개발은 하지 않는 것으로 보인다. 따라서 이제는 하급심들은 대법원 판례의 통상임금에 대한 일반 공식을 언급한 후에는 바로 각 항목별로 통상임금 해당성을 판단하는 것으로 보여 본서에서 문제삼는 대법원 판결 이후는 통상임금 판단이 공식화, 패턴화, 정형화되어 가는 모습으로 보이고 있는 것으로 생각된다.

하급심이 각 항목별로 금원의 통상임금 해당성을 판단한 것은 다음과 같다.

a) 조사연구수당과 조직관리수당은 통상임금에 해당한다고 본다. 대리 이하 사원에게는 조사연구수당으로 직급별로 매월 일정액을, 부장, 차장, 공장, 직장에게는 조직관리수당으로 직급별로 매월 일정액을 지급하여 왔는 바, 이 수당들은 일정한 직급의 근로자에게 실제의 근무성적과는 상관없이 정기적·일률적으로 지급되는 고정적인 임금으로서 통상임금에 해당한다는 것이다. 구체적이고 설득력있는 논증없이 대법원의 판단방식을 기계적으로 대입하여 내린 결과라고 본다. 임금이 근로계약상 근로의 제공에 대한 대가라고 한다면 그 임금은 근로자 개개인의 노무의 양과 질에 따라 결정되어야 하고, 따라서 근로자 개인별로 차이가 있을 수밖에 없을 것이다. 그런 점에서 근로자 개개인의 근무성적과 관계없이 정기적이고 일률적으로 지급받는 임금이 근로자 개개인의 근로의 양과 질과 관계없이 지급받는 것이라면 그것은 임금이 아닌, 다른 형태의 급여나 노동소득 등이라고 해야 할 것이다. 따라서 통상임금도 근로자 개개인이 근로의 양과 질에 따라 통상적으로 얼마를 받는가 하는 것, 말하자면 근로자 개개인의 통상의 임금이 되어야 할 것인데, 정기성과 일률성을 기준으로 하는 한 그것은 근로의 대가와는 관계없는 근로자 집단의 통상의 임금을 말

하는 것이고, 일률성을 확대한다면 고정적인 조건을 충족하는 근로자 집단의 통상의 임금을 말한다고 할 것이다. 이와 같이 전체 근로자의 통상의 임금, 고정적 조건을 충족하는 근로자 집단이 받는 금원을 통상임금으로 이해한다면 이것은 임금을 근로계약상의 근로제공과 그에 대한 반대급부로서의 임금으로 구조화한 근로기준법 임금정의 규정으로부터 벗어나버리는 것이다. 이에 대해서는 후에 상술하기로 한다.

b) 하급심은 자격수당의 통상임금 해당성도 i)의 수당처럼 간단하고 기계적으로 처리하여 통상임금에 해당한다고 본다. 그 이유도 i)과 별반 다르지 않다. 즉, 각 급수별 기사 자격증 보유자에게 일정액을 지급하였는 바, 이는 일정한 자격증을 보유한 근로자에게 실제의 근무성적과는 관계없이 정기적 · 일률적으로 지급되는 고정적 임금이기 때문에 통상임금이라는 것이다. 패턴적이고 기계적으로 통상임금을 판단하고 있다.

c) 개인연금보험료가 통상임금 범위에 포함되는가의 문제는 다른 수당처럼 '개인연금보험료는 통상임금이다'는 식으로 일반적으로 대답할 수 있는 성질의 문제는 아니다. 피고 회사는 과거 2년간 노동조합의 동의하에 개인연금보험료를 지급하지 않았다가 다시 이를 지급한 사실이 있고, 단체협약규정으로 개인연금을 복리후생시설로서 지급하며, 조합원의 노후 및 생활보장을 위하여 개인연금에 가입하고 매달 일정 지원금을 지원하는 것으로 하였다. 또한 근속기간이 1월 미만인 자, 월말 이전에 퇴직하거나 휴직한 근로자, 보험가입을 원하지 않는 근로자에게는 지급하지 않았다. 그럼에도 하급심은 개인연금보험료는 1개월 이상의 근속기간과 당해 월말을 기준으로 재직 중인 근로자에게 매월 지급하였으므로 일정한 기준에 달한 모든 근로자에게 지급한 것으로서 실제의 근무성적과는 상관없이 정기적 · 일률적으로 지급되는 고정적인 임금으로서 통상임금의 범위에 포함된다는 것이다.

법원의 이러한 판단도 앞의 수당들의 통상임금 해당성 판단처럼 천편일률적인 것이다. 피고의 주장을 반대논리로써 설득하는 것이 아니라, 정기적이고 일률적으로 지급되는 것은 모조리 통상임금으로 한다는 반강제적인 판결의 전형을 보여준다는 인상도 있다. 물론 일정한 조건도 충족하지 못한 자들은 개인연금보험료 등의 제반 수당도 받지 못할 것이고 따라서 통상임금에 산정할 금원도 없을 것이지만, 일정한 고정적인 수당을 받는 자들은 그러한 수당과 함께 통상임금의 산정범위도 확대가 될 것이다. 그러한 차이를 인정하기에 앞서 모든 근로자들이 동일한 조건 하에서 받는 금원을 통상임금으로 처리하든지 처리하지 않든지 한다면 근로자들 사이에서 차별의식은 없어질 것이다. 그런 점에서 일률성의 외연을 모든 근로자에서 일정한 조건을 충족하는 모든 근로자로 확대하는 것은 그 범위에 들어가지 못한 근로자와의 차이를 더욱 확대하는 측면이 있다.

d) 하급심이 판결에 상당히 많은 관심과 논리로써 판단한 부분은 지금까지의 하급심이나 대법원 판결에서 종종 쟁점 중의 쟁점이 되는 정기상여금 부분이다. 하급심이 정기상여금·업적연봉·정기상여가산금의 통상임금 해당성 판단을 위하여 인정한 사실은 다음과 같다. 즉, i) '기술직 근로자 전원 및 사무직 근로자 중 사원부터 부장 직급까지에 대하여 근속연수가 1개월 미만일 때는 정기상여금을 지급하지 않았고', '1개월 이상 3개월 미만일 때는 지급액의 50%, 3개월 이상일 때는 지급액의 100%를 지급하는 기준에 의하여 정기상여금을 지급하여 오다가 사무직 근로자 중 과장 이상 직급에 대하여는 연봉제를 실시하면서 매년 2, 4, 5, 6, 8, 10, 12월'에 각 100%씩 지급하던 정기상여금을 업적연봉의 형태로 전환하여 지급하여 왔다. 그런데 이 업적연봉은 전년도 근무성적을 평가하여 결정하고 이를 12개월로 나누어 매월 지급하였는데, 이는 기존 정기상여금과 같은 기존 통상임금의 700% 내지 750%에 해당하는 금액에 각각의 평가에 따라 차등인상분을 반영하여 결정하였다. ② 다른 사무직 근로자들에 대해서 정기상여금은 750%씩 격월로 지급하고 5월에 100%, 11월에 50%를 지급하여 왔다. ③ 기술직 근로자들에게는 2006년 4월 1일부터는 정기상여금 지급 시 기존 통상임금을 기준으로 30시간의 소정수당 명목의 정기상여가산금을, 2008년 4월 1일부터는 정기상여지급 시 기존 통상임금의 150%를 기준으로 30시간(단, 11월 정기상여금 지급 시에는 15시간)의 고정수당 명목의 정기상여가산금을 지급하였다. 그리고 근로자 귀책사유로 휴직 후 복직하는 근로자에 대하여는 복직하는 날을 기준으로 일할 계산하여 정기상여금을 지급하였다.

이 사건 하급심은 결론적으로 정기상여금과 업적연봉 및 정기상여가산금의 통상임금 해당성을 인정하고 있다. 그 논리는 앞의 사례 5)의 G자동차 사건에서 하급심이 전개한 논리와 크게 다르지 않다. 이 사건 하급심 판결에 따르면

① '정기상여금은 지급 월말 일을 기준으로 1개월 이상 계속 근무한 근로자에게 미리 정해놓은 비율을 적용하여 산정한 금액을 일정 월마다 지급하는 것으로서 모든 근로자에게 매월 지급하는 것은 아니지만', 통상임금에서의 일률성은 모든 근로자뿐만 아니라 일정한 조건 또는 기준에 달한 모든 근로자도 포함하는 개념이기 때문에, '1개월 이상 3개월 미만 근무한 근로자에게는 기존 통상임금의 50%를, 3개월 이상 근무한 근로자에게는 기존 통상임금의 100%를 각 지급하여 실제의 근무성적과는 상관없이 일정한 근무일수라는 일정한 조건 또는 기준에 달한 모든 근로자에게 상여금을 지급한 점'을 정기상여금의 통상임금 해당성의 첫 번째 논거로 삼는다.

그러나 여기서 보는 바와 같이 이 회사에서는 근속기간마다 지급액에 차이가 있는 것은 분명하다. 근속월수 1개월은 상여금을 지급하지 않고, 3개월을 기준으로 정기상여금을 차등 지급하였으나 3개월 이상 근무한 자들에게는 일률적으로 100%를 지급하였으므로 통상임금에 해당되는 것이라면, 사실상 일률성의 개념은 더욱 분할되어 결국에는 일률성이 의미가 없어지는 결과도 발생할 수 있을 것이다. 또한 근로자를 근무능력, 자격여부, 실적 등에 따라 그룹별로 나누고 그 그룹에는 동일한 임금을 지급하는 경우라면 이 그룹의 수당의 지급여부, 지급조건, 지급액은 동일하다. 따라서 통상임금도 그룹 내에서는 동일하다. 독일은 할증임금을 정하는 통상임금을 단체협약에 의해 이러한 방식으로 정한다. 따라서 독일에서의 일률성은 지급여부, 지급조건, 지급액의 고정성을 의미한다. 그런데 우리나라는 1개월, 3개월 또는 6개월의 근속개월을 기준으로 지급여부 및 지급조건이 동일하면 일률성 또는 고정성을 인정한다. 그러나 근로자별로 지급액은 다르다. 그렇다면 엄밀히 말해서 일률성도 실상은 지급액의 일률성을 제외한 지급여부와 지급조건의 고정성이라는 일부의 일률성만을 의미하게 될 것인데, 그것이 진정한 의미의 일률성인지는 의문이다.

② 하급심은 '임금규정에서 근로자 본인의 귀책사유로 휴직 후 복직하는 경우는 복직하는 날을 기준으로 일할 계산하여 상여금을 지급하도록 규정하고 있으나, 이러한 예외규정을 들어 정기상여금이 근로자의 근무실적에 따라 차등 지급된다고 할 수 없을 뿐 아니라, 위와 같은 특별한 사정이 있는 근로자와의 사이에서 정기상여금은 매 근무일마다 지급되는 일급제 수당이라 할 것인데, 이 경우 월 출근 일수가 달라 월 합산 액에 차이가 있다고 하더라도 이를 두고

실제 근무실적에 따라 그 지급액이 달라진다고 볼 수 없다'는 것이다. 이 부분도 또한 앞에서 본 G자동차의 경우와 동일하다. G자동차 사건의 해당부분에서 지적한 바와 같이 대법원이 중도퇴직자에게 재직기간에 비례하여 상여금이 지급된다는 사실을 일률성이 있다는 중요한 사실로 보면서도, 특별한 경우들이 언제는 일률성을 인정하는 요소로 파악되고 어느 경우는 예외적인 경우로서 일률성 인정에 지장이 없는 것으로 보아야 하는지 매우 자의적인 판단이라고 아니할 수 없다.

③ 하급심은 "'일정한 근속기간' 또는 '귀책사유로 인한 휴직 후 복직 시 일할 계산'이라는 정기상여금 지급액 산정기준은 일시적·유동적인 것이 아니라, 이 사건 임금규정 제9조 제2항의 근속연수의 증가라는 조건도 근무성적 등 근로자의 근무성적과는 무관한 시간의 경과라는 자연적인 조건이므로 모든 근로자에게 해당하는 일정한 조건 또는 기준으로 볼 수 있는 점"에서 통상임금 해당성 인정의 한 요소라고 본다. 이러한 논리도 앞의 G자동차 사건에서 본 논리와 동일하다. 그러나 앞에서도 이미 지적한 바와 같이 근속연수의 증가는 자연적인 조건이 아니라 법적인 요인 내지 요건이다. 그리고 근속연수와 근무성적은 직접적인 상관관계나 인과관계는 없지만, 근속연수의 증가에 따라 상여금이 차이가 있다는 것은 일률성이 없다는 것을 의미한다고 보아야 할 것이다. 격월마다 기본급의 100%를 정기적으로 지급한다고 하여도 6개월 근속기간을 충족하였는가, 정상근무를 하였는가, 상여금 지급기일까지 근무하였는가에 따라서 지급여부와 지급액이 달라지는 경우를 고정적인 임금이라고 할 수는 없을 것이다. 이 점을 중시하여 정기상여금의 통상임금 해당성을 부정하는 하급심도 있다.[140)]

④ 하급심은 '사무직 근로자 중 과장 직급 이상 근로자에게 지급되는 업적연봉의 경우 업적연봉의 취지, 유래, 운영형태 등에 비추어 업적 연봉 중 기존 통상임금의 700% 또는 750%에 해당하는 부분은 기존 정기상여금과 동일하게 운영되어 지급되고 있으며, 다만 차등인상분(기존통상임금의 0%~100%)에 해당하는 부분만 실제 근무성적 등에 따라 차등하여 지급되는데, 원고들은 업적연봉 중 기존 정기상여금과 동일하게 지급되는 기존 통상임금의 700% 또는

140) 서울북부지법 2012.12.5. 선고 2012가합3757.

750% 부분만을 통상임금으로 구하고 있는 점'은 정기상여금이 업적연봉으로 바뀌어도 통상임금 인정에 지장이 없다는 것이다. 아마도 학설 중에는 업적연봉이 근속연수에 따라 매년 변동하고 근로자간 지급액이 달라져도 동일한 근속연수를 가진 근로자들 사이에는 같은 금액이 지급되는 본봉(통상임금)과 업적연봉 사이에 본질적인 차이가 없다는 것도 있다.[141] 아마도 하급심이 생각하기에 이미 정기상여금은 통상임금으로 산정하는 것이 최근의 대법원 판례의 법리인데, 업적연봉으로 바뀌어도 그러한 정기상여금의 성격이나 지급액, 즉 기존상여금과 동일하게 지급되는 부분은 통상임금으로서 성질이 변하지 않는다고 보는 듯하다.[142] 그러나 다른 하급심 판결에 따르면 기존 상여금이 업적연봉에 그 액수가 그대로 유지되어도 평가에 따라 각각 0~100%를 차등하여 지급하는 경우에는 업적연봉에 고정적으로 지급된 정기상여금이 존속하여도 이 고정적 부분조차도 통상임금이 아니라고 판단한 경우도 있다.[143] 그러나 더욱 중요한 것은 업적연봉에 정기상여금의 고정적 부분이 그대로 유지된다고 하더라도 이러한 경우는 임금지급체계의 변화, 즉 근로자들의 성적향상과 근무동기의 강화라는 목적을 위하여 임금체계에 근본적인 변화를 시작하는 임금제도라고 할 수 있다. 따라서 지급하는 액수 중 일부가 정기상여금처럼 고정적인 것이라고 하여도 임금체계의 본질적인 변화에 속하는 경우에는 종전의 통상임금 산정 방식을 고수할 수 없다. 사용자는 업적연봉을 임금체계의 변화의 시작으로 하여 결국에는 연봉제로 전환하려는 것이기 때문에 '고정성'이라는 종전과 같은 통상임금 해당성의 판단기준을 유지할 수는 없을 것이다. 업적연봉에

141) 유성재, "상여금의 통상임금성", 노동법포럼 제9호(노동법이론실무학회), 2012, 250면; 조용만, "근무성적에 따라 차등지급된 업적연봉의 통상임금 여부", 노동법학 제41호, 404면 이하 참조.

142) 학설의 일부도 업적연봉의 금액이 정기상여금 때와 변함없이 연초에 이를 확정하고, 확정된 업적연봉총액을 12개월로 나누어 매달 고정적인 액수를 지급하는, 과거의 정기상여금 부분만큼은 '상대적 고정성'을 인정하여 통상임금의 범위에 포함시켜야 한다는 견해(예를 들어 하갑래, "통상임금제도의 변화와 과제", 한국노동법학회·노동법이론실무학회, 2012년 추계학술대회 발표문, 33면)도 있다.

143) 서울고법 2011.12.23, 선고 2009나6914; 서울중앙지법 2009.11.19, 선고 2007가합24119("연봉제 실시 이후 기존의 상여금 지급에 대하여 전년도의 근무실적에 따라 업적 연봉을 지급받았고, 그 금액은 인사평가 등급에 따라 상당한 차이가 발생하였으며, 피고 회사는 실제 근로를 제공하지 아니한 휴직자들에 대하여는 업적 연봉을 전혀 지급하지 아니한 사실을 인정할 수 있으므로, 위와 같은 업적연봉의 취지 및 유래, 운영형태 등에 비추어 업적연봉은 그 지급 여부 및 지급액이 결국 피고 회사 근로자들의 근무성적에 따라 좌우되게 되어 그것이 고정적 임금이라 할 수 없어 통상임금에 속하지 않는다").

서는 사용자가 지급하는 금원이 어느 정도의 차등을 두는가에 관계없이 근로자마다 각각 달라지게 되어 고정적 임금도 아니고 일률적 임금도 아닌, 근로자의 실적에 따라 지급된다는 점은 이 업적연봉이 비고정적 임금이라는 것을 말하고 있는 것이다. 앞의 G자동차 사건에서는 기존 정기상여금(700%) 이외에 평가에 따라 0~100%를 차등하여 추가 지급하는 경우 업적연봉은 통상임금이 아니라고 한 반면, 이 사건에서도 기존 정기상여금 700% 이외에 평가에 따라 0~100%를 차등하여 지급하였는바, 업적연봉 중 700%는 통상임금에 해당한다는 것이다. 하급심마다 유사한 사건에 결과가 완전히 다른 판결을 하고 있다.

⑤ 하급심에 따르면 '정기상여금 산정의 기초가 되는 기존 통상임금은 비록 그 명칭이 통상임금이지만 이는 노사 간의 합의에 의한 약정 통상임금으로서 근로기준법상 통상임금과는 명백히 구별되는 개념이므로, 정기상여금을 근로기준법상 통상임금의 범위에 포함시킨다고 하더라도 그 액수가 무한대로 증가되는 순환오류의 문제는 발생하지 않는다'고 한다. 원래 순환오류가 문제가 된다는 것은 정기상여금을 산정할 때 통상임금을 기준으로 산정을 하는데, 그렇게 하여 산정된 정기상여금이 다시 다른 금원 내지 법정수당 산정을 위한 통상임금을 산정할 때 다시 정기상여금이 산정범위에 들어가기 때문에 순환의 문제가 발생한다는 것이다. 아마도 하급심은 통상임금을 법정통상임금과 약정통상임금으로 나누어 시간외근로 등과 같은 근로기준법상의 법정수당의 산정기초로서의 통상임금과 그 외 비법정급여의 산정기초로서 노사가 합의한 통상임금으로 나누어, 노사가 합의한 통상임금을 기초로 정기상여금을 산정하였으므로 그렇게 산정된 정기상여금을 근로기준법상 통상임금의 범위에 포함시킨다고 하더라도 그 액수가 무한대로 증가되는 순환오류의 문제는 발생하지 않는다는 것으로 보인다. 그런데 문제는 정기상여금이 법정수당의 산정기초가 되는 통상임금의 산정범위에 들어가는가 하는 것이다. 만일 법정수당의 산정기초인 통상임금의 범위에 들어간다면 법정수당은 약정통상임금에 의하여 산정된 정기상여금을 포함하는 법정통상임금에 의하여 산정되는 급여가 될 것이다. 여기서 중요한 문제는 법정수당 산정을 위한 법정통상임금에 정기상여금이 들어가는가 하는 것이지만, 정기상여금이 약정통상임금으로 산정되었으므로 순환되지 않는다고 보는 것인데, 법정이 되었든 약정이 되었든 법정수당 산정이-내

용은 다를 수 있지만-이중의 통상임금으로 산정되었다는 것이 문제이다. 그리고 약정통상임금은 법정통상임금과 전혀 별개로 만들어지는 것이 아니라, 노사가 거의 법정통상임금의 산정[144]에 따르는 것이기 때문에 앞에서 말하는 순환의 문제가 발생하는 것이다.

e) 원고들은 단체협약과 임금규정 및 노동조합과의 합의에 의해서 지급일 전 퇴직하거나 지급일 이후 입사한 근로자, 군복무로 인한 휴직자를 제외한 근로자들에게 귀성여비로는 설과 추석에 일정금액을, 휴가비로 하기 휴가 시 기존 통상임금의 50% 상당액을, 상품권(선물비)으로 설날과 추석에 일정 금액을, 유류비로 설날과 추석에 각각 일정 금액을 지급받았다.

하급심은 귀성여비·휴가비·상품권(선물비), 유류비에 대해서도 통상임금 해당성을 인정한다. 그 인정 이유는 매우 간단하다. 이들 수당의 지급일 전 퇴직하거나 지급일 이후 입사한 근로자, 군복무로 인한 휴직자를 제외하고 일정한 기준에 달하는 모든 근로자에게 일률적으로 지급되었고, 노사의 합의에 의해 이미 정해진 고정적인 것이므로 근무성적에 따라 지급여부와 지급액이 달라지지 않았으므로 통상임금에 해당한다는 것이다. 그리고 금원이 아닌 현물도 정기적, 일률적, 고정적으로 지급되면 통상임금에 해당한다는 것이다. 물론 이러한 하급심의 판결은 설과 추석에 지급하는 선물비, 귀성여비, 유류비 및 휴가비가 근로의 대가인가 하는 의문점을 제공한다. 통상임금이 되기 위해서는 먼저 근로의 대가로서 임금이어야 하는데, 이들이 임금이 아니라면 통상임금의 산정범위에 들어올 수 없다. 따라서 정기성과 일률성의 충족 여부를 따지기 전에 하급심은 이들이 근로의 대가인지를 판단해야 하는데,[145] 이 사건 하급심은 이제는 근로의 대가에 대해서는 논증할 필요없이 정기성, 일률성, 고정성만으로도 통상임금을 인정할 수 있다는 경향을 보여 주고 있다.

이 사건 하급심은 경리수당과 근로보조수당에 대해서도 같은 입장을 보이고 있다. 아마도 대법원의 판례도 이와 같은 경향이 있지만, 하급심도 전체적으로 보면 이러한 경향을 보이고 있는 것으로 보인다.[146] 그러나 설과 추석에

---

144) 사실 현행법상 그러한 형태의 법정통상임금의 산정형식이나 내용이 있는지조차 의심스럽다.

145) 김영문, "금원의 통상임금 해당성에 관한 기준의 비판적 고찰", 노동법학 제43호(한국노동법학회), 2012, 155면 이하 참조.

146) 귀성여비와 상품권을 지급하는 선물비가 정기적, 일률적으로 지급되는 것이면 통상임금에 해당한다고 보는 하급심 판결로서는 인천지법 2012.3.23, 선고 2011가합6096; 부산지법 2009.1.9,

주는 금원들이 정기성과 일률성, 고정성을 떠나 과연 통상적으로 소정 근로나 총 근로를 하면 그에 대한 대가로서 지급되는 것인지 묻지 않을 수 없다. 여기에 감추어진 문제 중의 하나는 대법원 전원합의체가 무노동무임금에 관한 판결[147]에서 임금일원론을 취하면서 '모든 임금'은 근로의 대가로서 근로자가 사용자의 지휘를 받으며 근로를 제공하는 것에 대한 보수를 의미하므로 '현실의 근로제공을 전제로 하지 않고 단순히 근로자로서의 지위에 기하여 발생한다는 이른바 생활보장적 임금이란 있을 수 없고, 또한 우리 현행법상 임금을 사실상 근로를 제공한데 대하여 지급받는 교환적 부분과 근로자로서의 지위에 기하여 받는 생활보장적 부분으로 2분할 아무런 법적 근거도 없다'고 하여 사실상 모든 임금을 넘어서 사용자가 지급하는 모든 금원을 이미 임금으로 상정하는 모양새를 갖추었기 때문에 결국은 사용자가 지급하는 '모든 금원'은 이미 근로의 대상이다는 결과를 가져오게 된 것이 아닌가 생각된다. 그렇기 때문에 임금일원론에 의해 모든 금원은 그 자체로서 근로의 대가인 것으로 보이기 때문에 대법원이나 하급심은 더 이상 근로의 대가를 따지지 않고[148] 객관적 요건으로서 정기성과 일률성, 고정성으로 통상임금을 판단하지 않는가 하는 생각이 든다.

그러나 언어논리상 그리고 근로기준법의 임금에 관한 정의 규정상 임금은 근로의 대가이고 근로의 대가가 임금이라는 것일 뿐, '모든 금원'이 근로의 대가인지에 대해서는 의문이 든다. 그런 점에서는 후술하겠지만 대법원의 임금일원설의 통상임금에 대한 적용가능성에 대해서 진지한 검토가 이루어져야 할 것이다. 이에 관해서는 후술하기로 한다.

선고 2007가합24292.

147) 대법원 1995.12.21, 선고 94다26721(전원합의체).

148) 물론 대법원은 "금품이 계속적, 정기적으로 지급된 것이라고 하여도 그것이 근로의 대상으로 지급된 것으로 볼 수 없다면 임금에 해당된다고 할 수 없다. 여기서 어떤 금품이 근로의 대상으로 지급된 것이냐를 판단함에 있어서는 그 금품지급 의무의 발생이 근로제공과 직접적으로 관련되거나 그것과 밀접하게 관련된 것으로 볼 수 있어야 할 것이고, 이러한 관련없이 그 지급의무의 발생이 개별 근로자의 특수하고 우연한 사정에 의하여 좌우되는 경우에는 그 금품의 지급이 단체협약, 취업규칙, 근로계약 등이나 사용자의 방침 등에 의하여 이루어진 것이라 하더라도 그러한 금품은 근로의 대상으로 지급된 것으로 볼 수 없다" (대법원 1995.5.12, 선고 94다55934)고 하여 평균임금의 판단기준으로서 근로의 대가가 무엇인지를 설명한 것처럼 보인다. 결국 판례는 '금품지급 의무의 발생이 근로제공과 직접적으로 관련되거나 그것과 밀접하게 관련된 것' 중에서 근로의 대가는 '근로제공과 직접적으로 관련되거나 그것과 밀접하게 관련된 것'으로 생각하는 것으로 보인다. 그러나 그러한 근로의 대가에 관한 정의는 적극적으로(positiv), 또는 수사학적으로 아무 것도 말하지 않은 공허한 개념정의(leerformel)이다.

10. K타이어 사건[149)]

1) 사안과 당사자들의 주장

타이어 제조회사인 피고와 이들의 근로자들인 원고들은 단체협약에 따라 통상임금을 산정하여 통상임금을 기준으로 하는 각종의 임금을 지급하고 있다. 특히 단체협약에 따라 안전수당, 생산장려수당, 근속수당만을 통상임금에 포함시켜 산정한 통상시급으로 연장근로수당, 야간근로수당, 휴일근로수당, 유급휴일근로수당을 지급하여 왔다. 원고들은 교통비 보조금, 공정지원금, 체력단련비, 기능수당, 야간교대수당, 하기휴가비, 선물비가 근로기준법상의 통상임금의 범위에 포함됨에도 불구하고, 단체협약은 이들을 통상임금의 산정범위에서 배제하자 이는 근로기준법이 정한 기준에 미치지 못하는 근로조건을 정한 것으로서 위법하고, 이를 포함한 통상임금을 산정하여 계산된 법정수당과 기지급된 법정수당과의 차액을 구한다.

2) 하급심의 판결

이 사건에서도 앞의 사건처럼 교통비 보조금, 공정지원금, 체력단련비, 기능수당, 야간교대수당, 하기휴가비, 선물비 등과 같이 상당히 많은 수당들의 통상임금 해당성이 다투어진다. 하급심은 여타의 다른 사건처럼 통상임금의 판단기준에 대한 대법원 판례법리를 그대로 수용한다. 즉, 정기성, 일률성, 고정성이 있어야 하고 정기적·일률적으로 지급되는 것이 아니거나 실제의 근무성적에 따라 지급여부 및 지급액이 달라지는 비고정적인 금원은 통상임금이 아니며, 일률성의 요건을 모든 근로자에서 일정한 조건과 기준에 달한 모든 근로자로 확대하고, 본서에서 문제로 하고 있는 2012년 3월 29일의 대법원 판결에 따라 1개월 산정기간을 초과하는 금원도 위 요건을 충족하면 통상임금에 해당한다고 본다.

(가) 교통비 보조금

피고 회사는 벽지수당처럼 타 지역 공장으로 출퇴근하는 근로자를 위해서 교통비 보조금을 지급하였는 바, 이 교통비 보조금이 통상임금에 포함되는지가 문제되었다.

이에 대해 하급심은 ①이 교통비 보조금이 모든 근로자들에게 동일한 액수

---

149) 광주지법 2013.1.10, 선고 2011가합14550.

로 지급된 것이 아니라, 1주일 단위로 근무일 수를 나누어 5단계로 차등 지급하였고, 근속 1개월 미만의 근로자는 교통비 보조금 지급대상에서 제외하였고, 근속 1~2개월, 2개월에서 3개월, 3개월 이상으로 각각 나누어 각각 상이하게 지급받았다는 점,

②에서 교통비 보조금은 타 지역 공장 근로자의 장거리 출퇴근으로 인한 벽지수당 요구에 대한 보조금으로 지급되는 금원으로서 실비변상적인 성격을 가진다는 점, ③ 교통비 보조금이 근무일수에 따라 지급되었다는 점, ④ 1개월 범위 내에서는 1주 단위로 근무일수를 나누어 차등 지급하였는 바, 이는 노사간 묵시적 합의에 의한 것 등을 이유로 통상임금의 산정기초가 될 수 없다고 보았다.

앞의 다른 하급심 판결들이[150]들이 이와 같은 차등 지급이나 출근율이나 근무일수에 따른 차등 지급을 통상임금 해당성 판단에 있어서 예외적이라고 한다든가, 근무성적에 따라 지급하는 것이 아니라고 보는 것과는 달리 이 하급심 판결은 엄밀히 보면 출근일수에 따라 지급액에 차등을 두거나, 실제 근무일수에 따라 지급여부나 지급액이 달라지는 금원은 통상임금에서 배제한다는 종전의 대법원 판결[151]을 따른 것이다. 일률성과 관련하여 일정 일을 근무하지 않은 자에게 지급하지 않고, 일정 일을 근무하는 경우에도 단계별로 차등을 두는 것은 이미 일률성을 결여하여 고정성이 없는 것으로 보아야 한다. 통상임금은 근로기준법 시행령 제6조 1항에 따르면 소정(한자어로 '所定')근로[152]에 대해서 미리 주기로 정한 임금을 말한다. 따라서 일정 근무일수를 충족해야 한다든가, 일정 근속기간을 충족해야 지급을 하고, 지급하는 경우에도 지급액에 차이를 두는 금원은 미리 주기로 정하여진 임금이 아니다. 따라서 소정 근로에 대한 임금이 아니기 때문에 통상임금의 범주에 들어올 수 없는 것이다. 이 사건에서처럼 주할로 하여 각각 차등을 둔 경우 그리고 월 단위 근속기간마다 차등을

---

150) 그러나 예를 들면 출근장려수당과 관련하여 대법원 1990.11.9, 선고 90다카6948; 월 작업일수를 50% 이상을 근무해야 지급하는 고열작업수당에 대해서 대법원 2005.9.9, 선고 2004다41217 판결은 이들 금원의 통상임금 해당성을 부정한다.

151) 대법원 1990.11.9, 선고 90다카6948; 대법원 1996.3.22, 선고 95다56767; 대법원 1996.5.14, 선고 96다19256; 대법원 2002.7.23, 선고 2000다29370; 대법원 2003.4.22, 선고 2003다10650 등. 이러한 판례에 대해 비판적으로는 김기덕, "통상임금의 개념요소로서의 일률성", 노동과 법 제6호(금속법률원), 2006, 154면.

152) 총 근로는 도급제 하에서의 통상임금 산정 대상이므로 여기서의 논의에서는 배제한다.

둔 경우는 얼마나 근무를 했는가에 따라서 지급여부와 지급액이 달라지게 되어 있기 때문에 통상임금이라고 할 수 없을 것이다.

(나) 공정지원금

피고 회사는 노사 간 합의에 의하여 일부 공정에 대해서는 매분기마다 100,000원을, 그 이외의 공정에 대해서는 매 분기마다 70,000원의 공정지원금을 지급하였다. 이 공정지원금이 통상임금의 산정범위에 포함되어야 하는 이유로서 하급심은 먼저 노사합의에 의한 지급의무가 있고, 근로제공과 밀접하게 관련되어 근로의 대가인 점을 들어 공정지원금이 임금에 해당한다는 점을 인정한다. 그리고 다음과 같은 것을 통상임금에 해당한다는 이유로서 내세운다: '같은 공정 내의 근로자들에게는 같은 금액의 공정지원금을', '일정한 공정에 투입된 근로자들은 특별한 사유가 없는 한 같은 공정에서 지속적으로 근무한 것으로 보이는 점', '미리 정해 놓은 지급시기에 따라 분기별로 그 지급조건을 충족하는 근로자들에게 정기적·일률적으로 일정액이 지급되었다는 점', '한 분기 중 일부 기간만 해당 공정에 근무한 경우에는 그 근무한 월을 기준으로 월할 계산하지만, 이는 전보, 입사, 퇴사 등 특별한 사유가 발생하여 한 분기 중 일부기간만 종사하게 될 경우의 계산에 관한 것으로 대부분의 근로자가 한 공정에 여러 분기 근무한 점을 고려하면 근로자의 근무실적에 따라 차등 지급되는 것이 아닌 점', '공정별로 지급되는 공정지원금에 관하여 근로자가 일정 공정에서 근무할 것이라는 조건은 일시적, 유동적 조건이라기 보다는 고정적 조건이므로 공정지원금은 각 공정에 따라 그 공정에 종사하는 모든 근로자들에 대해서 일정한 조건이 충족되면 일정한 금액을 매년 정기적·일률적으로 지급하였다는 점', '공정지원금의 지급기간이 1개월을 초과한다고 하여도 문제가 되지 않는다'는 것이 공정지원금의 통상임금 해당성을 인정하는 이유라는 것이다.

먼저 1임금산정 기간을 넘어 지급하는 금원이 통상임금에 해당하는가 하는 점에 대해서는 후술할 것이다. 그러나 앞의 교통비 보조금의 경우처럼 근무일수에 따라 입사자나 퇴사자의 경우 월할 계산하는 것도 실제 근무일수에 따라 지급액을 달리 하는 것이다. 아마도 이 하급심은 2012년 3월 29일의 대법원 판례처럼 퇴직자에게도 재직기간에 비례하여 월할 계산하는 것이 정기상여금의 통상임금 해당성 인정에 장애가 되지 않는다는 판결을 어느 정도 수용한 것이라고 본다. 그러나 이 대법원 판례에 대해서는 후술하겠지만, 거기서의 비판은 이 하급심 판결에 대해서도 타당할 것이다. 근속기간마다 차등을 두는 기능수당의 통상임금 해당성 판단에서는 근무성적과 관계없이 1년 근속당 일정 금액을 지급하고 월할 계산하지 않는다는 점을 일률성의 판단기준으로 삼은 반면에 공정지원금에 대해서는 퇴사자의 경우 월할 계산한다는 점을 일률성 판단에서 전혀 고려하지 않는다. 일률성에 관한 일관성이 없음을 보여 주는 부분이다.

(다) 체력단련비

그 밖에 체력단련비는 지급일 전에 퇴사한 자에게는 체력단련비를 지급하지 않았음에도 지급의무, 근로의 대가성, 정기성과 일률성의 요건을 충족하였기 때문에 통상임금에 해당한다는 것이다. 공정지원금의 경우처럼 대법원은 중도퇴직자에게도 일・월할 계산한다는 사실을 일률성 인정의 중요한 사실로 인정한 반면에, 하급심은 퇴사한 자에게 지급하지 않는다는 사실을 일률성 판단에서 별로 중요하게 여기지 않는 것으로 보인다. 판례가 일관성이 없다는 점을 보여 주는 부분이다. 나머지 야간교대수당과 하기휴가비, 선물비에 대해서도 간단한 판례공식인 지급의무, 정기성과 일률성에 따라 판단해버린다.

(라) 상여금 지급청구

그러나 이 사건 하급심 판결에서 특징적인 것은 상여금에 관한 부분이다. 원고들은 앞에서 든 금원들을 통상임금의 산정 기초로 한 상여금을 지급하여야 함에도 이를 제외한 통상임금을 기초로 산정한 상여금을 지급하였으므로 차액 상당을 지급하여야 한다고 한다. 이에 대해 피고는 노사가 위 금원들을 제외한 단체협약상의 지급총액을 기초로 산정하여 지급하기로 하는 묵시적 합의 내지 노동관행이 있었으므로 차액을 지급할 필요가 없다는 입장이다. 이에 대해 하급심은 특정 금원의 통상임금 산정기초 배제에 관한 합의에 대해서는 성질상 근로기준법 소정의 통상임금에 산입될 수당을 통상임금에서 제외한다면 무효라는 대법원 판례에 따르면서도, '근로기준법상 아무런 기준을 정한 바 없는 수당을 산정함에 있어 노사 간의 합의로 근로기준법상의 개념이나 범위와 다른 통상임금을 그러한 수당을 산정하기 위한 수단으로 삼은 경우에는 근로기준법상의 법정수당을 지급하도록 한 취지가 몰각될 우려가 당초부터 없다고 할 것이므로 그러한 합의는 유효하다'고 한다. 그러면서 당해 사건에서 상여금의 지급기준을 '근로기준법상의 통상임금과는 다른 형태로 정하였어도 다툼이 있는 앞의 제 수당은 별도의 노사합의가 없으면 법정수당이 아닌 상여금 계산에 당연히 포함될 수는 없으며, 상여금 등은 근로기준법상의 법정수당이 아니므로 그 산정방식에 대하여 노사 간에 별도로 정할 수 있는데, 단체협약의 체결경위를 보면 무엇을 통상임금의 범위에 포함시킬 것인가 하는 문제 보다는 그 지급비율이 중요 관심사로서 단체협약상의 통상임금은 안전수당, 생산장려수당, 근속수당만을 규정하였고 상여금도 이를 전제로 한 것으로서 다툼이 있는 수당들은 상여금의 지급기준이 되는 지급총액에는 포함시키지 않기로 하는 묵시적 합의가 성립하였다'는 것이다.

이렇게 되면 상여금과 같이 근로기준법상 정한 법정수당 이외의 수당에 대해서는 노사의 합의로 어느 금원을 통상임금 산정범위에 포함할 수 있는지를 정할 수 있다는 점에서 이른바 '약정 통상임금'이 허용된다는 것이다. 따라서 단체협약에 의해 통상임금의 산정범위를 정하고, 이를 기초로 '통상임금의 750%'를 분기마다 또는 격월로 지급한다고 하더라도 무효가 되지 않는다는 것이다. 이 이유에서 앞의 G자동차 사건에서는 상여금을 통상임금에 포함하여도 순환오류에 빠지지 않는다는 논거로 사용하고 있다. 이렇게 되면 문제 상황은 여러 면으로 전개될 것이다. 먼저 상여금과 같은 비법정수당 산정 시에는 특정의 수당을 통상임금 산정기초에서 제외한다는 명시적, 묵시적 합의가 유효하며, 연장근로나 연차수당과 같은 법정수당의 경우는 성질상 근로기준법 소정의 통상임금에 산입될 수당을 통상임금에서 제외한다면 원칙적으로 무효가 되고, 법정수당을 통상임금의 일정 비율로 정하되 합의로 특정의 수당을 제외하여도 그 수준이 근로기준법이 정한 수준을 상회하는 경우는 유효[153]한 것으로 될 것이다. 통상임금에 관한 근로기준법 규정은 사용자가 지급하여야 하는 각종 수당 금액의 하한을 보장하기 위한 것이므로 성질상 통상임금에 산입되어야 할 수당을 노사합의로 배제하되 지급총액의 비율을 높이거나 소정 근로시간수를 늘리거나 하는 방식으로 하여 그 하한을 상회하는 경우는 유효한 것이 되어 통상임금의 문제는 더욱 복잡하게 될 것이다. 그러나 여기서 문제가 되는 것은 그와 같이 단체협약으로 정한 이른바 '약정 통상임금'에 의하여 산정한 정기상여금이 정기성과 일률성, 고정성을 충족하는 경우 미지급 상여금의 문제가 아

153) 대법원 2010.2.11, 선고 2009다80675.

닌, 법정수당의 미지급을 청구하는 경우이다. 이 경우는 약정으로 한 통상임금이 일부 수당을 배제하여 그 자체가 무효인지, 무효가 되면 무엇을 기준으로 판단해야 하는지, 유효하다고 하여도 약정 통상임금으로 산정한 정기상여금을 다시 법정 수당을 위하여 통상임금의 산정기초로 하여야 하는지, 그렇게 되어 순환의 오류는 발생하는 것은 아닌지, 약정 통상임금에 상응하여 법정 통상임금이란 무엇인지 등등의 문제가 발생할 것이다. 특히 법정 수당은 근로기준법으로 명시되어 있지만, 지금 논란이 되는 것은 이 법정 수당의 산정기초가 되는 통상임금에 무엇을 집어넣어야 할 것인지 하는 점이다. 말하자면 법정 수당과는 달리 법률로 정하여진 통상임금은 없다. 있다면 결국 근로기준법 시행령 제6조 제1항이 될 것이지만 이 규정이 특정 항목을 지명하면서 통상임금을 정한 것도 아니다. 그런 점에서 보면 법정 통상임금조차도 확정되지 않은 불확정개념으로서 오픈개념이라고 할 수 있다.[154] 판례는 '성질상 근로기준법 소정의 통상임금에 산입될 수당'을 통상임금에서 제외하는 것은 무효라고 하는데, 지금 임금소송에서 논란이 되고 있는 것은 도대체 무엇이 성질상 근로기준법 소정의 통상임금에 산입될 수당이 되어야 하는가를 결정하는 것이다. 정기상여금을 포함하여 지금까지 판례에서 각종의 수당들이 다투어지는 이유는 이들이 바로 성질상 산입되어야 할 수당에 해당하는가 하는 문제들이다. 그렇기 때문에 판례가 '성질상 근로기준법 소정의 통상임금에 산입되어야 할 수당'이 있다는 것을 전제로 하여 이에 대한 배제합의를 무효라고 하는 것은 선행의 문제가 다투어짐에도 불구하고 후행의 문제를 무효라고 하는 결과가 된다. 따라서 근원적으로는 사용자가 지급하는 금원 중에서 어느 금원이 법정 수당을 산출하기 위한 통상임금의 산정범위에 들어오는가, 그 금원을 노사의 합의에 의해서 배제할 수 있는가 하는 문제가 되고, 미리 앞질러 '성질상 근로기준법 소정의 통상임금에 산입되어야 할 수당'이 있다는 것을 전제로 하는 한 그 근거가 되는 것은 근로기준법 시행령 제6조 제1항이거나 법원이 이제까지 스스로 만들어 온 판례법에 의해서 형성되어 온 수당에 지나지 않을 것이다. 후술하는 바와 같이 근로기준법 시행령 제6조 제1항 규정은 무효가 다투어질 수 있고, 판례법에 의해 형성되어 온 통상임금 산정 기초로서의 수당이 강행법규로서 근

154) 이에 관해서는 박지순, "통상임금에 관한 최근 대법원 판결의 의미와 쟁점", 「노동리뷰」제92호(한국노동연구원), 2012.11, 26면 이하 참조.

로기준법 소정의 통상임금에 산입되어야 할 수당인지 의문이 아닐 수 없다. 아마도 법원의 입장에서는 자신들이 형성해 온 통상임금 산정기초가 되어야 할 수당들은 일종의 강행적 효력이 있는 법원(法源)의 성질까지도 염두에 둔 것은 아닌가 하는 의문도 있다. 법이론상 판례의 법원성이 의문시 되고 있는 상황에서 동일한 금원에 대해서도 판례정리 문헌들[155]이 보여주는 바와 같이 법원의 판단에 따라 통상임금의 산정기초로서 인정되기도 하고 그렇지도 않은 상황에서 '근로기준법 소정의 통상임금에 산입되어야 할 수당'이 있는 것처럼 말하는 것은 통상임금에도 근로자를 보호해야 할 정책이 있을 수 있다는 것을 선언하는 것에 지나지 않는다. 또한 강행법규인 근로기준법에 비율까지 정하면서 지급할 것을 의무지운 '법정'수당과 여전히 논란이 되는 통상임금의 산정기초로서의 수당에 '법정'이라는 규범력을 덧붙여 '법정' 통상임금을 가상 내지 동질화한 것은 임금부분의 근로자 보호의 입법정책이라고 하지 않을 수 없다.

Ⅱ. 소 결

이상에서는 본서에서 문제가 된 2012년 3월 29일 대법원 판결 이후에 나온 하급심 판결을 살펴보았다. 개개 판결에 대한 검토는 이미 각 판결마다 하였다. 일부 판결들은 대법원 판결과 달리 수당의 명칭에 구애됨이 없이 따라서 수당 자체를 객관적으로 통상임금의 산정범위에 포함시키는 것이 아니라, 구체적인 개별 사례상황에 따라 수당 지급의 역사와 연혁, 수당 지급의 구체적 내용을 검토하면서 통상임금 해당성을 판단하는 것이 보인다. 또한 당사자 간 합의에 의해 통상임금 산정기초를 합의하고(약정 통상임금) 이를 토대로 법정 수당과는 달리 상여금을 정하는 비법정 수당에 대해서 노사합의의 유효성을 인정하는 판결도 보인다.

그러나 일반적인 경향은 어느 금원이 통상임금의 산정기초가 되기 위해서는 임금에 해당해야 하고 임금에 해당하기 위해서는 근로의 대가성이 있어야 하는데, 통상임금 산정기초가 되어야 할 금원의 통상임금 해당성에 대해서는 철저한 논증은 없는 것으로 보인다. 무엇보다도 임금일원설을 취한 대법원 전

155) 무엇보다도 노동법실무연구회, 근로기준법 주해, 박영사, 2010, 247면 이하; 박지순・이상익, 같은 책, 154면 이하; 하경효, 임금법제론, 108면 이하 참조.

원합의체 판결의 영향 하에 금원이 근로의 대가성에 대해서는 별로 문제 삼지 않고, 바로 금원이 실제 근무성적에 좌우되는지, 정기성과 일률적으로 지급되는 고정적 임금인지를 기준으로 통상임금 산정기초 포함 여부를 판단한다. 이와 같은 이유에서 판례에서 나타나는 문제는 다음과 같다. 먼저 금원은 단체협약 등에 지급근거가 있으면 근로의 대가성은 있는 것으로 추정하고, 소정 근로의 대가성 여부는 판단하지 않고 정기성과 일률성 및 고정성의 여부에 의해서 통상임금을 판단하기 때문에 결국은 통상임금이 평균임금화하는 경향을 보이게 된다는 점이다. 그리하여 통상임금과 평균임금을 판단하는 기준으로서 정기성과 일률성 및 고정성과 정기성과 일률성 및 계속성은 크게 다르지 않다. 그러나 그와 같은 결과는 통상임금의 본질과 성질을 무시하는 것이다. 평균임금이 근로자의 생활을 보장하기 위하여 근로자의 통상의 생활임금 그대로를 산정의 척도로 삼아 이를 산정하여야 할 사유가 발생한 날 이전 3개월에 그 근로자에 대해서 '지급된' 임금총액을 산정기초로 삼고 있지만, 통상임금은 소정 근로 또는 총 근로에 대하여 사전에 지급하기로 정하여진 임금을 산정기초로 하고 있다. 말하자면 통상임금은 산정사유 발생 당시 당해 사업장에서 근로자가 제공하기로 정하여진 노동의 질이나 양에 대하여 미리 평가를 해서 지급하기로 당사자들이 정한 임금을 산정기초로 삼는 것이다. 따라서 통상임금과 평균임금은 본질과 기능에서 같은 것일 수가 없다. 이렇게 법정 수당 등의 산정기초를 달리 설계한 것은 입법자의 결단이다. 그리하여 평균임금은 근로기준법 제2조 제1항 6호를 규범적 근거로 하는 것이지만, 통상임금은 근로기준법 시행령 제6조 제1항을 규범적 근거로 한다. 그럼에도 판례가 통상임금을 평균임금화하는 것은 두 임금산정기초가 토대로 하고 있는 상이한 규범적 근거와 기능을 무시하고, 통상임금과는 그 성격과 기능이 다른, 생활보장 임금인 평균임금을 보장하려는 것은 입법자의 권한을 무시한 월권행위이며, 근로자들의 생활을 보장하려는 판례의 임금정책에 지나지 않는다고 아니할 수 없다.

동시에 1임금산정기간을 넘어 지급되는 정기상여금을 통상임금에 포함시켜야 하는지를 다툰 한 개의 사례를 제외하고는, 그리고 이 판례도 2012년 3월 29일의 대법원 판례를 따른 것이므로 별 의미는 없지만, 정기성의 문제는 판례에서 크게 다투어지지 않는 것으로 보인다. 이미 기업들이 정형적으로 분기마다, 격월로, 매년 몇 차례씩 정기적으로 급여를 주는 임금지급 실무를 정착하여 왔기 때문에 정기성의 문제는 정기상여금과 관련하여 1임금산정기간을 넘는 경우를 제외하고는 거의 없는 것으로 보인다. 그러나 일률성에 따른 고정적인 임금인가에 대해서는 여전히 논란이 많다. 실제 사례에서 많이 다투어지는 금원은 상여금이다. 그러나 전체적으로 판례에서 문제가 된 사건 중에는 실제 근무성적이나 근무일수 또는 근속년수마다 지급여부와 지급액을 달리하는 경우가 있는데, 어느 판결에서는 이 점을 그 금원의 비고정성을 인정하는 사유로 삼고 있는 반면에 어느 판결에서는 예외적인 것이라 하여 통상임금 해당성을 인정하는데 큰 장해요소로 보지 않는다. 일률적인 고정성과 관련해서는 판례법이 확고히 정착하지 못하여 여전히 다툼이 많아 과연 이 판단기준이 통상임금 해당성의 판단기준으로서 기능을 하고 있는지에 대해서도 의문이 갈 정도이다. 그러나 하급심 판결의 두드러지는 현상 중의 하나는 대법원 판례를 수동적으로 그대로 따르는 것이 대부분이며, 특히 정기성, 일률성, 고정성의 판단에 있어서 직관적으로 통상임금 해당성을 염두에 두면서 판결을 하는 것이 아닌가 하는 생각이 든다. 그런 점에서는 몇 판결에서는 구체적인 개별 사례 상황을 고려하여 극히 예외적으로 통상임금 해당성을 부인할 정도로(2. S여객 사건에서 복리후생적 성격으로 인하여 식대의 통상임금 해당성을 부정, 6. H여객 사건에서 일부 근로자를 지급대상에서 제외하고 근로일수에 따라 차등 지급하였다는 것을 이유로 상여금의 통상임금 해당성을 부정, 8. S시내버스 사건에서 근속기간 미달자와 근로일수 미달자를 지급대상에서 제외하여 상여금의 통상임금 해당성을 부정, 근무성적에 따라 지급한다고 하여 근속수당의 통상임금 해당성을 부정, 10. K타이어 사건에서 근속기간마다 지급여부 다르고, 차등 지급하고 근속일수에 따라 지급하였다는 것을 이유로 교통비 보조금의 통상임금 해당성을 부정) 매우 제한적으로 통상임금 해당성을 부정하였다. 하급심 판례가 대법원 판결의 정기성, 일률성, 고정성의 판단기준을 기계적으로 적용하고 있는 것은 아닌지, 그리고 특히 일률성의 요건에서는 실제 근무성적, 근무일수, 근속기간에 따른 지급여부와 차등지급 등의 기준이 매우 자의적으로 적용되어 판결의 일관성이 없어 법적 안정성이 없는 경향이 보인다.

그럼에도 대법원 판결과 하급심 판결은 다음과 같이 한번은 짚고 넘어가야 할 문제점을 안고 있는 것으로 보인다.

① 일부 판결을 제외하고는(5. G자동차 사건)[156] 이제는 금원의 통상임금 해

당성을 하급심들이 기계적으로 적용한다는 점이다. 물론 일부 판결에서는 상여금 지급의 역사와 연혁들을 언급하면서 통상임금 해당성을 다투기도 하였으나, 나머지 판결들에서는 그러한 경향이 보이지 않는다. 이렇게 금원의 통상임금 해당성을 기계적으로 정기성과 일률성이 있는 고정적 임금인가로 판단하는 것은 이미 근로기준법 시행령의 규정에 통상임금에 대해 '소정의 근로에 대해 지급하기로 정하여진 임금'이라는 정의규정이 있음에도 이를 무시하고, 그 동안의 대법원 재판 실무가 점차 판례법을 형성하는 수준으로 이어지고 있고, 그 판례법을 하급심들은 이제는 여과없이 판단하는 경향이 있음을 보여 주고 있다. 정기상여금의 통상임금 해당성에 관한 각 하급심의 판결들이 그렇고, 예를 들면 교통비의 경우도 근무일수에 따라 각각 달리 산정한다 하더라도 정기성, 특히 일률성을 중시하여 통상임금 해당성을 인정하며(예를 들어 S고속 사건), 1 임금산정기간을 넘는 경우에도 통상임금 해당성을 인정하여(예를 들어 S여객 사건) 대법원의 판결들을 충실하게 따르고 있다.

따라서 현재의 통상임금 해당성의 문제에 있어서 처음 제기되는 문제는 이들 판례의 통상임금 해당성 판단의 근거가 되는 근로기준법 시행령과 대법원의 판례가 일종의 법원(法源)처럼 하급심을 구속하는가 하는 문제가 있다. 만일 판례가 법원이 아니라는 법이론상의 논쟁에도 불구하고 계속해서 근로의 대가 여부와 소정 근로의 대가 여부를 건너뛰고 정기성과 일률적인 고정적 임금인가로 판단하는 경우 해당 판례는 노사합의로 오랫동안 노동관행이나 경영관행으로 자리잡아온 지급관행을 무시해도 좋은가 하는 문제가 있다. 경영관행이나 노동관행도 일종의 법원이기 때문에 상위의 법원에 저촉이 되지 않는 한 사법부가 이를 무시해도 좋은가 하는 점을 법이론의 측면에서 검토해야 할 문제가 있다.

② 하급심 판결들이 판단의 근거로 의존하는 것들은 대개의 경우 근로기준

---

156) G자동차 사건: 금원의 통상임금 해당성의 판단은 구체적 사안에서 종합적인 고찰을 할 것이라고 하여 종전의 판례와 달리 천편일률적인 정기성과 일률성의 요건 보다는 사안에서의 구체적인 타당성을 기하여야 한다는 것과, 금원의 통상임금 해당성 판단의 법적 근거는 근로기준법시행령의 정의규정과 대법원의 판례라는 것이라고 하여 이들 법적 근거가 과연 통상임금 해당성 판단에서 어느 의미를 갖고 있는지에 대한 논의의 단초를 제공하고 있다는 점, 통상임금은 '특정근로의 가치에 직접 대응하여 지급되는 성격의 금원'이어야 한다고 함으로써 정기성과 일률성 또는 고정성이라는 형식적 요건 보다는 근로의 대가성이라는 근로계약의 급부와 반대급부로서의 임금을 말함으로써 이제는 임금이나 통상임금이 계약적 사고에 의해서 결정될 소지가 있음을 간접적으로 들어내고 있는 점이 특징이다.

법 시행령 제6조 제1항의 통상임금의 정의 규정에 나온 소정 근로의 대가로서의 정기성과 일률성을 기계적으로 적용하고, 판례도 이를 기계적으로 적용하기 때문에 문제가 된다고 본다. 따라서 판례가 의존하는 이 근로기준법의 규정과 대법원 판례에 의한 법형성이 판단근거로서 타당한가 하는 문제가 있다.

③ 어느 금원이 통상임금에 해당하기 위해서는 선결문제로서 먼저 임금에 해당하여야 한다. 그러나 근로기준법의 임금 규정상 임금 해당성 판단의 제1기준은 금원이 근로의 대가성이 있어야 한다는 점이다. 그러나 오래 전부터 대법원 판례나 하급심 판례는 근로의 대가성이 무엇인지에 대해서 상론하지 않는다. 기껏해야 판례가 부여한 근로의 대가에 대한 의미는 '지급의무의 발생이 근로제공과 직접적으로 관련되거나 그것과 밀접하게 관련된 것으로 볼 수 있는 것'라든지(앞의 G자동차 사건에서 정기상여금의 통상임금 해당성에 대하여)[157] 특정 근로의 가치에 직접 대응하여 지급되는 것이라(앞의 G자동차 사건)는 것이다. 이와 같은 근로의 대가에 대한 해석이나 설명은 근로의 대가를 적극적으로 법공동체 구성원들이 이해하기 쉬운 언어로 재구성하는 것이 아니다. 근로의 제공과 직접 관련된 것이나 밀접하게 관련된 것이라는 것은 근로 제공의 실체를 말하는 것이 아니라, 서술하는 형용의 의미에 지나지 않는다. 그러므로 판례가 실체를 말하지 않는 근로의 대가개념은 공허한 개념정의(Leerformel)에 지나지 않는 것이다. 그렇기 때문에 통상임금 해당성 판단의 제1조건인 근로의 대가에 대해 적극 해명하지 않으면 안 된다. 그러나 앞의 하급심이나 대법원 판결문에 그러한 적극적 해석의 노력은 엿보이지 않는다. 근로의 대가성 문제는 한번은 재검토되어야 할 문제이다.

동시에 통상임금에서 정의되고 있는 '소정 근로와 총 근로의 대가와 근로기준법 제2조 제1항 제5호에서 말하는 근로의 대가성과의 관련성도 깊은 연구가 필요하다'고 본다. 근로기준법 제2조 제1항 제5호는 임금에 관한 총칙규정으로서 근로의 대가를 규정하고 있는데, 근로기준법 시행령 제6조 제1항은 통상임금의 정의로서 '소정 근로'의 대가 또는 '총 근로의 대가'라는 의미를 사용하고 있기 때문에 소정 근로와 총 근로의 대가가 근로기준법 제2조에서 말하는 근로의 대가라면 통상임금은 평균임금과 다를 것이 없지만, 소정 근로와 총 근로

157) 대법원 1999.5.12, 선고 97다5015.

의 범주나 대상이 다르다면 통상임금은 근로의 대가와의 관계에서 어떻게 이해되어야 하는지, 그리고 만일 판례가 소정 근로와 총 근로를 근로기준법 제2조의 근로의 대가와 일치시키는 한 여기에 법리적인 문제는 없는지를 검토해야 할 것이다.

④ 그렇다면 앞의 하급심 판례들과 대법원 판례에서 보는 바와 같이 왜 판례가 근로의 대가에 대해서 적극적인 규명을 하지 않는가 하는 의문이 든다. 아마도 여기에는 판례가 근로의 대가와 소정 근로의 대가에 대한 실체의 규명보다는 이미 근로기준법 시행령 제6조 제1항의 정의규정도 있어서 그에 의거하여 정기성, 일률성의 기준으로 판단하는 것으로 족하지 않는가 하는 생각도 든다. 그리하여 일부 학설은 근로의 대가라는 구체적 징표의 구체적 의미를 계속성·정기성·일률성과 사용자의 지급의무의 구비 등으로 채우고 있다고 한다.[158] 따라서 근로의 대가라는 것은 이러한 계속성, 정기성, 일률성, 사용자의 지급의무의 구비 등의 징표(Merkmal)를 갖추면 인정된다는 것이다. 그러나 근로의 대가에서 중요한 것은 근로의 대가의 본질이 무엇인가 하는 것이고, 외형의 속성이나 특성을 말하는 징표는 근로의 대가의 본질('Essen' 또는 'Wesen')을 말하는 것이 아니라, 근로의 대가의 외형적 속성('Eigenschaft' 또는 'Kennzeichen')을 말하는 것일 뿐만 아니라,[159] 계속성이나 정기성이나 일률성은 근로의 대가의 징표에도 해당하지 않는, 근로의 대가를 간접적으로 정황하는, 근로의 대가의 2차적 판단기준에 지나지 않는다. 그렇다 하더라도 근로의 대가가 무엇인지에 대해서, 근로의 대가의 본질이 무엇인지에 대해서 이를 규명하지 않으면 안 되는 중요한 이유는 이것이 임금을 개념짓는 규범적 의미를 갖고 있기 때문이다. 근로기준법 제2조 제1항 제5호의 임금에 관한 규범개념의 핵심은 근로의 대가인 것이다.

⑤ 그러나 하급심 판결이나 대법원 판결은 근로의 대가에 대한 적극적인 해석작업이나 규명작업은 없다고 해도 과언이 아니다. 구태여 규명하지 않아도 나름대로의 규범력을 갖고 있는 근로기준법 제6조 제1항이 통상임금에 대해 소정 근로의 대가로서 정기성과 일률성이 있을 것을 요하기 때문에 통상임금

---

158) 예를 들면 노동법실무연구회, 근로기준법 주해, 박영사, 192면 각주 79) 참조.

159) 징표의 의미는 17세기 식물분류기준 논의에서 발단하여 철학의 개념논쟁에까지 비화한 논란거리임에도 법률학에서의 사용에도 여전히 의미가 있을 것이다.

의 전제조건인 근로의 대가성을 구태여 따지지 않아도 문언 후반부의 정기성과 일률성만으로도 충분히 통상임금을 구별해 낼 수 있을 것이라는 매우 편의적인 생각이 지배한 것으로 보인다. 그러나 여기에 더욱 근로의 대가를 규명하지 않아도 될 사건이 바로 임금일원설의 등장이다. 이미 앞의 하급심 판례 분석에서 살펴 본 바와 같이(9. TT자동차 사건) 설과 추석에 주는 여비, 체력단련비, 유류비, 상여금, 선물비, 식대, 교통비, 자가운전보조비 및 효도제례비, 하계휴가비 등등 수많은 종류의 사용자가 지급하는 금원 등은 임금이분설이 지배할 때는 생활보장적 임금으로서 통상임금에 산정될 수 없었다. 그러나 임금일원설을 취한 후부터는 기본급 등의 교환적 부분과 복리후생비 등의 생활보장적 급여를 구분할 이유가 없어졌기 때문에 금원의 통상임금 해당성 판단에 있어서 근로의 대가성에 대해 따질 필요가 없고 형식적 요건인 정기적, 일률적으로 지급되는 고정적 임금인가만을 중심으로 판단하게 된다.[160] 그러나 임금일원설의 타당성은 별론으로 한다 하더라도 G자동차 사건에서 본 바와 같이 임금일원설 판례가 말하는 것처럼 " '모든'임금은 근로의 대가[161]로서 생활보장적 임금이란 없다"고 할 때의 표현 중 우리가 주목해야 할 것은, 사실 임금은 근로기준법 제2조 제1항 제5호의 규정에 의해서 근로일 수밖에 없다. 따라서 모든 임금은 근로의 대가일 수밖에 없다. 그러나 판례가 말하는 임금일원설에서는 사실 '모든'에 방점이 있는 것이 아니라, 모든 '금원'에 방점을 두고서, 모든 '금원'은 근로의 대가로 오해될 소지를 안고 있다는 것이다. 앞의 9. TT자동차 사건에서 말한 것처럼 임금일원설이 사실상 모든 임금을 넘어서 사용자가 지급하는 모든 금원을 이미 임금으로 상정하는 모양새를 갖추었기 때문에 결국은 사용자가 지급하는 '모든 금원'은 이미 근로의 대가라는 결과를 가져오게 된 것이 아닌가 생각된다. 그렇기 때문에 임금일원론에 의해 모든 금원은 그 자체로서 근로의 대가인 것으로 보이기 때문에 대법원이나 하급심은 더 이상 근로의 대가를 따지지 않고 객관적 요건으로서 정기성과 일률성, 고정성으로

160) 같은 취지로 이철수, "통상임금에 관한 판례법리의 변화", 노동과 법 제6호(금속법률원), 2006, 70면; 이승길 · 우창수, "통상임금의 개념 및 산정기준과 관련한 법적 판단에 관한 소고", 아주법학 제5권제2호(아주대학교 법학연구소), 2011, 57면.

161) 사실 이러한 표현은 근로기준법 제2조 제1항 제5호의 법문을 반복하는 의미 이상을 갖지 못한다. 법문이 사용한 언어의 의미로서 '임금'과 '근로의 대가'의 의미내용을 해석학적으로 밝혀내는 것을 포기해야 하는지에 대해서는 의문이다.

통상임금을 판단하지 않는가 하는 생각이 든다. 대법원의 임금일원설의 통상임금에 대한 적용가능성에 대해서 진지한 검토가 이루어져야 할 것이다.

⑥ 앞의 7. 고용노동부 사건에서 말한 것처럼 판례는 임금일원설의 지배하에 – 임금이 아닌 – 모든 금원이 근로의 대가성으로 인정될 소지가 있으므로 당사자가 복리후생적인 의사로서 지급한다는 명시적인 의사가 있어도 임금에 해당한다는 것이다. 따라서 이러한 법원의 입장이 고수되는 한 향후 당사자들 사이에 의사합치로서 사회적 급여나 사회적 부가급여 등을 지급한다고 하여도 임금 판단은 금원의 근로의 대가성이나 당사자의 주관적 의사가 아닌, 앞에서 말한 지급의무, 정기성과 일률성의 요건에 의해 좌우될 것이다. 따라서 당사자의 자유의사에 의하여 또는 계약이나 협약에 의해서 현행법의 임금일원설이 지배하고 있는 현실에서도 사회적 급여, 사회적 부가급여, 사회적 보조금 등의 종전에 생활보장적 임금이라고 이름불렀던 금원들이 지급되는 경우에 근로의 대가가 아닌 급여나 금원들이 지급되는 경우에도 임금일원설에 의하여 근로의 대가인 임금이 되어 통상임금 해당성 판단의 대상이 되어야 하는가 하는 문제가 있다. 결국은 임금일원설은 대법원 전원합의체의 판결에 지나지 않는 것인데, 이것이 임금에 관한 종결자가 되어 규범적으로 만들어진 근로기준법 제2조 제1항 제5호의 '근로의 대가'라는 가치기준과 근로기준법 시행령 제6조 제1항의 통상임금의 판단기준으로서 '소정 근로의 대가성'을 뛰어넘어도 되는 것인가, 그리고 더 중요한 것은 당사자의 의사의 합치에 의한 급여나 금원의 지급은 임금의 지급을 넘어서 – 강행법규를 위반하지 않는 한 – 매우 다양하고 자유롭게 지급될 수 있는 것인데, – 쟁의행위에 관련된 무노동무임금에서의 임금일원설과 달리 – 임금 해당성 판단과 통상임금 해당성 판단에서 헌법적 가치를 가지고 있는 당사자들의 사적 자치와 집단자치를 뛰어 넘을 정도의 강력한 법원(法源)으로서 효력을 갖고 있는지를 검토하지 않으면 안 된다. 어느 금원이 임금인가 아닌가, 어느 금원이 생활보장적 임금인가, 아닌가, 임금을 객관적으로 판단해야 하는 것인가, 근로자 개인의 주관적 능력을 중심으로 판단해야 하는 것인가, 임금은 둘로 나누어지는가, 아닌가, 소정 근로의 대가의 설명없이 정기성과 일률성의 기준만으로 통상임금 해당성 판단이 가능한 것인가 하는 문제는 대법원의 결단적인 임금일원론에도 불구하고 계약과 취업규칙, 단체협약 등에 의해서, 기본적으로는 근로자와의 합의에 의해 결정될 수 있다는 주관

적 측면을 갖고 있다. 이것은 동시에 임금의 본질에 관한 논쟁이기는 하지만, 사용자와 근로자의 합의에 의해 사회적 부가급여, 사회적 급여 등을 얼마든지 약정할 수 있는 바, 이러한 사회적 부가급여가 계약의 급부목적을 떠나 정기성과 일률성 등의 객관적 기준 내지 정황증거에 의해 통상임금 해당성이 판단되어야 하는 것에 대해서는 강한 의문이 제기된다.

⑦ 앞의 하급심 사건 중 많은 경우에 통상임금에 산정되어야 할 금원을 노사 간의 합의에 의해 배제할 수 있는가 하는 문제가 제기되었다(예를 들어 앞의 1. S고속 사건: 상여금의 산정기초인 통상임금에서 특정금원으로 한정, 3. K오토텍 사건: 설과 추석 상여금등 임금협정에 의해 통상임금 산정기초에서 배제, 5. G자동차 사건: 정기상여금을 노사합의로 통상임금의 산정기초에서 배제한 약정). 노사의 합의에 의하여 통상임금 산정 기초임금의 범위를 정하면서 정기상여금 등을 제외한 경우, 판례에서 말하는 것처럼 '성질상 근로기준법에서 정한 통상임금에 산입될 수당을 통상임금에서 제외하기로 하는 노사 간의 합의'에 대해서 대법원 판례[162]가 제동을 거는 이유는 노사 간의 합의로 특정의 금원(예를 들면 정기상여금)을 배제한 채 산정한 법정수당이 이 특정금원을 통상임금의 산정의 기초임금에 포함시켜 산정한 근로기준법상의 법정수당에 미달한다는 것,[163] 말하자면 그러한 노사 간의 합의는 근로기준법이 정한 기준에 달하지 못하는 근로조건을 정한 계약으로서 무효라는 것이다. 그런데 앞의 하급심 판결(3. K오토텍 사건과 5. G자동차 사건)에서 지적한 바와 같이 노사는 예를 들어 지금까지의 기업실무에서 그러한 것처럼 정기상여금이 성질상 근로기준법에서 정한 통상임금에 산입될 수당인지도 모른 채 지금까지 그러한 배제합의를 하고 노동관행이나 경영관행처럼 시행하여 왔다. 5. G자동차 사건에서 지적한 것처럼 노사합의에 의해 경영관행으로 굳어 온 노사배제합의가 근로기준법에 반한다는 논리가 분명하지 않기 때문이다. 왜냐하면 정기상여금이 근로기준법상 통상임금의 산정 기초에 포함되어야 하는지는 당사자는 알지 못한다. 더구나 법원도

162) 앞에서 소개한 하급심이 판박이처럼 원용하는 대법원 판례로서 대법원 1994.5.24, 선고 93다5697; 대법원 2007.6.15, 선고 2006다13070 등 다수; 같은 취지로 김형배, 노동법강의, 신조사, 2013, 138면 등 참조

163) 정기상여금을 배제한 통상임금 산정 액이 이를 포함하여 산정한 액수보다 작다는 것은 자명하다. 그러나 정기상여금이 통상임금 산정에 포함되어야 하는가의 문제를 판단함에 있어서 그러한 논리는 액수가 적으니 액수가 많도록 통상임금에 포함되어야 하는 것과 다르지 않다.

구체적으로 사안을 들여다보지 않으면 모른다. 하급심의 일부에서 보는 바와 같이, 그리고 2012년 3월 29일의 대법원 판결에 대해서 비판을 한 견해와 같이 '정기상여금은 통상임금에 해당한다'는 일반명제가 성립하지 않는 상황에서 정기상여금이 통상임금에 해당하는지는 구체적으로 개별적 사안을 살펴보아야 하고, 또한 당사자들이 정기상여금을 어떻게 만들어왔는지에 따라 상이한 판단을 할 수밖에 없으므로[164] 어느 면에서는 구체적 개별 사례 상황을 검토하여 판단하는 한 당사자의 의사가 결정적일 수도 있다.[165] 이와 같은 상황에서 특정의 금원이 근로기준법상의 통상임금의 산정기초에 포함되어야 하는지 불분명한 상황에서 이를 명시적으로 정하는 법규범도 없는 상황에서 노사의 합의는 근로3권의 협약자치에 의한 경우가 대부분일 것인데, 과연 노사배제합의를 근거지우는 근로3권과 그 이유가 명백하지 않은 근로기준법의 강행적 효력 사이에 어떻게 처리하여야 하는지도 검토되어야 할 것이다. 말하자면 노사의 배제합의의 헌법적 문제로서 판례에 의한 기본권 침해의 문제를 짚고 넘어가지 않으면 안 될 것이다.

⑧ 앞의 판례들에서 본 바와 같이 통상임금에 관한 판례가 지니고 있는 문제점 중의 하나는 어느 금원의 통상임금 해당성에 대한 판단기준으로서의 정기성과 일률성의 문제이다. 예를 들면 5. G자동차 사건에서는 일정기간의 근속년수를 충족하고 정기적으로 상여금을 지급하면 통상임금에 해당한다고 보면서, 정기상여금을 받지 못하거나 일할 계산하는 자 등이 있다는 사실은 정기상여금의 통상임금 해당성 인정에 영향을 주지 못하는 예외적인 경우라고 하면서, S시 시내버스 사건에서는 6개월 이상 근속기간을 충족하는 자에게는 고정적, 정기적으로 상여금을 준다고 하여도 지급대상에서 제외되는 자들이 있어 일률성을 부정하여 상여금의 통상임금 해당성을 부정한다. 어느 기준에 따라 판단해야 할 것인지 분명하지 않다. 물론 예를 들어 '정기상여금은 통상임금에 해당하지 않는다'는 일반 법리는 성립하지 않고, 구체적인 개별 사례에 따라 판단해야 한다면 명칭이 동일한 금원 사이에서도 통상임금 해당성이 달리 판단될 수도 있을 것이다. 그러나 판례가 정기성과 일률성의 요건을 통상임금 해

164) 하경효, 임금법제론, 112면은 타당하게 이 점을 지적한다. 구체적으로 개별 사례 상황을 살펴보아 정기상여금의 통상임금 해당성이 결정이 된다는 것은 당사자의 의사에 의해서 통상임금 해당성이 결정될 수도 있다는 것을 의미한다고 본다.

165) 하갑래, "통상임금제도의 변화와 과제", 17면 참조.

당성의 판단기준으로 활용하고 있는 한, 자의적 판단이 되지 않도록 정기성과 일률성의 요건 내에서도 또 다시 일정한 기준이 있어야 할 것이다. 그러나 그러한 기준을 세우지 않고 판결을 하는 한 어떤 판결이 내려질지 법적으로 예측할 수 없어 법적 안정성이 문제가 될 것이다. 따라서 판례가 사용하는 통상임금 해당성 판단기준으로서 정기성과 일률성 내지는 고정성이 문제는 없는지, 그리고 이를 판단기준으로 인정한다고 하여도 판례가 올바로 사용하고 있는지를 검토해야 할 것이다. 이 문제는 별도의 장을 만들어 언급하기 보다는 각 임금항목별로 일률성과 고정성의 기준으로 판단하는 판례들을 언급할 때 그 부분에서 상세하게 언급하고자 한다.

⑨ 그리고 마지막으로는 2012년 3월 29일의 판결이 종전의 판례와 달리 '1임금산정기간'을 내세우지 않은 것이, 또는 '정기상여금'을 통상임금 산정범위에 포함시킨 것이 법원조직법 제7조의 판례변경이 되어 전원합의체의 판결이 필요한 지를 검토해야 할 것이다.

제 4 장

문제영역의 검토

앞 장에서 말한 바와 같이 검토되어야 할 문제영역은

a) 법원(法源)으로서의 노동관행과 판례법리의 문제,
b) 통상임금 정의에 관한 근로기준법의 정의규정과 대법원 판례법리의 타당성의 문제,
c) 근로의 대가 개념과 소정 근로와 총 근로의 문제,
d) 임금일원설의 통상임금에 대한 적용가능성,
e) 임금일원설과 사회적 급여지급의 문제,
f) 통상임금 산정기초 배제에 관한 노사합의의 문제,
g) 통상임금해당성 판단기준으로서 정기성과 일률설의 문제와 판례의 적용상의 문제,
h) 정기상여금과 관련하여 대법원 전원합의체 판단의 필요성 문제가 먼저 검토되어야 할 것이다.

제1절 법원(法源)으로서의 노동관행과 판례법리의 문제

예를 들어 '정기상여금은 통상임금에 해당한다'는 일반적 원칙은 없다. 근로기준법 시행령 제6조 제1항에서 말하는 요건을 충족해야 하기 때문이다. 그리고 개별 사례 상황마다 정기상여금은 각각 달리 형성되어 있기 때문에, 정기상여금이 통상임금의 산정범위에 포함되기 위해서는 판례가 근로기준법 시행령의 요건을 해석적용하여 온 판례의 요건을 충족해야 한다.

그러나 정기상여금의 경우 노동조합은 상여금 지급총액에 관심이 있고, 그 구성항목이나 상여금 산정의 기초가 되는 금원, 이른바 '약정 통상임금'에 어느 금원이나 수당을 포함시킬 것인지에 대해서는 크게 관심이 없다. 그렇기 때문에 단체협약이나 임금합의로 노사가 오랫동안 지급총액만 만족하면 특정의 금원이나 수당만을 정기상여금의 산정기초가 되는 통상임금에 포함시키기로 합의하거나 특정의 금원이나 수당은 정기상여금의 기초가 되는 통상임금 산정기초에서 배제하기로 하는 합의를 시행하여 오게 됨으로써 노동관행이나 경영관행이 형성될 수 있다. 노사의 집단적 자치에 의해 형성된 합의가 장기간 시행

되어 노동관행이나 경영관행으로까지 발전할 수도 있다. 여기서 법원은 이러한 노동관행이나 경영관행을 무시하고 자체적으로 판결을 할 권한이 있는가 하는 문제가 발생한다. 일부의 견해[1]도 "노동조합과 회사가 가산임금 또는 수당 등을 산출할 때 오래 전부터 상여금을 통상임금에 포함시키지 않고 계산해온 것이 급여제도로서 규범적으로 확립되어 계속되어 왔다면 상여금은 통상임금이 아니라고 해석"하는 것이 옳다고 한다. 이 견해에 따르면 그러한 노동관행이나 경영관행에 대해 법원이 "상여금을 통상임금이라고 판단하는 것은 실재하는 규범적 급여제도에 대한 해석권한을 넘어 기존의 규범적 질서를 부인하고 새로운 제도를 창설하는 기능"을 하고 있는 것으로 본다. 그렇다면 법원은 이와 같은 노동관행을 어떻게 처리할 것인가?

일반적인 노동법 법원론(法源論)[2]에 따르면 노동법의 법원(法源)은 '재판규범으로서의 법의 존재형식'을 의미하고, '근로자와 사용자에게 권리·의무를 발생시킬 수 있는 규범의 여러 가지 존재형식'으로서 근로계약과 노동관행도 법원이 된다고 한다. 그런 점에서 法源은 '노동법상의 분쟁에 있어서 법관에 대하여 구체적으로 재판의 규준(規準, Maßstab)이 되는 모든 규범의 형태'[3]라고 이해한다. 법원을 이와 같이 이해할 때 근로계약이나 노동관행도 법원이 되어[4] 법관은 재판에 있어서 이에 의거하여 재판을 하지 않으면 안 된다. 경우에 따라서 노동관행은 법관에게 근로관계의 해석원칙(Auslegungsregel)으로 작용하기도 한다. 그럼에도 노동관행은 우선 근로관계를 집단적으로 규율하는 질서로서의 의미도 있기 때문에 사용자를 구속하여 때로는 근로자의 청구권의 근거로 인정되기도 한다.[5] 그러나 노동관행은 법률이나 단체협약, 근로계약 등의 상위의 법원을 위반해서는 안 된다. 그런 의미에서 노동관행은 낮은 단계의 법원이다.

그러나 문제는 예를 들어 정기상여금을 통상임금의 산정기초에서 배제하여

---

1) 김형배, 노동법 제22판, 2013, 386면 참조.
2) 이에 관해서는 무엇보다 김형배, 앞의 책, 92면 이하 참조.
3) 김형배, 앞의 책, 94면 참조.
4) MünchenerHandbuch Arbeitsrecht/Richardi, 2.Aufl., C.H.Beck, 2000, Bd. 1, § 8 Rn. 32 참조.
5) 노동관행에 대해서 왜 사용자가 구속되어야 하는지, 노동관행이 어떠한 근거에 의해서 근로자의 청구권의 근거가 되는지에 대해서는 다양한 논의가 있다. 이에 관해서는 Richardi, a.a.O., § 13 Rn. 5ff. 참조.

온 것을 노동관행이라고 할 수 있는가, 그리고 그러한 노동관행은 - 당사자인 근로자와 사용자에 대한 구속효를 갖는가의 문제가 아니라 - 법관을 구속하는가 하는 점이다. 첫 번째에 대해서는 이를 인정하여야 한다고 본다. 우선 정기상여금을 통상임금의 산정기초에서 배제하는 법적 근거는 단체협약이나 임금협약과 같은 노사의 집단적 자치에 의한 합의에 있다는 것이다. 말하자면 집단적 자치의 법적 근거인 근로3권에 토대하고 있다는 것이다. 또한 노동관행이 당사자를 구속하는 법원(法源)으로서의 효력을 갖기 위해서는 일정한 법칙성을 갖고서 사업장에서의 생활을 결정하는 관행이나 관습으로서의 법공동체의 법적 확신에 의해서 지지를 받아야 한다. 법적으로 확신된 것인가에 대한 확실한 근거는 사법부가 판결을 통해 이를 확인하는 것이다. 그런데 하급심 판결에서 보는 바와 같이 정기상여금을 통상임금의 산정기초에서 제외하는 관행은 오래 전부터 사업장에서 시행되어 온 것이 대부분이고, 그러한 관행은 한 동안은 고용노동부의 행정해석에 의해서도, 그리고 사법부의 판결조차도 - 사안에 따라 특수성이 있기는 하지만 - 정기상여금을 통상임금 산정기초에서 제외한 것에 대해 사안별로 정기상여금은 통상임금에 해당하지 않는다는 것을 인정[6] 하는 경우가 많았다. 이와 같은 이유로 정기상여금 등을 통상임금에서 제외하는 것은 노동관행으로서 판단할 수 있으며, 여타의 다른 노동관행과 달리 더욱 강도 높은 노동관행이라고 할 수 있다. 여타의 다른 노동관행은 사용자의 일방적 급부 시행이나 약정이 반복적으로 시행되어 경험적 행태규칙성이 있기 때문에 근로자들에게 다음에도 이를 시행할 것이라는 신뢰를 주기 때문에[7] 노동관행으로서 인정받는다. 그러나 정기상여금과 같은 특정의 금원을 통상임금의 산정기초에서 배제한다는 노동관행은 대부분의 경우 단체협약이나 임금협정에 관한 노사합의서가 출발점이다.[8] 이것은 사용자의 일방적 급부약속의 실천이

---

6) 대법원 1996.2.9, 94다19501(지급여부와 지급액이 근로자의 실제 근무성적에 따라 결정되는 것으로서 고정적인 임금이 아니라는 이유에서); 대법원 2007.4.12, 선고 2006다81974(지급일까지의 근무여부와 1년의 근속기간을 충족하였는가에 따라 지급하여 비고정적 임금이다); 대법원 1990.2.27, 선고 89다카2292; 대법원 1990.11.9, 선고 90다카6948(1임금산정기간을 초과하여 지급된 것을 이유로) 등 판결 참조.

7) 이른바 노동관행의 이론적 근거로서 신뢰책임을 들고 있는 것으로서 Canaris, Die Vertrauenshaftung im deutschen Privatrecht, 1971, S. 254ff. 참조.

8) 물론 취업규칙으로 특정의 금원을 통상임금의 산정기초에서 제외하고, 이것이 오래 동안 시행된 경우도 있을 수 있다. 그러나 이것도 노동관행으로 인정될 수 있고, 후술하는 바와 같은 이유에서 법관은 이를 존중해야 한다고 본다.

아니라, 노사가 합의한 것이다. 대개의 경우 노동조합은 상여금에 대해서 지급총액의 인상에 관심이 많기 때문에 지급항목을 무엇으로 할 것인가에 대해서는 관심을 두지 않았다. 그러한 이유에서 노동관행은 사업장의 집단적 질서로서, 노사의 합의에 기초하여 장기간 동안 시행되어 온 것이기 때문에 다른 노동관행과는 법적 근거나 구속력의 강도에 있어서 다르다. 그렇기 때문에 정기상여금과 같은 특정의 금원을 통상임금 산정기초에서 배제하는 노사의 합의가 있고, 그러한 합의가 장기간 동안 시행되어 온 경우에는 노동관행을 인정할 수 있고, 그러한 노동관행은 당사자를 구속하는 규범력이 있다고 해야 할 것이다. 그런데 문제는 사법부가 이러한 노동관행을 무시하고 판결을 할 수 있는가, 말하자면 이러한 노동관행은 사법부를 구속하는가 하는 문제가 있다. 원래 법원(法源)은 재판규범의 존재형식이고, 재판규범이라는 의미는 사법부가 재판을 할 때 그에 의거하여 재판을 해야 한다는 것을 말한다. 따라서 법원론에 관한 일반 논쟁에 있어서 논란의 여지에도 불구하고 근로계약이나 노동관행 등에 대해서 사법부는 원칙적으로 이를 존중해야 하고, 그러한 법원(法源)을 재판규범으로 삼지 않아도 되는 경우는 법원(法源)이 흠결을 가지고 있을 때, 또는 강행법규에 위반할 때 또는 의사표시에 하자가 있을 때에 사법부는 법원(法源)을 따르지 않아도 된다. 법원이 재판규범의 존재형식인 한 근로계약이나 노동관행도 법원이 되는 바, 예를 들어 사법부가 근로계약이나 합의를 토대로 성립한 노동관행을 존중하지 않고 판결을 하는 한 이는 위헌적인 조치에 해당한다. 왜냐하면 당사자들이 계약에 의해 합의를 했다는 것, 그리고 그러한 관행이 오랫동안 지속되어 왔다는 것은 기본권을 행사했다는 것을 의미하기 때문이다. 헌법재판소도 인정[9]하는 바와 같이 행복추구권으로부터 일반적 행동의 자유가 도출되고 일반적 행동의 자유로부터 사적 자치가 파생되고, 사적 자치로부터 계약의 자유가 파생되는 것이므로 근로계약이나 합의에 의한 노동관행은 기본권의 행사로서 이해되어야 한다. 물론 이러한 기본권의 행사도 하위법률에 의해서 다시 구체적으로 형성이 되고 제한될 수도 있다. 개별적 근로관계에서의 그러한 입법으로는 근로기준법과 보충적으로 의사표시의 하자 등에 관한 민법상의 강행규정이 적용될 것이다. 그러한 경우에 한하여 사법부는 근로

---

9) 헌재결 2006.7.27, 선고 2005헌바19.

계약이나 노동관행의 효력을 부정하고 독자적인 판단을 내릴 수 있다.

따라서 예를 들면 정기상여금을 통상임금의 산정기초에서 제외한다는 노사의 합의가 있고, 그러한 합의가 오랫동안 지속되어 온 경우에 인정될 수 있는 노동관행이 근로기준법과 같은 강행규정을 위반하였는지의 문제만 남게 될 것이다. 그런데 앞의 하급심 판례와 대법원은 특정의 금원을 통상임금의 산정기초에서 배제하는 노사의 합의가 무효가 되는 이유에 대해서 ① 그러한 합의의 효력을 인정한다면 근로기준법이 시간외, 야간 및 휴일근로에 대하여 가산수당 등을 지급하기로 한 근로기준법의 취지가 몰각된다는 것, 따라서 그와 같은 노사합의는 근로기준법이 정한 기준에 달하지 못하는 근로조건을 정한 계약으로서 무효라는 것, 따라서 노사의 합의와 그에 기초한 노동관행이 무효가 되는 법적 근거는 가산수당에 관한 근로기준법 제56조와 근로기준법을 위반한 근로계약을 무효화시키는 근로기준법 제15조라는 것이고, ② '성질상 근로기준법에 정한 통상임금에 산입될 수당'을 통상임금에서 제외하는 것이 되어 그와 같은 합의는 근로기준법이 정한 기준에 달하지 못하는 근로조건을 정하는 계약으로서 무효라는 것, ③ 위와 같은 노사 간 합의에 따라 지급한 법정수당은 계산상 정기상여금 등을 통상임금 산정의 기초임금에 포함시켜 산정한 근로기준법상의 법정수당에 미달한다는 것[10]이다.

그러나 이러한 판례의 논거가 타당한지는 의문이다. 먼저 근로기준법 제15조는 근로기준법에서 정하는 기준에 미치지 못하는 근로조건을 정한 '근로계약'의 해당부분을 무효로 하는 규정이다. 그런데 판례에서 문제가 된 특정 금원의 통상임금 산정기초 배제합의는 근로계약에 의한 것이 아니라, 단체협약이나 임금협정 내지 임금합의서와 같은 집단법적인 것이다. 따라서 노사 간 합의를 무효화시키는 근거규정으로서 근로기준법 제15조는 잘못된 것이다. 그리고 취업규칙이 근로기준법에 반하는 경우 이를 무효화시키는 강행법규로서 근로기준법 제96조 제1항이 있다. 그러나 단체협약에 대해서는 법률에 반하는 경우 이를 무효화시키는 규정이 없다.[11] 무효화시키는 규정이 있다면 노동조합 및 노동관계조정법(이하 '노동조합법'이라고 한다) 제31조 제3항에 따라 행정관청이

10) 그와 같은 논거를 제시한 하급심 판결로서 서울고법 2012.11.23, 선고 2012나23773.

11) 근로기준법 제15조와 제96조 제1항과 같이 근로기준법에 반하는 근로계약이나 취업규칙을 무효화시키는 규정이 있는 반면에 왜 노동조합법에는 노동조합법에 반하는 단체협약을 무효화시키는 강행규정이 없는지에 대해서는 진지한 성찰이 필요할 것이다.

단체협약 내용 중에 위법한 내용이 있는 경우에 노동위원회의 의결을 얻어 시정명령을 내리는 경우이고, 그 위법한 내용도 자동적으로 무효가 되는 것이 아니라, 당사자들이 시정명령의 행정처분에 대해서 얼마든지 다툴 수 있다. 그런 점에서 노사의 합의에 의해서 특정의 금원을 통상임금 산정기초에서 제외한다는 것이 근로기준법, 특히 근로기준법 제15조를 위반한다는 것은 전혀 맞지 않는 논거이다.

두 번째 논거는 그러한 '노사의 합의의 효력을 인정한다면 근로기준법이 시간외, 야간 및 휴일근로에 대하여 가산수당 등을 지급하기로 한 근로기준법의 취지가 몰각된다는 것'이다. 가산임금제는 연장근로, 휴일근로, 야간근로에 대해서는 가산된 임금을 지급하게 함으로써 사용자에게 경제적 압박을 가하여 이를 억제하고, 연장근로, 휴일근로, 야간근로를 한 근로자의 건강 및 문화생활의 침식을 경제적으로 보상하기 위한 제도로서 이해된다.[12] 그러나 동시에 임금수준이 낮은 현실에서 근로자들 스스로가 연장근로를 희망하는 경우가 많아서 그러한 경우에 소득을 보전하기 위한 제도로도 이해된다.[13] 물론 근로기준법 제56조의 가산임금에 관한 규정은 당사자나 노사의 합의로 위반할 수 없는 강행규정이다.[14] 그럼에도 근로기준법 제56조는 어느 금원을 통상임금의 산정기초로 해서 지급하여야 하는지에 대해서는 아무런 언급이 없다. 어느 정도를 지급해야 하는지도 언급이 없다. 오로지 통상임금의 50%를 가산하여 지급할 것을 언급하고 있을 뿐이다. 따라서 근로기준법 제56조의 강행규정에 반하는 것은 연장근로, 휴일근로, 야간근로에 대해서 가산임금을 주지 않는다든가, 통상임금의 50% 이하를 지급하는 것만이 강행법규 위반으로서 무효가 되는 것이다. 가산임금의 경우는 기본시급만을 통상임금의 산정기준으로 하고 다른 금원은 모조리 산정기초에서 제외하여도 그 자체로서 강행법규 위반이라고 할 수 없다. 이미 앞의 S고속사건에서 본 바와 같이 이 사건에서는 법정수당으로서 야간근로에 대해서는 기본시급만을 기준으로 하여 300%를 지급하기로 하

---

12) 김형배, 노동법 제22판, 박영사, 2013, 448면; 임종률, 노동법, 제9판, 2010, 426면 참조.

13) 김형배, 같은 책, 448면 참조.

14) 대법원 1971.12.28, 선고 71다1713은 '근로시간을 당사자 사이의 합의에 의하여 1주일에 60시간을 한도로 한 이상 그 범위 안에 있어서는 1일에 8시간을 넘어서 근로를 하였을지라도 이것을 근로기준법 제46조(현행 제56조)가 규정하고 있는 연장시간근로에 해당할 수 없다'고 한다. 그러나 이 판례는 근로기준법 제56조의 강행규정성을 무시한 것이라고 비판하는 견해로서 김형배, 노동법 제22판, 박영사, 2013, 447면 이하 각주 3) 참조.

였다. 이에 대해 원고들은 기본시급에 나머지 금원들을 포함하여 통상임금을 재산정하여 이를 기준으로 야간근로 수당을 지급할 것을 주장하였다. 그럼에도 하급심은 근로기준법상의 할증임금률은 기본시급 100%에 연장근로수당으로서 기본시급의 50%와 야간근로수당으로서 기본시급의 50%를 합한 금액이 근로기준법상의 할증임금률 200%를 적용하여 계산한 금액이고, 이를 하회하면 근로기준법 제56조 위반이 될 수 있으나 기본급의 300%를 적용하면 이 근로기준법상의 하한선을 상회하는 것이므로 유효하다는 대법원 판례[15)]를 따르고 있다. 따라서 이와 같은 판례를 따른다 하더라도 노사의 합의에 의해 어느 특정 금원을 통상임금의 산정기초에서 배제하더라도 기본시급을 기준으로 한 지급비율이 근로기준법상의 하한비율(기본시급100%+법정수당으로서 기본시급의 각50%)을 넘게 되면 그러한 합의는 특정금원을 통상임금의 산정기초에서 배제하더라도 유효한 것이며, 근로기준법 제56조 위반이라고 할 수 없다. 따라서 법원은 자기논리대로 한다면 무작정 각종 금원이 정기적이고 일률적으로 지급된 고정적 임금이라는 것을 이유로 통상임금에 포함되어야 한다고 할 것이 아니라, 따라서 근로기준법 제56조의 취지를 몰각한다고 판단할 것이 아니라, 각 사건에서 노사의 합의에 의한 통상임금 산정기초에 따라 계산한 지급액이 근로기준법상의 법정 하한액을 상회하는가를 따졌어야 할 것이다.

세 번째 논거는 '성질상 근로기준법에 정한 통상임금에 산입될 수당'을 통상임금에서 제외하는 것이 되어 그와 같은 합의는 근로기준법이 정한 기준에 달하지 못하는 근로조건을 정하는 계약으로서 무효라는 것이다. 물론 이 논거의 뒷부분은 타당하지 않다는 것은 앞에서 보았다. 그러나 전반부분의 '성질상 근로기준법에 정한 통상임금에 산입될 수당을 통상임금에서 제외하는 것이 되어'라는 논거도 타당하지 않다. 통상임금의 각 사건에서 주로 문제가 되는 것은 근로기준법이 보장하는 법정수당 등을 산정하는 기준으로서 통상임금에 무엇을 포함시킬 것인가 하는 점이다. 근로기준법이 보장하는 법정수당의 산정을 위해서 통상임금을 무엇으로 할 것인가 하는 문제는 법정수당의 문제가 아니라 그에 앞서서 선결문제로서 통상임금에 무엇을 포함시킬 것인가 하는 금원의 통상임금 해당성의 문제이다. 그러나 통상임금의 산정기초에 무엇이 포함되

---

15) 대법원 2010.2.11. 선고 2009다80675.

어야 할 것인지에 대해 근로기준법은 정하지 않았고, '성질상 근로기준법 소정의 통상임금에 산입되어야 할 수당'에 대한 근거규범은 오로지 근로기준법 제6조 제1항의 통상임금의 정의규정으로서, '근로자에게 정기적이고 일률적으로 소정(所定)근로 또는 총 근로에 대하여 지급하기로 정한 시간급 금액, 일급 금액, 주급 금액, 월급 금액 또는 도급 금액'을 말한다. 따라서 판례가 의존해야 할 법규정은 근로기준법 제6조 제1항의 통상임금에 관한 정의규정과 통상임금에 앞서서 선결문제로서 어느 금원이 임금에 해당하는가를 판단해야 할 '근로의 대가'에 관한 근로기준법 제2조 제1항 제5호의 규정이고, 노사 간의 합의가 이 규정에 반하는가가 문제가 될 뿐이다. 그런 점에서 근로의 대가인 금원 중에서 소정 근로와 총 근로에 해당하는 것으로서 정기적으로·일률적으로 지급되는 것을 배제해버리는 합의가 이 법률규정에 반하여 무효가 된다고 해야 할 것이다. 그러나 문제는 근로기준법 제6조 제1항의 통상임금 정의규정이 강행규정인지 논란의 여지도 있지만, 이 규정도 추상적인 규정으로서 구체적인 문제해결에 대해서는 아무런 답을 주지 못한다. 사법부가 이 규정을 구체화하는 경우, 말하자면 구체적인 사례에 이 규정을 적용하는 경우에 비로소 무엇이 '성질상 근로기준법 소정의 통상임금에 산입되어야 할 수당'인지가 밝혀지게 되는 것이다. 이는 결국 '판례'에서 말하는 통상임금에 포함되어야 할 수당을 말하는 것에 불과하다. 그러나 법률규정이 아닌, 판례에서 말하는 통상임금에 포함되어야 할 수당은 이미 앞에서도 본 바와 같이 '정기상여금은 통상임금이다', '어느 금원은 통상임금에 해당하지 않는다'는 식의 정형화된 공식이 있을 수 없다. 각 금원도 구체적인 경우마다 상이하게 형성되어 있을 수밖에 없고, 방법론적으로 어느 금원이 통상임금에 해당하는 지는 노사 당사자들이 구체적으로 이를 어떻게 형성하였는가에 달려 있다. 아마도 사법부는 근로기준법 제6조 제1항과 관련하여 자신들이 형성해온 판례법리가 마치 통상임금 산정기초에 관한 강행적 효력이 있는 법원(法源)이라는 것을 상정하고 그러한 판단을 하는 것으로 보인다. 그러나 법이론상 판례법이 법원(法源)인지에 대해 논란이 되는 상황에서 명칭이 동일한 금원에 대해서도 사법부의 판단에 따라 통상임금의 산정기초로서 인정되기도 하고 그렇지 않기도 한다. 그럼에도 '사법부가 성질상 근로기준법 소정의 통상임금에 산입되어야 할 수당'이 있는 것처럼 말하는 것은 통상임금에도 근로자를 보호해야 할 정책이 있을 수 있다는 것을 선언하는 것에 지나지 않는다고 본다. 이것은 강행법규인 근로기준법에 지급비율까지 정하면서 지급할 것을 의무지운 '법정'수당과 여전히 논란이 되는 통상임금의 산정기초로서의 수당에 '법정'이라는 규범력을 덧붙여 '법정통상임금'을 만들어 임금수준이 낮은 근로자들을 보호하기 위한 사법부의 임금정책으로 보여지기도 한다. 그런 점에서 판례가 말하는 논거는 타당하지 못하다.

네 번째 논거는 '노사 간 합의에 따라 지급한 법정수당은 계산상 정기상여금 등을 통상임금 산정의 기초임금에 포함시켜 산정한 근로기준법상의 법정수당에 미달한다는 것'이다. 그러나 이것은 자명하다. 정기상여금을 포함해서 산정한 통상임금과 그렇지 않은 경우는 당연히 전자가 많을 것이다. 그러나 여기서 문제가 되는 것은 계산된 지급액이 많고 적고의 문제가 아니라, 특정 금원을 포함해서 통상임금을 산정해야 하는가라는 규범의 문제이다. 지급액의 과다가 특정 금원의 통상임금 해당성 판단의 정당한 근거가 될 수는 없다.

이와 같은 이유에서 특정의 금원을 노사의 합의에 의해서 통상임금 산정기초에서 배제하고 그것이 오래 동안 지속되어 경험적 행태규칙성이 인정되어 노동관행이 되는 경우에는 근로기준법 제56조의 강행규정을 위반한 것이라고 할 수 없다. 더욱이 판례법리에 따르는 경우에도 당해 사건에서의 구체적인 지급액이 근로기준법의 법정 하한액을 상회하는지를 따져 유・무효를 판단해야 할 것이다. 이와 같은 점에서 노사의 합의에 의해서 정기상여금과 같은 특정의 금원을 통상임금의 산정기초에서 배제하고 이것이 노동관행이 되는 경우－특히 그 지급액이 근로기준법상의 법정 하한액을 상회하는 한－이것은 강행법규를 위반한 것이 아니므로 법원(法源)이 되어 법관을 구속하며 법관이 이를 무시하는 한 이는 당사자의 기본권을 침해하는 위헌적 소지가 다분하다고 할 수 있다.[16)]

16) 물론 헌법재판소법 제68조에 따라 법원의 판결에 대해서는 원칙적으로 헌법소원을 할 수 없다는 한계는 있지만, 법원이 위헌적 결정을 하고 있는지에 대해서는 진지하게 검토를 해야 할 것이다.

제 2 절 통상임금 산정기초 배제에 관한 노사합의의 문제

제1절에서는 특정의 금원을 통상임금 산정기초에서 배제하는 합의가 있고 그 합의가 오래 지속되어 노동관행이 되는 경우에는 그것이 강행법규에 반하지 않는 한 사법부를 구속하는 법원(法源)이 될 수 있다는 것을 살펴보았다.[17) 그런데 앞의 하급심 사건에서는 많은 경우에 통상임금에 산정되어야 할 금원을 노사 간의 합의에 의해 배제할 수 있는가 하는 문제가 제기되었다. 여기서는 노동관행 이전에 노사의 합의로 특정의 금원을 통상임금 산정기초에서 제외하는 것이 정당한가를 검토하기로 한다.

Ⅰ. 대법원 판례와 문제점

대법원은 통상임금의 개념과 범위는 "통상임금의 제도적 존재의의, 거래계의 임금약정 및 지급관행, 기업마다 특수한 임금체계와 노사 간 단체교섭 및 협약의 실태, 원고의 노조 가입여부, 직종 및 근무형태, 종전 노동행정당국의 행정지도상의 관례, 당사자 간의 법적 분쟁이 야기되게 된 경위 등을 종합하여 판단하여야 한다"고 한다.[18) 따라서 어느 금원이 통상임금 산정기초에 포함되어야 하는지의 여부는 제반사정을 고려한 종합적 판단이 필요하다는 것이다. 그런데 특정의 금원을 통상임금에서 제외하는 노사합의의 효력과 관련하여 근로기준법이 정한 법정수당과 근로기준법에서 정하지 않은 당사자 사이에서 임의로 지급하기로 정한 약정수당을 달리 보아야 한다고 한다. 그리고 법정수당의 경우에도 지급액이 근로기준법에서 정한 수준을 넘는 경우와 그렇지 않은 경우를 달리 보아야 한다고 한다. 그리하여 법정수당의 경우는 원칙적으로 "통상임금은 평균임금의 최저한을 보장함과 아울러 근로기준법 소정의 시간외, 야간 및 휴일근로에 대한 가산수당이나 해고예고수당 등의 산정근거가 되는 것

17) 예를 들어 앞의 1. S고속 사건: 상여금의 산정기초인 통상임금에서 특정금원으로 한정, 3. K오토텍 사건: 설과 추석 상여금 등 임금협정에 의해 통상임금 산정기초에서 배제, 5. G자동차 사건: 정기상여금을 노사합의로 통상임금의 산정기초에서 배제한 약정 등이 문제가 되었다.
18) 대법원 1990.11.9, 선고 90다카6948.

인바, 위 각 수당에는 가산율 또는 지급일수 외의 별도의 최저기준이 규정된 바 없으므로 노사 간의 합의에 따라 성질상 통상임금에 산입되어야 할 각종 수당을 통상임금에서 제외하기로 하는 합의의 효력을 인정한다면, 위 각 조항이 시간외, 야간 및 휴일근로에 대하여 가산수당을 지급하고, 해고근로자에게 일정기간 통상적으로 지급받을 급료를 지급하도록 규정한 취지는 몰각될 것이므로, 성질상 근로기준법 소정의 통상임금에 산입될 수당을 통상임금에서 제외하기로 하는 노사 간의 합의는 같은 법 제22조 제1항(현행법 제15조 제1항) 소정의 같은 법이 정한 기준에 달하지 못하는 근로조건을 정한 계약으로서 무효"라고 한다.[19)]

그러나 상여금과 같이 근로기준법에서 정하지 않고 노사 간의 협정으로 정할 수 있는 약정수당의 경우에 대해서 대법원[20)]은 "근로기준법의 강행적 효력으로 인해 근로기준법이 정하고 있는 법정수당은 반드시 근로기준법 소정의 통상임금을 기준으로 계산하여야 할 것이고 그보다 낮은 기준으로 계산할 경우 그 부분은 무효가 될 것이지만, 근로기준법상 아무런 기준을 정한 바 없는 수당을 산정함에 있어서는 노사 간의 합의로 근로기준법상 개념이나 범위와 다른 통상임금을 그러한 수당을 산정하기 위한 수단으로 삼은 경우에는 근로기준법상의 법정수당을 지급하도록 한 취지가 몰각될 우려가 당초부터 없다고 할 것이므로 그러한 합의도 유효하다"고 본다. 따라서 상여금과 같은 약정수당의 경우는 노사 간의 합의로 특정의 금원을 통상임금의 산정기초에서 제외하기로 정한 경우에도 이 합의는 유효하다고 보는 것이 대법원의 입장이다. 또한 근로기준법이 정한 법정수당의 경우에도 앞에서 본 바와 같이 노사가 합의로 근로기준법 소정의 통상임금에 산입될 수당을 통상임금에서 제외한다 하더라도, 합의된 통상임금액이 근로기준법상 통상임금액을 상회하는 경우는 유효하다는 것이다. 그 이유는 "통상임금에 관한 근로기준법 규정은 사용자가 지급하여야 하는 각종 수당금액의 하한을 보장하기 위한 것이므로 노사 간에 성질상

19) 대법원 1993.5.11, 선고 93다4816; 대법원 1993.5.27, 선고 92다20316; 대법원 1993.11.9, 선고 93다8658; 대법원 1994.2.22, 선고 93다9620; 대법원 1994.5.24, 선고 93다5697; 대법원 1997.6.27, 선고 95누17380; 대법원 2006.2.23, 선고 2005다53989; 대법원 2006.2.23, 선고 2005다54029; 대법원 2007.6.15, 선고 2006다13070; 대법원 2009.12.10, 선고 2008다57852; 대법원 2010.1.28, 선고 2009다74144; 부산지방법원 2009.1.9, 선고 2007가합24292; 서울중앙지법 2012.12.10, 선고 2011가단394320 판결 등.

20) 대법원 2007.11.29, 선고 2006다81523; 대법원 2011.9.8, 선고 2011다22061.

통상임금에 산입되어야 할 급여를 통상임금에서 제외하되 다른 방식으로 근로자들에게 다소 유리하도록 위의 각종 수당을 산정하는 내용의 합의가 있고, 그 합의에 따라 산정한 각종 수당 금액이 근로기준법이 보장한 하한을 상회하는 경우에는 그 합의가 무효라고 할 수 없다"는 것이다.[21] 아마도 이 판례는 성질상 근로기준법이 정하는 평균임금에 포함되어야 할 급여를 노사의 합의로 퇴직금의 산정기초로 하지 않고 이 합의에 따라 산정한 퇴직금액이 근로기준법이 보장한 하한을 상회하는 금액인 경우에는 그 합의는 유효하다고 본 대법원 판결[22]을 통상임금에도 적용한 것으로 본다. 근로자들이나 조합원들 및 노동조합은 사실 통상임금의 산정기초를 무엇으로 하느냐 보다는 지급총액에 관심이 많다. 따라서 성질상 근로기준법 소정의 통상임금에 포함되어야 할 금원을 제외하면서도 다른 방식으로, 예를 들면 소정 근로시간수를 근로기준법이 정한 것보다 상회하여 주거나, 근로기준법상 통상임금에 포함되지 않는 금원을 통상임금에 포함시켜 지급액이 근로기준법이 정한 하한을 상회하는 것이 더 중요하기 때문에 그러한 노사합의를 유효하다고 보는 것이다.

이와 같은 대법원 판례를 따른다면 성질상 근로기준법 소정의 통상임금에 포함되어야 할 수당을 노사 간의 합의에서 배제하는 경우는 언제나 무효가 되는 것이 아니다. 그 합의에 의해 산정된 법정수당 금액이 근로기준법에서 정한 금액을 상회하는지가 중요하므로 사법부는 언제나 이를 따져서 유·무효를 결정하여야 할 것이다. 결과적으로 약정수당의 경우는 노사 간의 합의가 문제될 수 없고, 법정수당의 경우가 문제될 것인데, 이 중에서도 노사배제합의가 근로기준법이 정한 수당금액에 미달하는 경우가 문제될 것이다. 물론 개별계약이나 취업규칙 등에서 정한 '특정금원 통상임금배제규정'에 따라 산정한 금액이 근로기준법에서 정한 금액에 미달하는 경우는 근로기준법 제15조와 제96조 위반이 되어 무효일 것이지만, 노사의 합의에 대해서는 별도로 검토해야 할 것이다.

그런데 노사는 예를 들어 지금까지의 기업실무에서 그러한 것처럼 정기상여금이 성질상 근로기준법에서 정한 통상임금에 산입될 수당인지도 모른 체

---

21) 대법원 2010.2.11, 선고 2009다80675. 주완, 조정과 심판, 중앙노동위원회, 2011 봄호, 35면 이하는 특정의 금원을 통상임금의 범위에서 배제하는 합의의 효력을 체계적으로 인정한 최초의 판결이라고 한다.

22) 대법원 2003.12.11, 선고 2003다40538. 그러나 이에 대해서 비판적으로 김형배, 노동법, 제22판, 박영사, 2013, 749면 이하 참조.

지금까지 그러한 배제합의를 하고 노동관행이나 경영관행처럼 시행하여 왔다. 노사합의에 의해 경영관행으로 굳어 온 노사배제합의가 근로기준법에 반한다는 논리가 분명하지 않기 때문이다. 왜냐하면 정기상여금이 근로기준법상 통상임금의 산정 기초에 포함되어야 하는지는 당사자는 알지 못한다. 더구나 법원도 구체적으로 사안을 들여다보지 않으면 모른다. '정기상여금은 통상임금에 해당한다'는 일반명제가 성립하지 않는 상황에서 정기상여금이 통상임금에 해당하는지는 구체적으로 개별적 사안을 살펴보아야 하고, 또한 당사자들이 정기상여금을 어떻게 만들어왔는지에 따라 상이한 판단을 할 수밖에 없으므로 어느 면에서는 구체적 개별 사례 상황을 검토하여 판단하는 한, 당사자의 의사가 결정적일 수도 있다. 이와 같은 상황에서 특정의 금원이 근로기준법상의 통상임금의 산정기초에 포함되어야 하는지 불분명하고 이를 명시적으로 정하는 법규범도 없는 상황에서 노사의 합의는 근로3권의 협약자치에 의한 경우가 대부분일 것인데, 과연 노사배제합의를 근거지우는 근로3권과 그 이유가 명백하지 않은 근로기준법의 강행적 효력 사이에 어떻게 처리하여야 하는지도 검토되어야 할 것이다.

Ⅱ. 특정금원의 통상임금 배제합의의 무효 여부[23)]

노사가 단체협약으로 원래는 통상임금의 산정범위에 들어가지 않는 금원을 통상임금에 포함하기로 하는 포함합의는 협약자율을 존중해야 하고, 그것이 근로자들에게 유리한 것이므로 유효하다. 그러나 원래는 통상임금의 산정범위에 포함되는 금원을 노동조합과 사용자가 합의하여 통상임금에서 제외하기로 하는 배제합의는 원칙적으로 단체협약은 강행법규에 반할 수 없다는 법원(法源)간의 효력 상의 질서원칙에 따라 무효가 된다고 하는 것이 타당할 것이다. 법원(法源)간의 효력 상의 계위질서원칙에 따르면 단체협약은 국가가 제정한 법률에 대하여 하위이므로 단체협약과 법률과의 관계에 있어서는 법률이 절대적으로 우위에 있고, 따라서 통상임금의 산정 범위에 당연히 포함되어야 할 특정의 금원을 배제하는 노사 당사자의 협약자율보다는 강행법규가 우선적으로 적

23) 이 부분은 김영문·이상윤·이정, 임금개념과 평균임금·통상임금의 산정범위, 법문사, 2004, 173면에서 179면의 내용을 수정하고 보완한 것이다.

용되어 강행법규를 배제하는 이 협약자율은 무효가 된다고 하여야 할 것이다.

그러나 이러한 입장은 단체협약당사자의 규범제정권한이 국가에 의하여 위임된 권한이므로 언제든지 국가가 필요하다고 생각할 때 다시 철회할 수 있고 국가는 절대적인 독점적 법제정권에 기하여 협약자율을 규제하고 제한할 수 있다는 법률수권설에 기초하고 있는 것이다.[24] 그러나 단체협약과 법률 간의 우위의 문제는 협약자율이 헌법적 가치질서로서 헌법 제33조에 의해서 보장되고 있으므로 헌법 제33조에 근거한 협약자율의 문제로서 파악해야 한다. 단체협약당사자들은 단체협약을 체결할 수 있는 권한을 법률입법자로부터 위임받은 것이 아니라, 헌법으로부터 위임을 받은 것이다. 법률입법자들도 그들의 입법권을 역시 헌법으로부터 위임을 받은 것이므로 단체협약과 법률 중 무엇이 우위에 있는가 하는 것은 결국 헌법상 근로조건의 결정에 관해 누구에게 관할권이 있는가 하는 문제이다.[25] 그런데 우리 헌법 제33조도 근로조건에 관하여 협약당사자에게 규범제정권한을 위임한 것이므로 근로조건의 결정영역에서는 협약자율의 우위의 원칙이 적용된다. 물론 법률입법자는 공공의 이익을 위하여 강행법규를 제정하여 협약자율을 구속하거나 제한할 수 있지만, 협약자율의 핵심영역을 침해해서도 안 되고, 근로조건 결정영역에 해당하는 규범제정은 단체협약당사자에게 맡겨야 한다. 따라서 강행법규는 헌법상 보장된 협약자율로 인하여 근로조건 결정이라는 핵심영역에 있어서는 적어도 단체협약의 배후로 물러나야만 하는데, 이러한 효과는 법률 자체의 결정에 의거하는 것이 아니라 노사자치를 기본권으로 보장한 헌법에 기하여 발생하며 협약자율의 우위원칙은 헌법적 차원에서 충분한 정당성을 갖는 것이다.[26] 그러한 한도에서 노동법의 강행규정도 단체협약에 대해서는 임의성(tarifdispositiv)을 갖는 것이다. 노동법상의 보호입법은 개별적 근로관계에서의 사용자와 근로자의 힘의 불균형성을 조정해야 하지만, 단체협약은 일단 규범적으로는 노동조합과 사용자가 힘의 균형, 즉 교섭력이 균형을 이루고 있다는 것을 전제로 하므로 근로계약 당사자들

24) 법률수권설에 입각하는 것으로서 Hueck-Nipperdey, Lehrbuch des Arbeitsrechts, Bd. II/1, 7.Aufl., S. 399. 이에 관해서는 상세하게 이종복, "협약자율의 우위성", 私法關係와 自律(이종복교수논문집), 1993, 500면 이하 참조.

25) 헌법수권설에 기초하여 이러한 이론을 전개한 것으로는 Biedenkopf, Grenze der Tarifautonomie, 1964, S. 103ff., 153, 187ff. 참조.

26) 이종복, 같은 글, 505면.

에게 강행적인 노동법규들은 단체협약에 대해서는 임의성을 갖는다는 것이다.[27] 이로 인하여 협약당사자들은 근로자에게 유리한 경우뿐만 아니라, 불리한 경우에도 개별법상의 강행규정으로부터 벗어날 수 있다. 독일의 비덴코프(Biedenkopf)에 따르면[28] 입법과 단체협약, 즉 협약자율 사이에는 헌법상의 근로3권에 의하여 보장된 보충관계가 존재한다는 것이다. 즉, 협약당사자들은 협약관할권이 있는 핵심영역에서 법률에서 정한 근로조건을 개선할 뿐만 아니라, 협약상의 규정들은 법률에서 정한 최저한의 하한선을 침해하지 않으며 법률과 동등한 보호기능을 수행하는데 효과적이고 적합하는 한 강행법규에 우선한다는 것이다.

물론 이러한 노동법규에 대한 협약자율 우위의 원칙은 언제나 적용되는 것은 아니다. 무엇보다 강행노동법규가 근로자 보호를 목적으로 하는 것도 헌법 제32조 3항과 같은 헌법적 근거를 갖는 것이므로 강행법규에 내재하는 근로자 보호목적과 협약자율이 동시에 고려되어야 한다. 말하자면 법률입법자가 제정한 노동법에게도 개별적인 근로자 보호목적 이외에도 공익을 위한 포괄적 입법의 필요성에서 자치규범과 같은 타 규범에 대한 국가의 법규범의 우위가 인정되어야 하지만, 헌법 제33조로부터 도출되는 노사자치의 영역에서 협약자율의 우위도 인정되어야 하는 것이다.[29] 따라서 국가와 노사자치단체가 각각 제정한 규범의 순위문제는 헌법 제33조만에 의해서 일방적으로 결정될 수 없으며, 다른 한편으로 헌법 제33조를 무시하고 상위의 법원인 법률이 항상 우위에 있다고 볼 수 없다.[30] 대법원 판례[31]도 협약당사자들이 변화된 경제적·경영상의 상황에 적합하게 근로조건을 적응시킬 수 있는 권한과 임무를 가지며, 협약당사자들이 협약규범을 유리하게 변경하는 것은 물론 불리하게 바꿀 수도 있다는 전제 하에서 '근로조건을 불리하게 변경하는 내용의 단체협약이 현저히 합리성을 결하여 노동조합의 목적을 벗어난 것으로 볼 수 있는 경우와 같은 특별한 사정이 없는 한 그러한 노사 간의 합의를 무효라고 할 수 없다'고 하여 좁은 의미에서 단체협약의 불이익변경을 인정하는 한편,[32] 넓은 의미에서 협약

---

27) MünchenerHandbuch Arbeitsrecht/Richardi, Bd. 1, § 1 Rn. 36 참조.

28) Biedenkopf, a.a.O., S. 102ff., 121ff., 178ff.

29) 협약자율과 제정법의 관계에서 양자가 동시에 헌법적 가치와 헌법적 근거를 갖기 때문에 동등하게 존중되어야 한다는 입장에서 이를 절충적 입장이라고 볼 수 있다. 이러한 입장을 취하는 것으로는 이종복, 같은 글, 508면.

30) 이종복, 같은 글, 508면.

31) 대법원 2003.7.22, 선고 2002도7225; 대법원 2002.4.12, 선고 2001다41384 판결 등 참조.

자율의 우위를 인정하고 있다고 시사된다.

그러나 이와 같은 상황에서 협약자율에 법률보다의 우위를 인정하기 위해서는 협약자율이 실질적으로 기능할 수 있도록 노사 간의 사실상의 힘의 균형이 이루어질 것을 전제로 한다. 노사 간의 힘의 균형이 이루어지지 않은 상태에서 협약자율을 인정한다면, 특히 노동조합이 어용화되어 있는 경우, 노동법규의 근로자보호 기능은 사실상 형해화되고 근로자들은 더욱 열악한 지위로 전락하게 될 것이다. 하급심[33]이 대법원 판례[34]를 원용하여 원래 통상임금 산정 시 포함되어야 할 특정의 금원을 노사 간의 합의에 의해서 배제하는 것을 무효로 보는 이유도 기업별 노조가 중심을 이루고 있는 한국적 현실에서는 노사 간의 힘의 균형이 없고 오히려 노동조합이 열세에 놓여 있기 때문에 노동법규의 대단체협약 임의성을 인정하게 된다면 근로기준법의 근로자보호 기능이 몰각될 가능성이 있다는 우려에서 그러한 판단을 하는 것으로 생각된다. 그러나 이와 같은 노동법규의 대단체협약 임의성을 인정하기 위한 전제조건으로서 노사 간의 사실상의 힘의 균형은 특정국가에서 일반적인 것이라고 판단할 수는 없다. 산업별 노동조합 체계를 취하는 국가에서도 노동조합이 열세에 있는 경우가 있는가 하면 기업별 노동조합 형태를 취하는 국가에서도 대기업 정규직 노조처럼 기업별 노동조합이 힘의 균형이나 우위에 있는 경우도 있다. 따라서 기업별 노동조합을 취하는 국가에서도 경우에 따라서는 협약자율의 우위가 인정되어야만 할 정도로 노동조합이 힘의 균형을 이루거나 우위에 있는 경우도 있을 수 있기 때문에 기업별 노동조합 구조를 취한다고 하여 협약자율의 우위를 일괄적으로 부정해서는 안 된다. 그러한 힘의 균형 여부는 추상적이고 일률적 판단이 아니라 개별사업장 단위로 또는 개별 산업별로 행해져야만 한다. 이와 같은 상황에서 문제가 될 대기업 정규직 노동조합의 경우는 조합원 수나 조합의 교섭력이나 쟁의행위의 위력의 측면에서 사용자와 비교하여 힘이 열위

---

32) 단체협약의 불이익변경에 관해서는 상세하게 김영문, 단체협약의 (불이익)변경, 안암법학(제16호), 2003, 100면 이하 참조; 같은 취지로 김형배, 노동법, 2013, 930면 이하.

33) 앞의 S고속 사건, K오토텍 사건, G자동차 사건, K타이어 사건, 고용노동부 사건 등에서는 노사 간 배제합의가 문제되었다. 통상임금 소송이 주로 노동조합 주도로 진행되는 것이 대부분이기 때문에 이와 같은 노사합의를 하고도 이를 번복하여 차액지급 청구를 하는 것은 금반언의 원칙에 저촉되지 않는가 하는 문제가 있다.

34) 대법원 1993.5.1, 선고 93나4816; 대법원 1994.5.24, 93다5697; 대법원 2007. 11.29, 선고 2006다81523 판결 참조.

에 있다고는 할 수 없고, 오히려 노동조합의 단결력이 무엇보다도 강한, 따라서 일부 대기업노조를 중심으로 노동조합의 단결력의 우위를 보여 주는 한국노동조합 발전의 일단 면을 보여주는 전형적인 사업장이다. 이러한 상황에서는 협약자율의 우위, 말하자면 노동법규의 대단체협약 임의성을 인정하지 않으면 안 된다. 이러한 사업장에서는 협약자율과 이것의 법률에 대한 우위가 인정되기 때문에 원래는 통상임금에 포함되지 않는 특정의 금원을 통상임금에 포함시키기로 노사가 합의하였다면 그러한 포함합의가 협약자율을 근거로 유효한 바와 같이 배제합의 또한 그 유효성을 인정하는 것이 협약자율의 균형있는 적용이라 할 것이다.

위와 같이 노사 간 힘의 균형을 이루는 특정 사업장에서의 협약자율의 우위는 대법원이 상당수의 노동법 판례에서 보여주고 있는 이른바 '사회통념상의 합리성 이론'에 비추어 보아도 무리한 이론이 아니다. 이미 대법원[35]은 취업규칙 불이익변경 시 집단적 동의요건의 효력과 관련하여 '사회통념상의 합리성 이론'을 거의 법률에 반하는 법관법처럼 적용하고 있다.[36] 대법원은 취업규칙의 불이익 변경에 있어서는 집단적 동의가 있어야 유효하다고 하여 강행규정인 근로기준법 제97조 제1항 단서의 문언적 해석에 충실하여 원칙판결을 확인하면서도 다음과 같은 판례이론을 세우고 있다. 즉, "사용자가 일방적으로 새로운 취업규칙의 작성·변경을 통하여 근로자가 가지고 있는 기득의 권리나 이익을 박탈하여 불이익한 근로조건을 부과하는 것은 원칙적으로 허용되지 아니한다고 할 것이지만, 당해 취업규칙의 작성 또는 변경이 그 필요성 및 내용의 양면에서 보아 그에 의하여 근로자가 입게 될 불이익의 정도를 고려하더라도 여전히 당해 조항의 법적 규범성을 시인할 수 있을 정도로 사회통념상 합리성이 있다고 인정되는 경우에는 종전 근로조건 또는 취업규칙의 적용을 받고 있던 근로자의 집단적 의사결정방법에 의한 동의가 없다는 이유만으로 그 적

35) 대법원 2004.7.22, 선고 2002다57362; 대법원 2001.1.5 선고, 99다70846; 대법원 1993.9.14 선고, 92다45490; 대법원 2005.11.10, 2005다21494; 대법원 2009.6.11, 2007도3037; 대법원 2010.1.28, 선고 2009다32362 판결 등 참조. 근로기준법이 명문의 규정으로 취업규칙 불이익변경시 집단적 동의를 받도록 하고 있음에도 사회통념상의 합리성 이론을 내세우는 것은 법률초월적 법형성(contra legem)이라는 비판적 견해도 있다. 김형배, 노동법, 제22판, 2013, 302면 참조.

36) 동 판결에 대해서는 비판적으로 김영문, 취업규칙의 불이익변경에 관한 집단적 동의요건의 효력, 월간노동법률 2004.11월호 참조.

용을 부정할 수는 없다고 할 것이고, 한편 여기에서 말하는 사회통념상 합리성의 유무는 취업규칙의 변경에 의하여 근로자가 입게 되는 불이익의 정도, 사용자측의 변경 필요성의 내용과 정도, 변경 후의 취업규칙 내용의 상당성, 대상조치 등을 포함한 다른 근로조건의 개선상황, 노동조합 등과의 교섭 경위 및 노동조합이나 다른 근로자의 대응, 동종 사항에 관한 국내의 일반적인 상황 등을 종합적으로 고려하여 판단하여야 하며, 근로자집단의 동의를 대신할 만한 사회통념상의 합리성이 있는지를 판단함에 있어서는 개정 당시의 상황을 근거로 하여야 할 것이다"는 것이다. 이와 같은 '사회통념상의 합리성 이론'은 누진제를 채택하면서 퇴직금산정기초를 임의로 정한 경우의 판례에서도 나타난다. 대법원 판례[37]에 의하면 예를 들어 퇴직금산정 기초금액에서 본봉과 각종 수당만을 산입하고 임금총액에서 상여금을 제외하면서 누진제를 채택하여 (구)근로기준법 제34조 제1항에서 정한 법정퇴직금액을 상회하는 경우에 대하여 퇴직 당시에 퇴직금규정에 의하여 산출된 퇴직금액이 근로기준법 (구)제34조 제1항에서 규정한 금액을 상회하는 것이라면 그 퇴직금규정은 유효하고 위 규정의 일부가 (구)근로기준법 제19조 제1항의 평균임금규정과 달라 근로자에게 불리하더라도 그 부분만을 따로 떼어 무효라고 할 수는 없다고 본다. 물론 이러한 판례에서 문제가 된 퇴직금규정은 강행법규인 (구)근로기준법 제19조 제1항을 위반하여 무효라는 것이 일반적인 견해이다.[38] 그러나 판례의 당부를 떠나서 회사의 독자적인 퇴직금규정이 상여금을 평균임금산정을 위한 임금총액에서 제외하더라도 산출된 금액이 (구)근로기준법 제34조 제1항에서 정한 법정퇴직금액을 상회하는 것이라면 강행법규인 (구)근로기준법 제19조 제1항을 문제삼을 필요없이 법정퇴직금 규정이 목적하는 최저기준규범으로서의 요건을 충족한다는 것이다. 이러한 판례의 태도에는 강행법규인 (구)근로기준법 제19조를 천편일률적으로 적용할 필요없이 당사간의 합의에 의해서 정한 퇴직금규정이나 노사 간의 합의에 의해서 정한 퇴직금규정이나 사용자가 일방적으로

---

37) 이러한 판례의 태도는 판례법이라고 할 정도로 상당수의 판례에서 반복적으로 강조되고 있다. 이에 관해서 대법원 1973.11.12, 선고 73자1384; 대법원 1974.12.24, 선고 73다105; 대법원 1976.5.25, 선고 75다1365; 대법원 1979.2.27, 선고 78다2372; 대법원 1982.11.23, 선고 80다1340; 대법원 1987.2.10, 선고 85다카187; 대법원 1987.2.24, 선고 84다카1409; 대법원 1991.12.23, 선고 91다32657; 대법원 1997.2.28, 선고 95다49233; 대법원 2003.12.11, 선고 2003다40538 등.

38) 특히 김형배, 근로기준법, 311면 참조.

정한 퇴직금규정에 의해서 확보된 퇴직금액이 법정퇴직금액을 상회하는 것이라면 이는 사회통념상 합리적이라고 보는 관념이 기초하고 있는 것이다. 그리고 이미 앞 절에서 본 바와 같이 근로기준법에서 정한 법정수당의 경우에도 합의된 통상임금액이 근로기준법상 통상임금액을 상회하는 경우는 유효하다고 본다. 통상임금에 관한 근로기준법 규정은 사용자가 지급하여야 하는 각종 수당금액의 하한을 보장하기 위한 것이므로 노사 간에 성질상 통상임금에 산입되어야 할 급여를 통상임금에서 제외하되 다른 방식으로 근로자들에게 다소 유리하도록 위의 각종 수당을 산정하는 내용의 합의가 있고, 그 합의에 따라 산정한 각종 수당 금액이 근로기준법이 보장한 하한을 상회하는 경우에는 그 합의가 무효라고 할 수 없을 것이다.[39] 이른바 노사 간의 합의가 있는 경우는 법정수당의 경우라도 근로기준법이 보장한 하한선을 넘는 경우에는 특정의 금원을 통상임금 산정기초에서 배제하더라도 유효하다고 보아 법률규정상의 통상임금의 구성항목에 중점을 두는 것이 아니라, 실질적으로 근로기준법의 하한선을 넘는 것이 중요한가를 판단기준으로 삼는 것이 판례의 입장이다. 따라서 어느 의미에서는 노사 간의 합의가 있는 경우 근로기준법 소정의 통상임금 규정은 근로기준법 소정의 하한선을 넘지 않는 경우에만 적용되는 편면성을 지니고 있고, 문제는 근로기준법 소정의 하한선을 어떻게 보는가 하는 점이다. 앞의 S고속 사건에서는 법정수당인 야간근로수당의 경우 기본시급의 300%를 지급한 것이 원고들이 요구한 근속수당, 교통비, CCTV수당을 통상임금에 포함하여 근로기준법이 정한 가산임금률(기본급 100%, 연장근로 50%, 야간근로 50%를 합하여 200%)을 적용하여 계산한 금액을 상회하기 때문에 노사 간 특정 금원의 배제합의가 유효하다는 것이다. 따라서 이러한 판례에 따른다면 근로기준법이 정한 법정수당의 하한선은 '기본급에 각 가산임금률을 적용하여 계산한 금액'이 아니라, '정기적이고 일률적으로 지급되는 고정적 임금이라고 생각되는 수당 등을 모두 합산하여 법정 가산임금률을 적용하여 계산한 금액'이라고 보는 듯하다. 그럼에도 통상임금에 관해서는 임금정의에 관한 근로기준법 제2조 제1항 제5호와 근로기준법 시행령 제6조 제1항이 적용규범이기 때문에 판

39) 대법원 2010.2.11, 선고 2009다80675. 주완, 조정과 심판, 중앙노동위원회, 2011 봄호, 35면 이하는 특정의 금원을 통상임금의 범위에서 배제하는 합의의 효력을 체계적으로 인정한 최초의 판결이라고 한다.

례가 판례법리로 정한 수당이 아니라, 따라서 '정기적이고 일률적으로 지급되는 고정적 임금이라고 생각되는 수당 등을 모두 합산하여 법정 가산임금률을 적용하여 계산한 금액'이 아니라, '근로의 대가'로서 '소정 근로와 총 근로에 대해 정기적이고 일률적으로 지급된 것을 모두 합산하여 법정 가산임금률을 적용하여 계산한 금액'이 근로기준법이 정한 하한선이라고 보는 것이 법규범에 합당할 것이다. 그럼에도 '소정 근로와 총 근로에 대해 정기적이고 일률적으로 지급된 것'이 무엇인가에 대해서 또 다시 논란이 된다. 아마도 판례는 이러한 고민 때문에 너무 추상적이고 판단 자체가 유동적인 '근로의 대가', '소정 근로와 총 근로'에 대해서는 더 이상 논증하려 하지 않고, 바로 정기성과 일률성의 요건을 판단기준으로 삼는 것이 아닌가 한다. 그러나 엄밀히 보아 노사 간 합의를 근로3권의 행사라고 본다면, 노동조합과 사용자가 힘의 균형 상태에서 특정금원의 통상임금 산정기초 배제합의에 임의적으로 동의하였다면 협약자율의 근로기준법 우위의 원칙과 이러한 법률의 대단체협약 임의성의 원칙에 따른다면 근로기준법에서 정한 하한선은 '기본급'에 법정 가산율을 적용하여 합산한 것으로 보고 그 이후에 추가적으로 어느 금원을 통상임금의 산정기초로 할 것인지는 노사의 교섭여부에 맡기는 것이 합리적이라고 본다. 실제 노사 현장에서는 이러한 실무가 정착이 되어 노사 간의 합의로 기본급에 일정한 수당을 합산하여 통상임금을 산정한 후에 근로기준법의 가산임금율을 초과하는 비율을 적용하여 각 법정수당이나 정기상여금 등을 산정하는 것이 보통이다. 사법부가 사회통념상의 합리성을 이 통상임금 논의에서도 관철하고자 한다면 실제 기업현장에서 이러한 사회통념상의 합리성이 관철되고 있는지의 여부를 노사배제합의의 유효 요건으로 보는 것이 대법원 판례의 큰 흐름과도 일치한다고 본다. 앞에서도 지적한 바와 같이 근로계약이나 취업규칙에 대해서는 근로기준법에서 정한 기준을 위반하는 경우 근로기준법 제15조, 근로기준법 제96조와 같이 이를 무효화하는 강행법률규정이 있다. 그러나 집단적 노사관계를 규율하는 노동조합법은 강행법규를 위반하는 단체협약을 직접적으로 무효화하는 법률규정을 갖고 있지 않다. 아마도 제정법률과 비교하여 협약자율에 상당한 우위와 재량의 여지를 부여하려는 입법자의 의사가 반영된 것으로도 보이지만, 이는 협약자율의 본래적 성격으로부터 나온 것이라고 본다. 이와 같이 본다면 사법부는 근로기준법에서 정한 하한선은 '기본급'에 법정 가산율을 적용하여 합산한 것으로 보고 그 이후의 노사의 합의의 유효성은 '사회통념상의 합리성'을 기준으로 판단하는 것이 적절하지 않는가 생각된다. 이러한 사회통념상의 합리성 사고에 기초한 종합적 판단은 특히 단체교섭이나 노사의 임금협정의 체결과정에서 금원의 통상임금 산정기초 배제합의에 관한 당사자의 의사나 배제합의의 목적이나 동기와 관련하여 노동조합이 사실상 힘의 우위를 확보한 노동조합인 경우가 많아 협약자율의 우위를 인정할만한 힘의 균형관계를 갖추고 있다는 점, 이러한 노동조합이 조합원찬반투표를 거쳐 잠정합의안을 가결하였다는 점, 합의 과정에서 노동조합의 의사가 충분히 반영되었다는 점, 배제합의에 의한다 하더라도 근로자에게 크게 불리하지 않다는 점, 당사자들이 수년 동안 배제합의에 대해서 이의를 제기하지 않을 정도로 신뢰감이 형성되었다는 점 등을 고려하면 배제합의는 사회통념상 합리적이라고 보는 것이 타당하다.

이상에서 언급한 바를 요약하면 다음과 같다. 통상임금에 해당하는 특정의 금원을 노사의 합의에 의해서 배제하더라도 사회적 합리성이 있는 것이라면 유효하다고 보는 것이 판례의 전체적인 태도와도 부합하는 것이고, 동시에 노사 간의 힘의 균형이 이루어진 특정 사업장에서 노동법규에 대한 협약자율의 우위, 즉 노동법규의 대단체협약 임의성을 인정함과 동시에 포함합의를 협약자율에 의해서 인정하는 것과 마찬가지로 배제합의도 협약자율에 의해서 인정하는 것이 균형있는 법률의 적용태도라고 보인다. 그리하여 근로기준법에서 정한 하한선은 '기본급'에 법정 가산율을 적용하여 합산한 것으로 보고, 그 이후의 노사 합의의 유효성은 노사합의가 협약자율의 근로3권 행사이기 때문에 제정 법률의 대단체협약 임의성을 인정하고 사회통념상의 합리성에 따라 특정 금원의 통상임금 산정기초 배제합의의 유효성을 판단하는 것이 합리적이라고 본다.

제 3 절 통상임금에 관한 근로기준법의 정의규정과 이를 근거로 하는 대법원 판례법리의 문제

어느 특정 금원이 통상임금 산정기초에 포함되어야 하는지에 대해 하급심이나 대법원 판례가 판단의 기준이나 근거로 삼은 것은 근로기준법 시행령 제6조 제1항이다. 그리고 시행령도 일종의 성문법이기 때문에 법원도 이에 구속된다고 본다. 그런데 이 규정에 따라 통상임금은 '근로자에게 정기적이고 일률적으로 소정(所定)근로 또는 총 근로에 대하여 지급하기로 정한 시간급금액, 일급금액, 주급금액, 월급금액, 또는 도급금액'이라고 정의된다. 이 규정의 의미대로 한다면 통상임금은 소정 근로와 총 근로에 대해서 지급하는 것이므로 통상임금은 임금에 해당하는 것이어야 하며, 그 임금에 해당하는 것 중에서 소정 근로 또는 총 근로에 대한 대가로 지급되어야 하고, 이 중에서 정기적이고 일률적으로 지급되는 것이어야 하며, 그 지급기간이나 지급주기가 시간급, 일급, 주급, 월급, 도급금액이어야 한다는 것이다. 따라서 사용자가 지급하는 어느 금원이 통상임금이 되기 위해서는 근로의 대가로서 임금 해당성, 소정 근로 또는 총 근로 해당성, 정기성과 일률성의 요건과 지급주기가 맞아야 하는 것이다. 아마도 지급주기와 관련해서는 시간급, 주급, 월급을 기본으로 하는 것이기 때문에 이 규정은 1임금지급기에 지급된 금품이나 수당이 통상임금의 산정기초가 된다는 것을 기본관념으로 삼고 있는 것이 아닌가 한다. 따라서 규정형식대로 한다면 연급(年給)의 경우는 이를 규정하지 않았다. 그런데 예를 들어 연간 몇 퍼센트를 정하여 지급한다는 상여금은 아무리 분기마다 또는 월할로 분할하여 지급한다고 하여도 '연급'으로서의 성질을 갖고 있는 것이다. 따라서 이를 분할하여 매월 지급한다고 하더라도 규정의 문언상 통상임금의 범위에는 들어가지 않는다고 해야 할 것이다.[40] 그럼에도 대법원 2010다91046사건에서 1임금산정기간을 넘어 지급하는 경우에도 정기적이고 일률적으로 지급되는 임금이기 때문에 정기상여금이 통상임금에 해당한다고 하면, 사실상 이것은 시행령이 규정하고 있지도 않은 연급을 통상임금에 포함시키는 것으로서 판례가 자신을 구속한다고 하는, 또는 그에 의거해서 판결한다고 하는 근로기준법 시행령 제6조 제1항을 뛰어 넘는 법률초월의 법형성이 될 소지도 있을 것이다. 여기에 판례가 소정 근로나 총 근로, 근로의 대가성, 1임금산정기간, 연급 등에 관해서는 납득할 수 있는 근거를 제시하지 않으면서, 정기성과 일률성의 판단

---

40) 물론 근로기준법 시행령 제6조 제3항 제5호는 일·주·월 외의 기간으로 정하여진 임금에 대하여는 제2호 내지 제4호에 준하여 산정된 금액을 계산하도록 하고 있다. 그러나 제1항의 정의규정에 포섭되지 않는 연급이 제3항 제5호에서 언급될 수 있는지, 그리고 제3항 제5호가 연급까지를 염두에 두고서 규정을 한 것인지에 대해서는 여전히 의문의 소지가 있다.

요건만을 기계적이고 천편일률적으로 적용하는 이유가 무엇인지 하는 근원적인 문제가 제기될 수 있다. 따라서 이 경우 검토되어야 할 것은 법원이 그와 같은 판결을 하지 않으면 안 되는 근로기준법 제2조 제1항 제5호의 규범이 잘못되었는지, 아니면 그러한 규범에도 불구하고 이를 적용하는 판례의 법리가 잘못되었는지 하는 문제가 제기된다. 전자의 문제는 여기서 다루고자 하는 규범의 문제가 되고, 후자의 문제는 후술하는 바와 같이 정기성과 일률성에 관한 법원 판례의 문제가 될 것이다. 특히 사법부도 구속하는 근거규범인 근로기준법 시행령 제6조 제1항의 법문의 요건들인 근로의 대가성, 소정 근로나 총 근로의 대가성, 1임금산정기간, 연급 등의 문제를 논증하지 않고 정기성과 일률성의 요건을 전가의 보도처럼 행사하는 판례의 입장에 대해서는 비판의 여지가 많다. 여기서는 먼저 사용자가 지급하는 금원의 통상임금 해당성 판단의 기준을 제시하는 근거규범으로서 근로기준법 시행령 제6조 제1항의 문제를 비판적으로 검토하고자 한다.

Ⅰ. 근거규정의 절차적 문제점[41)]

근로기준법 시행령 제6조 제1항의 통상임금의 정의규정은 근로기준법 시행령 제6차 개정으로 1982년 8월 13일 시행령으로 들어오게 되었고,[42)] 1997년도 개정 시에는 소정 근로에 유급처리된 시간을 추가하는 방식으로 변경되었다. 제정사를 볼 때 통상임금 예규가 시행령으로 자리잡게 된 것이다. 이 예규는 일종의 행정규칙으로서 노동부 조직 내부 업무수행에 관한 지침서에 불과하고, 대외적으로 국민에게 직접적인 법적 효력이 없는 것이었다. 그 후 1982년도 6차 개정 시에 시행령으로 들어오게 된 것이다.

시행령은 헌법 제95조에 의하여 국무총리 혹은 행정각부의 장이 소관사무에 관하여 법률이나 대통령령의 위임 또는 직권으로 발하는 총리령이나 부령을 말한다. 법률의 위임에 의하여 부령을 발하면 위임명령이 되고, 업무집행을 위하여 부령을 발하면 집행명령이 된다. 전자는 법률에 의하여 위임된 사항에

41) 이 부분은 김영문 외, 앞의 책, 133면부터 140면까지의 내용을 수정하고 보완한 것이다.
42) 1969년도 제3차 개정에는 시행령 제31조가 통상임금의 정의라는 표제어를 붙이고 있었지만, 정기성과 일률성과 같은 기준은 명시되지 않았다. 정기성과 일률성이 판단기준으로 들어온 것은 1982년도 8월 13일의 제6차 개정에 의한 것이다.

관하여 발하는 명령이고, 후자는 법률의 범위 내에서 그 실시에 관한 구체적·기술적 사항을 규율하기 위하여 발하는 명령이다. 그런데 위임명령은 국가기관은 물론 국민에 대해서도 직접 구속력을 갖는 법규범이다. 따라서 법률에 의한 위임을 반드시 필요로 하지만, 집행명령은 법률의 명시적 위임규정이 없어도 발할 수 있는 것이다. 근로기준법 시행령도 위임명령사항과 집행명령사항을 포함하고 있는데, 여기서 중요한 문제는 통상임금의 산정범위에 들어가는 임금기준을 구체화한 근로기준법 제6조 제1항이 위임명령사항인가 집행명령사항인가 하는 점이다. 헌법 제95조에 따라 노동부는 명시적 수권규정 없이도 집행명령을 발할 수 있으므로 위 규정이 집행명령사항이라면 별다른 절차상의 하자는 없을 것이다. 그러나 위임명령사항이라면 근로기준법에 위임수권규정이 존재해야 한다. 만일 수권규정이 없다면 동 규정은 근거없이 만들어진 것으로서 무효가 된다. 그런데 위임명령사항인가 집행명령사항인가의 구별은 수권규범이 존재하는가라는 형식적 판단의 문제가 아니다. 집행명령은 상위명령을 집행하기 위해서 필요한 세부적·구체적 사항만을 정하는 것이므로 시행하려는 상위명령의 범위 내에서 그 시행에 필요한 구체적인 절차, 형식 등을 규정할 수 있을 뿐이다. 따라서 집행명령은 국민의 권리나 의무에 관한 사항을 규율할 수 없다. 이에 비하여 위임명령은 권리주체에게 일반적으로 권리와 의무를 창설하거나 이에 영향을 미치는 사항을 법에 근거하여 규정하는 것으로서 대외적으로 국민에 대한 효력이 인정되는 것이다. 따라서 양자는 국민의 권리, 의무와 관련한 실질적 내용상의 구별이다. 그런데 사용자가 지급하는 금원이 통상임금이 되기 위해서는 정기적·일률적으로 소정 근로 또는 총 근로에 대하여 지급하기로 정해져야 한다. 그러나 이와 같은 기준을 설정하도록 하는 수권규정은 상위규범 어디에도 존재하지 않는다. 또한 그와 같은 기준설정에 의해서 통상임금 해당성 여부가 달라지게 되므로 이는 근로자의 권리를 창설하거나 영향을 미치는 사항을 시행령으로 정한 것이다. 통상임금의 인정 여부는 근로기준법 제18조의 본질적인 내용에 해당하며, 근로자의 이해관계에 절대적으로 영향을 미치는 중요한 사항이기 때문에 동 시행령규정을 단순히 근로기준법 제18조의 집행을 위한 직권적인 사항으로 보기는 어렵다. 따라서 근로기준법시행령 제6조 제1항 규정은 실질적으로 이미 위임명령사항이라고 아니할 수 없으며, 이는 모법인 근로기준법에 위임규정없이 설정된 기준으로서 무효의 규정

이다.[43)]

그러나 더욱 문제가 되는 것은 동 시행령 규정의 실질적인 측면이다. 통상임금은 근로조건의 본질적인 부분으로서 해고예고에 갈음하는 지급, 시간외·야간 및 휴일근로시의 가산임금, 연차유급휴가대체금의 산출기초가 되어 규범적인 통상임금의 산정범위에서 벗어난다는 것은 근로자의 이해관계에 직결되는 것이므로 이에 관한 사항은 입법자가 결정해야 할 사항이지, 행정부에 위임될 사항이 아니다. 동일한 근로조건인 평균임금이 근로기준법 제2조 제1항 6호의 입법에 의해서 정해진 것과 비교해 볼 때 통상임금을 시행령으로 정한 것은 형평에도 맞지 않는다. 무엇보다 노사관계 당사자에게 부담을 과하고 구속하는 사항은 반드시 국회가 행하는 법률형식의 입법형태를 취해야 한다. 근로자나 사용자에게 중요하면 할수록, 규율밀도에 있어서도 근로자나 사용자의 기본권이 결정적으로 침해되거나 위협받을수록, 그리고 효과 면에서 노사관계 당사자에게 비중이 크면 클수록 입법에 의해서 정해야 하는 것이지 시행령으로 정해서는 안 된다. 그런 점에서 근로기준법은 규율실질에 있어서도 문제가 있는 것이다.[44)] 그러나 가장 큰 문제는 일률성의 요건과 정기성의 요건은 근로의 대상을 판단하는 실질적인 요건기준이 아니라, 다만 이를 간접적으로 정황하는 증거에 지나지 않는다는 점이다. 따라서 이 기준이 절대적으로, 그리고 획일적으로 적용되어서는 안 된다. 그런 의미에서 성문법원으로서 근로기준법 시행령 제6조 제1항은 통상임금 판단의 구체적인 기준설정에도 실패하고 있는 것이다.

Ⅱ. 근로기준법 시행령 제6조 제1항 규정의 해석과 판례

위와 같은 절차적인 문제점에도 불구하고 동 규정이 유효하다고 인정하면[45)] 시행령 규정도 성문법에 속하는 법원으로서 법관은 법과 법률구속성의

43) 김희성·한광수, "정기상여금의 통상임금 해당성에 대한 연구", 노동법논총 제25집(한국비교노동법학회), 2012, 380면; 같은 의견으로 김기덕, "노동부 예규 통상임금 산정 지침에 관한 검토", 노동과 법 제6호(금속법률원), 2006, 221면 참조. 그러면서 근로기준법 제2조 제1항 제5호가 무효라는 전제에서 정기성과 일률성의 요건을 고수하지 않는다면 법정근로시간에 미리 주기로 확정된 것, 말하자면 사용자가 해당 근로자에게 지급하기로 정하여진 확정할 수 있는 모든 임금을 통상임금의 산정기초로 하여야 한다고 한다.(김기덕, "통상임금의 법리에 관한 재검토", 노동과 법 제6호(금속법률원), 2006, 130면 참조)

44) 위임입법의 한계에 관해서는 무엇보다 김철용, 위임입법의 한계에 관한 연구, 헌법재판소, 1996, 33면.

원칙 때문에 이를 존중하여야 한다. 그러나 판례와 시행령 사이에는 여전히 간극이 발생하여 경우에 따라서 법률 위반의 법형성의 의심이 가는 판례가 많다.

동 시행령 규정을 구체화한 행정해석에 따르면 사용자가 지급하는 금원이 통상임금에 해당하기 위해서는 근로에 대한 대가성이 있어야 하고, 1임금산정기간 내에 정기적, 일률적으로 지급할 것의 2가지 요건을 충족하여야 한다는 것이다. 즉, 1임금산정기간 내의 소정 근로시간 또는 법정 근로시간에 대하여 지급하기로 정해졌거나(기본급), 담당업무나 직책의 경중 등에 따라 미리 정하여진 지급조건에 의해 1임금산정기간 내의 소정 근로시간 또는 법정 근로시간에 대하여 정기적·일률적으로 지급되는 임금 및 수당 등이 통상임금에 해당한다는 것이다. 여기서 시행령 규정에도 없는 '1임금산정기간 내'의 기준은 통상임금이 1임금지급기의 액수를 넘어서는 경우가 발생할 수 있기 때문에 이를 제한하는 것이다. 따라서 기존 분기별로 지급하던 상여금(예를 들면 기본급 ×600%)을 근로계약하면서 매월 지급하기로 한 경우는 그것이 매월 정기적으로 지급하는 방식을 취하고 있더라도 당초부터 상여금의 지급대상기간을 1임금산정기간 내를 초과하는 연간단위로 설정하고 이를 매월 분할 지급한 것에 불과하므로 통상임금의 범위에서 제외되어야 한다고 본다.[46] '정기적'이라 함은 1임금산정기간 내의 소정 근로시간 또는 법정 근로시간에 대하여 지급하는 것을 말하고, '일률적'이라 함은 모든 근로자에게 지급되는 것뿐만 아니라 '일정한 조건 또는 기준에 달한 모든 근로자'에게 지급하는 것도 포함되는 것이며, '일정한 조건'이라 함은 '고정적인 조건'을 의미한다'는 것이다. 따라서 정기성의 요건은 근로시간내의 노무제공을 의미하고, 일률성의 요건은 지급대상의 인적 범위를 의미하는 것으로 된다.

그러나 2000년도 초반 판례[47]는 근로기준법 시행령 제6조 제1항이 기능을 충실히 하고 있는지 의심스러울 정도로 개별적인 사안에서 기준을 각각 달리하여 판단하고 있다.[48] 그리고 2012년 3월 29일의 대법원 2010다91046 사건

---

45) 김기덕, "통상임금 개념요소로서의 고정성", 노동과 법 제6호(금속법률원), 2006, 198면은 근로기준법 시행령 제6조 제1항 규정의 정기성, 일률성, 고정성을 전제로 하지 않고 통상임금을 파악해야 한다면서 확정성의 기준을 제시한다.

46) 임금 68207-207, 2002. 3. 29.

47) 대법원 1987.2.24, 선고 84다카1409; 대법원 1990.11.27, 선고 90다카23868; 대법원 1990.12.7, 선고 90다카19647; 대법원 1991.2.12, 선고 90다15952, 15969, 15976; 대법원 1992.4.14, 선고 91다5587; 대법원 1995.7.11, 선고 93다26168; 대법원 2002.5.31, 선고 2000다18127.

이후의 하급심 판결에서 보는 바와 같이 이제는 '정기적, 일률적으로 지급되는 고정적 임금'인지의 여부를 거의 기계적, 천편일률적으로 적용하여 근로기준법 시행령 제6조 제1항에 대한 법원의 적용은 거의 정착되어 가는 듯이 보인다. 물론 이것은 판단기준의 사용이 그렇다는 것을 의미하는 것이지, 결과가 동일하다는 것은 아니다. 판례가 동일하게 '정기적, 일률적으로 지급되는 고정적 임금'인지의 기준을 사용한다고 하여도 개별 사례 상황마다 당사자들이 이를 어떻게 형성하였는가에 따라 달라지기 때문이다. 또한 판례 중에는 근로기준법 시행령 제6조 제1항을 근로기준법 제2조 제1항 제5호의 임금정의 기준 내에서 판단해야 함에도 불구하고, 말하자면 근로의 대가성의 틀 안에서 판단해야 함에도 불구하고 근로의 대가가 무엇인가에 대해 판단한 것은 극히 드물다. 판례는 경우에 따라서 당사자의 의사나 지급목적과 지급동기를 기준으로 삼는가 하면, 시행령상의 요건이 충족되지 않는 경우에도 근로자의 특수한 사정을 고려하여 통상임금을 인정한 판례도 존재한다. 말하자면 근로기준법 제2조 제1항 제5호의 근로의 대가가 임금이 된다는 포괄적 정의 아래 통상임금이 정해져야 함에도 불구하고 종종 근로기준법 제2조 제1항 제5호를 넘는, 또는 동 규

48) 대법원 판례들은 통상임금을 인정하는 다양한 근로로서 들고 있는 바, 발생근거로서의 지급의무(예를 들면 대법원 1987.2.24, 선고 84다카1409; 대법원 1990.11.27, 선고 90다카23868; 대법원 1990.12.7, 선고 90다카19647; 대법원 1991.2.12, 선고 90다15952, 15969, 15976; 대법원 1992.4.14, 선고 91다5587; 대법원 1995.7.11, 선고 93다26168; 대법원 2002.5.31, 선고 2000다18127), 일률성만을 기준으로 (예를 들면 대법원 1991.3.26, 선고 90다15662), 지급의 목적성과 일률성을(예를 들면 대법원 1990.11.9, 선고 90다카6948), 근로제공과의 밀접한 관련성을(예를 들면 대법원 1981.10.13, 선고 81다697; 대법원 1991.2.26, 선고 90다15662; 대법원 1993.5.27, 선고 92다20316; 대법원 1993.5.11, 선고 93다4816), 당사자의 명시적 의사와 지급목적을(예를 들면 대법원 1998.1.20, 선고 97다18936; 대법원 2002.7.23, 선고 2000다29370), 정기성, 계속성, 지급액의 확정성, 발생근거로서 지급의무와 당사자의 의사를(예를 들면 대법원 2001.3.27, 선고 99다71276), 일률성, 정기성을(예를 들면 대법원 1981.11.24, 선고 81다카174; 대법원 1982.4.13, 선고 81다카137; 대법원 1982.10.26, 선고 82다카342; 대법원 1982.11.23, 선고 81다1275; 대법원 1983.2.8, 선고 81다카1140; 대법원 1977. 1. 11, 선고 76다1408.), 계속성과 정기성을(예를 들면 대법원 1998.1.20, 선고 97다18936; 대법원 2002.6.11, 선고 2001다16722), 정기성, 계속성을 (예를 들면 대법원 2001.10.23, 선고 2001다53950), 일률성과 지급의무 발생근거로서 노동관행을(예를 들면 대법원 1996.5.14, 선고 95다19256), 급여의 특수한 상황을(예를 들면 대법원 1988.3.22, 선고 87다카570; 대법원 1993.12.24, 선고 91다36192; 대법원 1997.3.25, 선고 96누17905; 대법원 2000.4.25, 선고 98두15269; 대법원 2002.8.23, 선고 2002다4399), 지급목적을(예를 들면 대법원 1998.1.20, 선고 97다18936), 지급동기나 지급목적을(예를 들면 대법원 1999.2.9, 선고 97다56235), 근로제공과의 직접적 내지는 밀접한 관련성을(예를 들면 대법원 1981.10.13, 선고 81다697; 대법원 1990.11.27, 선고 90다카23868; 대법원 1990.12.7, 선고 90다카19647; 대법원 1992.4.10, 선고 91다37522) 통상임금 산정기초 사유로 각각 상이하게 들고 있다.

정과는 무관하게 임금을 판단할 뿐만 아니라, 그 자체가 효력이 없지만 그래도 유효하다고 전제한 동 시행령 제6조 제1항에도 충실하지 않은 것이 판례의 문제점이다. 특히 행정해석에 의하면 통근수당(차량유지비), 식사수당, 가족수당 등은 복리후생적 수당으로 간주되어 통상임금에서 제외되고, 고정적 상여금도 통상임금에서 배제한다. 그러나 판례는 1996년 이후 이른바 '의료보험조합 사건' 이후 복리후생적 급여 내지 고정적 상여금이라도 그 지급이 취업규칙이나 단체협약에 명시되어 있고 일률적으로 지급되는 것으로 볼 수 있는 경우에는 통상임금으로 인정하며 1임금산정기간을 문제삼지 않는다. 물론 판례가 행정해석에 구속될 필요는 없지만, 실무가 통상임금에 상당한 혼란을 초래하고 있음을 보여주는 한편, 그나마 존재하는 성문법원으로서 시행령 규정에도 충실하지 못하고 있다는 것을 단적으로 보여 주고 있다. 또한 후술하는 바와 같이 형식적 포맷에서는 정기성과 일률성의 기준을 사용하기는 하나 개별 사안에서의 활용도 안정적이지 못하다.

Ⅲ. 근로기준법 제2조 제1항 제5호와 동 시행령 제6조 제1항의 관계

1. 통상임금에서 근로의 대가성의 고려

사용자가 지급하는 금원이 통상임금에 해당하기 위해서는 그 전제조건으로서 그 금원은 근로의 대가로서의 성격을 가져야 하며, 소정근로 또는 총 근로에 대해 지급하기로 정한 것이어야 하며, 정기적·일률적으로 지급되어야 한다. 말하자면 근로기준법 제2조 제1항 제5호와 동 시행령 제6조 제1항과의 관계를 염두에 두었을 때, 가장 넓은 범위에서 사용자가 지급하는 금원은 먼저 근로기준법 제2조 제1항 제5호의 임금이어야 하고, 그 임금 중에서 소정 근로와 총 근로에 대한 대가로서 정기적이고 일률적으로 지급되어야 통상임금에 해당한다고 보는 것이 현행법이 취하고 있는 태도이다. 이를 도식으로 보면 다음과 같다.

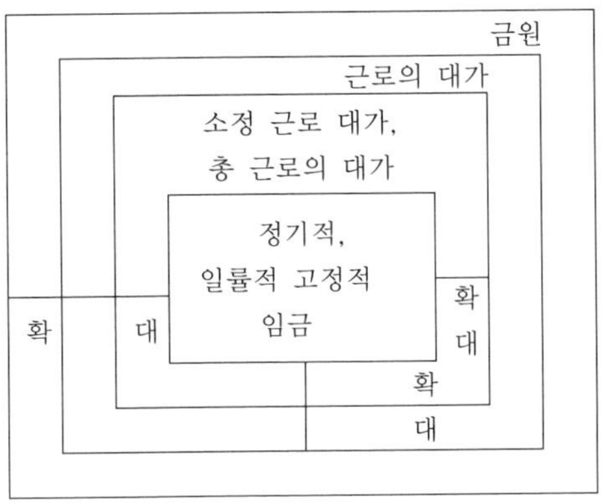

여기서 판례에 따르면 일률적으로 지급되는 것이라 함은 모든 근로자에게 지급되는 것뿐만 아니라, 일정한 조건 또는 기준에 달하는 모든 근로자에게 지급되는 것도 포함된다.[49] 이렇게 볼 때 사용자가 지급하는 금원이 통상임금에 해당하기 위해서는 근로의 대가성이 있어야 하는 것이므로 통상임금은 우선 먼저 근로의 대가를 임금판단 기준의 핵심으로 삼고 있는 근로기준법 제2조 제1항 제5호의 요건을 충족하여야 한다. 따라서 동법 시행령 제6조 제1항은 동법 제2조 제1항 제5호의 범위 안에서만 가능한 것이다. 그러므로 근로기준법 제2조 제1항 제5호가 통상임금 판단의 출발점이자 전제조건이다. 그럼에도 불구하고 시행령 제6조 제1항 규정은 근로의 대가성을 명문으로 규정하고 있지 않고, 소정 근로나 총 근로를 간접적으로 정황하는 증거에 지나지 않는 정기성과 일률성만을 기준으로 함으로써 불완전한, 경우에 따라서 근로기준법 제2조 제1항 제5호의 일부만을 수용하는 규정이라고 할 수 있다. 말하자면 근로기준법 시행령 제6조 제1항과 판례, 행정해석이 통상임금에서 정기성과 일률성을 기준으로 하는 한 이는 통상임금에서 '통상'에 초점을 두고 있고, 통상임금의 '임금'에는 전혀 초점을 두고 있지 않다. 따라서 근로기준법 제2조 제1항 제5호의 요건을 충족하지 못하는 금품, 즉 근로의 대가성이 없는 금품도 통상성이 있으면 통상임금의 산정범위로 들어오며, 반대로 임금성이 있어도 통상성이 없으면 통상임금의 산정기초에서 제외된다.

그러나 사용자가 지급하는 어느 금품이라도 통상임금의 범위에 들어오기

49) 대법원 1993.5.27, 선고 92다20316.

위해서는 먼저 근로의 대상이라는 임금성을 가져야 하고, 말하자면 근로기준법 제2조 제1항 제5호를 통과한 다음 이중 통상성을 가진 것이 통상임금이 되어야 한다. 말하자면 통상 '임금'이나 '통상'임금, '통상'금품, 통상'금품'의 어느 한 쪽에 치우쳐서 판단되어서는 안 되고, '통상''임금'과 같이 통상성과 임금성이 동시에 고려되어야 하는, 필요충분조건이 충족되어야 통상임금이 되는 것이다. 그러나 시행령 제6조 제1항 규정과 판례 및 행정해석은 근로기준법 제2조 제1항 제5호를 고려하지 않은 채 통상성만을 강조함으로써 법률에 반하는 결과를 가져오고 있다. 시행령 제6조 제1항 규정과 판례 및 행정해석이 정기성과 일률성을 중심으로 통상임금을 판단하는 한 이것은 법률초월적으로 통상'임금'이 아니라 통상'금품'을 통상임금으로 인정하는 결과가 되고 마는 것이다. 그리고 앞에서도 본 바와 같이 판례는 동 시행령 규정에도 충실하지 않다. 따라서 통상임금에 관한 한 근로기준법 제2조 제1항 제5호와 동법 시행령 제6조 제1항과 판례는 각각 별개의 개념을 상정하여 각각 따로 따로 작동하고 있다. 그럼에도 판례가 '정기적이고 일률적인 고정적 임금'을 통상임금으로 보고자 하는 한, 도식에서 보는 바와 같이 그 외연을 고수하여야 한다. 그러나 판례는 사실상 현행 근로기준법 시행령 제6조 제1항의 통상임금의 정의의 포섭영역이 협소하다보니까, 따라서 근로자가 받아야 할 가산임금 등의 보호영역대가 소정근로나 총 근로의 대가영역보다 상대적으로 적다는 것을 인식하고서 이를 확대하고자 한다. 그러나 확대의 방법이 이미 동 시행령이 담고 있는 정기성과 일률성의 영역으로 국한되다 보니까 소정 근로나 총 근로 더 나아가 근로의 대가를 규명하여 이 영역으로 통상임금을 확대하는 것이 아니라, '정기적이고 일률적인 고정적 임금'의 기준을 명확한 근거의 제시없이 소정 근로와 총 근로 내지 근로의 대가 영역으로 확장하고 있는 것이나 다름없다. 그러나 판례가 그러한 '정기적이고 일률적인 고정적 임금'의 요건을 판례처럼 통상임금 해당성 판단기준으로 절대화하는 한,[50] 통상임금 산정기초 영역 확장을 통한 근로자

50) 그러한 이유에서 김기덕, "통상임금 개념요소로서의 고정성", 노동과 법 제6호(금속법률원), 2006, 198면 은 좁은 영역대의 정기성과 일률성, 고정성을 통상임금 산정기초 판단기준으로 삼아서는 안 되며, 그 근거로서는 근로기준법 시행령 제6조 제1항의 무효가 필수적이며, 그렇게 되면 정기성과 일률성 및 고정성에 의하여 갇혔던 영역이 넓게 확장되어야 하고, 그 때의 기준은 확정성이 기준이 되어야 한다고 한다. 그러나 그렇게 되면 근로기준법 제2조 제1항 제5호와 근로기준법 시행령 제6조 제1항의 규범성은 아무 의미가 없어지게 될 것이다.

보호를 위해서 넘어야 할 산은 먼저 근로기준법 시행령 제6조 제1항의 '소정 근로 내지 총 근로'가 무엇을 의미하고 그 보호영역이 무엇인지를 규명해야 한다는 점일 것이다.

정기적이고 일률적으로 지급되는 고정적인 임금이 통상적이라고 보고 소정 근로나 총 근로의 대가성이나 근로의 대가성을 따지지 않는 한, 그러한 판례는 현행법의 한계를 일탈한 법형성이라고 아니할 수 없다. 결과적으로 판례가 이와 같은 기준으로 근로기준법 시행령과 근로기준법의 테두리를 벗어나 통상임금의 영역을 확대하려는 한, 소정 근로와 근로의 대가성에 담긴 법규정의 의미는 없어지고 오로지 법원의 판단, 판례의 법리만이 기준이 되는 결과가 발생하게 된다. 그리하여 소정 근로의 경우 노사가 단체협약이나 집단적인 합의로 통상임금산정 기준을 정하였음에도 불구하고 이를 무시하고 객관적인 위와 같은 '정기적이고 일률적으로 지급되는 고정적인 임금'을 기준으로 금원의 통상임금 해당성을 판단하는 한, 근로기준법 시행령의 소정 근로의 의미는 없어지고, 결과적으로 헌법상 보장된 근로3권의 행사로 당사자의 집단자치에 의해서 만들어진 해당 임금협약이나 단체협약은 형해화되는 결과가 발생하게 될 것이다. 비록 그러한 협약이 근로자 보호에 미흡하다고 하더라도 – 강행법규에 위반되지 않는 한 – 일단 정하여진 협약과 같은 집단자치의 결과물에 대해서 사법부가 이를 무효로 하는 한, 사법부에 의한 기본권 침해의 소지가 다분하다.

그러므로 어느 정도가 되어야 노사합의가 강행법규를 위반한 것인지를 가려주는 판단기준을 제시하였어야 함에도 불구하고, 판례는 노사합의로 법정수당에 산입되어야 할 통상임금을 노사합의로 정하는 것은 근로기준법의 취지가 몰각되기 때문에 무효라는 단순한 논리를 전개하고 있는 것이다. 그러나 이미 앞에서도 언급한 바와 같이 어느 금원이 통상임금의 산정기초에 포함되어야 하는지는 '소정 근로'가 결정적인 기준이 된다. 즉, 당사자의 합의나 노사의 합의가 기준이 되어야 한다. 그러한 소정 근로에 대한 대가가 어느 정도가 되어야 강행법규 위반이 되는지를 결정하는 구체적인 판단기준을 제시하고 그에 따라 산정한 결과 당해 노사합의가 강행법규 위반이 되어 무효가 된다는 구체적인 판단기준 적용의 결과를 제시하지 않으면 안 된다.[51] 그러한 노사합의가

51) 그런 의미에서 하급심 판결 중 일부는 구체적으로 노사합의에 따라 산정한 결과가 근로기준법 소정의 산정기준에 따라 계산한 금액보다도 적다는 것을 제시하려고 시도한 경우도 있

무효라는 법리로서 내세우는 것이 근로기준법이 정한 법정수당의 취지가 몰각되기 때문이라고 하지만, 그것은 근거가 없다. 왜냐하면 근로기준법이 정한 법정수당의 하한선이 얼마나 되는지에 대해 결정된 바도 없고, 어느 금원을 통상임금 산정기초로 해야 하는지에 대한 규범은 시행령 제6조 제1항의 추상적 규정과 판례법리 외에는 없다는 점, 따라서 어느 금원을 통상임금 산정기초에 포함시켜야 되고 어느 금원은 배제해도 좋은지 당사자들로서는 알 수 없다는 점, 더구나 판례법리가 법적으로 안정적이지 못한 상황에서 당사자들이 어느 금원이 통상임금산정기초에 들어가야 하는지는 전혀 예측할 수 없다는 점, 통상임금의 본질에 부합하는 소정 근로의 대가는 당사자들이 사전에 약정한다는 점에서 시행령 규정은 당사자들의 약정을 원칙적으로 인정하기 때문에 약정 자체가 처음부터 무효가 아니라는 점 등의 이유에서 통상임금해당 산정기초가 될 금원의 노사배제합의를 원칙적으로 무효라고 할 수 없다. 오히려 그 반대로 단체협약에 대해서는 법률의 규정도 임의성을 가진다는 대단체협약임의 법규성의 원리와 노사의 집단자치를 허용하는 헌법 제33조의 협약자치의 원리상 노사의 합의는 원칙적으로 유효하되, 예외적으로 강행법규를 위반하는 경우에 비로소 그러한 노사합의가 무효가 된다고 해야 할 것이다. 특히 어느 수준을 상회하거나 하회해야 강행법규 위반이 되는지를 판단하는 기준이 없음에도 불구하고 노사의 배제합의를 무효로 하는 것은 법률명확성의 원칙에도 반하는 것이며, 근로3권으로 보장된 협약자율을 침해하는 위헌의 소지가 다분하다.

물론 헌법재판소법 제68조 제1항에 따라 법원의 판결에 대해서 - 일정한 예외[52]를 제외하고는 - 헌법소원을 제기할 수 없다. 그러나 법원에 의한 기본권 침해가 용인되어야 하는지에 대해서는 현재 논란이 있다. 법률 규정 자체의 위헌성 여부를 따지는 것이 헌법재판소의 본래 임무이기도 하지만, 법률 규정 자체만으로는 법적 분쟁이 해결되지 않고 규정에 대한 법원의 해석·적용이 있어야 비로소 법률 규정이 의미를 갖는 것이다. 따라서 법원이 행하는 특정한 법률해석이 상위규범인 헌법이 추구하는 가치질서에 반하는 경우에는 국민의

다. 그러나 근로기준법 소정의 산정기준에 따라 계산해야 할 수당이나 금원이 규정이 없는 상태에서 그와 같은 계산이 가능한 것인지 의문이다.

52) 그러한 사례로서는 헌법재판소가 위헌이라고 한 법률규정을 대법원이 판결에 적용하는 경우는 예외적으로 법원의 판결에 대해서도 헌법소원을 제기할 수 있다. 이에 관해서는 헌재결 1997.12.24, 96헌마172.

기본권 보장과 헌법의 가치실현을 위하여 헌법재판소는 한정위헌결정을 내릴 수 있다고 본다. 이것은 입법자가 재판소원에 관한 법률규정을 만들었던 만들지 않았던 관계없이 위헌법률 심판에 내재하는 헌법재판소의 본질적 권한이라고 본다. 강행법규에 반하지 않는 노사 간의 합의를 법원이 일방적으로 무효라고 하는 한, 기본권 침해의 소지가 다분하기 때문에 사법부의 재판도 권력분립의 원리상 국가권력 행사로서 당연히 헌법재판소의 통제를 받아야 한다고 본다.

2. 통상임금 규정에서 소정 근로와 총 근로의 의미

먼저 앞에서 강조한 바와 같이 어느 금원이 통상임금에 해당하기 위해서는 선결문제로서 먼저 근로의 대가인 임금에 해당하여야 한다. 그러나 판례나 학설은 근로의 대가성에 대해서 적극적으로 규명하지 않는다. 지금까지 판례 발전에서 엿볼 수 있는 근로의 대가에 대한 설명은 '지급의무의 발생이 근로제공과 직접적으로 관련되거나 그것과 밀접하게 관련된 것으로 볼 수 있는 것'이라든지[53] '특정 근로의 가치에 직접 대응하여 지급되는 것'[54]이라는 것이다. 근로의 대가성 문제는 한번은 재검토되어야 할 문제이다. 그러나 동시에 통상임금에서 정의되고 있는 '소정 근로 또는 총 근로'의 대가와 근로기준법 제2조 제1항 제5호에서 말하는 근로의 대가성과의 관련성도 규명되어야 할 문제이다. 근로기준법 제2조 제1항 제5호는 임금에 관한 총칙규정으로서 근로의 대가를 규정하고 있는데, 근로기준법 시행령 제6조 제1항은 통상임금의 정의로서 소정근로의 '대가' 또는 총 근로의 '대가'라고 하지는 않았지만, 통상임금이 소정의 근로나 총 근로에 대하여 지급하기로 하는 금액이라고 한다면 소정 근로의 대가 또는 총 근로의 대가라고 하여 다르지 않다고 본다. 그런데 소정 근로와 총 근로의 대가가 근로기준법 제2조 제1항 제5호에서 말하는 근로의 대가라면 통상임금은 평균임금과 다를 것이 없지만,[55] 소정 근로와 총 근로의 범주나 대상이 다르다면 통상임금은 근로의 대가와의 관계에서 어떻게 이해되어야 하는지, 그리고 만일 판례가 소정 근로와 총 근로를 근로기준법 제2조 제1항 제5호의 근로의 대가와 일치시키는 한 여기에 법리적인 문제는 없는지를 검토해야 할

53) 대법원 1999.5.12, 선고 97다5015; 서울고법 2012.11.23, 선고 2012나23773(G자동차 사건).

54) 서울고법 2012.11.23, 선고 2012나23773(G자동차 사건).

55) 그렇게 이해한다면 평균임금과 통상임금은 차이가 없게 되고 통상임금은 평균임금화될 것이다. 이에 대해 비판적으로 박지순, 106면 이하 참조.

것이다.

1) 소정 근로의 대가와 총 근로의 대가

근로기준법 시행령 제6조 제1항이 규범적 효력을 갖는다면 사용자가 지급하는 어느 금원이 통상임금의 산정범위에 포함되기 위해서는 ① 근로의 대가이어야 하며, ② 소정 근로 또는 총 근로의 대가이어야 하며, ③ 정기적이고 일률적으로 지급되어야 한다. 앞의 도식에서 보는 바와 같이 3단계의 연관고리로서 소정 근로에 대한 대가와 총 근로에 대한 대가가 해명된다면 통상임금의 개념범주와 외연도 어느 정도 분명하게 될 것이다.

(가) 소정 근로의 대가

소정 근로의 대가가 무엇인지에 대해 일반적으로는 근로기준법 제2조 제1항 7호가 소정 근로시간이 법정 근로시간의 범위 내에서 당사자 사이에 정한 근로시간이라고 규정하고 있으므로, 소정 근로는 법정근로 시간 내의 약정한 근로이고, 소정 근로의 대가는 약정한 근로에 대해서 지급하기로 정한 임금액을 말한다.[56] 따라서 소정 근로의 대가로서 통상임금은 실제로 근무한 것과는 무관하게 약정한 근로에 대해서 약정한 금액을 말한다. 그렇기 때문에 이미 특정의 근무를 한 것을 이유로 지급하는 금원이나 근무성적을 올렸기 때문에 지급하는 것은 통상임금의 개념상 이미 통상임금이 아닌 것이다. 상여금도 약정한 근로에 대한 약정한 금액을 지급하는 것이 아니라, 실적을 올렸기 때문에, 따라서 근무설적에 따라서 지급하는 것이므로 통상임금에 포함되지 않는다.[57] 그런 점에서 통상임금의 본질은 약정 금액이기 때문에 일단은 정기성이나 일률성의 요건은 통상임금의 본질과는 상이한 것이다. 따라서 일부 견해[58]가 이 점을 지적하여 통상임금을 '미리 주기로 약정한 확정금액'을 통상임금이라고 한 것은 통상임금의 본질이 소정 근로에 대한 대가이므로 일면 타당한 지적이다.[59] 그러나 도식에서 본 바와 같이 근로의 대가 중에서 약정한 근로에 대한

56) 임종률, 노동법, 제9판, 박영사, 2010, 381면; 김형배, 노동법 제22판, 박영사, 2013, 380면.

57) 임종률, 앞의 책, 382면.

58) 김기덕, "통상임금 개념요소로서의 고정성", 노동과 법 제6호(금속법률원), 2006, 198면.

59) '미리 주기로 약정한 확정금액'이 통상임금이라고 하기 위해서는 이를 제약하는 정기성이나 일률성 및 고정성 등의 요건은 불필요할 것이다. 그렇기 때문에 '미리 주기로 약정한 확정금액'을 통상임금이라고 주장하는 견해는 이를 제약하는 정기성과 일률성을 규정한 근로기준법 시행령 제6조 제1항의 규정을 위법한 것으로 보지 않을 수밖에 없다.

약정 금액이 통상임금이 되어야 하므로 미리 주기로 약정하였다고 해서 모든 금원이 통상임금이 되는 것은 아니다. 예를 들어 취업규칙에 일정한 실적을 올리면 특별격려금이나 포상금으로서 전체 근로자에게 일정액을 준다고 해서 그 금원이 통상임금이 되는 것은 아니다. 그런 점에서 통상임금에서도 근로의 대가성은 여전히 유지되지 않으면 안 된다.

판례는 금원의 통상임금 해당성이 문제된 사건에서 '소정 근로'가 무엇인지에 대하여 정확한 입장을 보이지 않고 있다. 물론 임금이분설이 인정되던 시절에 판례는 통상임금을 '소정 근로의 양과 질에 관계되는 근로의 대가'라고 보고 '근로의 대상성 이외에 근로의 교환적 대가성'이라는 요건도 충족해야 한다고 본 경우도 있었다.[60] 그러나 임금이분설이 무노동무임금과 관련한 대법원 전원합의체 판결에 의하여 폐기되고 임금일원설로 교체되면서 대법원은 통상임금을 '소정 근로 또는 총 근로의 대상으로 근로자에게 지급되는 금품으로서 정기적·일률적으로 지급되는 것'이라고 보았다. 물론 이러한 대법원 판례는 근로기준법 시행령 제6조 제1항을 그대로 반영하는 것이므로 그 자체에－이 규정의 위법성과는 별개로－문제는 없다. 그러나 동시에 대법원[61]은 이른바 '의료보험조합 사건'에서 "소정 근로에 대응하여 직접 또는 비례적으로 지급되는 것이 아니라 하더라도 그것이 소정 근로 또는 총 근로에 대하여 지급되는 임금이 아니라고 할 수 없으므로 그런 사유만으로 통상임금에서 제외할 수 없다"고 하였다. 소정 근로에 직접 또는 비례적으로 대응하지 않는 것도 통상임금에 포함될 수 있다는 이 판결로부터 통상임금의 범위가 확대되는 길이 열리게 되었다. 왜냐하면 소정 근로와 직접성도 없고 비례관계에 있지 않은 것은 총 근로에 해당하는 것으로 되어 대부분의 금원들이 총 근로에 해당하는 것으로서 통상임금이 될 여지가 다분하기 때문이다. 그렇게 되어 앞의 도식에서 보는 바와 같이 총 근로는 근로의 대가가 되어 통상임금의 영역이 근로의 대가와 동일하게 될 소지가 다분하게 된다. 그리하여 이른바 '의료보험조합 사건' 이후

---

60) 대법원 1994.10.28, 선고 94다26615; 서울 민사지법 1990.8.16, 선고 89가합59412("통상임금은 우선 근로의 대상성을 갖는 임금의 성격을 가져야 하는 이외에, 나아가 이러한 일반적 임금의 성격을 갖는 금품들 가운데 근로자의 지위에 기하여 그 생활보장적 성격의 임금을 제외한 이른바 근로의 제공에 대한 교환적 성질을 가지는 임금만을 지칭한다고 할 것이니 일반적 임금의 범위에 속하는 임금이 다시 통상임금에 포함되기 위해서는 근로의 대상성 이외에 나아가 근로의 교환적 대가성이라는 요건이 충족되어야 할 것이다".)

61) 대법원 1996.2.9, 선고 94다19501.

에 대법원 판례들[62]이 이러한 입장을 취함에 따라서 통상임금=총 근로의 대가=근로의 대가=평균임금이라는 등식이 성립되는 것으로 여겨지게 되었다. 그렇기 때문에 대법원과 하급심 판결들은 근로의 대가와 소정 근로 또는 총 근로에 대해서 고민할 필요없이 정기성과 일률성 등의 요건이 충족되었는지를 중점적으로 보게 된다.

그럼에도 도식에서 보는 바와 같이 근로기준법 제2조 제1항 제5호에 따라서 사용자가 지급하는 금원 중에서 근로의 대가로 지급하는 금원을 임금이라고 하고, 이 중에서 근로기준법 시행령 제6조 제1항에 따라서 당사자들이 약정한 근로에 대해서 약정한 대로 지급하는 것을 소정 근로라고 한다. 따라서 근로기준법 제2조의 근로의 대가로서 임금과 시행령 제6조의 소정 근로는 동일한 범주일 수 없다. 그런데 대법원이 소정 근로의 대가 이외의 것을 통상임금으로 보기 위한 도구로서 총 근로를 생각한다면 이것은 잘못된 것이다. 시행령의 규정상 통상임금에는 소정 근로 이외에 총 근로도 포함되어 있으므로 소정 근로에 대응하여 직접적이거나 비례관계에 없는 것이라도 총 근로에 대한 대가로서 통상임금에 해당하는 것이라고 본다면 근로기준법 제2조의 임금으로서 근로의 대가와 시행령 제6조의 소정 근로와 총 근로의 대가를 동일하게 보는 결과가 된다. 이와 같은 법원의 태도는 법해석과 적용 권한을 넘는 것이다. 도식에서 보는 바와 같이 입법자는 근로의 대가 영역을 평균임금과 임금일원설의 대상영역으로 파악하고 있고, 통상임금은 이 영역 중에서 시행령의 요건을 충족하는 근로의 대가의 일부를 통상임금으로 파악하고 있다. 소정 근로 이외의 총 근로를 확대하여 근로의 대가로 인식하는 것도 문제가 있다. 왜냐하면 동일한 입법규정 내에는 규율범주가 동일하여야 하고, 한 개의 조문에 대상영역과 범주가 다른 것은 별개의 조문을 구성하는 것이 입법원칙인데, 소정 근로의 대가는 약정된 근로의 대가로 보면서, 총 근로는 근로의 대가와 동일시 하는 것은 그러한 입법원칙을 무시한 것이다. 총 근로의 규율대상과 규율영역은 소정 근로와 동일한 수준의 대상과 영역을 규율하여야 할 것이다. 동시에 시행령의 제정권자는 통상임금의 범위를 근로기준법 제2조의 임금의 범위와 동일하게 규정할 권한이 없다.

---

62) 예를 들어 대법원 1996.3.22, 선고 56767; 대법원 2003.6.13, 선고 2002다74282; 그리고 최근의 판결로서 2012.3.29, 선고 2010다91046 등.

또한 통상임금에서 본래의 형태는 소정 근로의 대가이다. 소정 근로의 대가는 당사자가 약정한 근로에 대해서 약정한 근로의 대가를 지급하는 것이라고 본다면 소정 근로의 대가는 당사자의 의사에 달려 있다. 그러한 당사자의 추정적 의사를 본다면 근로자가 제공한 소정 근로와 그 이외 지급받은 근로의 대가를 모두 합한 총 근로에 대한 대가를 통상임금으로 한다는 것은 기대할 수 없다. 그러한 의사가 없었기 때문에 각 통상임금 소송에서 통상임금 산정기초를 두고 분쟁이 발생하는 것이다. 그렇다면 소정 근로와 동격의 지위에 있어야 할 총 근로의 의미가 무엇인지는 이미 근로기준법 시행령 제6조 제1항이 그 의미 내용을 내포하고 있다. 동 규정에 의하면 통상임금을 '소정 근로 또는 총 근로에 대해서 지급하기로 한 시간급, 일급, 주급, 월급 금액 또는 도급 금액'을 말하는 것으로 되어 있다. 소정 근로가 소정 근로시간으로 약정한 근로라면 소정 근로의 대가는 시간 단위로 지급되어야 하는 바, 시간급, 일급, 주급, 월급은 시간 단위의 지급형태이고, 나머지 하나가 도급 금액이다. 이 도급금액은 시간 단위가 아니라 일의 성과에 따라 지급되는 보수이다. 따라서 소정 근로에 대한 각 시간 단위 급여를 제외한다면 남아있는 것은 총 근로와 도급금액이다. 바로 총 근로는 근로의 양에 따른 임금산정기준으로서 도급금액의 산정단위를 말하는 것이다. 그리하여 이미 근로기준법 시행령 자체의 해석으로부터 총 근로가 근로의 대가와 같은 의미로 이해될 수 없으며, 따라서 근로의 대가로서의 모든 금원을 의미하는 것으로 확대 해석되어서는 안 된다.[63] 판례가 소정 근로 이외의 금품으로 통상임금을 확대하기 위하여 '소정 근로에 직접적 또는 비례적으로 대응하여 지급하는 금품이 아니라도 총 근로에 대한 임금'이기 때문에 통상임금이 된다고 한다면 이것은 근로기준법 제6조 제1항에서 말하는 총 근로를 잘못 해석한 것이다. 총 근로가 도급금액을 산정하기 위한 단위로 이해한다면, 그리고 근로기준법 시행령의 통상임금에 관한 규정을 올바로 해석한다면 소정 근로는 시간 단위로 산정하는 것으로서 시간급, 일급, 주급, 월급이 되어야 하며, '1임금산정기간'을 넘을 수가 없는 것이다. 그럼에도 판례가 소정 근로의

---

63) 총 근로를 도급금액을 계산하기 위한 산정단위로서 이해하는 견해로서 김형배, 노동법 제22판, 2013, 380면("총 근로에 대한 임금은 총 근로의 성과에 대하여 지급되는 도급금액"); 김지형, 노동법해설, 청림출판, 1993, 132면; 박지순, "통상임금에 관한 최근 대법원 판결의 의미와 쟁점", 「노동리뷰」 제92호(한국노동연구원), 29면; 하경효, 임금법제론, 2013, 87면. 무엇보다 박지순·이상익, 같은 책, 114면 이하 참조.

통상 산정 시간 단위인 '1임금산정기간'을 무시하고 정기상여금을 통상임금으로 포섭하기 위해서 총 근로의 개념을 사용한다면 이는 정당한 해석이라고는 할 수 없다.

그와 동시에 통상임금의 주요 형태인 소정 근로가 소정의 근로시간에 대해 약정한 지급액이라고 한다면 이제는 통상임금도 객관적으로 판단할 것이 아니라, 근로자 개개인별로 주관적으로 판단되어야 하고, 그런 점에서 당사자의 의사도 존중되어야 한다고 본다. 보통 소정 근로의 대가로서 통상임금은 근로계약과 취업규칙, 단체협약 등으로 정하여질 것이다. 외관상으로는 근로자 집단별로 동일하게 지급되고 정기적으로 지급될 것이기 때문에 근로기준법 시행령은 통상임금을 정기적으로 일률적으로 지급되는 소정근로에 대한 대가로서 규정하고 있는 것으로 보인다. 그러나 통상임금을 소정의 근로의 대가로서 당사자가 '약정'한 것으로 관념하는 한, 근로자 개개인들의 통상임금이 기본이 되어야 하고, 따라서 처음부터 근로자 집단 내지 모든 근로자들의 통상임금이라는 것은 그러한 개개인들의 약정의 조합의 현상으로서만 의미가 있을 것이다. 예컨대 임금지급 실태가 다양할 것이지만, 기본급을 정하는 경우 시간급, 일급, 주급, 월급으로 정하는 정액급과 실적에 따라 지급액 등을 달리하는 실적급으로 나누는 것이 보통이다. 정액급은 연공급과 직무급, 직능급으로 구성되는 것이 보통이다. 연공급은 개개인의 학력과 경력 및 근속기간 등에 따라 결정되고, 직무급은 직무내용에 따라 결정되며, 직능급은 자격이나 직능과 같이 직무수행능력에 따라 정해지는 '직능급'으로 구성되는 것이 보통이다.[64] 따라서 연공급과 같은 경우는 개인별로 결정되는 것이므로 이러한 급여체계를 갖고 있는 사업장에서 근로자 개인의 임금은 당사자의 합의, 취업규칙, 근로계약 등에 의해서 개인별로 주관적으로 결정되는 것이다. 따라서 약정한 근로에 대해서 약정한 급여를 준다는 의미에서의 소정 근로의 대가는 정기성이나 일률성과 같은 객관적 기준으로 정하여 지는 것이 아니라, 근로자 개인별로 약정에 의해서 정해지는 것이다. 그런 점에서는 통상임금을 결정하는 중요한 본질표지가 '약정'이기 때문에 근로자 개인의 통상임금이어야 하며, 그러한 통상임금이 취업규칙이나 단체협약과 같은 집단적 근로조건 결정시스템에 의해서 근로자 전

64) 이에 관해서는 임종률, 같은 책, 381면 각주 3) 참조.

체가 또는 집단별로 동일할 때 일률적이라고 불리우는 것이다. 따라서 소정의 근로의 대가를 소정의 근로시간에 대한 약정된 금액이라고 할 때 그 금액은 주관적으로 결정되는 것이고, 그 내용은 근로자 개인의 통상임금을 기본으로 하여 통상임금이 동일한 집단이 형성되는 것이다. 판례[65]와 일부 견해[66]는 통상임금을 정하는 이유가 '고정적이고 평균적인 임금을 산출하려는 것', 그렇기 때문에 고정적이어야 한다는 것은 소정 근로의 대가 중에서 근로자 전체나 일정한 조건과 기준을 충족한 모든 근로자 집단의 통상임금을 의미하는 것으로서 그러한 통상임금은 약정된 소정 근로의 대가 중에서 정기성과 일률성을 충족하는 고정적 임금을 의미하는 것이다. 이와 같이 본다면 통상임금이라는 소정 근로의 대가에서는 근로계약에서는 사용자와 근로자의 개별적 의사, 단체협약에서는 집단적 자치에 의한 노동조합과 사용자의 의사, 취업규칙에서는 근로자 집단의 동의와 같은 당사자의 의사가 중요한 것이다. 소정 근로의 대가를 이와 같이 이해할 때 도식에서 보는 바와 같이 범주별로 보면 사용자가 지급하는 모든 금품 → 근로기준법 제2조 제1항 제5호의 근로의 대가 → 약정한 소정 근로의 대가 → 정기적이고 일률적으로 지급되는 소정 근로의 대가로 체계화할 수 있을 것이다. 그런 점에서 정기적이고 일률적으로 지급되는 고정적 임금은 먼저 소정 근로의 대가 범위 내에서의 것이기 때문에 당사자들이 의사합치로 약정하는 것들의 범위 내에서 정기적이고 일률적인 것을 통상임금의 산정기초로 삼아야 할 것이다.

(나) 소정 근로의 대가와 당사자의 의사

통상임금의 기준이 되는 소정 근로의 대가가 실제 근로와 실적과는 별개로 소정 근로시간에 대해 약정한 대로의 금액을 의미한다면 금원의 통상임금 해당성을 판단함에 있어서는 근로기준법 시행령 제6조 제1항의 통상임금 정의규정이 규범력을 가지는 한 당사자의 의사합치가 핵심이라는 것을 의미한다.

어느 특정 금원이 통상임금의 산정기초가 되기 위해서는 소정 근로의 대가로서 약정되어 있어야 한다. 따라서 통상임금 해당성 판단에 있어서 당사자의 의사를 배제하고 판례처럼 단순하고 기계적으로 일률성과 정기성 및 계속성

65) 대법원 2007.6.15. 선고 2006다13070; 대법원 2010.1.28. 선고 2009다74144; 대법원 2011.8.25. 선고 2010다63393; 대법원 2012.3.29. 선고 2010다91046 등.

66) 예를 들어 김형배, 노동법, 제22판, 2013, 380면 참조.

등의 판단표지에 의하여 사용자가 지급하는 금원의 통상임금 해당성이나 평균임금 해당성을 판단해서는 안 된다. 노동법에서도 – 물론 강행법규에 의한 제한이 뒤따르지만 – 당사자의 의사에 의해 임금을 포함한 근로계약 내용의 형성의 자유가 기초를 이루고 이 토대 위에서 근로자 보호필요성의 제한이 가해지는 것으로 이해할 수 있기 때문에 경우에 따라서 판례처럼 당사자의 의사를 고려하지 않는 임금 판단은 헌법적으로 근거지워진 계약의 자유와 자기결정권을 침해할 소지가 있는 것이다.

임금규정은 근로계약의 본질적 부분이며, 단체협약의 주요 대상이기도 하다. 기본급 뿐만 아니라, 모든 수당, 상여금, 기타의 금전가치의 급여가 당사자의 의사의 합치에 의하여 임금의 영역에 속할 수 있다. 그러나 반대로 강행법규에 저촉되지 않는 한 당사자의 의사에 의하여 사용자가 지급하는 금원도 임금에서 배제될 수 있다. 말하자면 근로계약 당사자나 노사 집단은 보수산정을 자유로이 약정할 수 있다. 그런 의미에서 보수산정도 계약내용의 형성으로서 근로계약 당사자들이 자유로이 약정할 수 있다. 말하자면 사용자나 근로자 모두 계약형성의 한 방편인 임금약정으로 헌법이 보호한 사적 자치의 활동에 참가하는 것이다. 그런 점에서 가족수당이나 복지수당이 근로의 대상이 아니면서도 당사자가 합의하여 통상임금으로 받아들이기로 약정하였다면 이 의사는 존중되어야 하고 법관은 이에 대해 함부로 내용통제나 적정성 통제를 해서는 안 된다. 마찬가지로 임금협정에 특별한 금원의 지급의무가 규정되어 있다고 하더라도 당사자들이 근로의 대상이 아니어서 이를 통상임금으로 받아들이지 않기로 결정하였다면 법관은 이를 함부로 수정하거나 변경해서는 안 된다. 따라서 강행규정에 의해서 근로의 대상으로 인정되어 통상임금으로 산정되어야 할 금원이 당사자들의 의사에 의해서 배제된 경우에 한해서 법관은 이를 무효로 하여 통제를 할 수 있는 것이다. 판례는 입법부, 행정부처럼 직접적으로 적용되는 법으로서 헌법에 구속된다. 그리고 자유로이 형성된 계약당사자의 의사는 노동법에서도 관철되어야 한다. 그러한 한도에서 의사표시의 합치에 의해서 체결된 임금에 관한 개별약정의 우위는 헌법적 관점으로부터도 보호되어야 하며, 법관은 계약자유에 대한 법형성적 제한에 있어서도 법치국가원칙을 존중하여야 한다. 임금에 관한 계약자유의 제한에 대해서는 비례성의 원칙에 따라야만 한다. 물론 강행법인 노동법의 적용을 당사자의 처분에 맡겨둘 수는 없다. 따라서 평균임금이나 통상임금의 산정범위에 대해 근로기준법 제2조 제1항 제5호나 동 시행령 제6조 제1항을 위반하면서까지 당사자들이 마음대로 결정할 수는 없다. 이들 경우 이외에 헌법상 보장된 계약자유의 원칙과의 관계에서 이 원칙의 전제인 당사자의 대등성이 손상되고 있지 않으면 보수산정의 선택은 당사자에게 맡겨질 수 있는 것이다.[67] 노동법의 규정들이 강행적 성격을 갖는다고 하더라도 근로관계는 사적 자치에 의한 법률관계이기 때문에 어떤 금원을 통상임금의 산정범위에 포함시킬 것인가는 계약내용의 형성에 달려 있다. 그럼에도 불구하고 판례가 당사자의 의사, 즉 계약내용형성의 자유를 무시하고 단순하고 기계적으로 일률성, 정기성, 계속성 등으로 임금산정범위를 판단하는 것은 당사자의 계약의 자유와 자기결정권을 침해하는 것이다. 그렇기 때문에 임금약정에 대해서 법원은 원칙적으로 적정성 통제를 할 수 없다.[68] 또한 개별적으로 약정된 임금의 경우 계약자유는 균등대우원칙에 대해서 우위에 있다.[69] 만일 법원이 당사자의 의사를 무시하고 계약내용형성의 자유를 제한하는 임금약정에 관한 판결에 있어서 기본권의 보호명령기능을 고려하지 않는다면 법원은 헌법에 반하는 행동을 하게 되는 것이다.

이와 같이 통상임금이 소정 근로시간에 대해서 미리 약정한 것을 지급하는 금액이라고 이해한다면 소정 근로의 대가는 개개 근로자와의 관계에서 주관적으로 판단되어야 하며, 집단적 근로조건 결정시스템으로 취업규칙이나 단체협약은 이 판단을 위한 근거자료로서의 가치를 갖게 되는 것이다. 근로기준법 시행령 제6조 제1항의 규정을 무효로 하지 않는 한, 당사자의 의사합치에 의해서 결정된 소정 근로의 대가 중에서 - 판례처럼 정기적, 일률적으로 지급되는 고정적 임금이 통상임금이라고 한다면 - 사용자가 지급하는 금원 중에서 정기적이고 일률적이고 고정적으로 지급되는 것을 찾아 통상임금으로 판단하는 것이 판례의 경향으로 보인다. 그러한 태도는 도식에서 보는 바와 같은 급여나 금원의 구조, 즉 금원과 근로의 대가로서의 임금, 약정된 소정 근로의 대가와 그 중에서 정기적이고 일률적으로 지급되는 근로의 대가를 고려하지 않고, 사용자가 지급하는 전체 금원을 정기성과 일률성 및 고정성의 판단대상으로 삼아 판단

67) Preis, Grundlagen der Vertragsgestaltung im Arbeitsrecht, 1993, S. 380 ff.

68) LAG Berlin v.3.1.1984, BB 1984, 1362.

69) BAG 9.11.1972, AP Nr.36 zu § 242 BGB Gleichbehandlung; BAG 30.5.1984, AP Nr.2 zu § 21 MTL ii; BAG 19.8.1992, EzA § 242 BGB Gleichbehandlung Nr. 52

하는 결과를 자초하여 임금과 통상임금에 관한 체계는 무너지게 된다. 그 결과 임금일원설의 대상이 되는 근로의 대가와 평균임금의 산정범위에 속하는 것을 통상임금 산정범위의 금원과 동일시하거나, 심지어 사용자가 지급하는 모든 금원에 대해 정기성과 일률성 및 고정성의 잣대로 통상임금 해당성을 판단하게 되는 결과를 가져올 수도 있다.

그런데 엄밀히 보면 통상임금의 산정기초 대상이 소정 근로의 대가라면 사전에 약정된 것이므로 정기성과 일률성의 여부도 사실은 당사자들이 결정하게 된다. 사용자가 지급하는 금원들에 대해서 사후적으로 그리고 객관적으로 정기적· 일률적 및 고정적으로 지급되었는지를 판단하는 것이 아니라, 약정한 소정 근로의 대가를 어떻게 지급할 것인가의 지급방법에 대해서 당사자들이 사전에 정할 수 있다.[70] A금원은 정기적이고 일률적으로, B금원은 일시적이고 근로자들의 실적별로 지급한다는 약정을 사전에 할 수 있다는 점에서 '정기적, 일률적 고정임금'도 당사자의 의사합치에 의해서 결정될 수 있다. 따라서 통상임금은 그 만큼 주관적 판단을 기초로 하고 있다고 생각된다. 그러므로 금원의 통상임금 해당성 판단을 위해서 당사자들이 해당 금원을 사전에 정기적이고 일률적으로 주기로 하였는지에 대한 근로자와 사용자, 노동조합과 사용자 당사자들의 주관적 의사를 고려하지 않으면 안 될 것이다. 그럼 점에서 예를 들면 앞의 하급심 판결 중 '고용노동부 사건'에서는 무기계약직 전환근로자들에게 소정 근로의 대가로서 지급하는 각종의 금원들이 정기적이고 일률적으로 지급되었는가라는 사실관계가 중요한 것이 아니라, 이 금원들은 정기적이고 일률적으로 지급한다는 사실에 앞서서 통상임금의 범주에 들어가지 않는 금원으로서, 말하자면 소정 근로의 대가로서 약정하는 것이 아닌, 복리후생비로 지급한다는 당사자의 의사가 먼저 통상임금 해당성 판단의 기준이 되어야 하는 것이다. 따

70) 노동법실무연구회, 근로기준법 주해 I, 2010, 248면("근로계약을 체결하면서 소정 근로의 양과 질에 대하여 어떤 평가를 하였는가, 즉 체결 당시 노동력을 어떻게 평가하였는가에 착안하여 통상임금의 개념을 찾아야 한다는 점에서 평균임금은 사후적, 산술적 임금개념인데 반하여 통상임금은 사전적, 평가적 의미의 임금개념"); 문무기 외, 임금제도 개편을 위한 노동법적 과제, 한국노동연구원, 2006, 149면("근로계약 체결시 사용자가 근로자의 노동력 또는 소정 근로의 가치를 어느 정도로 인정하고 있는가에 대해 종합적으로 판단해야 한다는 것")이 근로계약 체결 당시 당사자들이 노동력에 대한 평가를 어떻게 하였는가를 중심으로 근로계약을 체결해야 한다고 하는 한, 이 견해도 통상임금 산정기초의 판단은 정기성과 일률성의 객관적 기준 보다는 당사자의 주관적 의사를 중심으로 판단해야 한다는 점에서 주관설에 가깝다.

라서 대법원 2012년 3월 29일의 판결처럼 상여금과 같이 1임금산정 기간을 넘어 지급되는 임금이라도 정기적이고 일률적으로 지급되었다고 하더라도 상여금지급 기간 동안의 소정 근로 또는 총 근로에 대한 대가로 당사자들이 그러한 약정을 하였는가가 통상임금의 본래 모습으로서 소정 근로의 대가에 대한 정당한 평가라고 볼 수 있다.

제 4 절 임금일원론 · 통상임금 · 사회적 급여

하급심 판결이나 대법원 판결은 앞에서 본 바와 같이 어느 특정 금원의 본질이 무엇인가에 대해 묻지 않고 금원의 객관적 속성에 해당하는 정기성과 일률성으로 그 금원이 통상임금에 해당하는지를 판단하는 경향이 강하다. 그리하여 근로의 대가와 소정 근로의 대가나 총 근로의 대가에 대해 적극적인 해석작업을 하거나 규명작업을 하지 않는다. 근로기준법 시행령 제6조 제1항을 근거로 판단하는 것으로 만족하는 것으로 보인다. 그런데 판례가 근로의 대가나 소정 근로의 대가에 대해서 규명하지 않도록 한 것이 대법원 전원합의체에 의한 임금일원론 판결이 아닌가 생각된다. 설과 추석에 주는 여비, 체력단련비, 유류비, 상여금, 선물비, 식대, 교통비, 자가운전보조비 및 효도제례비, 하계 휴가비 등등은 임금이분론 하에서는 통상임금의 산정기초가 되지 못하는 것들이었다. 그러나 위 전원합의체 판결 이후에는 기본급 등의 교환적 부분과 복리후생비 등의 생활보장적 급여를 구분할 필요가 없어졌다. 무엇이 근로의 대가인지, 따라서 교환적 성격의 임금인지, 생활보장적 성격의 임금인지를 구분할 필요가 없으므로 모든 근로의 대가가 임금범위로 포섭된다. 이러한 전제 하에 금원이 근로의 대가인지, 소정 근로의 대가인지를 구분할 필요가 없게 되었다고 생각한다. 최근의 하급심 판결[71]도 "'모든'임금은 근로의 대가"로서 생활보장적 임금이란 없다는 점을 강조한다. 그런 이유에서 교환적 임금이나 생활보장적 임금이나 모두 임금의 범위에 들어오기 때문에 통상임금 해당성 판단을 위해서

71) 예를 들면 서울고법 2012.11.23. 선고 2012나23773.

해당 금원이 근로의 대가에 해당하는지를 판단할 필요가 없으며, 또한 정기성과 일률적인 고정임금의 기준이 중요하기 때문에 소정 근로의 대가로 약정된 것인가에 대한 당사자의 의사를 묻지 않는 것으로 보인다.

그러나 모든 임금이 근로의 대가라는 것은 근로기준법 제2조 제1항 제5호의 규정에 의해서 임금은 근로의 대가이므로 모든 임금은 근로의 대가이다. 말하자면 판례는 모든 임금은 근로의 대가라는 점에서 동어반복적인 표현을 하고 있는 셈이다. 그러나 임금일원론이 모든 '금원'에 방점을 두었다고 해서, 모든 '금원'은 근로의 대가로 오해되어서는 안 된다는 점이다. 모든 임금은 근로의 대가라는 의미와 모든 금원이 근로의 대가라는 의미는 분명히 현격한 차이가 있다. 그럼에도 임금일원론에 의해 모든 금원은 그 자체로서 근로의 대가인 것으로 보이기 때문에 대법원이나 하급심은 더 이상 근로의 대가를 따지지 않고 객관적 요건으로서 정기성과 일률성, 고정성으로 통상임금을 판단하지 않는가 하는 생각이 든다. 그러나 임금일원론이 말하는 임금은 근로기준법 제2조 제1항 제5호의 근로의 대가를 의미한다. 그렇기 때문에 당사자들이 약정을 하고 미리 주기로 합의한 통상임금은 근로기준법 시행령 제6조 제1항의 소정 근로에 대한 대가로서 이 임금일원론이 말하는 근로의 대가와는 다른 것이다. 그럼에도 판례가 근로의 대가와 소정 근로의 대가를 구별하지 않고서 임금일원론에서 말하는 근로의 대가를 통상임금에 그대로 적용한다면 근로기준법 제2조 제1항 제5호와 근로기준법 시행령 제6조 제1항을 같은 것으로 보는 것이다. 그러나 두 규정은 목적이나 적용대상, 기능 등에서 서로 다른 규정이다. 그런 점에서 판례는 법률적용의 오류를 범해서는 안 된다.

그렇다면 임금일원론 하에서도 근로의 대가성을 따져 통상임금 해당성을 달리 할 금원이 있는가, 근로자의 노후 생활보장을 위한 사회보장 급여가 통상임금의 산정기초에 들어오지 않는가 등의 말하자면 임금일원론 하에서도 종전에 생활보장적 급여로서 복리후생비 등은 당연히 통상임금에 해당하여야 하는가, 아니면 그것이 근로의 대가가 아니어서 임금에 해당하지도 않지만 통상임금 산정기초에도 들어오지 않는 것인가하는 문제가 있다. 즉 사용자가 지급하는 금원 중에서는 근로의 대가성 자체가 인정되지 않아 임금도 아니고 통상임금의 대상도 되지 않는 금원이 가능한가 하는 의문이 있을 수 있다. 아래에서는 이러한 문제점을 검토하고, 이를 위하여 독일에서는 이와 같은 특별급여로서 사회적 급여 내지 사회적 부가급여를 통상임금과 관련하여 어떻게 처리하는지를 살펴보기로 한다.

Ⅰ. 임금일원론 하에서의 통상임금

무노동무임금에 관한 원칙판결로서 1995년 대법원 전원합의체 판결[72]은 쟁의행위시 임금청구를 할 수 있는 대상이 무엇인가에 관한 판결이지만, 임금의 본질 논쟁으로 비화한 판결이다. 판결에 따르면 "모든 임금은 근로의 대가로서 근로자가 사용자의 지휘를 받으며 근로를 제공하는 것에 대한 보수를 의미하므로 현실의 근로제공을 전제로 하지 않고 단순히 근로자로서의 지위에 기하여 발생한다는 이른바 생활보장적 임금이란 있을 수 없다"고 한다. 따라서 종전 임금이분설에 따라 임금 중 교환적 부분만이 통상임금에 해당한다는 판례는 더 이상 유지되지 않게 되었다. 동 판결 이후의 판례[73]들은 이미 앞에서 본 바와 같이 "소정 근로시간의 근로에 직접적으로 또는 비례적으로 대응하여 지급되는 임금이 아니더라도 그것이 소정 근로 또는 총 근로에 대하여 지급되는 임금이 아니라고 할 수 없으므로 그런 사유만으로 그 임금을 통상임금에서 제외할 수는 없다"고 한다. 그러나 여기서 '소정 근로시간의 근로에 직접적으로 또는 비례적으로 대응하여 지급되는 임금이 아닌 것'은 소정 근로의 대가가 아니다. 판례는 그러한 종류의 금원은 총 근로의 대가인 것으로 생각하고 있는 듯하나, 근로기준법 시행령 제6조 제1항에서 말하는 총 근로는 도급근로를 의미하는 것이고, 판례는 소정 근로를 포함하여 약정되지 않은 근로제공과 그 급여 전체를 포함하는 의미에서의 총 근로를 생각하는 것으로 보인다. 그 점에서 판례법리는 통상임금에 관한 시행령 규정－이 규정의 규범력을 전제로 하여－적용사례에 근로기준법 제2조 제1항 제5호의 규정을 적용한 법률초월적 법형성에 해당한다.

그런데 임금일원론 하에서의 임금은 교환적 부분에 대한 임금과 생활보장적 부분에 대한 임금 모두를 포함한 모든 근로의 대가를 의미한다. 그런 점에서 보면 임금일원론에서의 임금은 근로기준법 제2조 제1항 제5호의 적용범위

72) 대법원 1995.12.21. 선고 94다26721(전원합의체).

73) 예를 들어 대법원 1996.2.9. 선고 95다19501.

로서의 임금을 의미하는 것이다. 그러나 통상임금은 그러한 근로의 대가 중에서 당사자들이 약정으로 소정 근로시간에 대해서 주기로 한 소정 근로의 대가가 산정기초로 포함되는 것이기 때문에 임금일원론 하에서의 임금과는 그 취지, 대상, 내용, 기능, 판단기준도 동일하게 적용할 수 없다. 그리고 임금일원론 하에서도 근로의 대가가 아닌 금원도 있을 수 있다. 그러한 대상으로서 판례와 행정해석[74]이 임금에 해당하지 않는 것으로 인정한 금원들은 모두 근로의 대가가 아니기 때문에 임금일원론 하에서도 임금범주에 들어오지 않는다. 근로의 대가로 지급되지 않은, 근로자가 특수한 근무조건이나 환경에서의 직무수행으로 소용되는 비용을 변상하는 실비변상적 금원이나 은혜적으로 지급하는 금원은 임금일원론 하에서도 임금에 해당하지 않는다.[75]

Ⅱ. 임금일원론 하에서의 사회적 급여

1. 임금일원론과 사회적 급여

임금일원론 하에서도 개인연금보험료나 명절여비, 효도제례비, 월동비, 가족수당, 김장값, 식사대, 식대보조비, 교통보조비, 체력단련비 등과 같이 복리후생적 급여, 이른바 사회적 급여 내지 사회적 부가급여가 통상임금의 산정 기초에 해당하는가에 대해서 살펴보기로 한다. 임금일원론 하에서는 생활보장적 임금도 근로의 대가로서의 성격을 갖기 때문에, 그리고 임금 중에는 근로의 대가가 아닌 임금은 있을 수 없기 때문에 위에서 예로 든 금원들은 임금일원론 하에서는 근로의 대가가 되어 근로기준법 제2조 제1항 제5호에 포섭될 수 있다. 그러나 근로의 대가라고 해서 이 금원들이 통상임금의 산정범위에 포함되어야 하는 지는 별개의 문제로서 근로기준법 시행령 제6조 제1호의 적용문제이다. 그렇다면 이 시행령 규정을 전제로 임금일원론 하에서도 복리후생적인 사회적

---

74) 노동부 예규 제327호, 1997.3.28. 서울행정법원 2008.6.25, 선고 2007구합1972(경영성과금의 임금 해당성을 부정).

75) 대법원 1990.11.27, 선고 90다카23868; 대법원 1990.12.7, 선고 90다카19647; 대법원 1991.1.15, 선고 90다6170; 대법원 1991.2.12, 선고 90다15952, 15976; 대법원 1999.2.9, 선고 97다56235; 대법원 2001.10.23, 선고 2001다53950; 대법원 2002.10.17, 선고 2002다8025; 대법원 2003.4.22, 선고 2003다10650; 대법원 2006.2.23, 선고 2005다54029(무쟁의 달성 여부와 경영실적 달성 여부에 따라 달라지는 성과금의 임금 해당성 부정).

급여가 임금에는 해당하지만 통상임금에 해당하지 않는 것은 가능한가 하는 문제가 제기된다.

판례는 복리후생비, 사회적 급여, 사회적 부가급여 등의 명칭에 구애됨이 없이 어느 금원이 통상임금의 산정기초에 포함되는지에 대해 정기적이고, 일률적으로 지급되는 고정적 임금인가를 판단의 중심에 둔다. 그러나 그 이전에 통상임금이 되기 위해서는 당사자 사이에 소정의 근로시간에 지급하기로 하는 지급액이어야 한다. 따라서 여기서 중요한 것은 그와 같은 금원을 소정 근로시간에 지급하기로 약정하였는가 하는 개별적, 집단적 당사자의 의사의 합치 여부가 먼저 검토되어야 하는 것이다. 이러한 종류의 급여에 대해서 미리 선행적으로 정기성과 일률성 및 고정성 등의 요건으로 판단해서는 안 된다.

2. 사회적 급여로서의 개인연금보조비 사례

1) 판례

퇴직금이나 퇴직급여보조금, 개인연금보조금 등은 엄밀히 보면 근로관계가 종료된 후에 근로자들의 노후생활을 위하여 사회적 배려 차원에서 지급하는 금원들이다. 그렇기 때문에 근로의 대가와 직접적인 관계는 없는 금원들이다. 하급심의 판례[76] 중에는 i) 단체협약을 체결하면서 전 사원들을 대상으로 개인연금 일정액을 10년간 불입하여 주기로 합의하였다는 점, ② 연금보험료를 급여명세서에 기재하고 근로소득세를 원천징수하여 온 사실, ③ 직접 근로자들에게 현실로 지급되는 것이 아니고, 그 지급의 효과가 즉시 발생하는 것은 아니라고 하여도 사용자가 단체협약에 의하여 전 사원을 피보험자로 하여 개인연금보험에 가입한 후 매월 그 보험료 전부를 대납하였고, 근로소득세까지 원천징수하였다면 이는 근로의 대상인 임금의 성질을 갖는다 할 것이고, 정기적, 일률적, 고정적 급부라는 통상임금의 개념적 징표까지 모두 갖추었다는 것을 근거로 연금보험료도 통상임금에 포함된다고 본다.

개인연금보조비가 평균임금 산정기초가 되는 임금총액에 포함되는가에 대해 대법원은 비교적 일관된 입장을 취하여 정기적, 일률적으로 보조금을 지급하는 것이라면 임금의 성질을 갖는다고 한다. 특히 사용자가 법적으로 보험료

76) 대전지법 천안지원 2012.9.4, 선고 2011가합6093; 서울고법 2012.11.23, 선고 2012나23773; 서울고법2004.1.30, 선고 2003나5919.

납부의무를 부담하고 있는 건강보험의 사용자 부담부분은 임금에 해당하지 않지만,[77] 사용자가 법률상 근로자에게 납부의무가 있는 사회보험료의 전부 또는 일부를 대신 납부하고 있다면, 이를 비록 직접 근로자에게 지급하는 것은 아닐지라도 근로의 대가로서의 임금의 성질을 갖는다고 본다. 사회보험이 아닌 민간보험으로서의 개인연금 등에 대한 사용자의 보조비가 평균임금에 포함되는지에 대해서도 판례[78]는 모든 근로자에게 정기적·일률적으로 지급되는 경우 이를 임금에 포함되는 것으로 보아 개인연금에 대한 회사지원금과 신용협동조합 출자보조금도 임금에 해당한다고 보고 있다. 특히 원심판결[79]이 개인연금 회사지원금과 신용협동조합 출자보조금이 근로자의 복리후생을 위하여 사용자가 은혜적으로 지급하는 것으로 본 것에 대해 대법원은 개인연금보조비가 "근로자들 모두에게 계속적, 정기적으로 지급되고 이에 대하여 근로소득세까지 과세되었음을 알 수 있고, 그 지급기준이 사용자의 의사에 달려 있었던 것도 아니고, 실비변상을 위하여 지급된 것으로 보기도 어려우므로" 판례가 사용자가 지급하는 금원의 평균임금 해당성 판단의 일반원칙으로 삼는 법리[80]에 따라 '피고회사에게 지급의무가 지워져 있는 것으로서 임금에 해당한다고 볼 여지가 충분하다'고 본다. 그리고 이 판례는 본고에서 여러 차례 반복하여 강조한 바와 같이 개인연금보조비의 지급목적이나 지급동기가 중요하다는 점을 강조한다. 그리하여 개인연금보조비는 임금에 해당할 여지가 충분하기 때문에 원심은 피고회사가 개인연금보조비를 지급하게 된 경위 등에 관하여 원고들에게 입증을 촉구하는 등의 방법으로 보다 자세히 심리하여 근로자들에게 근로의 대상으로 지급된 임금에 해당하는지의 여부를 가렸어야 함에도 불구하고 심리를 다하지 않았다는 이유로 파기환송하였다. 이와 같은 개인연금보조비가 임금으로서 정기적이고 일률적으로 지급되는 것이기 때문에 평균임금에 해당한다면

77) 대법원 1994.7.29, 선고 92다30801.

78) 대법원 2002.10.17, 선고 2002다8025(전원합의체); 개인연금 또는 단체개인연금보험료에 대해서 대법원 2005.9.9 선고 2004다41217; 대법원 2006.5.26, 선고 2003다54322, 54339.

79) 대법원 1994.7.29, 선고 92다30801; 부산고법 2001.12.19, 선고 2001나3658.

80) 대법원 1999.5.12, 선고 97다5015. 전원합의체 판결을 통해 평균임금 해당성 판단의 일반원칙을 확립한 바가 있다. 판례에 따르면 평균임금에 해당하기 위해서는 "사용자가 근로의 대상(對償)으로 근로자에게 지급하는 일체의 금품으로서, 근로자에게 계속적, 정기적으로 지급되며 그 지급에 관하여 단체협약, 취업규칙, 급여규정, 근로계약, 노동관행 등에 의하여 사용자에게 그 지급의무가 지워져 있고, 또한 일정요건에 해당하는 근로자에게 일률적으로 지급하는 것이라면 그 명칭여하를 불문하고 평균임금의 산정대상이 되는 임금이어야 한다"고 한다.

같은 정기성과 일률성의 기준으로 통상임금 해당성을 판단하는 판례의 입장에서는 통상임금 해당성을 인정하고 있다.[81)]

2) 행정해석과 학설

행정해석은 개인연금보조비가 사용자에게 그 일부의 부담의무가 지워져 있다 할지라도 단지 근로자의 복리후생을 위하여 사용자가 지원하는 것으로 보아야 할 것이므로 근로의 대가인 임금으로 볼 수 없다고 한다.[82)] 또한 근로자의 노후 생활에 대비한 연금뿐만 아니라, 손해사고에 대비한 개인손해보험료를 지원하는 경우에도 이를 복리후생비로 보아 임금이 아니라고 본다. 즉, 행정해석[83)]에 따르면 "사용자가 인적·물적 사고로 인한 손해로부터 근로자를 보호하기 위하여 운전자보험에 가입하고 보험료의 부담조건을 단체협약으로 정한 경우라 하더라도 보험금은 피보험자인 근로자가 돌발적인 사고를 당하는 경우에 한하여 보상되는 것인 바, 이는 피보험자의 매월 실수익에 영향이 없고 단지 근로자의 복리후생을 위하여 사용자가 지원하는 것이므로 근로의 대상인 임금으로 볼 수는 없다"고 한다.

학설의 일부는 사회보험료 중 근로자 부담부분을 사용자가 대신하여 납부하는 경우는 개개의 근로자는 사용자의 부담으로 인하여 자기의 필연적인 지출이 감소되는 만큼 이익을 받고 있으므로 근로의 대상으로 임금에 해당할 여지가 있지만,[84)] 개인민영보험의 경우는 복리후생을 위하여 사용자가 보조하는 것이므로 임금이 아니라고 보고 있다.[85)]

이상과 같이 판례는 대체로 개인연금보조비가 정기적, 일률적으로 지급되면 통상임금의 산정기초가 되는 임금에 해당한다고 보면서도 지급경위 등을 살펴서 판단해야 한다고 보는 반면에 행정해석과 학설은 개인연금보조비의 경우 복리후생적 급여임을 강조하여 통상임금의 산정기초인 임금 해당성을 부정한다. 연금보험료나 연금보험보조비는 근로의 제공과는 관계없이 근로자의 노후생활을 위하여 사용자가 배려의무 차원에서 지급하는 복리후생비로서 사회

---

81) 대법원 2005.10.13, 선고 2004다13762; 대법원 2006.2.23, 선고 2005다54029; 대법원 2006.8.24, 선고 2004다35052.

82) 1994.7.20, 임금 68207-442.

83) 1987.10.17, 근기 01254-16531.

84) 노동법실무연구회, 근로기준법 주해 I, 2010, 207면; 박상필, 근로기준법강의, 1991, 194면.

85) 박상필, 근로기준법강의, 1991, 194면.

적 급여에 해당한다고 보는 것이다.

임금일원론의 지배하에 - 임금이 아닌 - 모든 금원이 근로의 대가성으로 인정될 소지가 있다. 하급심 판례[86]는 당사자가 복리후생적인 의사로서 지급한다는 명시적인 의사가 있어도 임금에 해당한다고 한다. 따라서 이러한 법원의 입장이 고수되는 한 향후 당사자들 사이에 의사합치로서 사회적 급여나 사회적 부가급여 등을 지급한다고 하여도 임금에서 벗어날 가능성은 지급의무, 정기성과 일률성의 요건에 의해 좌우될 것이다. 따라서 당사자의 자유의사에 의하여 또는 계약이나 협약에 의해서 현행법의 임금일원론이 지배하고 있는 현실에서도 사회적 급여, 사회적 부가급여, 사회적 보조금 등의 종전에 생활보장적 임금이라고 이름불렸던 금원들이 지급되는 경우에 근로의 대가가 아닌 급여나 금원들이 지급되는 경우에도 임금일원론에 의하여 근로의 대가인 임금이 되어 통상임금 해당성 판단의 대상이 되어야 하는가 하는 문제가 있다.

당사자 의사의 합치에 의한 급여나 금원의 지급은 임금의 지급을 넘어서 - 강행법규를 위반하지 않는 한 - 매우 다양하고 자유롭게 지급될 수 있는 것인데, - 쟁의행위에 관련된 무노동무임금에서의 임금일원론과 달리 - 임금 해당성 판단과 통상임금 해당성 판단에서 헌법적 가치를 가지고 있는 당사자들의 사적 자치와 집단자치를 인정하지 않으면 안 된다. 어느 금원이 임금인가 아닌가, 어느 금원이 생활보장적 임금인가, 아닌가, 임금을 객관적으로 판단해야 하는 것인가, 근로자 개인의 주관적 능력을 중심으로 판단해야 하는 것인가, 임금은 둘로 나누어지는가, 아닌가 하는 문제는 대법원의 결단적인 임금일원론에도 불구하고 계약과 취업규칙, 단체협약 등에 의해서 기본적으로는 근로자와의 합의에 의해 결정될 수 있다는 주관적 측면을 갖고 있다. 이것은 동시에 임금의 본질에 관한 논쟁이기는 하지만, 사용자와 근로자의 합의에 의해 사회적 부가급여, 사회적 급여 등을 얼마든지 약정할 수 있는 바, 이러한 사회적 부가급여가 계약의 급부목적을 떠나 정기성과 일률성 등의 객관적 기준 내지 정황증거에 의해 통상임금에 해당하는 것으로 판단되어야 하는 것에 대해서는 강한 의문이 제기된다.

---

86) 서울중앙지법 2012.12.10, 선고 2011가단394320('고용노동부 사건').

3) 비판적 검토

우선 먼저 연금보조비를 급여명세서에 기재하고 근로소득세를 징수하므로 이것이 근로의 대가성을 갖는 것으로서 임금에 해당한다는 점에 대해서는 찬동하기 어렵다. 근로소득세 징수여부는 소득세법에 의하여 강제적으로 징수되는 것이고, 이와는 다른 법 목적을 추구하는 근로기준법과는 무관한 것이다. 논리적으로는 근로의 대가성이 있는 것으로 추정되므로 근로소득세를 징수하는 것으로서 근로소득세의 징수는 근로의 대가성을 간접적으로 정황하는 증거에 지나지 않는다. 이는 근로자성 판단의 문제에 있어서 근로소득세의 납부가 근로자성 판단의 간접적 정황증거에 지나지 않는다는 것과 궤를 같이 한다. 즉, 근로소득세를 납부하기 때문에 근로자성이 인정되는 것이 아니라, 근로자이기 때문에 근로소득세를 납부하는 것으로서 근로소득세의 납부는 근로자성의 추정을 전제로 징수되는 것이다. 따라서 근로소득세의 납부는 근로자성을 인정하는 간접정황증거에 지나지 않는 것과 마찬가지로 근로소득세의 납부는 근로의 대가성의 추정증거나 간접정황증거에 지나지 않는다. 그런 의미에서 근로소득세를 납부한다고 해서 근로의 대가성이 인정된다는 판시의 논리에는 찬동하기 어렵다. 오히려 근로의 대가성은 개인연금보조비가 근로의 대가로 지급되는 것인가 하는 점, 말하자면 개인연금보조비의 본질로부터 파악하여야 한다.

또한 개인연금보조비를 단체협약으로 정하여 사용자에게 지급의무를 정한다고 하여 이 금원이 당사자의 의사에 의해 통상임금으로 인정되는 것은 아니다. 당사자의 의사에 의하여 개인연금보조비가 통상임금으로 인정되기 위해서는 단체협약에서 이를 통상임금으로 산정한다는 명시적인 규정이 있어야만 한다. 그러나 이러한 약정이 없이 단순히 단체협약에 그 지급이 규정되어 있는 것만으로는 개인연금보조비를 통상임금으로 인정하기 어렵다. 소정의 근로에 대해서 지급하기로 약정하는 것과 단순히 단체협약에 지급하기로 하여 청구권을 발생시키는 것과는 다르기 때문이다.

상여금이나 기업연금 급여와 같이 특별한 동기에서 혹은 특별한 목적 때문에 지급되는 임금은 특별급여로서 통상의 임금과 구별되어야 한다. 이들 급여는 노무급부와 쌍무관계에 있는 것이 아니라, 포괄적인 근로관계로부터의 노동에 대한 반대급부의 성질을 갖는다. 말하자면 근로계약의 주된 급부의무로부터 도출되는 급여가 아니라 경우에 따라서 근로관계에 들어오기는 하지만, 사용자의 부수적 의무로부터 도출되는 사회적 급여에 해당할 수 있는 것이다. 특히 특별수당으로서 사회보장급여, 상여금, 축하출연, 사업장 기업연금의 급여 등이 이에 해당한다. 말하자면 임금에 대해서 부가적으로 지급되는 급여가 이에 해당한다. 이들 특별보수나 특별급여는 부가적 급여로서 일 년에 한 번 지급하는 정근수당, 활동수당, 책임수당, 기능수당 등이 있고, 이들 급여는 노무급부와 쌍무적 대가관계에 있는 좁은 의미에서의 임금 외에 부가적 급여로서 특별보수를 의미한다. 이들 특별급여 형태는 다종다양하여 사회적 이유에서 보장되는 부가적 임금존속부분으로부터 시작하여, 사업장의 기업연금, 상여금, 축하출연을 거쳐 차량지원, 사적 전화비용의 인수, 차량지원금, 차비, 식대보조비, 축제행사를 위한 지원금 등에 이르기까지 다종다양하다. 이러한 급여들은 사회적 급여(Sozialleistungen)로써 표현되는데, 반드시 사회적 동기가 아니더라도 긴장된 노동시장상황에서 파동성을 저지하고 고실업사태에서 근로자의 성과행동과 근무행태를 조정하기 위해서 기업의 성과능력을 확보하기 위한 보수도 특별급여에 해당한다. 물론 이들 사회급여 내지 사회보장급여는 사용자가 임의로 결정하여 지급한다 하더라도 이는 증여가 아니라, 급여보장의 법적 근거는 근로관계이다.[87] 그러나 임금일원론에서 금원의 임금 해당성을 판단한다고 하더라도 이들 금원은 근로기준법 제2조 제1항 제5호 바깥 영역에 위치시켜야 하는 것들이다.

또한 소정 근로의 대가로서 통상임금에 대해서 당사자들이 약정을 하는 경우에도 통상임금의 전제는 해당 금원이 임금에 해당하여야 한다는 것이고, 임금에 해당하는 금원 중에서 당사자들이 소정 근로시간에 대하여 지급하기로 약정한 것을 말하는데, 상여금과 기업연금과 같은 특별급여(Sonderzahlung)는 근로의 대가로서의 임금이라기 보다는 넓은 의미의 급여에 해당한다고 보아야 할 것이다. 따라서 그것이 단체협약에 지급하기로 규정되어 있다는 것만으로는 지급청구권이 발생하지만, 통상임금의 산정기초에 당연히 포함되어야 한다고는 할 수 없다. 근로의 대가로서 지급되는 것이 아니라 사회적 목적 내지 사회보장의 목적에서 지급되는 사회적 급여는 법이론적으로 볼 때 임금의 영역에 위치시킬 수는 없고, 사용자에게 책무가 있는 배려의무의 이행을 위한 급여라

87) 독일의 경우 이에 관한 판례로서 BAG AP Nr. 1, 4, 21, 22 zu § 611 BGB Gratifikation; BAG AP Nr. 69 zu Art.3 GG 참조.

고 판단된다. 특히 기업연금급부의 경우가 이에 해당한다. 사회적 급여가 근로관계가 존속되는 동안 지급된다면 이것이 노동력제공과 쌍무적 대가관계에 있지 않더라도 근로관계로부터 발생하는 반대급부로 이해될 수는 있다.[88] 그러나 사회적 급여는 근로관계 중 부수적 의무인 배려의무로부터 근거지워지는 것이므로 근로기준법 제2조 제1항 제5호에 따라 임금의 본질인 노동력제공에 대한 쌍무적 대가관계로서 지급되는 것이 아니라는 것은 분명하다. 오히려 개인연금보험료가 사용자의 배려의무로부터 근로자들의 노후생활에 대비하여 지급되는 것이라면 행정해석과 일부 학설에서도 인정하는 바와 같이 복리후생적인 것에 지나지 않는다.

특히 개인연금은 근로자가 근로관계를 종료한 후의 노후생활에 대비하는 것으로서 이는 퇴직금의 경우와 비교할 수 있다. 근로자의 퇴직에 대비하여 퇴직금의 일부를 적립하는 경우 이를 평균임금이나 통상임금의 산정범위에 포함시킬 수 없는 것과 마찬가지로 개인연금보험료도 평균임금이나 통상임금 산정범위에 포함시킬 수 없는 것이다. 또한 퇴직금이 장래 퇴직 후에 비로소 발생하는 퇴직금채권에 의해 지급되는 것으로서 근로관계가 존속하고 있는 동안은 장래의 퇴직을 조건으로 하는 일종의 기대권에 지나지 않는 바와 같이 개인연금의 경우도 장래 퇴직을 조건으로 발생하는 기대권으로서 연금수급권에 대한 보조금의 성격을 갖기 때문에 근로의 대가성을 인정하기 어렵다. 대법원 판례[89]도 수긍하는 바와 같이 평균임금이란 근로자의 평상시의 생활임금을 사실대로 산정하는 것을 그 기본원리로 한다. 장래에 대비한 연금보조비는 평상시의 생활임금을 사실대로 산정하는 것이라고는 볼 수 없다. 이와 같은 이유에서 대법원 전원합의체 판결[90]도 평균임금의 산정사유가 발생한 날을 기준으로 그 이전 3개월간의 임금총액을 산입하여 평균임금을 산정하지 않고, 퇴직일과 관계없이 퇴직월에 보수전액을 지급하기로 취업규칙에 정해졌다는 것을 이유로 퇴직일 이후의 해당 월 보수 전액을 임금총액에 산입하는 것은 근로자의 통상

---

88) Schwerdtner, Fürsorgetheorie und Entgelttheorie im Recht der Arbeitsbedingungen, 1970, 145ff.; v. Arnim, Die Verfallbarkeit von betrieblichen Ruhegeldanwartschaften, 1970, 84f.; Richardi, ZfA 1976, 1, 7f., 10f.

89) 대법원 1991.4.26, 90누2772; 대법원 1999.5.12, 선고 97다5015(전원합의체판결); 대법원 1995.2.28, 94다8631; 대법원 1997.11.28, 선고 97누14798.

90) 대법원 1999.5.12, 선고 97다5015(전원합의체). 동 판결에 의해서 종전의 대법원 판례(1993.5.27, 선고 92다24509)는 변경되었다.

의 생활임금을 사실대로 산정하는 것을 기본원리로 하는 평균임금 제도의 본질에 반한다고 본다. 즉, 대법원에 의하면 "취업규칙에 월의 중도에 퇴직하더라도 당해 월의 보수전액을 지급한다고 규정되어 있더라도 이는 퇴직하는 근로자에 대한 임금계산에 있어서의 정책적·은혜적 배려가 포함되는 규정으로 보아야 할 뿐, 동 취업규칙에 규정되어 있다고 해서 퇴직일이 언제이든 퇴직 당해 월의 보수 전액을 퇴직 직전일로부터 최종 3개월 간에 지급된 급여액에 산입하여 평균임금을 산정하고 이를 기초로 퇴직금을 산출하는 것은 동일한 사업체에서 동일한 월급을 받고 동일한 근속기간 동안 근무한 근로자들이 같은 달에 퇴직하더라도 단지 그 퇴직 일자가 다르다는 사정만으로 퇴직금에 대한 심한 차이가 생기는 불균형이 발생하며 퇴직 월에 이르러 빨리 퇴직할수록, 즉 퇴직 월의 근무일수가 짧을수록 많은 퇴직금을 지급받을 수 있다는 기이한 현상이 일어나므로" 퇴직일 이후 해당 월의 보수전액을 평균임금 산정의 임금총액에 포함시켜서는 안 된다고 보는 것이다. 말하자면 대법원은 평균임금 산정 사유 발생일 이전의 실제 근무일에 대한 당시의 통상의 임금을 사실대로 산정하여야 하는 것이지, 근무하지도 않은 해당 월의 나머지 일수에 대한 보수를 산정의 기초로 삼아서는 안 된다는 입장이다. 그렇다면 장래 퇴직을 이유로 발생가능한 기대권으로서의 연금수급권에 대한 보조금도 근로자의 통상의 생활임금이라고는 볼 수 없다.

개인연금보조비를 퇴직연금에 대한 사용자의 보험료와 비교하여 보자. 퇴직연금에 대한 보험료는 사용자가 근로자의 노후생활을 위한 사회보장급여이지 근로의 대가는 아니다. 대법원 판례[91]가 퇴직금을 후불적 임금으로 보면서도 평균임금이나 통상임금의 산정 시에 포함시키지 않는 이유는 그것이 근로자의 통상의 생활임금이 아니라, 장래에 대비한 급여이기 때문이다. 장래에 대비하기 위한 보험료도 통상의 생활임금이라고는 할 수 없다. 통상의 생활임금에 해당할 수 없는 퇴직연금보험료를 평균임금이나 통상임금에 산정할 수 없는 것과 마찬가지로 개인연금보험료도 평균임금이나 통상임금의 산정기초로 삼을 수는 없다.[92]

---

91) 대법원 1995.10.12, 선고 94다36186.

92) 같은 취지로 전시춘, "평균임금과 통상임금의 범위", 법학연구 제44권 제1호(부산대법학연구소), 2003, 별쇄본 15면 참조.

본질적으로 근로계약의 부수적 의무로부터 근거지워지는 사회적 급여 내지 사회보장급여를 단체협약이나 취업규칙에서 정하고 정기적, 일률적으로 지급하고 있다고 하여 통상임금이나 평균임금의 산정기초로 삼는다면 이는 통상임금이나 평균임금 산정을 동질화·단순화하려는 판례의 행정편의적 정책의지에 지나지 않는다. 사용자가 지급하는 금원이 단체협약이나 취업규칙에 정하여져 있고 이것이 정기적, 일률적으로 지급되어 있다고 하더라도 정기성과 일률성의 판단표지는 통상'임금'의 판단표지라기 보다는 '통상'금품의 판단표지에 지나지 않으며, 정기성과 일률성은 통상임금 판단을 위한 간접정황증거에 지나지 않는다. 그럼에도 불구하고 이를 기준으로 개인연금보조비를 통상임금의 산정기초로 삼는 것은 개인연금보조비의 사회적 급여 내지 복리후생적 급여로서의 본질을 무시하는 것이다.

개인연금보조비 지급의 목적이나 동기 또는 단체협약의 해당 문언이나 체계, 목적, 생성사를 고려한 단체협약의 해석을 통해서 본다고 하더라도 개인연금보조비를 통상임금의 산정기초로 삼을 수는 없다. 위에서 본 바와 같이 원심판결[93]이 개인연금 회사지원금과 신용협동조합 출자보조금이 근로자의 복리후생을 위하여 사용자가 은혜적으로 지급하는 것으로 본 것에 대해 대법원[94]도 개인연금보조비의 지급목적이나 지급동기가 중요하다는 점을 강조한다. 그리하여 개인연금보조비는 임금에 해당할 여지가 충분하기 때문에 원심은 피고회사가 개인연금보조비를 지급하게 된 경위 등에 관하여 원고들에게 입증을 촉구하는 등의 방법으로 보다 자세히 심리하여 근로자들에게 근로의 대상으로 지급된 임금에 해당하는지의 여부를 가려야 한다는 점을 강조한다. 산재보험의 경우 근로자의 업무상 재해위험을 사회적으로 분산시키기 위하여 근로자에게 납입의무가 없고, 사용자에게 전액 보험료 지급의무를 부담시키고 있는 바, 사용자가 납부하는 산재보험료가 통상임금의 범위에 포함될 수 없는 것처럼 개인연금보조비가 근로자의 사고위험에 대한 사회보장의 차원에서 지급되는 것이라면 통상임금의 산정기초가 될 수 없다. 또한 개인연금은 소득공제의 대상이 되는 바, 의료보험, 고용보험과 산재보험의 경우처럼 사회보험성격을 인정하여 소득공제를 인정하고 있다. 개인연금이 여전히 불완전한 형태로 존속하고

93) 부산고법 2001.12.19. 선고 2001나3658.
94) 대법원 2002.10.17. 선고 2002다8025.

있는 현행의 사회보험을 보충하는 것이라면 이를 사회보험과 달리 취급할 이유는 없다고 본다. 따라서 대법원 판례도 인정하는 바와 같이 사회보험료의 사용자부담부분을 임금으로 볼 수 없다면 같은 이유에서 개인연금보조비도 임금으로 볼 수는 없다고 생각된다.

일본의 경우도 사용자가 근로자를 피보험자로 하여 단체정기보험에 가입하고, 그 보험료의 일부 또는 전부를 매달 부담하고 있는 경우는 '보험급여가 피보험자의 사망 또는 탈퇴 시에 지급되기 때문에 피보험자의 매달 수입에는 영향이 없으므로' 임금이 아니라고 본다. 또한 단체협약이나 취업규칙 등의 보험료보조 규정에 의해서 근로자가 자기를 피보험자로 하여 보험회사와 보험계약을 체결할 때 이는 회사가 근로자의 복리증진을 위하여 보험료를 보조하는 것이므로 임금이 아닌 것으로 보고 있다.

독일의 경우는 주로 기업단위의 연금(Altersversorgung) 지급을 특별한 동기에서 혹은 특별한 목적 때문에 지급되는 것으로 보아 통상의 임금과 구별한다. 이들 급여는 노무급부와 쌍무관계에 있는 것이 아니라, 포괄적인 근로관계로부터의 노동에 대한 반대급부의 성질을 갖는다고 보지만, 사용자의 부수적 의무로부터 도출되는 급여로 본다. 이 급여는 사회적 급여(Sozialleistungen)로써 표현되는데, 근로의 대가로서 지급되는 것이 아니라 사회적 목적 내지 사회보장의 목적에서 지급되는 사회적 급여는 법이론적으로 볼 때 임금의 영역에 위치시킬 수는 없고, 사용자에게 책무가 있는 배려의무의 이행을 위한 급여라고 본다. 이러한 사용자의 배려의무로부터 근로자들의 노후생활에 대비하여 개인연금이 지급되는 것이라면 복리후생적인 것으로 본다.

3. 비교법적 검토 - 독일의 경우[95)]

1) 들어가며

독일의 경우는 우리나라 근로기준법 제2조 제1항 제5호의 임금의 정의나 제2조 제1항 제6호의 평균임금에 해당하는 법률규정은 존재하지 않는다. 또한 통상임금의 개념도 존재하지 않는다. 오랫동안 단체협약의 역사적 발전에 의해서 주로 임금의 지급근거나 지급종류, 지급액 등은 단체협약에 의해서 결정된

95) 이 부분은 김영문 외, 앞의 책, 321면에서 330면까지의 내용을 수정·보완하였다.

다. 그리고 단체협약의 효력이 미치지 않는 영역에서는 근로계약이 임금을 포함하여 근로조건을 형성하는 중요한 수단이 된다. 그러나 해고보상금이나 재해보상금, 질병시 임금의 계속지급, 휴업수당 등이 어떠한 단위개념으로 정해지는가 하는 문제가 제기되는 것은 마찬가지이다. 예를 들어 해고소송시 법원판결에 의해서 근로관계를 해소하면 해고보상금을 받게 되는 바(해고보호법 제9조), 이 때에 무엇을 단위로 하여 해고보상금을 받는가 하는 문제가 제기될 것이다. 그러나 독일의 경우는 임금관리가 기본급 중심으로 단순화되어 있고, 국가기관의 임금소득 파악이 유리알처럼 투명하여 대개의 경우 시간급을 받는 경우도 월 소득액을 중심으로 각종의 급여가 결정된다. 다만 임금과 관련해서는 주변영역에서 예를 들어 성탄절이나 휴가 시 급부된 근로 또는 계속근무를 위한 독려금에 대한 특별급여로서 임의로 지급되는 상여금이 임금인가 아닌가, 따라서 가산임금의 산정기초에 포함되는가를 다투는 것이 아니라, 임금은 아니지만 근로자에게 청구권의 근거가 있는가,[96] 얼마를 요구할 수 있는가 하는 점이 다투어진다. 특정의 계기와 특정기간을 위해서 근로계약에서 정한 것 이외의 것을 부가적으로 지급하는 모든 급여를 특별급여라고 하며, 이 특별급여의 형성은 매우 다양하다. 사업장 단위의 사회적 급여로 총칭되는 특별급여에 속하는 것으로는 성탄절 보너스, 축하상여금, 성실기여금, 연말정산보너스 등이 있다.[97] 이와 같은 점에서 임금체계가 단순화되어 있는 독일의 경우는 우리나라의 경우와 같은 통상임금이나 평균임금의 개념이 존재하지 않고 금원의 통상임금 해당성에 대해 다툼이 없어 복잡하게 전개되지는 않는다는 특징을 갖고 있다.

2) 개요

독일의 임금발견체계는 두 가지이다. 하나는 인과적 임금발견체계와 다른 하나는 목적적 임금발견체계이다. 전자는 인간의 노무급부 자체가 임금의 대상

96) 예를 들어 상여금을 매해 정기적으로 3회씩 지급한 경우에 아무런 합의나 계약도 존재하지 않는 경우 노동관행이 청구권의 근거가 되어 근로자는 사용자에게 이를 근거로 직접 청구할 수 있는가가 문제된다. Schaub, ArbeitsrechtsHandbuch, 14.Aufl., 2011, § 78 Rn. 27 참조. 특별한 사정이 없거나 사용자가 철회권을 유보하지 않는 한, 이 경우 노동관행을 인정한다. 그러나 그러한 것이 가산임금의 산정범위에 들어가는지는 문제되지 않는다. BAG 1.4.2009, AP Nr. 84 zu § 242 BGB Betriebliche Übung.

97) Schaub, ArbeitsrechtsHandbuch, 14.Aufl., 2011, § 78 Rn. 1 참조.

이자 척도가 된다고 본다. 이것이 전통적 임금발견체계이다. 후자는 상품으로 투입된 노동이 시장에서 어떻게 평가되는가에 따라 임금을 산정한다. 목적적 방법은 상당한 사회적 긴장관계를 불러일으키는 바, 예를 들어 노무급부가 동등하다고 하여도 현대적이고 아주 빨리 작동되는 기계를 다루는 근로자는 낡은 기계를 작동하는 그의 동료근로자보다 보다 많은 임금을 받아야 한다는 이론이다. 따라서 이러한 목적적 임금체계는 부가적 급여 산정에 있어서 주로 적용될 것이다. 인과적 임금체계에 있어서는 노무급부의 양이 문제가 된다. 노무급부의 양은 노동의 가치, 노동시간의 정도, 급부의 정도에 의해서 결정된다. 노동의 가치에 따른 노동의 양적 평가는 난이도 정도에 따른 평가이다. 실무상으로는 두 가지 체계가 있는 바, 하나는 점수평가방법과 서열평가방법이 있다. 전자는 작업의 난이도가 점수에 의해서 표시되고, 일정한 점수를 획득하면 일정한 보수액이 규정된다. 서열평가방법에 있어서는 일정 근로자 그룹이 설정되는바, 예컨대 이들 그룹에는 일정 작업군이 위치한다. 한 근로자의 임금이 얼마로 결정되어야 하는 가에 대해서는 추상적으로 난이도로부터 확정되고 따라서 난이도는 이 그룹이 급부하는 노무의 난이도에 의해서 결정된다. 서열평가방법은 사무직원들을 그룹별로 나눔에 있어서 무엇보다도 공법분야에서 활용되고 있지만, 루르지역탄광의 경우처럼 사경제분야에서도 종종 활용되고 있다. 이 방법이 가장 광범위하게 활용되고 있다.[98)]

독일의 경우도 우리의 수당에 해당하는 부가급여(Zulage)가 존재한다. 특히 협약상의 수당은 초과근로, 야간작업, 특히 위험한 작업에 대해 지급된다. 따라서 연장근로나 야간작업 등은 협약상의 기준에 의해서 산정한다. 이는 협약의 적용을 받는 자들에게만 적용되는 것이 아니라, 협약의 적용을 받지 않는 경우에도 협약상의 임금이 지침으로 작용한다. 특히 임금착취가 반사회질서에 해당하는가의 판단에 있어서 협약상의 기준이 평가척도가 된다.[99)] 그런 점에서 우리나라의 통상임금을 산정기초로 하는 가산임금의 산정에 있어서는 독일에서는 당사자들이 개별적으로 또는 집단적으로 약정한 것, 특히 단체협약상의 기준이 소정의 근로의 대가로서 통상임금 판단의 기준이 된다. 그런 점에서는 단체협약의 기준이 소정 근로의 대가가 되는 셈이다.

98) Schaub, ArbeitsrechtsHandbuch, 14.Aufl. 2011, S. 631.
99) Schaub, a.a.O., Rn. 3.

독일에서의 부가급여로서의 수당은 특별한 난이도에 따라 결정되는 것이지, 급부의 정도에 따라 결정되는 것은 아니다. 수당이 사회적 이유에서(가족수당이나 어린이 수당과 같이) 지급되면 이는 우리나라의 임금에 해당하는 급부수당이라고 할 수 없다. 말하자면 사회적 이유에서 전체근로자에게 지급되면 이는 광의의 임금의 범위에 들어오지만, 반대급부로서의 급부관련성이 없는 것, 즉 근로의 대가성이 없는 임금으로 처리한다.

독일 민법 제611조에 따라 사용자의 주된 급부의무는 임금지급의무인 바, 이때의 보수는 노무급부에 대한 반대급부로서 결정된 금전가치의 이익이라고 정의된다.[100] 손해배상급부, 예컨대 조기의 계약종료(독일 민법 제628조 제2항)시의 손해배상금, 해고시의 해고보상금(Abfindung) 등은 임금에 속하지 않는다.

독일민법 제612조는 노무급부제공이 상황에 따라 보수를 댓가로 기대되는 경우는 보수가 묵시적으로 약정된 것으로 간주한다. 보수액이 약정되지 않은 경우 요금표(Taxe)가 존재하는 경우는 요금표에 따른 액수가 보수가 된다. 법률이나 단체협약, 개별 근로계약에서 임금액의 정도에 대해서 아무런 규정도 없고, 요금표도 존재하지 않는 경우는 통상의 보수(übliche Vergütung)가 약정된 것으로 본다. 이 통상의 보수는 사업장내 비교가능한 업무, 이것이 존재하지 않는 경우 동일한 장소에서의 동일한 업종에 비교가능한 업무에 대해서 보장되는 종류의 보수를 의미한다. 통상의 보수 결정에 있어서 어느 보수가 지급되었는가가 결정적인 것은 아니다. 해당 지역과 업종분야에 단체협약이 있으면 단체협약상의 보수가 통상의 보수가 된다.[101] 물론 여기서 이 통상의 보수가 우리나라의 통상임금과 비교될 수 있는 것인지 하는 의문이 든다. 그러나 독일의 경우 근로관계에서 통상의 보수는 협약상의 임금이다. 우리나라의 통상임금이 소정 근로의 대가로서 소정의 근로시간에 약정된 지급액을 의미한다는 점에서 독일도 단체협약으로 약정된 것을 가산임금의 산정기초로 하기 때문에 비슷하다고 할 수 있으나, 독일은 정기성과 일률성에 대해서 규정한 바가 없고 단체협약 자체의 지급액이 연장근로 등의 가산임금을 지급하기 위한 기준이 된다는 점에서 다르다. 말하자면 독일에서는 지급근거로서 단체협약에 약정되어 있

---

100) Schaub, a.a.O., S. 651.

101) 독일 연방노동법원의 확정판결이다. BAG 27.10.1960, AP Nr. 21 zu § 611 BGB Ärzte und Gehaltsansprüche; BAG 21.11.2001, AP Nr. 63 zu § 612 BGB.

으면 그 금원은 통상임금의 산정기초가 될 수 있다.

그런데 연방노동법원의 판결에 따르면 비조직 근로자들의 근로관계가 임금에 대해서 약정하지 않았다면 단체협약이 민법 제612조 제2항의 의미에서 통상의 임금으로서 비조직근로자의 근로관계로 들어오게 된다. 물론 협약당사자에게는 조합외부의 제3자에 대해서 규범설정권한이 없기 때문에 단체협약이 제612조 제2항의 의미에서 국가의 요금표가 될 수 없다. 그러나 계약을 와해하는 불합의를 회피하기 위해서라도 고용계약의 당사자들은 거래에 통상적인 가격으로 합의하였고, 통상의 경우도 거래관행이 계약내용의 처분가능한 척도로서 여기게 된다는 생각을 하게 된다고 본다. 그러한 한도에서 통상적인 임금의 효력에 대한 정당성은 추정된 당사자의 의사에 있는 것이다. 고용계약, 근로계약, 도급계약을 체결하는 자 그리고 통상의 임금과는 다른 약정을 하고자 하는 자는 상대방에게 이를 계약조건으로 제시해야 할 부담이 있는 것이다. 따라서 이 경우 협약상의 임금은 그 자체로서는 아무런 역할을 하지 못한다. 오히려 지역에 통상적인 임금만이 문제가 되는 것이다. 물론 단체협약이 산업분야별로 지역별로 대표성이 있는 경우는 협약상의 임금이 통상의 임금이 될 수 있다. 그러나 반드시 협약상의 임금이 통상의 임금이 될 필요는 없다. 단체협약은 통상의 보수를 확인하기 위한 연결점이라는 연방노동법의 판결은 사용자는 다수의 경우에 협약상의 임금을 지급한다는 경험법칙을 전제로 하는 것이다.

원칙적으로 근로계약 당사자들은 보수산정을 자유로이 약정할 수 있다. 근로계약 당사자들은 임금발견에 있어서 인과적 임금발견체계와 목적적 임금발견체계를 기초로 할 수 있으며, 인과적 임금발견의 범위에서 시간급, 도급급, 성과급 등을 약정할 수 있다. 그러나 근로계약의 당사자들이 협약의 구속을 받는다면 약정된 보수는 협약상의 보수를 하회해서는 안 된다. 이론상으로는 개별계약으로 성과급을 약정해 놓고는 협약에 근거해서 특정 활동에 대해서는 시간급이 약정되는 경우도 있다. 이 경우는 각각의 경우에 대해서 이중의 임금산정이 시행되어야 한다. 약정된 성과급이 많다면 근로자는 이를 취하게 될 것이고, 약정된 성과급이 협약상의 임금보다 낮다면 근로자는 협약상의 임금을 받게 될 것이다. 경영학상의 이유에서 보면 협약상의 임금발견체계의 범위에서 임금약정을 내리는 것이 권장된다. 협약구속이 존재하지 않는 경우에도 협약상의 임금이 노동력제공 가치에 대한 방향에 도움을 줄 수 있다. 협약의 3분의 1

에 해당하는 임금은 형사처벌을 받을 수 있는 임금착취에 해당할 수도 있다. 전체적으로는 민법 제307조의 내용통제가 뒤따른다.

기본급 중심의 독일은 모든 수당은 통상적인 유보와 철회가능성과 함께 협약을 상회하고, 임의적인 것이며, 철회가능하고, 언제나 상계가능한 것으로 본다.

3) 노동법체계에 있어서 임금

(가) 개념

임금은 근로자의 노무급부에 대한 반대급부, 말하자면 부담한 노무에 대한 반대가치로서 결정된 금전가치의 이익을 말한다. 민법체계 내에서 임금은 교환관계(Synallagma)에 있는 사용자의 주된 의무로서 민법 제611조는 이를 보수(Vergütung)로 표현한다.[102] 이러한 노무급부에 대한 반대급부로서의 원래의 임금은 상여금이나 경영상의 기업연금과 같은 사회보장급여(Sozialleistungen)와는 구별된다. 그러나 그렇다고 하여 이러한 사회보장급여가 근로자의 급부에 대한 반대급부의 의미에서 임금이 아니라는 의미는 아니다. 개별적인 관점에서 상이한 법률규정의 적용을 받는 상이한 종류의 임금이 문제될 뿐이다. 그러나 임금지급의무는 사용자의 주된 급부의무로서 임금은 사용자가 이미 수령을 하였거나 수령하게 될 노동력제공의무자의 노무급부에 대한 반대급부이기 때문에 임금지급의무는 노동력제공의무와 쌍무적 견련관계에 있다는 것은 부인할 수 없다.[103]. 이 쌍무적 대가관계는 특수한 노동법적 규율에 의해서 완화되거나 폐지된다. 그러한 예로서는 휴양휴가의 형태로 유급자유를 보장한 경우 휴가비의 지급과 휴일시의 임금의 지급 등이 이에 해당한다. 사물의 본성상 이와 같은 경우는 근로자들이 노동력을 제공하지 않았음에도 불구하고 사용자에 대해서 보수청구권을 갖는다는 것이 문제가 되는 바, 이 보수청구권은 임금의 계속지급 속에 존재하거나 노동력을 제공한 경우 통상의 급여 보장을 정향하는 요소들에 따라 산정된다는 것이 문제가 된다.

그러나 상여금이나 기업연금 급여와 같이 특별한 동기에서 혹은 특별한 목적결정으로써 지급하는 임금은 통상의 임금과 구별한다. 이들은 노무급부와 쌍

102) MünchHandbuch/Hanau, § 62 Rn.1
103) Staudinger/Richardi, § 611 Rn. 549, 553.

무관계에 있는 것이 아니라, 근로관계로부터의 노동에 대한 반대급부이다. 이러한 반대급부의 법적 근거는 증여가 아니라, 근로계약이다. 근로자의 보수에 대한 규정이 존재하는 경우 그 규정의 해석으로부터 이 규정이 통상의 임금에 대해서만 적용되는지 문제가 될 수 있다. 종업원협의회의 공동결정을 위한 연결점으로서 기업연금법 제87조 제1항 제10호에서의 임금형성의 개념은 통상의 임금으로 국한되는 것이 아니라, 모든 금전가치가 있는 사용자급부를 포함하는 바, 이 경우 임금산정은 특정의 원칙에 따라 또는 하나의 체계에 따라 결과하게 된다. 단체협약이나 경영협정, 개별근로계약으로부터 어떤 특별한 것도 결과하지 않는 한, 사용자의 주된 급부의무는 여기서 보수라고 불리는 임금의 지급뿐이다. 말하자면 이 경우 임금은 노동력제공과 쌍무적 교환관계에 있는 반대급부를 의미할 뿐이다.

연방노동법원은 부담된 노무급부에 대한 반대급부로서의 임금에 대한 청구권, 초과근로, 야간근로, 휴일근로에 대한 지급청구권, 질병시 임금 계속지급청구권, 사회보장급여를 각각 구별한다.[104] 또한 1년에 한 번 특별한 동기에서 지급하는 특별출연을 광의의 의미에서 임금으로 본다.[105] 오로지 노무급부에 대해서 보상하고자 하는 협의의 임금과 경영상의 충실도에 대해서 보상하고자 하는 광의의 임금도 구별한다.[106] 그러나 비용배상청구권과 일자리 상실에 대한 보상금(Abfindung)을 임금으로 보지 않는다. 비용배상청구권은 노무급부에 대한 반대급부가 아니라 재산희생에 대한 보상이기 때문이다.

(나) 임금인지가 문제되는 경우의 해석

출퇴근 기간 동안의 임금은 임금이 아닌 것으로 본다. 출퇴근은 노무급부가 아니기 때문이다. 따라서 근로시간으로서 보수가 지급될 필요는 없다. 여행기간은 그것이 약정되어 있는 한 근로시간으로서 보수지급으로 보지만, 규정이 없는 경우 연방노동법원은 개별 사례 상황에 따라 판단하고, 계약상의 약정이 없는 경우 거래관념도 기준이 된다.

(다) 법률의 규정

임금에 관한 법률의 규정은 드물다, 왜냐하면 보수의 확정은 협약자율의 핵

104) BAG 21.9.1989, DB 1990, 692=NZA 1990, 351.
105) BAG 15.2.1990, DB 1990, 1416.
106) BAG 24.10.1990, DB 1991, 446.

심영역이기 때문이다. 1952년 1월 11일의 최저근로조건확정에 관한 법률도 임금과 기타의 근로조건의 규율은 원칙적으로 협약당사자의 자유로운 약정으로 협약에 의해서 결과할 것을 명시적으로 규정하고 있다. 한 업종분야 혹은 한 고용형태에 대해서 노동조합과 사용자 단체가 존재하지 않거나 근로자나 사용자의 소수만이 포함되어 있는 경우에 대해서만 법률은 연방노동장관이 최저근로조건 위원회와 함께 최저조건을 확정하도록 권한을 부여하였던 바, 이 조항은 지금까지 사용된 바 없다.

(라) 보수의 종류와 임금의 대상 및 산정

보수는 여러 가지 상이한 것이 통합되어 있을 수 있기 때문에 임금을 위해서는 기본급 이외에 부가급여가 지급될 수 있고, 추가적으로 재산가치가 있는 급여 지급도 가능하기 때문에, 그러한 종류의 급여를 위해서는 여러 가지 상이한 결정사유가 고려될 수 있다. 무엇보다도 이를 위해서는 철회권의 유보 약정도 정당하다. 그러나 자유재량에 따른 철회권은 인정될 수 없다. 다른 약정이 없는 한 보수는 금전으로, 그리고 강제통용력있는 화폐로 지급해야 한다. 물론 트럭시스템은 금지된다. 그러나 임금은 반드시 금전으로 존재할 필요는 없다. 임금은 기타의 가치의 보장형태로도 존재할 수 있다. 이를 자연임금(Naturallohn: 현물급여)이라 한다. 생필품, 의복, 연료, 전기시설, 주택의 보장, 차량비용보장, 소득기회의 제공, 팁의 보장 등이 이에 속한다.

(마) 보수의 산정

구체적인 경우에 근로자가 근로제공의 대가로 무엇을 받아야 하는가에 대한 확정은 임금액 약정뿐만 아니라, 임금발견방법에 의한다. 임금발견 체계를 위해서는 여러 가지 상이한 보상원칙이 존재한다. 임금이 시간관련적으로, 성과관련적으로 형성되어야 하는지, 이윤참가나 결과참가적으로 존재해야 하는지에 대한 보수산정의 원칙 문제가 있다. 이에 상응하여 임금산정방법체계가 다양하게 존재한다.[107)]

그러나 할증금 내지 특별수당(Zuschlag)등 근로자가 기본급 이외에 할증금을 받는지 여부는 당사자들이 임금을 어떻게 형성하는가 하는 문제이다. 이러한 종류의 특별수당에는 사회보장급여, 상여금, 축하출연, 사업장 기업연금의 급여 등이 이에 해당할 수 있다. 말하자면 임금에 대해서 부가적으로 지급되는

107) Staudinger/Richardi, a.a.O., Rn. 574.

급여가 이에 해당한다. 그러나 특별수당은 일반적으로 이에 의해서 노무급부와 쌍무적 대가관계에 있는 임금이 증가되는 급여로서, 근로자의 특별한 노무급부에 대해서 보수를 제공하기 위한 할증임금만을 의미한다. 연장근로수당, 야간근로, 일요일근로, 휴일근로수당이 이에 해당한다.

일 년에 한 번 지급하는 정근수당은 임금계속지급법의 의미에서 계속 지급되어야 할 임금은 아니라고 본다.

(바) 특별보수

위의 수당과 구별해야 할 것으로서 특별보수가 있다. 노무급부와 쌍무적 대가관계에 있는 좁은 의미에서의 임금 외에 사용자는 부가적 급여로서 특별보수를 보장한다. 그러나 그 형태는 다종다양하여 사회적 이유에서 보장되는 부가적 임금존속부분으로부터 시작하여, 사업장의 기업연금, 상여금, 축하출연을 거쳐 차량지원, 사적 전화비용의 인수, 차량지원금, 차비, 식대보조비, 뮌헨의 옥토버페스트를 위한 초지비, 라인강 카니발을 위한 화장비 등에 이르기까지 다종다양하다. 이러한 급여들은 사회적 급여(Sozialleistungen)로써 표현되는데, 반드시 사회적 동기가 아니더라도 긴장된 노동시장상황에서 파동성을 저지하고 고실업사태에서 근로자의 성과행동과 근무행태를 조정하기 위해서 기업의 성과능력을 확보하기 위한 보수도 특별급여에 해당한다. 그러나 부가적 급여가 통상의 임금의 일부분으로서가 아니라 특정의 동기에서 보장되는 경우 판례와 학설에서 크게 논란이 되는 특별한 문제가 있다. 특히 질병시 임금계속지급법 제4조a는 임금지급감액이나 단축에 관한 약정의 정당성과 관련한 특별보수에 관한 법적 정의가 담겨져 있다. 동조는 사용자가 부가적으로 통상의 임금을 위해서 지급하는 급여를 특별급여로 기술하고 있다. 일찍이 임의적으로 지급된다 하더라도 그와 같은 종류의 급여는 증여가 아니라, 이들 급여보장의 법적 근거는 근로관계라는 입장[108]이 관철되었다. 그러나 사회적 목표설정에 있어서 이러한 특별급여를 법이론적으로 볼 때 임금의 영역으로 위치시키는 것이 아니라, 사용자에게 책무가 있는 배려의무의 이행을 위한 급여로써 판단하였다(특히 기업연금 급부의 경우). 따라서 그로부터 급여청구권을 도출한 것이 아니라, 특별한 법적 근거가 필요하다고 여겨왔다.[109] 사용자는 이러한 특별급여를 근

108) BAG AP Nr. 1, 4, 21, 22 zu § 611 BGB Gratifikation; BAG AP Nr.69 zu Art.3 GG.
109) Richardi, in; Thomandl, Treue und Fürsorgepflicht im Arbeitsrecht, 1975, 52.

로관계의 존속만을 고려하여 지급하고 있기 때문에 이것이 노동력제공과 쌍무적 대가관계에 있지 않더라도 근로관계로부터 발생하는 반대급부로 이해한다.[110]

상여금이란 통상의 임금과 병행하여 보장된, 특단의 동기로부터 지급되는 특별보수이다(성탄절 휴가비, 연가휴가비). 그러나 이들이 일회적으로 임의적으로 지급된다하더라도 증여가 아니라, 보수의 일종으로 본다.[111] 사용자가 증여라고 표시하여도 마찬가지이다. 현물급여가 문제가 되는 한 지급의 동기가 근로관계와는 아무런 관계가 없을 때는 급여의 보장은 증여가 될 수 있다. 대부분 상여금에 있어서는 연말급여가 문제된다. 지급의 표현만 가지고는 사용자가 특별급여로써 어떤 목적을 추구하였는지 알 수 없다. 지급의 목적은 통상적으로 벌어들이는 보수의 변제기가 지체되고 연간의 어느 시점으로 고정된다는 것이 특징이 될 수 있다. 이 경우에 특별보수는 비례적으로 지급되고, 이들은 노무제공에 대한 임금이 아니다. 이것을 구속력이 없는 연간급여라고 한다.

질병으로 인한 노동불능으로 인하여 노동력을 제공하지 못한 경우에 감액이 되거나 축소되는 특별급여도 이러한 구속효없는 연간급여에 속한다. 그러나 특별급여가 보근로자를 사업장에 잔류시키기 위해서 지급되는 경우도 있다. 이를 위하여 사용자는 근로자가 근로관계의 존재나 지속을 유지하는 것을 전제로 하여 특별급여를 지급한다. 이러한 종류의 특별급여는 구속력있는 연간급여라고 한다. 특히 근속수당(Betriebstreue)이 이에 해당한다. 특별출연(Sonderzuwendung)이 동시에 노동력제공에 대한 것과 경영충실에 대해서 지급되는 경우도 있다. 이러한 종류의 특별급여는 혼합적 성격을 가진 특별출연이다.

상여금 보장은 증여가 아니라 보수의 일부분이기 때문에 이 약정은 형식을 요하지 않는다. 상여금을 반복해서 지급하였다고 하여 장래에도 지급청구권을 보장하는 것은 아니라는 내용의 상여금 약속은 상여금이 임의적으로 지급되어 철회도 가능하다는 것을 담고 있기 때문에 계약구속은 발생하지 않는다. 이러한 유보장치가 되어 있으면 장래를 향한 청구권에 대해서도 유보가 가능하며, 계속되는 지급기 동안의 청구권도 배제할 수 있다.

110) Schwerdtner, Fürsorgetheorie und Entgelttheorie im Recht der Arbeitsbedingungen, 1970, 145ff.; v. Arnim, Die Verfallbarkeit von betrieblichen Ruhegeldanwartschaften, 1970, 84f.; Richardi, ZfA 1976, 1, 7f., 10f.

111) BAG AP Nr. 1 ,4, 22, 23 zu § 611 BGB Gratifikation.

사용자가 연속해서 상여금을 지급한다면 경영관행으로부터 사용자의 법적 구속이 결과할 수 있다. 연방노동법원은 성탄절 상여금이 3년간 계속해서 유보 없이 지급되어 왔다면 근로자는 성탄절 상여금 지급청구권을 갖는다고 본다. 그러나 오해해서는 안 되는 것은 상여금의 계속 지급으로부터 장래에도 계속 상여금을 지급할 것이라는 경영관행이 성립되어 상여금 자체에 대한 청구권이 발생한다는 것이지, 그것이 정기적으로 지급된다고 하여 연장 근로 등의 가산금 산정시 이를 포함하여야 한다는 것은 아니다. 그리고 사용자가 성탄절상여금지급에 있어서 장래에도 이러한 상여금을 지급한다는 법적 의무를 부담하는 것은 아니라는 명시적 의사표시를 한 경우에는 사용자의 법적 구속은 발생하지 않는다. 임의성의 유보는 근로계약에 담겨 있을 수 있는데, 이것이 구체적으로 정하여지면 개별적 급여마다 이를 반복할 필요는 없다는 것이다.

독일의 통상임금 산정에 관한 실무를 간단히 요약하면 다음과 같다. 즉, 독일의 경우는 임금개념에 관한 법률규정이 존재하지 않으며, 임금의 중심이 되는 것은 협약상의 임금이고, 이에 부가하여 지급되는 것으로서는 수당이나 부가급여, 특별보수 등 여러 형태의 추가적인 급여가 존재한다. 그러나 이러한 각종의 급여들이, 특히 우리나라에서 논란이 일고 있는 성과금이나 상여금과 같은 특별보수나 개인연금보조비와 같은 사회적 급여가 어느 특정의 급여산정을 위한 기초단위로서 임금에 해당하여 통상임금이나 평균임금의 산정 범위에 포함되는가 하는 것이 문제가 되는 것이 아니라, 이들 급여는 광의의 의미에서 모두 보수에 속하지만 과연 그러한 보수를 어떤 근거에 의하여 각각 개별적으로 청구할 수 있는가 하는 점에 논의가 집중되어 있다. 말하자면 예를 들어 성과금에 대한 지급청구권을 행사할 수 있는지 하는 문제에 초점이 맞추어져 있다.[112] 따라서 아무런 약정이 없는 경우에 보수지급은 어떤 근거에 의해서 인정되어야 하는가, 임의적으로 지급하는 금원에 대해서 철회유보약정이 가능한가 하는 점 등이 주로 문제가 된다. 예를 들어 독일의 경우 어느 근로자가 연장근로를 4시간 한 경우 얼마만큼의 연장근로수당을 지급받을 수 있는가 하는 문제는 이미 이에 대한 근거규정과 액수 등이 기본급 중심으로 단체협약 등에 계

112) 그러한 경우에 문제가 된 금원을 청구권의 근거가 있는 특별급여로 인정함에 있어서는 어떤 동기에서 그와 같은 급여를 하게 되었는가, 그 특별급여로써 어떤 목적으로 실현하여 했는가가 결정적이라고 하는 것이 독일연방노동법원의 확정판결이다. 무엇보다 BAG 18.3.1981 -5 AZR 952/78, AP Nr. 107 zu § 611 BGB Gratifikation 참조.

량화되어 있거나 그룹화되어 있어서 우리처럼 성과금이 통상임금에 해당하는가에 대해 논란을 벌일 필요가 없다. 우리나라의 경우는 연장근로에 대한 가산임금 산정을 위하여 그 기초가 되는 임금이 근로의 대가이어야 하고, 소정 근로에 대한 대가로서 정기적, 일률적으로 지급하기로 정한 임금이었는가가 문제이지만, 독일에서는 이것이 문제가 되지 않는다.

제 5 절 정기상여금과 관련하여 대법원 전원합의체 판결의 필요성 문제

이미 앞에서 통상임금 산정기초 판단에서 '1임금산정기간'을 배제해버린 1996년도 '의료보험조합 사건'에서 판례변경이 있어 전원합의체 판결이 있었어야 한다고 보았다. 그러나 이를 따르는 2012년 3월 29일 대법원 2010다91046 판결은 당시의 판결을 그대로 유지하고 있으므로 법원조직법 제7조에 따른 전원합의체 판결이 필요한 것은 아니라는 것을 밝힌 바 있다. 그러나 그것은 '1임금산정기간'의 폐기에 해당하는 것으로서 다른 내용의 판례변경이 있다면 전원합의체의 판결이 필요하다고 할 것이다. 이하에서는 이 점에 대해 살펴보기로 한다.

Ⅰ. 전원합의체 판결이 필요한 이유로서 '1임금산정기간'

일부 견해는 대법원이 근로기준법 시행령 규정이 통상임금에 대한 판단기준으로 내세운 정기성의 원칙과 관련하여 '1임금산정기간'을 준수한 종전의 판례를 변경하였기 때문에 전원합의체의 판결이 필요하다고 한다.[113] 일부의 견해는 정기상여금의 통상임금 해당성 범위를 확대함으로써 종전 판결의 내용을 변경하였기 때문에 전원합의체 판결을 통해 해결하는 것이 법적 안정성의 측

113) 마찬가지로 정기성에 관한 해석에 판례변경이 있었음을 이유로 전원합의체의 판례변경이 필요하다는 점에서 유성재, 판례노동법, 법문사, 2008, 115면 참조.

면에서 바람직하다고 한다.[114] 또 다른 견해[115]도 상여금은 통상임금에 해당하지 않는다는 종전 판결을 변경하여 상여금이 통상임금에 해당한다고 함으로써 기존의 입장과는 정반대의 입장을 취하였다는 점에서 향후 또 다른 판결이 나올 수 있다고 하면서 법적 불안정성이 내포되어 전원합의체의 판결이 필요하다는 입장이다.

대법원이 '1임금산정기간'을 포기한 것은 앞에서 지적한 바와 같이 문제가 있다. 소정 근로의 대가는 보통 월 단위로 산정된다는 것, 그리고 임금의 매월 정기불의 원칙에서 보면 1개월 넘는 상여금에 대해서는 정기성의 원칙이 충족되지 않았다는 것, 그런 점에서 근로기준법 시행령이 정한 정기성의 요건을 충족하지 못하였다는 점, 1개월을 초과하는 상여금을 근로기준법 시행령 제6조 제1항의 총 근로에 해당하는 것으로 해석하는 것은 이 총 근로가 도급근로에 대한 도급금액을 의미하는데도 소정 근로 이외의 시간당 근로한 근로제공 전체를 의미하는 것으로 잘못 해석하였다는 점, 매월 또는 분기별로 지급하는 상여금이라 하여도 이는 지급기간의 정기성을 의미할 뿐 연급으로의 성질을 갖고 있는 상여금에 대해서는 시행령이 규정하고 있지 않다는 점 등을 고려하면 '1임금산정기간'을 무시하고 판결한 2012년 3월 29일의 대법원 판결은 문제가 있는 것은 사실이다. 그러나 당해 사건이 정기성이 없는데도 이를 무시하고 '1임금산정기간'을 초과하는 경우에도 통상임금은 인정될 수도 있다는 것을 인정한 판례변경 판단은 1996년 '의료보험조합 사건'에서 이미 단행된 것이기 때문에 2012년 3월 29일의 판결이 법원조직법 제7조 제1항 제3호에 따른 전원합의체 판결을 요하는 것은 아니다.

Ⅱ. 전원합의체 판결이 필요한 근거

1. 법원조직법 제7조 제1항 제5호의 적용

그러나 그렇다고 하여 2012년 3월 29일의 판결에 대하여 전원합의체의 판결이 필요하지 않다는 것은 아니다. 먼저 이 판결로 인하여 통상임금에 관한

114) 김희성 · 한광수, 앞의 논문, 372면 참조.

115) 이정, "통상임금에 대한 판례법리의 재검토", 노동법학 제43호(한국노동법학회), 2012, 184면 이하 참조.

소송이 수도 없이 제기되는 상황에 있고, 하급심 판결에서 보는 바와 같이 금원의 통상임금 해당성 판단에 있어서도 일관성이 없어 법적 불안정성이 초래되고 있다는 점, 법리적으로 2012년 3월 29일의 판결이 소정근로의 의미와 고정성의 요건과 관련하여 - 절차상의 문제에도 불구하고 - 나름대로 사법부를 구속하는 근로기준법 시행령 제6조 제1항의 통상임금의 정의 규정에 충실하지 못하다는 점 등을 고려하면 이 사건은 대법원 부에서 맡기에는 부적절한 사건으로 보인다. 그런 점에서는 법원조직법 제7조 제1항 제5호의 '부에서 재판함이 적당하지 아니함을 인정하는 경우'로 해석하여 전원합의체 판결이 필요하다고 할 것이다. 판례가 통일되지 못하여 실무에서 대단한 혼선이 일어나는 경우 판례의 통일을 위하여 법원이 필요한 경우 연방법원 대부(大府: Großer Senat)의 판결을 해야 한다거나, 연방법원간의 판례 통일을 위하여 합의체 판결이 필요하다는 법원조직법이 있는 독일과 달리 우리 법원조직법은 그러한 규정을 갖고 있지 못하다. 그러나 법원조직법 제7조 제1항 제5호의 탄력적인 해석에 의해서 정기상여금의 통상임금 해당성은 위와 같은 이유에서 전원합의체의 판결이 필요하다 할 것이다.

그러나 여기서 법원조직법을 적용하기 위한 요건으로서 동조 제3호의 '종전에 판시한 법령의 해석적용에 관한 의견을 변경할 필요'가 있는지의 요건은 실제로 2012년 3월 29일 판결의 내용을 검토하여 실질적인 내용의 변경이나 법령의 잘못된 해석과 적용이 있을 때에도 충족된다고 할 것이다. 따라서 이를 위해서는 동 판결이 실제로 그와 같은 내용변경이나 법령의 잘못된 해석을 하였는지를 검토하여야 할 것이다.

2. '고정성' 판단기준 적용의 변화

대법원 판례는 1996년 2월 9일의 판결처럼 2010다91046판결에서 '1임금산정기간' 내에 지급되는 금품만을 통상임금의 산정기초에 포함되어야 한다는 정기성의 요건을 더 이상 고수하지 않는다. 동시에 대법원은 일률성과 관련하여 다음과 같은 판례 법리를 확정하고 있다. 즉, "정기적 · 일률적으로 지급되는 것이 아니거나 실제의 근무성적에 따라 그 지급 여부 및 지급액이 달라지는 것과 같이 고정적인 임금이 아닌 것은 통상임금에 해당하지 않는다"는 것이다. 그리고 금품이 근로자들에게 일률적으로 지급되어야 통상임금이 되는데, 여기서 말하는 '일률적'이라는 것은 "'모든 근로자'에게 지급되는 것뿐만 아니라, '일정한 조건 또는 기준에 달한 모든 근로자'에게 지급되는 것도 포함되고, 여기서 말하는 '일정한 조건'이란 '고정적이고 평균적인 임금'을 산출하려는 통상임금의 개념에 비추어 볼 때 '고정적인 조건'이어야 한다"는 것이다.[116] 이와 같은 판례 법리에 따라서 지급대상과 지급방법과 관련하여 '고정적인 조건 또는 기준에 달한 모든 근로자'에게 지급하면 일률성의 요건은 충족되는 것으로 본다. 그런 점에서는 '고정적인 조건'에서의 고정성은 통상임금 판단을 위한 정기성과 일률성의 요건과 동등한 지위에 있는 요건이라기보다는 일률성의 요건을 보충하거나 설명·재해석된 요소로 보고 있는 것이 판례의 법리로 보여지고, 고정성을 독자적인 요건으로 보고 있지는 않은 것으로 생각된다. 그와 같은 고정적인 조건에 달한 근로자에게 지급되는 것이면 통상임금에 해당한다고 보면, 근무실적과 성적, 근무기간, 근무일수에 따라 변동지급되는 금품은 고정적인 조건에 달하는 것이 아니다. 그와 같은 금품은 사전에 소정의 근로의 대가에 대하여 지급하기로 정한 금품이라고 할 수 없어 통상임금에 해당하지 않는 것들이다.

물론 사용자가 지급하는 금원의 통상임금 해당성 판단을 위해 대법원이 사용하는 공식은 초창기부터 약간의 변화를 겪은 바 있다. 즉 1990년의 판결[117]에서는 "통상임금이라 함은 근로자에게 정기적·일률적으로 소정 근로 또는 총근로에 대하여 지급하기로 정하여진 시간급 금액, 일급금액, 주급금액, 월급금액 또는 도급금액"이라고 하여 시행령의 규정을 문언 그대로 적용하였다. 그러나 같은 해에 대법원 판결[118]은 시행령 규정보다는 더욱 구체적으로 통상임금을 정의하였다: "근로기준법이 통상임금제도를 도입한 제도적 취지에 비추어 보면 통상임금이란 정기적, 일률적으로 소정근로의 양과 질에 대하여 지급하기로 된 임금으로서 실제 근무일수나 실제 수령한 임금에 구애됨이 없이 고정적이고 평균적으로 지급되는 일반임금"이라고 정의하였다. 소정 근로의 양과 질을 문제삼은 것은 임금이원론이 판례를 지배하던 시절의 판결의 영향을 받은

116) 대법원 1993.5.27, 선고 92다20316; 대법원 1994.5.24, 선고 93다31979; 대법원 2003.4.22, 선고 2003다10650; 대법원 2005.9.9, 선고 2004다41217; 대법원 2007.6.15, 선고 2006다13070 등.

117) 대법원 1990.2.27, 선고 89다카2292.

118) 대법원 1990.11.9, 선고 90다카6948.

것으로 보이나 '고정적'이라는 표현이 삽입이 되어 통상임금이 소정의 약정된 근로시간에 대한 약정된 금액을 의미한다는 것보다는 고정적이고 평균적인 지급액을 객관적으로 평가하여 판단하려는 의도로 풀이된다. 이와 같은 판결의 입장은 근로기준법 시행령에 충실하면서도 실무 현장에서 벌어지는 구체적 사례들에서 금원이 통상임금에 해당하는지에 대한 판단에 있어서는 시행령 자체보다는 시행령의 해석의 운용에 따라 각각 달리 판단할 수 있다는 것을 보여주고 있다. 그리하여 같은 해 대법원 판결[119]은 구체적 사례에서는 통상임금으로 볼 수 없는 기준들을 예시한다. 근로기준법 시행령에서 말하는 통상임금이란 "근로자에게 정기적, 일률적으로 소정 근로 또는 총 근로에 대하여 지급하기로 정하여진 시간급금액, 일급금액, 주급금액, 월급금액 또는 도급금액을 말하며, 이는 근로의 양 및 질에 관계되는 근로의 대상으로서 실제 근무일수나 수령액에 구애됨이 없이 정기적, 일률적으로 1임금산정기간에 지급하기로 정하여진 고정급임금을 의미하므로 단순히 은혜적, 부정기적으로 지급되는 것이나 근로의 양과 질과는 무관한 요인에 따라 근로의 일부에 대하여 지급되는 것은 통상임금의 산정에서 제외되어야 한다"는 것이다. 통상임금 산정기초 사유로서 '1임금산정기간'을 분명하게 내세웠고, 근로의 대가성과 관련하여 은혜적인 급여는 근로의 대상이 아니므로, 부정기적인 것은 정기성이 없다는 이유로, 근로의 양과 질에 해당하는 근무성적에 따라 일부 근로자들에게만 지급되는 것은 통상임금에 해당하지 않는다 하여 그 동안 추상적인 시행령의 적용으로부터 근로의 대가성, '1임금산정기간', 정기성과 일률성이 부정될 수 있는 기준을 마련하여 상당히 구체적인 판단을 하도록 판단기준이 진화하였다. 그러나 이미 앞에서 본 바와 같이 1996년도 판결[120]은 그때까지의 대법원 판결을 상당한 범위에서 변경 한 것으로 판단된다. 특히 '1임금산정기간'이라는 판단기준을 명시적으로 포기하고, 근로의 대가성, 소정의 근로나 총 근로의 대가와 같은 통상임금 해당성 판단의 실질적인 기준들의 적용을 포기하고,[121] '정기적으

119) 대법원 1990.12.26, 선고 90다카12493.

120) 대법원 1996.2.9, 선고 90다카6948.

121) 이철수, "통상임금에 관한 판례법리의 변화", 노동과 법 제6호(금속법률원), 2006, 70면은 대법원이 임금2원론을 폐기하면서 교환적 임금과 생활보장적 임금의 구별이 의미가 없어져, 금원의 통상임금 해당성 여부는 소정 근로의 대가라는 실체적 요소보다 지급형태상의 고정성과 일률성의 유무에 초점을 맞추어 판단하고 있다고 본다.

로, 일률적으로 지급되는 고정적 임금'이라는 객관적 판단기준으로 통상임금을 판단하고자 하였다. 동시에 일률성의 요건도 모든 근로자로부터 일정조건이나 기준을 충족한 모든 근로자로 확대하는 판례변경을 하였다. 더욱이 근로기준법 시행령상의 통상임금의 정의와 관련하여 '총 근로'의 의미를 근로자가 소정의 근로시간에 제공한 근로와 소정 근로 이외의 근로제공을 포함하여 근로제공 전체라는 의미의 총 근로로 확대하여 적용함으로써 통상임금의 범위 확대를 통하여 근로자 보호에 충실한 결과가 되었으나, 시행령의 정의규정으로부터 이탈하여 법적 불안정성이 증폭되는 기제가 되었다. 특히 일률성의 요건도 '모든 근로자'에서 '일정한 조건이나 기준에 달한 모든 근로자'로 확대하여 일률성의 요건도 점차 분열되어 갈 수 있음을 보여 주고 있는 계기가 되었다. 대법원이 '의료보험조합 사건'에서 일률성의 요건을 다음과 같이 상대화한다. 즉, "소정 근로 또는 총 근로의 대상으로 근로자에게 지급되는 금품으로서 그것이 정기적·일률적으로 지급되는 것이면 원칙적으로 모두 통상임금에 속한다 할 것이나, 근로기준법의 입법 취지와 통상임금의 기능 및 필요성에 비추어 볼 때 어떤 임금이 통상임금에 해당하려면 그것이 정기적·일률적으로 지급되는 고정적인 임금에 속하여야 하므로, 정기적·일률적으로 지급되는 것이 아니거나 실제의 근무성적에 따라 지급여부 및 지급액이 달라지는 것과 같이 고정적인 임금이 아닌 것은 통상임금에 해당하지 아니한다고 할 것인데, 여기서 '일률적'으로 지급되는 것이라 함은 '모든 근로자'에게 지급되는 것뿐만 아니라 '일정한 조건 또는 기준에 달한 모든 근로자'에게 지급되는 것도 포함되고, 여기서 말하는 '일정한 조건'이란 '고정적이고 평균적인 임금'을 산출하려는 통상임금의 개념에 비추어 볼 때 '고정적인 조건'이어야 한다"는 것이다.[122] 아마도 이것이 판례의 공식처럼 작용하고 있는 것으로 보인다. 따라서 판례의 공식대로 한다면 각 금원들의 통상임금 해당성은 i) 소정 근로 또는 총 근로의 대가인가, ② 정기적·일률적으로 지급되는 고정적인 임금인가, ③ 일정한 조건 또는 기준에 달한, 고정적인 조건을 충족한 모든 근로자에게 지급하고 있는가로 판단되어야 할 것이다. 따라서 이를 축약하면 소정근로 또는 총 근로의 대가성, 정기성과

122) 예를 들어 다수의 판결에서 판례공식처럼 사용되고 있는데, 앞의 하급심 판결들 이외에도 대법원 1993.5.27, 선고 92다20316; 대법원 1994.5.24, 선고 93다31979; 대법원 2003.4.22, 선고 2003다10650; 대법원 2005.9.9, 선고 2004다4117; 대법원 2007.6.15, 선고 2006다13070; 대법원 2010.1.28, 선고 2009다74144; 대법원 2012.3.29, 선고 2010다91046 등.

일률성 및 고정성의 요건에 따라 판단하는 바, 종전의 판례들이 정기성과 일률성의 요건으로 판단하던 것을 '고정성'의 요소를 추가하여 시행령의 규정으로부터 벗어난 해석과 적용을 한 것으로 보인다. 더욱이 일률성의 요건과 관련하여 이 판례공식은 '모든 근로자'로부터 '일정한 조건 또는 기준에 달한 모든 근로자', 말하자면 '고정적인 조건에 달하는 모든 근로자'로 다시 한번 일률성의 요건을 상대화한다. 그런데 야간근로나 연장근로 등의 산정기초와 관련하여 독일의 단체협약들의 대부분은 협약 적용대상이 되는 산업이나 사업장의 전체 근로자들을 각각의 임금그룹으로 분류하여 각 그룹별로 지급률을 달리한다.[123] 그리하여 연장근로 등의 법정수당의 산정기초가 노사합의의 당사자들의 의사합치에 의해서 정하여지는 바, 이러한 단체협약 실무가 다른 우리나라에서는 사실상 사법부가 '고정적 조건에 달한 모든 근로자'와 그렇지 못한 근로자로 양분된 경우에도 전자의 경우에 사용자가 지급하는 금원의 통상임금 해당성을 정해주고 있는 셈이다. 이와 같이 사법부에 의한 통상임금 해당성 판단기준의 상대화는 대법원 2010다91046사건에서 다시 한번 더 상대화된다. 즉, '1임금산정기간'의 요건을 포기하여 정기성의 요건에 대한 상대화를 행하였고, 일률성의 요건과 관련하여 고정적인 조건에 달한 모든 근로자 집단에게도 지급되는 경우 해당 금원의 일률성을 인정하였다. 특히 근속기간의 차이에 따라 상여금의 지급조건이나 지급율, 지급액이 달라지는 경우에도 종전 판례는 고정적인 임금이 아니라는 이유에서 통상임금 해당성을 부정하였었다. 그러나 이 사건에서는 퇴직자에게도 재직기간에 비례하여 지급되는 상여금도 그 금액을 확정할 수 있는 것이라면 고정적인 임금이라 하여 통상임금의 산정기초가 된다고 하였다.

그런데 정기상여금과 관련하여 다음과 같은 사안들은 정기상여금이 고정적으로 지급되는 임금으로서 통상임금에 포함되는지에 대해 논란이 있다.

① '입사 1개월 미만인 자에게는 지급하지 않고, 근속기간이 1개월 이상 3개월 미만인 자, 휴직 · 정직 · 직위해제 중 인자, 근속기간이 3개월 이상인 자로서 상여금 지급기간의 1/2 미만을 근무하고 퇴직한 자에게는 근무일수에 따라 일할 계산하고, 근속기간이 3개월 이상인 자에게는 100%를 지급하는 경우'

123) 이와 같이 근로자들을 임금요율표 상의 그룹으로 집단화하는 것을 'Eingruppierung'이라고 한다. 이에 관해서는 Schaub/Treber, ArbeitsrechtsHandbuch, 14.Aufl., § 183, Rn.1ff.

와 ② '입사 6개월 미만인 자에게는 지급하지 않고, 6개월 이상 근무 시 350%, 3년 이상 근무 시 550%, 8년 이상 근무 시 650%, 12년 이상 근무 시 750%를 지급하되, 매분기 말까지 재직한 자에 한하여 지급하고, 중도퇴직자에게는 월할 계산하는 경우, ③ 연 6회에 정기적으로 지급하면서 재직자에 한하여 지급하되, 입사일로부터 3개월 미만 근무자는 상여금을 지급받지 못하고, 상여금 지급월 이전 2개월 중 1개월(30일)이상 무급자에 대하여는 일할 계산, 입사일로부터 3개월 이상 6개월 미만 근무자는 상여금의 30%, 입사일로부터 6개월 이상 12개월 미만 근무자는 상여금의 65%, 1년 이상의 자는 100%를 받는 경우에 이 정기상여금이 정기적, 일률적으로 소정근로에 대하여 지급하기로 정하여진 통상임금에 해당하는지가 문제된다.

이 세 사례들은 분기별로 분할하여 일정액을 지급한다는 점에서 정기성의 요건은 충족한 것으로 보인다. 그러나 일정한 근속기간을 기준으로 지급하지 않는다 점은 공통되어 있다. ①의 사례에서는 1개월, ②의 경우는 6개월, ③의 경우는 3개월을 기준으로 그 미만의 근속기간을 충족하는 자들에 대해서는 상여금을 지급하지 않는다. 그 이상의 근속기간을 넘는 경우에는 100%를 지급하지만, 미지급하게 되는 근속기간과 100%를 지급하게 되는 근속기간에 일종의 완충구간을 두어 등급별·단계별로 각각 차등 지급하는 점에서는 ①의 사례와 ③의 사례는 공통되어 있으나, ②의 사례에서는 근속년수별로 차등 지급을 한다는 점에서 다르다. 그리고 일률성이나 고정성이 인정되기 위해서는 실제 근무성적과 관계없이 지급해야 한다는 사실이 있는 바, 중도퇴직자나 지급적용 제외대상자들에 대해 근무일수에 따라, 재직기간에 따라 일할 계산이나 월할 계산하는가에 대해 ①의 사안과 ③의 사안은 일할 계산하는 것으로 하고, ②의 경우는 월할 계산하는 것으로 하였다. 이와 같은 점에서 보면 각 사안들은 일정한 근속기간에 미달하는 자들에 대해서는 지급을 하지 않는다는 것, 따라서 지급여부가 근속기간에 따라 달라진다는 것, 근속기간이나 근속연수가 지급적용 제외 기준 이상인 경우에도 100% 지급하기 위한 근속기간과의 사이에 완충지대를 두어 차등 지급한다는 것, 중도퇴직자 등에 대해서는 일할 계산이나 월할 계산을 하여 중도퇴직자에 대한 상여금 계산방법이 유사하다는 점 등에서 공통되어 있다. 그런데 ①의 사안은 1996년도 2월 9일의 이른바 '의료보험 보합 사건'의 주요 내용이고, ②의 사건은 대법원 2010다91046 사안의 주요 내용이며, ③의 사안은 대법원 2010다91046판결 이후에 나온 가장 최근의 하급심[124] 사안이다.

그런데 정기상여금이 통상임금에 해당하는가에 대해 대법원 2010다91046 판결 이전에는 ① i)의 사건에서처럼 '입사 1개월 미만인 자에게는 미지급, 근속기간이 3개월 미만인 자와 휴직・정직・직위해제 중인 자, 근속기간이 3개월 이상인 자로서 상여금 지급기간의 1/2 미만을 근무하고 퇴직한 자에게는 근무일수에 따라 일할 계산, 근속기간이 3개월 이상인 경우는 100%'를 지급하는 경우는 상여금의 지급여부 및 지급액이 실제의 근무성적에 따라 좌우된다는 것,[125] '상여금 지급일까지 근무하였는지 여부와 1년의 근속기간을 충족하였는지의 여부에 따라 지급여부와 지급액이 달라지면 실제 근무성적에 따른 것으로서 비고정적인 임금이라는 것[126]을 이유로 상여금이 통상임금에 해당하지 않는다고 보았다. ③의 사건에서도 ②의 대법원 판결과는 달리 근로자들의 정상근무여부, 상여금 지급 월까지 근무여부, 중도퇴직자에 대한 일할이나 월할 계산 여부, 1년의 근속기간을 충족하였는지 여부 등의 실제 근무성적에 따라 지급 여부와 지급액이 달라지므로 비고정적인 임금으로서 통상임금에 해당하지 않는다는 것이다. 그러나 ②의 판결에서는 ①과 ③의 사건에서처럼 6개월의 근속기간에 따라 지급여부가 달라지고 중도퇴직자에 대한 일할 계산이 ②의 사건에서는 월할 계산하는 것으로 되어 있어 사안이 동일하고, 지급 여부와 지급액이 근로자들의 실제 근무성적에 따라 달라지는 것임에도 ②의 사건에서는 ①의 사건과 정반대의 결과가 나오게 되었고, ③의 사건에서는 ②의 대법원 판결에도 불구하고 이와는 전혀 상반된 판결을 하고 있다. 이와 같이 근속기간에 따라 지급 여부가 달라지고, 근속기간별로 차등 지급되며, 근무일수에 따라 일할 계산되는 상여금에 대해서 종전의 판례 법리대로 한다면 실제 근무성적에 따라 달리 지급될 것이므로 고정적 임금이 아니어서 통상임금이 아니라고 해야 할 것인데, 왜 대법원 2010다91046 판결은 성질상 동일한 사안에 대하여 상반된 판결을 하고 있는가 하는 문제가 제기된다. 특히 이것이 종전의 판례를 변경한 것이라고 한다면 전원합의체의 판결이 필요하다고 해야 할 것이다. 그

124) 인천지법 2013.5.9, 선고 2012가합4912. 이 사안은 앞에서 언급한 이른바 'S고속 사건'의 연장선에서 고속버스 승무원들의 미지급임금 청구소송이다.

125) 대법원 1996.2.9, 선고 94다19501.

126) 대법원 2007.4.12, 선고 2006다81974.

렇기 때문에 일부 학설은 동일한 사실관계에 기초하고 있는 사건에 대하여 종전 판례와는 다른 판결을 한 것이 통상임금의 개념에 대한 판례 법리를 변경한 것이라고 지적한다.[127)]

그런데 엄밀히 보면 대법원이 정기상여금과 관련하여 판례를 변경하였으므로 전원합의체 판결이 필요하였는가와 관련해서는 검토가 필요하다. 판례변경이 있다고 하기 위해서는 '1임금산정기간'의 요건을 포기한 것 이외에 대법원이 근로기준법 시행령 제6조 제1항의 통상임금 정의규정에 따라 근로의 대가성, 소정근로의 대가성, 정기성과 일률성 이외에 고정성을 추가하여[128)] 금품의 통상임금 해당성을 판단했다고 해야 할 것이다. 그러나 판례는 고정성을 '정기적이고 일률적으로 지급되는 고정적 임금'이라고 하거나 '일정한 조건과 기준에 달한 모든 근로자'의 의미에서 '일정한 조건'을 '고정적 조건'이라는 의미로 사용하고 있다. 그렇기 때문에 판례는 고정성에 독자적인 '요건'으로서의 지위를 부여하여 판단기준으로 삼는 것보다는 일률성의 요건에 대한 보충적 요소로서 내지는 설명・재해석의 의미로 고정성을 사용한 것에 지나지 않는다고 보아야 한다. 또한 고정성을 통상임금 해당성 판단을 위한 독자적인 요건으로 본다고 하더라도 이 판단기준은 대법원 2010다91046판결에서 처음 사용한 것이 아니라, 종전의 대법원 판례[129)]부터 사용되어 오던 것이다. 따라서 대법원 2010다91046판결은 고정성의 요건과 관련하여 종전의 판례를 변경한 것이 아니다. 오히려 대법원 2010다91046판결은 종전의 판결에 따라 고정성을 독자적인 요건으로 인정하던 그렇지 않던 관계없이 당해 사안에서 정기상여금을 당사자들이 어떻게 형성하였고, 어떻게 시행하고 있는가를 판단・평가한 것, 말하자면 판례 법리에 따라 형성된 고정성의 판단기준을 구체적으로 적용하는 과정, 고정성의 적용에 있어서 당해 사안에 대해서 잘못된 판단을 하고 있는 것이 문제가 되는 것이다. 상여금을 지급받기 위한 근속기간과 그로부터 적용

127) 박지순・이상익, 같은 책, 159면; 유성재, '상여금의 통상임금성', 노동법 포럼 제9호, 노동법이론실무학회, 2012. 252면; 송강직, 한국과 일본의 통상임금의 법리, 동아법학 제56호, 동아대학교 법학연구소, 2012, 441면; 김희성・한광수, 같은 논문, 396면 등 참조.

128) 이정, "통상임금에 대한 판례법리의 재검토", 노동법학 제43호, 한국노동법학회, 2012, 198면은 대법원 1996년 2월 9일의 이른바 '의료보험조합 사건'에서 대법원이 정기성과 일률성 이외에 고정성의 요건을 추가하였다고 본다.

129) 예를 들면 대법원 1996.2.9, 선고 94다19501; 대법원 1996.5.10, 선고 95다2227; 대법원 1996.5.14, 선고 95다19256; 대법원 1996.5.28, 선고 95다36817; 대법원 1996.6.28, 선고 95다24074; 대법원 1998.4.24, 선고 97다28421 등 판결 참조.

배제되는 기준, 일정기간 근속기간이 경과하면 100%를 보장하는 것, 그리고 그 사이에 완충지대를 두어 등급별 · 단계별로 차등 지급하는 것, 지급적용대상자와 중도퇴직자에 대한 일할 계산과 월할 계산에 대한 평가 등의 문제는 고정성 요건을 세워 판례를 변경하는 것이 아니라, 이미 정립된 고정성을 구체적 사안에 적용하는 과정에서 벌어지는 문제이다. 통상임금에 대한 추상적이고 일반적인 요건 정립의 문제가 아니라, 법원이 구체적 사안에서 내릴 수 있는 판단평가의 문제라고 본다. ①의 사안에서는 고정성을 부각하는 특성으로서 상여금지급의 정형화가 ②의 사건보다 약하다. 무엇보다 근속기간 1개월과 근속기간 1개월에서 3개월, 근속기간 3개월 이상의 3단계별로 상여금의 지급여부와 지급액, 산정방법을 달리하고, 근속기간 1개월 이상 3개월 미만의 경우는 일할 계산함으로써 거의 근무일수에 따라 상여금 지급이 달라질 것이기 때문에 고정성의 의미는 약하다. 그러나 이에 비하여 ②의 사건에서는 근무기간이 6개월 미만과 그 이상으로 지급여부가 달라지고, 그 이상은 근속연수에 따라 지급액이 달라지게 되어 비교적 고정적 임금의 속성이라고 할 수 있는 지급 여부와 지급액이 정형화되어 있고, 중도퇴직자에 대해서도 월할로 계산하기 때문에 일할보다 더 정형화되어 있다. 말하자면 통상임금 해당성의 판단요소가 될 수 있는 고정성을 표상하는 기준으로서의 정형화의 측면에서는 ②의 사건이 ①의 사건보다는 강하기 때문에 대법원 2010다91046판결은 이를 중시하여 고정성의 정도에서 차이가 난다고 보아 ①의 사건에서는 정기상여금의 통상임금 해당성을 인정한 것이므로, 고정성의 구체적 적용상의 문제에 지나지 않는다고 볼 여지도 있다. 그런 점에서 다양하게 형성된 정기상여금 지급여부와 지급액이 고정성을 갖는가 하는 판단과 평가의 문제는 구체적 사안이 어떻게 형성되어 있는가에 따라 달리 판단되어야 하는 문제로서 법원이 근속기간 6개월과 1개월, 지급적용 배제자나 제한되는 자에 대한 일할과 월할 계산하는 내용의 지급실태를 고려하여 판단한 것에 대해서 판례변경이나 법령의 해석변경을 이유로 당장에 전원합의체 판결이 필요하다고 할 수는 없다.

그러나 그렇다고 하여 대법원 2010다91046판결이 문제가 없는 판결이라고 할 수 는 없다. 판례 법리에서 말하는 통상임금에서 고정적인 조건의 의미는 어느 금원의 지급 여부나 지급액이 사전에 정해져 있다는 의미로 이해되어서는 안 된다. 오히려 판례가 말하는 '고정적 조건에 달하는 근로자 모두'에서 고정적 조건은 '일정한 조건 또는 기준에 달하는 모든 근로자'에게 예외없이 지급된다는 것을 의미한다. 그럼에도 대법원 2010다91046판결은 고정성의 의미를 사전에 정하여져 있다는 의미로 새겨 사전에 단체협약 등에 의해서 6개월을 기준으로 상여금의 지급 여부를 규정하고, 사전에 중도퇴직자에게도 재직기간에 비례하여 월할 계산하는 것도 고정되어 있는 것이므로, 말하자면 근속기간에 따라 변동되는 것이 아니므로 통상임금에 포함되어야 하는 것으로 보는 듯하다. 그러나 예를 들어 연장근로수당을 산정하기 위해서는 사전에 기준임금이 정해져 있어야 한다. 그렇지 않고 근무성적이나 근무기간, 근무일수에 따라 각각 달리 지급여부나 지급액이 정하여진다면 사전에 정해진 기준임금이 없어 법정수당을 산정할 수 없다. 그런데 6개월의 근속기간을 기준으로 지급여부가 결정되고, 완충지대에 근속기간별로 지급액이 사전에 정하여져 있다고 하여 그것이 고정적으로 되는 것은 아니다. 예를 들어 단체협약으로 근속기간별 완충지대에 근속기간에 따라 차등하여 상여금을 지급하는 경우[130] 각각 지급 여부와 지급액은 고정되어 있다. 그러나 입사일로부터 100%를 지급하는 지급일 이전에 퇴사하는 근로자가 법정수당을 받는 경우 근속기간별로 지급을 받지 못하거나 지급을 받아도 차등지급을 받는 경우 어느 지급액을 통상임금에 포함시켜야 하는지를 사전에 알 수가 없다. 만일 그 근로자가 상여금을 100% 지급받는 것을 전제로 법정수당을 산정하였는데, 조기에 퇴직하였다면 법정수당은 초과산정되어 이를 반환해야 한다는 문제가 발생한다. 근로자들 사이에서도 근속기간이 증가함에 따라 상여금이 변동되어 법정수당도 증가하게 되는데, 퇴직시점이 언제인가에 따라서 법정수당액도 근로자마다 차이가 나게 된다. 또한 상여금의 100%를 지급받기 이전의 근속기간을 가진 자의 상여금은 입사일로부터 근속기간이 증가함에 따라 변동되는데, 법정수당을 산정해야 할 시점에서 상여금액을 확정할 수가 없다. 물론 이 경우 근로자가 법정수당을 산정해야 할

130) 예를 들어 인천지법 2013.5.9, 선고 2012가합4912 사건에서처럼 근속기간이 입사일로부터 3개월 미만인 근무자는 상여금을 지급받지 못하고, 입사일로부터 3개월 이상 6개월 미만인 근무자는 상여금의 30%를, 입사일로부터 6개월 이상 12개월 미만 근무자는 상여금의 65%를, 1년 이상 근무자는 100%를 지급하는 경우, 이른바 'G자동차 사건'(서울고법 2012.11.23, 선고 2012나23773)에서처럼 연간 지급 기준임금의 700%를 짝수월과 5월에 각 100%를 지급하는 경우 근속기간이 1개월 미만은 지급하지 않고, 1개월 이상 3개월 미만일 경우 지급액의 50%, 3개월 이상 6개월 미만일 경우 지급액의 75%, 6개월 이상일 경우 지급액의 100%를 지급하는 경우가 이에 해당할 것이다.

시점에 지급된 상여금을 통상임금에 산입하면 된다고 할 수 있으나, 그렇게 되면 실제 지급받은 대로 통상임금이 변하게 되며, 실제 근무성적에 따라 좌우되게 되어 고정적인 임금이 되지 못한다. 이는 결국 통상임금으로서 '지급하기로 정한 금액'을 받는 것이 아니다. 이는 통상임금의 정의에도 맞지 않는 것이다. 그와 같이 본다면 근속기간에 따라 완충지대에서 지급액을 달리하는 것은 고정적인 임금이 되지 못하여 통상임금 산정범위에 포함될 수 없는 것이다. 그런데 대법원 2010다91046 사건에서는 근속기간 6개월을 기준으로 그 미만의 자에게는 상여금을 지급하지 않고, 그 이상은 100%를 기준으로 근속연수에 따라 각각 상여금총액을 달리 하여 지급하고 있다. 그리고 ①의 경우는 지급적용제외자 중에서 일할 계산을 하지만, ②의 경우는 중도퇴직자에게 월할 계산을 한다는 점에서 고정성을 표상하는 정형화의 정도는 앞에서 본 바와 같이 ①의 사건보다는 강하다. 그러나 이는 고정성의 정형화의 정도가 상대적으로 ②의 사건에 비하여 강하다는 의미이지, 고정성을 기정사실화 정도로 ②의 사건과 달라 정기상여금의 통상임금 해당성을 인정할 정도가 되는지는 의문이다. ①의 사건과 비교하여 상여금의 분기별 정기급여, 근속기간 미달자에 대한 미지급, 지급적용제외자에 대한 일할 계산과 월할 계산이라는 기본적인 상여금 지급여부와 지급액이 매우 유사하기 때문에, 특히 ②의 사건에서는 ①의 사건과 비교하여 정기 상여금이 통상임금에 해당한다고 달리 판단하는 이유를 적시하였어야 할 것이다. 그런 점에서 ②의 사건이 ①의 사건과 비교하였을 때 고정성의 요건과 관련하여 판례를 변경하였다거나 법령의 해석을 달리하였다는 것을 이유로 해서 전원합의체 판결이 필요하다고 할 수는 없지만, 매우 유사한 사실관계를 토대로 하고 있는 사안에서 다른 판결을 하게 된 이유를 적극적으로 제시하여야 한다. 판례의 근거제시의무(Begründungspflicht)는 법치국가원리에서 법적용자의 의무에 해당한다. 또한 유사한 사건에 상이한 결과를 가져옴으로써 이미 판례가 법적 불안정성을 증폭시켜 사회적 파장을 불러일으킨 경우에는 대법원 스스로 자기결단적 판결을 하기 위해서 통상임금에 대한 판결을 더 이상 '부'에서 판단하기 어려운 사건으로 보아 법원조직법 제7조 제1항 제5호에 따라 전원합의체 판결을 하여야 할 것이다.

제 5 장

판례에서 문제가 된 금원의 항목별 통상임금 해당성의 검토

이하에서는 앞의 대법원 판결과 하급심에서 주로 문제가 된 주요 항목별 금원의 통상임금 해당성에 대해서 검토하기로 한다. 2012년 3월 29일의 판결에서는 (정기)상여금과 근속수당, 주휴수당, 월차유급수당, 그리고 그 이후에 나온 하급심 판결에서는 교통비, 교통비보조금, CCTV수당, 식대, 운전자보험금, 개인연금보험료 · 단체보험료, 하계휴가비, 공정지원금, 체력단련비, 기술수당, 야간교대수당, 설 · 추석상여금, 귀성여비, 김장보너스, 선물비, 생일자 지원금, 복리후생비, 자격수당, 기능수당, 조직관리수당, 경리수당, 조사연구수당, 근로보조수당, 정기상여금 가산금, 유류비 등이 문제가 되었다. 이들 금원의 통상임금 해당성 여부를 모두 여기서 다루는 것은 적절하지 못하다고 생각하며, 앞에서 언급한 사회적 급여로서의 개인연금보조금을 제외하고 당사자들의 이견이 많은 주요 금원들의 통상임금 해당성을 검토하기로 한다. 크게 나누어 ① 직무능력이나 자격 및 특수직무에 대한 보상적 성격을 갖는 금원과 안전에 대한 배려 차원의 금원으로서 기능수당 · 기술수당 · 자격수당 · 조직관리수당, 특수직무수당, 산업안전보건비, ② 연공서열과 근로촉진을 위한 수단으로서의 근속수당, 정근수당, ③ 복리후생적 성격의 교통비 · 교통비보조금 · 통근수당 · 차량유지비 · 자가운전보조비, (정기)상여금 · 정기상여금가산금, 식비, 하계휴가비, 가족수당, 체력단련비, 효도제례비, 설 · 추석상여금 · 귀성여비 · 김장보너스 · 선물비 등으로 나누어 언급하기로 한다.

제 1 절 판례와 행정해석 개관

통상임금에 대해 판례는 평균임금의 산정과는 달리 실제 근무일수나 실제 수령한 임금과는 관계없이 고정적이고 평균적인 일반임금을 기준으로 삼는다.[1] 따라서 작업수당, 기술수당, 위험수당 등과 같이 일률적으로 지급되는 것은 통상임금의 산정범위에 포함되지만, 연장근로수당, 야간수당 등과 같이 비정기적, 비일률적인 것과 은혜적인 것은 제외한다.[2] 가족수당은 독신자에게도

1) 대법원1978.10.10, 선고 78다1372; 대법원 1996.5.28, 선고 95다36817.

2) 대법원 1990.11.9, 선고 90다카6948.

지급하는 등 전 근로자에게 일률적으로 지급할 경우에는 통상임금의 산정기초로 하며, 주택수당도 회사사택에 입주하지 않아도 전 근로자에게 일률적으로 지급되면 통상임금의 산정기초로 한다.[3] 정기성과 일률성을 기준으로 매년 1회 일정시기에 전 직원에게 지급되는 체력단련비 또는 매년 4회 지급되는 상여금 등은 모두 통상임금에 포함된다.[4] 근속수당의 경우는 정기성과 일률성을 기준으로 구체적 사실관계에 따라 부정하는 판례[5]가 있는가 하면 긍정하는 판례[6]가 있다.

전체적으로 보아 판례는 근로의 대가성은 공백으로 둔 채 판단을 간단명료하게 하기 위해서 정기성과 일률성을 강조하는 것으로 보인다. 최근의 판례는 근속수당의 통상임금 해당성을 긍정하는 경향이 강하다. 그러나 각 판례마다 구체적인 사실관계가 다르기 때문에 각각 판단기준이 세부적으로는 매우 다르게 적용되고 있다.

이에 비해 행정해석은 비교적 통상임금의 개념과 범위를 명확히 하여 통상임금을 일관성있게 산정하는 것으로 보인다. 물론 행정해석도 근로의 대상이 무엇인가에 대해서는 침묵하고 있다. 또한 지침에서 명칭상 통상임금에 해당한다고 본 금원이라 할지라도 구체적 사건에서는 다른 내용으로 형성된 경우에는 통상임금에 해당하지 않을 수도 있다.

그럼에도 근로기준법 시행령 제6조 제1항과 판례처럼 정기성과 일률성을 기준으로 하면서도 비교적 구체적으로 어느 금품이 통상임금에 해당하는지를 예시하고 있다. 노동부 통상임금산정지침[7]의 예시에 따르면 통상임금에 포함되는 금품은

첫째, 소정근로시간 또는 법정근로시간에 대하여 지급하기로 정하여진 기본급 임금과 일·주·월 기타 1임금산정기간 내의 소정근로시간 또는 법정근로시간에 대하여 일급·주급·월급 등의 형태로 정기적·일률적으로 지급하기

3) 대법원 2003.10.9, 선고 2003다30777.
4) 대법원 1996.2.9, 선고 95다19501.
5) 대법원 1992.2.14, 선고 91다17955; 대법원 1992.5.22, 선고 92다7306; 대법원 1996.3.22, 선고 95다56767 등.
6) 대법원 1996.5.10, 선고 95다2227; 대법원 2000.12.22, 선고 99다10806; 대법원 2002.7.23, 선고 2000다29387; 대법원 2007.1.11, 2006다64245; 대법원 2010.1.28, 선고 2009다74144; 대법원 2011.9.8, 선고 2011다22061; 대법원 2012.3.29, 선고 2010다91046 등.
7) 2012.9.25 노동부예규 제47호 별표 통상임금 및 평균임금 등의 판단기준 예시 참조.

로 정하여진 고정임금을 원칙으로 한다. 이에 해당하는 금원은

- 담당업무나 직책의 경중에 따라 미리 정하여진 지급조건에 의해 지급하는 수당으로서 직무수당(금융수당, 출납수당)·직책수당(반장수당, 소장수당),
- 물가변동이나 직급간의 임금격차를 조정하기 위하여 지급하는 수당으로서 물가수당·조정수당, 기술이나 자격·면허증소지자,
- 특수작업종사자에게 지급하는 수당으로서 기술수당·자격수당·면허수당·특수작업수당·위험수당,
- 특수지역에 근무하는 근로자에게 정기적이고 일률적으로 지급하는 수당으로서 벽지수당·한냉지근무수당,
- 교통수단에 승무하여 운행업무에 종사하는 자에게 근무일수와 관계없이 일정한 금액을 일률적으로 지급하는 수당으로서 승무수당·운항수당·항해수당,
- 생산기술과 능률을 향상시킬 목적으로 근무성적에 관계없이 매월 일정한 금액을 일률적으로 지급하는 수당으로서 생산장려수당·능률수당 등이 있다.

둘째, 실제 근무여부에 따라 지급금액이 변동되는 금품과 1임금산정기간 이외에 지급되는 금품은 통상임금 산정기초에서 제외된다. 이에 해당하는 금원으로는

- 근로기준법 등에 의하여 지급되는 연장근로수당·야간근로수당·휴일근로수당·월차유급근로수당·연차유급근로수당·생리휴가보전수당 및 취업규칙 등에 의하여 정하여진 휴일에 근로한 대가로 지급되는 휴일근로수당,
- 근무일에 따라 일정금액을 지급하는 수당으로서 승무수당·운항수당·항해수당·입갱수당,
- 기술과 능률을 향상시킬 목적으로 근무성적 등에 따라 일률적으로 지급하는 수당으로서 생산장려수당·능률수당,
- 장기근속자의 우대 또는 개근을 촉진하기 위한 수당으로서 개근수당·근속수당·정근수당,
- 취업규칙 등에 따라 미리 지급금액을 정하여 지급하는 수당으로서 일·숙직수당,

- 취업규칙 등에 지급조건, 금액, 지급시기가 정해져 있거나 전 근로자에게 관례적으로 지급하여 사회통념상 근로자가 당연히 지급받을 수 있다는 기대를 갖게 되는 정기상여금과 체력단련비,
- 관례적으로 지급한 사례가 없고, 기업이윤에 따라 일시적·불확정적으로 사용자의 재량이나 호의에 의해 지급하는 금품으로서 경영성과배분금, 격려금, 생산장려금, 포상금, 인센티브 등,
- 사용자가 일괄관리하여 배분하는 봉사료 등이다.

셋째, 근로시간과 관계없이 근로자에게 생활보조적·복리후생적으로 지급하는 금품은 통상임금 산정기초에서 제외한다. 이에 해당하는 금원으로는

- 전 근로자에게 정기적·일률적으로 지급하는 통근수당이나 차량유지비 중 전 근로자에게 정기적·일률적으로 지급하는 경우와 출근일수에 따라 변동적으로 지급하거나 일부 근로자에게 지급하는 경우,
- 가족수당과, 교육수당 중 독신자를 포함하여 전 근로자에게 일률적으로 지급하는 경우와 가족 수에 따라 차등 지급되거나 일부 근로자에게만 지급하는 학자보조금·근로자교육비 지원 등의 명칭으로 지급되는 금품은 통상임금에서 제외하며,
- 급식 및 급식비 중 근로계약·취업규칙 등에 규정된 급식비로써 근무일수에 관계없이 전 근로자에게 일률적으로 지급하는 경우·출근일수에 따라 차등 지급하는 금품 등이다.

넷째, 근로의 대가성이 없는 것으로서 임금의 대상에서 제외되는 금품은 통상임금에도 해당하지 않는다. 이에 해당하는 금품으로는

- 휴업수당·퇴직금·해고예고수당,
- 단순히 생활보조적·복리후생적으로 보조하거나 혜택을 부여하는 금품으로서 결혼축의금·조의금·의료비·재해위로금·교육기관과 체육시설 이용비·피복비, 통근차·기숙사·주택제공,
- 사회보장성 및 손해보험성 보험료부담금으로서 고용보험료·의료보험료·국민연금·운전자보험 등,
- 실비변상으로 지급되는 금품으로서 출장비·정보활동비·업무추진비·작업용품구입비 등,
- 돌발적인 사유에 따라 지급되거나 지급조건이 규정되어 있어도 사유발생

이 불확정으로 나타나는 금품으로서 결혼수당·사상병 수당,

• 기업의 시설이나 그 보수비로서 기구손실금 등은 평균임금과 통상임금의 산정기초에서도 제외되는 금품에 해당한다.

물론 판례는 고용노동부의 이러한 행정해석이나 지침에 구속되지는 않지만, 통상임금 인정과 관련하여 판례와 행정해석은 상당히 현격한 차이가 있다. 판례가 가능한 한 1임금산정기간에 구애됨이 없이 형식적 요건인 '정기적, 일률적으로 지급되는 고정적 임금'이면 통상임금으로 보고자 하는 반면에, 행정해석은 해당 금원의 실질적 성격을 강조하여 정기적이고 일률적으로 지급되는 것이라 하여도 통상임금 해당성을 부정한다. 따라서 지급조건, 지급금액, 지급시기가 정해져있고, 전 근로자에게 지급하는 상여금과 체력단련비 등은 통상임금에 해당하지 않는다고 본다. 통근수당이나 차량유지비를 정기적이고 일률적으로 지급한다하여도 이는 근로시간과 관계없이 복리후생과 생활보조적으로 지급되는 것이므로 통상임금에 해당하지 않는다고 한다. 또한 사택수당과 월동연료수당, 김장수당도 정기적이고 일률적으로 지급된다고 하여도 해당 금원의 성격이 생활보조적이고 복리후생적이기 때문에 통상임금에서 배제한다. 이와 같은 금품들은 판례에 의하면 정기성과 일률성의 요건을 충족하기 때문에 통상임금으로 산정되어야 할 금품들이다. 이와 같이 행정해석은 평균임금과 통상임금도 해당 금품의 성격을 기준으로 구분하여 그 차이를 확연하게 나타내 보이는 반면에, 판례는 통상임금의 판단기준과 평균임금의 판단기준을 거의 동일하게 사용하여 사실상 통상임금과 평균임금이 구별되지 않을 정도로 통상임금은 평균임금화 되고 있다. 특히 행정해석은 금원의 성격을 고려하는 점이 판례와 매우 다르다. 그리하여 행정해석은 사용자가 지급하는 금품 중 생활보조적이고 복리후생적인 성격의 금품은 정기성과 일률성의 요건을 충족한다고 하여도 거의 대부분 통상임금에서 배제하고 있다. 판례가 정기성과 일률성 및 고정성의 형식적인 요건을 중심으로 통상임금 해당성을 판단[8]하는 것에 비하여, 행정해석은 근로의 대가나 통상임금의 본질과 성격을 중심으로 판단하고 있음을 보여 주고 있다. 명칭만으로 비교할 때 판례는 예를 들어 근속수당, 상여금, 통근수당, 김장수당, 가족수당, 통근수당, 사택수당, 식비 등이 정기적, 일률적

8) 같은 의견으로 이철수, "통상임금에 관한 판례법리의 변화", 「노동법연구」 제28호(서울대노동법연구회), 2004, 70면; 박지순·이상익, 같은 책, 113면 참조.

으로 지급되는 한 통상임금에 해당한다고 하지만, 행정해석에 따르면 복리후생적 성격을 갖고 있기 때문에 통상임금 해당성을 부정한다. 금품의 통상임금 해당성을 판단하는 기준이 판례와 행정해석에서 현격하게 다르다는 것을 보여주고 있다.

그러나 판례와 행정해석의 이러한 간극에도 불구하고, 금품의 통상임금 해당성은 통상임금의 제도적 존재의의, 임금약정 및 지급관행, 기업마다의 특수한 임금체계와 노사 간 단체교섭 및 협약의 실태, 근로자의 노조가입여부, 직종 및 근무형태, 종전 노동행정당국의 행정지도상의 관례, 당사자 간의 법정분쟁이 일어나게 된 경위 등을 종합하여 판단하여야 한다.[9] 그러나 무엇보다도 근로기준법 제2조 제1항 제5호와 근로기준법 시행령 제6조 제1항의 규범성을 고려한다면, ① 근로의 대가성, ② 당사자의 약정에 기초한 소정 근로의 대가성, ③ 1임금산정기간, ④ 정기성과 일률성 및 고정성 등의 요소들을 중심으로 판단하여야 할 것이다. 다만, 금원의 통상임금 해당성 판단에 있어서는 노사간에 통상임금의 산정범위에 대해 합의가 있는 경우 협약자율의 헌법적 문제가 있기 때문에 이를 존중하여야 할 것이다. 그리고 예를 들면 '정기상여금은 통상임금에 해당한다'와 같은 명제는 있을 수 없고, 동일한 명칭의 금원도 개별 사례 상황마다 각각 달리 형성될 수도 있다. 따라서 금원의 통상임금 해당성 판단에 있어서는 이 점도 고려해야 할 것이다.

제 2 절 항목별 검토

Ⅰ. 직무능력이나 자격 및 특수직무에 대한 보상적 성격을 갖는 금원과 안전에 대한 배려 차원의 금원

1. 기능수당 · 기술수당 · 자격수당 · 조직관리수당

판례는 대체로 이와 같은 종류의 금원은 통상임금에 해당한다고 본다. 각

9) 김형배, 노동법 제22판, 박영사, 2013, 381면 참조.

사건마다 차이는 있지만, 그렇게 판단한 이유로서는 ① 보수규정에 따라 월정액으로 지급하도록 한 점에서 소정 근로의 대가로서 지급하였다는 점, ② 근로의 질이나 양에 대하여 지급된 것으로서 소정 근로의 대상이라는 점, ③ 고정적·평균적으로 매월 일률적으로 지급되는 기본급 및 이에 준하는 수당이라는 점,[10] ④ 일정한 직급의 근로자에게 정기적·일률적으로 지급된 것으로서 근로의 대가 또는 근로의 제공과 밀접하게 관련된 것이라는 점[11], '일정한 자격증을 보유한 근로자에게 실제의 근무성적과는 상관없이 정기적·일률적으로 지급되는 고정적 임금이라는 점[12], 근속년수에 따라 지급액이 달라도 실제의 근무성적에 따라 지급여부 및 지급액이 달라지는 것이 아니라, 일정한 근속년수에 이른 근로자에게 근무성적과 상관없이 1년 근속 당 일정금액이 지급된 것으로서 (월할 계산 등 일부 지급의 문제가 발생하지 않는다) 정기적·일률적으로 지급되는 고정적 임금'이라는 점[13], 직급별로 일정액을 지급하는 조직관리수당이 실비변상적인 것이 아니라 실제의 근무성적과는 상관없이 정기적·일률적으로 지급되는 고정적 임금이라는 점[14] 등을 들고 있다.

행정해석[15](고용노동부 통상임금 산정지침)도 이와 같은 수당들은 1임금산정기간 내의 소정 근로시간 또는 법정 근로시간에 대하여 일급·주급·월급 등의 형태로 정기적·일률적으로 지급하기로 정하여진 고정적 임금이기 때문에 통상임금의 산정범위에 포함되어야 한다고 본다.

매월 일정액을 직급별로, 근속년수별로, 자격증 보유별로 차등을 둔다고 하여도 이는 근로의 질이나 양에 직접적인 또는 밀접한 영향을 미치는 기능, 자격, 기술, 조직관리능력에 대한 급여이기 때문에 근로의 대가성이 있다는 것은 틀림이 없다. 그러나 소정 근로의 대가성이 있는지와 관련하여 소정 근로에 대하여 지급하기로 미리 정하였는지의 여부는 각각의 구체적 사건마다 다를 수 있다. 예를 들면 하급심 판결 중(이른바 'TT자동차 사건')에서는 노사가 합의한 임금규정은 통상임금은 기본급과 통상 제 수당으로 하기로 정하였고, 임금의

10) 대법원 1991.6.28, 선고 90다카14758.
11) 서울고법 2011.12.23, 선고 2009나6914.
12) 서울 중앙지법 2013.1.22, 선고 2011가합30463('TT자동차 사건')
13) 광주지법 2013.1.10, 선고 2011가합14550('K타이어 사건')
14) 서울 중앙지법 2013.1.22, 선고 2011가합30463('TT자동차 사건')
15) 2012.9.25 고용노동부 통상임금산정지침 제47호 별표 통상임금 및 평균임금 등의 판단기준 예시.

구성항목으로서 제 수당 규정에 조직관리수당, 직무수당, 조사연구수당 등을 포함하였다. 그러나 2007년부터 문제가 된 최근까지 노사 간의 합의로 통상임금을 정하면서 월급제 근로자, 기술직 일급제 근로자, 사무직 월급제 근로자, 사무직 연봉제 근로자 모두에게 통상임금에서 조직관리수당을 배제한다는 합의도 없고, 이를 포함한다는 명시적 합의도 없이 통상임금 산정범위에 포함되지 않았다. 이와 같이 조직관리수당을 통상임금에 포함시키지 않은 이유가 분명하지 않지만, 조직관리수당은 노사가 소정 근로시간에 대해 미리 주기로 정한 금품이 아닌 것으로 된다. 따라서 이 수당은 소정근로에 대한 대가성이 인정될 수 없는 것이다. 물론 노사가 이 조직관리수당을 통상임금 산정기초에서 배제하기로 하는 명시적 합의는 없다고 하더라도 묵시적 합의를 인정하고 이 배제합의가 근로기준법에서 정한 기준을 따르지 못하여 무효가 된다는 주장도 가능할 것이다. 그러나 당해 사건에는 기본급, 가족수당, 근속수당, 직무수당, 체력단련수당 등이 노사 합의로 통상임금의 산정범위에 포함되어 있어서 이 수준의 통상임금액이 법정수당의 산정을 위하여 근로기준법에서 정한 기준에 미달하는지는 구체적으로 산정할 방법도 없지만, 구체적으로 산정하여도 그 금액이 법정기준에 미달한다는 판단을 할 수 없다. 그렇기 때문에 구체적 사안에 따라서는 조직관리수당 등을 포함하여 기능수당·기술수당·자격수당 등의 직무능력이나 자격 및 특수직무에 대한 보상적 성격을 갖는 금품 등도 소정 근로의 대가인지를 검토하여 통상임금 해당성 여부를 판단하지 않으면 안 된다. 노사가 합의한 바가 없어 미리 지급하기로 하는 약정이 없음에도 '정기적, 일률적으로 지급되는 고정적인 임금'의 기준을 내세워 통상임금 해당성을 인정하는 것은 근로기준법 시행령 제6조 제1항 규정의 통상임금 판단기준조차 법원이 지키지 않는 결과가 된다. 소정 근로의 대가성이 인정되지 않는 한 정기성과 일률성 및 고정성의 요건을 검토할 필요도 없이 통상임금 해당성은 부정되어야 한다.

2. 특수직무수당

위험수당, 특수직무수당, 고열작업수당, 승무수당, 생산수당, 비행수당, 무사고수당 등은 노동력 제공에 대한 대가로서 지급되는 수당들로서 근로의 대가성이 인정된다. 그러나 이들 금품들이 통상임금에 해당하는지에 대해서 판례는 근로기준법 시행령 제6조 제1항의 판단기준을 적용함에 있어서 구체적 사안마다 각각 달리 판단하고 있다. 그리하여 통상임금을 부정한 이유로서 판례가 제시한 것은 ① 일률성의 요건으로서 '일정한 조건이나 기준에 달하는 모든 근로자'의 요건 충족여부와 관련하여 근로자가 고정적으로 특정된 작업장에서만 근무하는지 여부를 알 수 없기 때문에 특수직무수당이 정기적으로 지급된 것은 알 수 있으나 일률적으로 지급된 것인지를 알 수 없다는 점,[16] ② 위험직종에 종사하는 근로자들에게 생산수당을 지급한다고 단체협약에 규정되어 있지만, 위험직종의 범위나 지급금액에 대해서 아무런 언급이 없다는 점과 동일한 직급의 근로자들 사이에서도 차등 지급을 받는 등 생산수당이 근무성적에 따라 지급액이 달라 고정적, 일률적으로 지급되는 것이 아니라는 점,[17] 무사고수당이 실제 근무일수나 근무실적에 따라 지급여부가 결정된다는 점,[18] 운항수당·승무수당·비행수당 등이 실제의 운항시간에 따라 달리 지급되고, 일정한 결격사유를 가진 근로자(승무결근자, 일정기간 이상의 교육기간 중인 자, 일정기간 이상의 병가 중인 자 등)에게는 위 수당 등이 지급되지 않는 경우는 실제 근무성적에 따라 그 지급여부 및 지급액이 달라지기 때문에 정기성과 일률성이 없다는 점[19] 등이다.

그러나 판례 중에는 위와 같은 근로의 대가성을 갖는 수당 중에서 통상임금 해당성을 인정하는 것도 있다. 그 이유로는 ① 기술수당, 위험근무수당, 특정업무수당 등은 '자격증 보유 여부 또는 위험 업무 종사 여부 또는 특정 업무 종사 여부에 따라 지급되는 것으로서 근로를 제공한 근로자들에게 정기적, 일률적으로 지급된 것으로서 근로의 대가인 임금에 해당하고 미리 지급기준이 정하여졌으며, 그 기준을 충족하는 자에게 정기적, 일률적으로 지급되었다는 점,[20] ② 승무수당과 관련하여 각 근로자그룹별로 운행조건을 고려하여 차등지급을 하였고, 승무수당은 실제 월간 근무일에 따라 지급액이 변동되었으나, 출근이라는 고정적 조건 하에 지급되었고, 출근일당 일정액을 지급하는 것은 월급제가 아니라 일급제로 지급하는 임금항목이므로 월단위로 산정하여 출근

16) 대법원 1993.5.27, 선고 92다20316; 대법원 1994.5.24, 선고 93다31979.
17) 대법원 1996.5.14, 선고 95다19256.
18) 대법원 2003.6.13, 선고 2002다74282.
19) 대법원 1996.6.13, 선고 95다24074.
20) 서울고법 2010.10.1, 선고 2010나34618.

일에 따라 계산하면 차이가 생긴다고 하여도 실제 근무실적에 비례하여 변동되는 것은 아니라는 점,[21] 등을 들고 있다. 그러나 근로의 제공을 하였기 때문에 근로의 대가성은 인정되지만, 특히 일률성과 관련하여 고열작업수당이 논란이 된 경우도 있었다. 원심[22]은 '매년 각 공정별로 같은 액수의 고열작업수당을 받지 않는다는 점, 당해 근로자가 언제나 고정적으로 고열작업장에서만 근무하여 최소한 등급 이상의 고열작업수당을 받을 수 있는 것이 아니라는 점, 고열작업장 내에서의 작업공정이 항상 동일하다고 할 수 없다는 점 등을 고려하면 고열작업수당이 고정적 조건에서 일률적으로 지급된 것이라고는 단정할 수 없고, 따라서 고열작업수당은 계속적·정기적으로 지급되긴 하였으나 일률적으로 지급된 것이 아니어서' 통상임금에 해당한다고 보지 않았다. 그러나 대법원[23]은 "고열작업수당은 입사, 퇴사 등의 사유로 1개월 중 일부기간만 고열작업장에 근무한 경우에는 해당 월의 총 일수를 기준으로 일할 계산한다고 되어 있으나, 이는 입사, 퇴사 등 특별한 사유가 발생하여 1개월 중 일부기간만 종사하게 될 경우의 일할계산에 관한 것으로 이러한 규정을 들어 근로자의 근무실적에 따라 차등 지급되는 것으로서 통상임금에 속하지 아니한다고 할 수도 없고, 또한 매년 고열등급이 달리 지정되어 그 지급받을 수 있는 금액이 다를 수 있다고 하더라도 이는 매년 당해 연도에 어떤 고열등급의 고열작업수당을 지급할 것인지를 정하는 것에 기인하는 것으로서, 어떤 고열등급이 정해지면 그에 따라 일률적으로 당해 공정에 근무하는 모든 근로자에게 그 등급에 따라 같은 금액이 지급되는 것이므로 위와 같은 사정을 들어 통상임금에 속하는 것이 아니라고 할 수도 없다"고 하여 원심판결을 수용하지 않았다. 특히 1개월을 채우지 못한 근로자들에게는 일할 계산하여 지급함으로써 근무실적에 따른 차등 지급이 되므로 일률성이 없을 수 있다는 것에 대하여 '특별한 사유 발생 시 1개월 중 일부기간 종사에 대한 일할계산에 관한 것일 뿐, 근무실적에 따른 차등 지급을 하고자 한 것이 아니기 때문에 일률성 인정에 장애가 되지 않는다는 것이다. 또한 고열등급별로 다른 금액을 받을 수 있기 때문에 일률성이 없다는 것에 대해서도 일단 고열등급이 정해지면 그에 따라 일률적으로 당해 공

21) 대법원 2005.3.11, 선고 2004다56196.
22) 서울고법 2004.6.3, 선고 2003나18854.
23) 대법원 2005.9.9, 선고 2004다41217.

정에 근무하는 모든 근로자에게 그 등급에 따라 같은 금액이 지급되는 것이므로 일률성이 인정된다는 것이다. 따라서 고열등급에 따라 각각 다른 금액을 지급하는 것은 매년 당해 연도에 어떤 고열등급의 고열작업수당을 지급할 것인지를 정하는 것으로서 회사 전체에 적용될 규정을 만드는 것이기 때문에 일률성을 부정하는 요인으로 될 수 없다고 보는 듯하다.

행정해석은 운송수단을 이용하는 업무에 종사하는 자에게 근무일수와 관계없이 일정한 금액을 일률적으로 지급하는 승무수당, 운항수당, 항해수당 등은 통상임금에 해당하며, 생산기술과 능률을 향상시킬 목적으로 근무성적에 관계없이 매월 일정한 금액을 일률적으로 지급하는 생산장려수당과 능률수당도 통상임금에 해당한다고 본다.[24] 따라서 행정해석은 당해 수당이 근무일수에 관계없이, 근무성적에 관계없이 정기적, 일률적으로 지급되었는가를 기준으로 금원의 통상임금 해당성을 판단하고 있다. 따라서 행정해석에 있어서도 금원이 소정 근로의 대가로 지급되는가에 대해서는 관심이 없다.

노사의 합의로 당해 수당을 지급하기로 하는 경우에도 그것이 임금구성항목에 설정되어 지급하기로 하는 경우는 근로의 대가로 일단은 인정될 것이다. 그러나 그렇다고 하여 그 임금이 통상임금에 해당하는 것은 아니다. 이 임금은 평균임금에 산정될 것이지만, 통상임금에 포함되기 위해서는 당사자 사이의 합의에 의해서 소정근로에 대한 대가로서 사전에 지급하기로 약정되어 있어야 한다. 따라서 각 사례에서는 이 점을 확인하여야 할 것이다. 그러므로 여기서 문제가 되는 위험수당, 특수직무수당, 고열작업수당, 승무수당, 생산수당, 비행수당, 무사고수당 등도 근무일수에 따라 차등 지급되는가, 근무실적에 따라 지급되는가를 검토하기 전에 임금의 구성항목에 들어가는가, 그리고 소정근로에 대한 대가로서 사전에 지급하기로 미리 정하였는가가 먼저 검토되어야 한다. 그런 점에서 월 단위로 합산하여 근로자마다 차등 지급되는 것이어서 통상임금이 아니라든가, 월 단위로 합산하여 출근일수마다 달리 지급되어도 그 실질은 일급제이므로 통상임금에 포함된다든가가 우선적으로 검토되어야 하는 것이 아니다. 이 단계에서 검토되어야 하는 것은 해당 금원이 일률적으로, 고정적으로 지급되는가의 여부가 아니다. 따라서 그 이전에 일급제의 경우에도 해

24) 2012.9.25, 고용노동부 통상임금산정지침 제47호 별표 통상임금 및 평균임금 등의 판단기준 예시.

당 수당이 소정의 근로시간에 대해서 미리 지급하기로 약정을 했는가가 중요한 문제이다. 일급제는 근무일수에 따라 지급하는 것, 말하자면 지급의 기준이 되는 시간단위를 일단위로 하는 것에 지나지 않는다. 근로기준법 시행령 제6조 제1항에서 규정한 바와 같이 일급금액이라고 하여도 동 규정 전반부에 규정된 소정 근로의 대가성과 정기성과 일률성의 요건은 여전히 유지되어야 한다. 따라서 근무일수 1일당 일정금액을 지급하기로 정하고 근무일수에 비례하여 해당 임금액을 산정한다고 하여도, 1일당 일정금액은 다시 여러 가지 임금항목으로 구성되어 있어서, 예를 들면 승무수당으로서 일정액, 기술수당으로서 일정액 등 여러 가지 항목으로 구성될 수 있다. 그렇다면 다시 이 수당 중에서 약정한 소정 근로시간에 대해서 특정의 수당을 지급하기로 정한 경우에 비로소 일급제의 경우도 통상임금으로 산정되는 것이다. 따라서 일급제로 일정 금액을 지급한다고 해서 그것이 근로의 대가성을 인정할 수는 있으나, 그 금액 전체가 통상임금의 산정기초에 들어가는 것이 아니라, 소정 근로시간에 대해 미리 지급하기로 약정한 수당만이 통상임금의 산정기초에 들어가는 것이다. 따라서 일급제의 경우에도 어느 금원을 소정 근로시간에 대해서 지급하기로 정하였는가를 살펴보지 않으면 안 된다.[25] 그러므로 판례처럼 근무일수에 따라 지급하는 출근수당이나 교통비를 일급제로 지급한다고 하여도, 그리고 그와 같은 금품을 지급하기로 정하였다고 하여도 그것이 지급근거인 단체협약에 의해서 지급되는 금품이라 하여도 근로의 대가성은 인정될지 모른다. 그러나 일급제의 임금항목에 대해서도 다시 한번 당사자들 사이에 어느 임금항목을 소정 근로시간

25) 김기덕, "통상임금의 본질과 통상임금의 개념", 한국노동법학회·노동법이론실무학회 추계학술대회, 2012.9, 발표문 12면은 '상여금이 근무일수에 따라 지급여부 및 지급액이 달라지는 임금으로서 통상임금에 해당하지 않는다면 기본급도 월간 일수에 따라 지급액이 변동되므로 통상임금에 해당하지 않는다는 부당한 결론에 이른다'고 주장하고, '월 15일 이상 출근할 때 월 급여를 지급한다고 하고 그렇지 않은 경우 이를 대폭 삭감한 금액을 임금으로 지급한다고 정하고 있는 경우 고정성을 통상임금의 개념요소로 파악하고 있는 판례에 따르면 실제 근로 여부에 따라 그 지급여부나 지급액이 달라지는 임금이라서 변동적인 임금이므로 통상임금 개념요소 중 고정성이 인정되지 않아 이 때 임금은 월급여조차도 통상임금에 포함되지 않는다'는 문제가 발생한다고 지적한다. 그러나 월급여의 경우 기본급여는 대개의 경우 일정 출근일수에 따라 지급여부가 달라지는 것이 아니며, 월 15일 이상 출근한 자들에게는 고정적으로 월급여가 인정되는 것이므로 이 집단에게는 고정성이 있으므로 통상임금에 해당할 수 있다. 따라서 월급여조차 통상임금에 해당하지 않게 되는 결과는 발생하지 않는다. 월 15일 미만 출근한 자들에게는 근무일수에 따라 일할하여 감액하는 사유가 발생해도 기본급은 미리 지급하기로 정한 것이기 때문에 고정성이 없어서 통상임금에서 배제되는 일은 발생하지 않는다. 그 한도에서 기본급에 대해서는 일률성과 고정성이 인정되는 것이다.

에 대한 대가로서 지급하기로 하였는지를 검토하지 않으면 안 된다. 일급제를 급여산정 시간단위로 정하고 있는 사업장의 단체협약 중에도－특히 생산직 근로자의 경우－임금을 일급제로 지급하기로 정하고, 지급되는 임금의 구성항목을 다시 정하고, 그 임금항목 중 특정의 금원을 소정 근로시간에 대한 대가로서 통상임금으로 정한다고 규정하는 경우도 있다.[26] 이른바 '기본급'은 일급제하에서도 소정 근로시간에 대해서 미리 지급하기로 약정한 것이므로 당연히 통상임금의 범주에 포함된다. 그러나 기타의 제 수당에 대해서는 다시 한번 소정 근로의 대가로서 지급하기로 정하였는지를 살펴 보아야 한다.

노사합의로 운전자에게 출근일수에 따라 위험수당으로 1일 일정액을 승무수당으로 지급하는 것은 월간 합산하여 지급한다고 하더라도 이를 통상임금으로 한다는 당사자의 합의가 있는 한, 소정 근로의 대가성이 부정된다거나 출근일수에 따라 지급액이 달라지는 변동성 임금이라고 할 수는 없을 것이다. 따라서 출근이라는 고정적 조건에 따라서 일률적으로 지급되고, 출근일당으로 산정한 것을 월간 합산하여 지급한다고 하더라도, 이는 월급제가 아닌 일급제로 지급되는 임금항목에 해당할 것이다. 따라서 월단위로 합산하여 근로자마다 지급액이 달라도 근무실적에 따라 달라지는 변동성임금이라고 할 수는 없을 것이다.[27] 그러나 근무일수를 근무하는 경우에만 지급하는 종류의 금품은 일급제에 의해서 지급하는 금품과는 다르다. 전자는 근무일수에 따라 지급여부가 달라지는 것이기 때문에 소정 근로의 대가라고 볼 수 없다. 그런 점에서 출근일수에 따라 차등 지급하는 출근장려수당이나 근무일수에 따라 지급여부가 달라지는 무사고수당은 통상임금에 포함되지 않는다. 또한 일급제 하에서 지급하는 금품이라 하더라도 당해 금품을 소정 근로의 대가로 지급하기로 미리 정하였는지를 살펴보지 않으면 안 된다. 예를 들면 생산직 근로자에게 '일당 3만원을 지급한다'고 되어 있는 경우에도 이 금액의 구성항목에 대한 정함도 없는 경우에는 이 금액이 소정 근로시간이나 소정 근로일의 근로에 대한 대가로서 통상임금에 포함될 것이다. 그러나 '일당 3만원'을 지급하되, 각 지급항목을 구분하여 3만원이 기본급과 각각의 수당 등을 합산하여 구성되는 것으로 하였다면 각각의 항목에 대해서 이를 소정 근로의 대가로서 미리 지급하기로 정하였는지를

26) 앞에서 말한 하급심 판결 중 TT자동차의 단체협약과 임금규정 참조.
27) 대법원 2003.6.13, 선고 2002다74282; 대법원 2005.3.11, 선고 2004다56196.

다시 한번 검토하여야 한다. 만일 '일당 3만원'을 기본급으로 하고 근무일수에 따라 특정의 금품을 부가적으로 지급하기로 하였다면 '일당 3만원'은 통상임금의 산정범위에 포함되지만, 부가급여에 대해서는 어느 것을 소정의 근로에 대한 대가로 지급하기로 하였는지를 다시 한번 검토하여야 할 것이다.

판례에서 나타난 사례들을 보면 출근일수에 따라 차등 지급하는 출근장려수당[28]과 월 작업 일수를 기준으로 하여 50% 이상을 고열작업에서 근무하면 고열작업수당을 지급하고, 그 미만인 경우는 이를 지급하지 않는 경우는 근무실적에 따른 것으로서 통상임금에 해당하지 않는다[29]고 보는 경우가 있다. 그러나 수당 지급전 15일 기준으로 15일 미만의 경우는 일할 계산하여도 근무실적에 따른 차등지급이 아니라고 하는 경우[30]도 있는가 하면, 월 출근일수가 15일 이상인 근로자에게는 전액을 지급하지만, 15일 미만인 경우는 일할 계산한 금액만을 지급하는 내용의 근속수당은 실제 근무성적에 따라서 지급하는 고정적인 임금이 아니어서 통상임금에 해당하지 않는다는 판례[31]도 있다. 이와 같은 판례를 살펴보면 어느 금품이 출근여부와 관계없이 지급하기로 하였지만 근무일수에 비례하여 산정하거나 근무일수에 따라 일할 계산하는 경우는 일급제나 시급제로서 미리 지급하기로 정하였기 때문에 통상임금의 산정범위에 들어오지만, 후자의 경우는 실제 근무에 따라서 지급여부와 지급액이 달라지는 것이기 때문에 통상임금에 해당하지 않는다는 법리를 기초로 하고 있는 것으로 보인다.

그러나 이러한 판례에도 불구하고 앞에서도 지적한 바와 같이 일급제로 하였다고 해서 모든 금품이 자동적으로 통상임금의 산정범위에 들어오는 것은 아니기 때문에 일급제 내에 각 항목별로 구성항목이 있는 경우 이들이 소정의 근로의 대가로 미리 정하여졌는지를 살펴보아야 한다. 또한 '근무일수에 따라 지급여부가 달라지는 금품'은 '지급하기로 하였으나 근무일수에 비례하여 또는 일할 계산하는 금품'과 달리 근무일수에 따라 100%가 지급되던지 아니면 전혀 지급되지 않는 경우로서 차등 지급이라 하지 않을 수 없어서 통상임금에 산정될 수 없다. 또한 지급하기로 하였으나 근무일수에 따라서 지급액의 계산방법

28) 대법원 1990.11.9, 선고 90다카6948.
29) 대법원 2005.9.9, 선고 2004다41217.
30) 서울고법 2012.11.23, 선고 2012나23773(이른바 'G자동차 사건').
31) 대법원 1996.3.22, 선고 95다56767.

이 다른 금품은 통상임금의 본질상 '미리 정할 수 없는 금액'이다. 근무일수에 따라서 지급액이 다르다는 것은 근무실적에 따라 지급한다는 것으로서 차등지급을 의미한다. 사전에 확정할 수 없는, 따라서 사후적으로 근무한 일수에 따라서 산정되는 금품은 변동적인 것으로서 고정적이지 않기 때문에 통상임금의 산정범위에 들어 올 수 없는 것들이다. 따라서 월 출근일수를 기준으로 일정기간을 만근하면 전액지급하고, 그렇지 않은 경우에는 일할 계산한 금액만을 지급하는 경우 그 수당은 실제 근무성적에 따라 지급되는 것으로서 고정적이지 못하기 때문에 통상임금에 포함되지 않는다고 하여야 할 것이다.

고열작업의 경우 지원조에 대한 고열작업수당이 작업일수 50%를 기준으로 전액지급되거나, 그렇지 않은 경우 전혀 지급을 하지 않는 경우는 근무실적에 따른 지급으로서 통상임금에 해당하지 않는다는 것이 대법원 판례[32]의 입장이다. 그러나 동시에 대법원은 당해 사건에서 지원조 이외의 고열작업에 종사하는 근로자들에게 지급하는 고열작업수당이 통상임금에 해당하는 결정적 이유로는 '고열등급이 정해지면 그에 따라 일률적으로 당해 공정에 근무하는 모든 근로자에게 그 등급에 따라 같은 금액을 지급한다는 점과 1개월 미만 고열작업장에 근무한 자에게 해당 월의 총 일수를 기준으로 일할 계산하는 것도 차등지급의 근거가 되지 못하며, 결원이 생겨 작업반장이 공정별로 인원배치를 조정하지 않는 한 같은 공정에서 지속적으로 근무하게 된다는 것인 바, 이러한 조건은 고정적 조건이라는 점'이다. 그러나 이 사건에서 고열작업수당은 그 지급근거가 단체협약부속합의서이다. 그리고 이 수당은 성질상 고열작업에 대한 대가로서의 고열작업수당이기 때문에 근로의 대가성이 인정된다. 그러나 이 수당이 소정 근로시간에 대한 대가로서 당사자들이 미리 정하였는지는 구분되어 있지 않다. 고열작업수당은 임금으로서 지급한다는 것은 분명하여도 소정 근로의 대가로서 지급한다는 것이 분명하지 않은 이상, 판례가 이를 검토하지 않고 고열작업수당은 근로의 대가이므로 통상임금의 산정범위에 포함하여야 한다는 것은 근로기준법 제2조 제1항 제5호의 근로의 대가성과 통상임금에서의 소정 근로에 대한 대가성을 같은 것으로 보고 있지 않는가 하는 의문이 든다.

---

32) 대법원 2005.9.9, 선고 2004다41217.

3. 생산장려수당

하급심[33]중에는 근로자들의 생산성 향상을 위하여 부장 이하 전 근로자들에 대하여 일정액을 지급하도록 정하고 실제로 동액 상당을 지급한 후 이를 토대로 근로소득세를 징수하였다면 생산장려수당도 근로자들에게 정기적, 일률적, 고정적으로 지급된 것으로서 통상임금의 범위에 포함된다고 본다. 그러나 대법원[34]은 생산장려금이 구체적 사건에서 각각 달리 형성되어 있는 한, 이를 고려하여 통상임금 해당성 여부를 판단하여야 한다고 본다. 따라서 근로 제공과는 직접 또는 밀접한 관련없이 임금교섭의 무분규 · 조기 타결을 위하여 일시적으로 지급한다는 사정이 반영되어 있는 것으로 보이는 생산장려금은 평균임금 해당성 판단의 전제조건인 임금에도 해당하지 않는다고 한다. 따라서 생산장려금은 통상임금 산정기초에 포함되지 않게 될 것이다. 그러나 다른 대법원 판례[35]는 '생산장려수당'이라는 동일한 명칭의 수당이라고 하더라도, 그것이 생산기술과 능률을 향상시킬 목적으로 근무성적에 관계없이 매월 일정액을 일률적으로 지급하기로 정한 것이라면 통상임금에 포함되지만, 실제의 근무실적이나 성과에 따라 지급하는 경우는 통상임금에서 제외된다고 본다.

행정해석[36]도 전체 또는 개인의 생산실적이 일정한 기준을 초과하면 지급한다는 조건을 미리 정하고 근무성적을 감안하여 지급하는 생산장려금은 통상임금에 해당하지 않지만, 생산기술과 능률을 향상시킬 목적으로 지급되는 것이라도 근무성적에 관계없이 매월 일정한 금액을 일률적으로 지급하는 경우에는 통상임금에 포함된다고 하여 판례처럼 정기성과 일률성을 기준으로 생산장려수당의 통상임금 해당성을 판단한다. 이와 같이 판례와 행정해석처럼 정기성과 일률성에 따라 생산장려금이 통상임금에 포함되는지를 판단한다면 생산장려수당이라는 명칭을 사용하고 그 지급목적도 근로자들의 생산성을 향상시키기 위한 것으로 급여규정에서 명시하고 있지만, 실제로는 일정한 생산실적을 달성한 경우에 지급하는 것이 아니라, 부장 이하 전 근로자에게 일정액을 정기적 · 일률적 · 고정적으로 지급하는 것이므로 생산장려수당도 통상임금에 포함된다고

---

33) 울산지법 2003. 8. 13, 선고 2001가합2989.

34) 대법원 2006.5.26, 선고 2003다54322, 54339.

35) 대법원 1996. 5. 14, 선고 95다19256.

36) 노동부예규: 1982. 6. 11, 근기 1455-10358; 2012.9.25, 고용노동부 통상임금 산정지침 별표 통상임금 및 평균임금 등의 판단기준 예시 참조.

해야 할 것이다.

그러나 사용자가 근로자에게 지급하는 금원이 통상임금에 해당하기 위해서는 법원을 구속하는 근로기준법 시행령 제6조 제1호에 따라 근로자들이 통상적으로 받는 금원이어야 한다는 통상성과 그 금원이 임금에 해당하는 것이어야 한다는 점에서 임금성의 두 요건을 충족하여야 한다. 통상성만을 충족하고 임금성이 없는 경우는 통상 지급하는 금원(통상금원)이 될 수 있지만 통상임금이 될 수는 없다. 반대로 임금성의 요건은 충족하지만 통상적으로 지급하는 것이 아니라면 통상적으로 지급하는 임금이 아니라 부정기적으로 또는 이례적으로 지급하는 금원이라는 점에서 비통상적 임금이 될 것이다. 그런데 통상적인가 아닌가의 판단은 판례처럼 정기성, 일률성, 고정성 기준만으로도 판단할 수는 있다. 그런 의미에서 생산장려금이 근로자 개인의 생산실적과 관계없이 전 근로자에게 정기적·일률적·고정적으로 지급된다면 통상성의 요건은 충족된다고 할 수 있다. 그러나 이러한 통상성의 요건을 충족한다고 하여도 생산장려금이 근로의 대가 내지 대상으로 지급되는 것인지는 별도로 검토를 해야 한다. 예를 들어 가족수당과 같은 경우는 근로의 대가라기보다는 사용자가 근로자의 생활보장 차원에서 그리고 배려의무 차원에서 지급하는 것이다. 이러한 가족수당이 독신자를 포함한 모든 근로자에게 정기적, 일률적으로 지급된다고 하여도 통상성의 요건은 충족하지만 근로의 대가로서의 임금성 요건은 충족하지 못한다. 그럼에도 불구하고 판례[37]는 "미혼자 등 가족이 없는 근로자에게도 일률적으로 부양가족이 있는 근로자가 지급받는 가족수당의 절반을 본인수당 등의 명목으로 지급한 경우 이는 근로의 질이나 양에 대하여 지급되는 기본급에 준하는 수당으로서 고정적으로 매월 일률적으로 지급되는 임금이므로 통상임금의 범위에 속한다"고 본다. 그러나 생산장려금이 통상임금의 범위에 포함되는지를 판단하기 위해서는 간접적 정황증거에 지나지 않는 정기성, 일률성의 기준으로만 판단해서는 안 되고, 근로의 대가성 여부, 단체협약의 생성사, 지급목적, 지급동기, 당사자의 의사 등을 탐구하여 이를 전체적으로 종합하여 판단하지 않으면 안 된다. 따라서 구체적 사건에서 단체교섭과 단체협약의 생성사를 통해 통상임금을 기준으로 각종의 격려금, 생산성향상 장려금, 생산만회장려

37) 대법원 1992.7.14, 선고 91다5501; 대법원 1996.5.14, 선고 95다19256.

금, 기술향상장려금, 경영목표달성장려금 등이 일률적으로 지급되었는지, 이 수당들이 임금협약서에 지급의무가 명시되어 있기는 하지만, 주로 단체교섭과정에서 노동조합의 요구사항이 아니었음에도 불구하고, 단체교섭 타결 시 일회성 금품으로서 격려금, 특별격려금, 경영성과금, 생산성향상장려금의 명목으로 지급된 금원인지, 따라서 매해마다 지급명칭도 다르며, 지급의 목적도 생산성향상, 노사화합격려, 경영목표달성, 무쟁의실현격려, 능률향상 경영혁신 및 산업평화정착 추진장려 등의 이유로 대부분 단체교섭 타결을 조건으로 전종업원에게 일률적으로 지급하기는 하지만, 일회적으로 지급하는 일시금의 성격이 강한지를 살펴보아야 할 것이다. 특히 구체적 사건에서의 해당 단체협약 규정의 체결과정을 보아, 노동조합과 단체교섭을 진행하는 과정에서 협상타결을 위하여 근로의 질이나 양과는 무관하게 '특별격려금'을 지급하게 되었고, 이러한 특별격려금이 노사분규 해결을 위한 하나의 수단으로 활용하게 되었는지도 검토되어야 할 것이다. 그런 점에서 생산장려금을 포함한 특별격려금은 매해 관행적으로 지급되었고 임금협약서에 그 지급의무가 정해져 있다 하더라도 근로의 대가나 대상이 아니다. 그럼에도 판례는 이와 같은 단체교섭과 단체협약 체결의 생성사를 무시하고 일률성과 정기성만을 강조하여 생산격려금을 통상임금의 산정범위에 포함시키고 있다. 그러나 임금의 복잡한 구성항목을 천편일률적으로 단순화하여 판단하는 행정편의적인 자세를 취해서는 안 된다. 특히 생산장려수당이나 일시금이 파업종결 시에 파업참가자의 임금손실을 보전하는 수단으로 활용되는 한 그 지급의무가 단체협약에 정해져 있고 전체 근로자에게 일률적·계속적으로 지급된다고 하여도 근로의 대상이 아니며, 따라서 통상임금이나 평균임금의 산정기초에 포함될 수 없는 것이다.[38]

4. 산업안전보건비

대법원 판례[39]는 노사 간의 합의에 의하여 산업안전보건비가 전 사원들에게 근무성적과는 관계없이 정기적, 일률적, 고정적으로 지급되는 경우 이는 총근로에 대한 대상으로서 통상임금의 성질을 갖는다고 본다. 단체협약으로 안전

---

38) 같은 취지로 전시춘, "평균임금과 통상임금의 범위", 법학연구 제44권 제1호(부산대법학연구소), 2003, 별쇄본 7면 참조.

39) 대법원 2005.10.13. 선고 2004다13762.

보건비에 대해서 월 일정액을 기본급에 포함시키기로 합의하였고, 이에 따라 지급된 안전보건비는 통상임금계산에서 제외되어야 한다는 하급심 판결[40]이 있는가 하면, 임금조정합의에 의하여 전 사원들에게 격월로 일정액을 지급하다가 후에 임금조정합의로 이를 기본급에 편입한 경우에도 산업안전보건비가 노사 간의 합의에 의하여 전 사원들에게 근무성적과는 관계없이 정기적, 일률적, 고정적으로 지급된 경우 이는 총 근로에 대한 대상으로서 통상임금의 성질을 갖는다고 본 하급심 판결도 있다.[41]

근로관계 당사자들은 명시적 의사표시에 의해서 또는 단체협약에 의해서 안전배려의무를 주된 급부의무로 격상시키고, 그에 상응하는 안전보건비도 통상임금으로 한다는 명시적 의사표시를 하는 한 안전보건비는 소정 근로의 대가로서 통상임금의 산정기초가 될 수 있다. 이는 노무제공이 특히 위험작업인 경우에 인정될 수 있을 것이다. 또한 단체협약 당사자들이 안전보건비를 기본급에 편입시키기로 약정한 경우도 마찬가지이다. 이 기본급은 근로의 대가로서 지급되는 임금의 본질적 구성부분을 이루는 것으로서, 무엇이 기본급에 포함되어야 하는 것인가는 일차적으로 협약당사자들이 결정하는, 말하자면 당사자의 의사가 중요하다. 협약당사자들이 안전보건비를 기본급에 포함시키기로 약정하고 있는 한, 이 금원은 통상임금의 산정범위에 포함될 수 있다. 이와 같은 의미에서 일본에서도 통상임금의 산정기초를 기본급으로 한정한다. 그 기본급은 근로자의 소정근로에 대한 것이지만, 당사자의 의사합치에 의해서 결정되는 것을 의미한다고 할 것이다. 이와 같은 점에서 산업안전보건비가 통상임금의 산정기초가 되는 이유는 전 사원들에게 근무성적과는 관계없이 정기적, 일률적, 고정적으로 지급되기 때문이 아니라, 당사자들이 산업안전보건비를 당사자의 의사합치에 의해서 기본급에 편입시키기로 합의하였기 때문에 통상임금의 산정범위에 포함되는 것이다. 이에 대한 반대결론으로서 산업안전보건비를 기본급에 포함시키지 않기로 한 경우는 통상임금에 포함되지 않는다. 산업안전보건비가 원래 통상임금에 해당하는 것인데 노사 간의 합의로 배제하기로 하였다면 근로자에게 불리한 것으로 무효가 되는 것이 아니라,[42] 앞에서도 언급한 바

40) 서울고법 2003.1.8, 선고 2002나25473. 제1심으로서 서울지법 2002.4.12, 선고 99가합57626.

41) 서울고법 2004.1.30, 선고 2003나5919.

42) 울산지법 2003.8.13, 2001가합2989은 회사가 1995년 임금협약 당시 위 안전보건비를 통상임금에 포함시키지 않기로 합의하였다고 주장하며, 이 안전보건비는 통상임금의 범위에서 제

와 같이 산업안전보건비는 소정 근로의 대가로 미리 지급하기로 정하지 않는 한, 말하자면 당사자들이 처음부터 통상임금으로 지급하는 것이 아니라는 것을 명시적으로 합의를 하거나, 임금의 구성항목으로 처리하였으나 통상임금 산정기초로 삼지 않은 경우에는 원래부터 통상임금의 산정기초가 아니기 때문에 통상임금에 해당하지 않는다.

Ⅱ. 장기근속자의 우대 또는 개근을 촉진하기 위한 수당

1. 근속수당

근속수당이 통상임금 산정범위에 포함되는가의 여부는 실제 근로여부나 근무실적에 따라 지급되는 것인가, 이와는 관계없이 매월 일정액을 지급하고 일률적으로 지급하는 고정적 임금인가에 따라 결정된다. 종전 대법원 판례는 근속수당을 장기근속자를 우대하기 위한 은혜적 성격의 금품으로 보아 통상임금 해당성을 인정하지 않았다. 근속수당의 통상임금 해당성을 부인한 판례를 보면 ① 입사 1년 이상, 매월 일정일 이상 근무한 자에게 1년 근무를 기준으로 일정액을 지급하고 근속년수 10년까지 매년마다 동일한 금액을 가산하여 지급하는 것은 근무일수, 근무성적 및 운행실적에 따라 지급액이 변동된다는 것을 이유로,[43] ② 운전사가 1년 이상 근속한 경우 1년당 일정액의 근속수당을 근속연한에 따라서 가산하여 지급하기로 약정된 경우 근로의 질에 대한 대가라기보다는 1년 이상 근속자를 우대하기 위한 은혜적 성격의 수당으로서 근무연수에 상관없이 정기적, 일률적으로 지급하는 고정적 임금이 아니라는 것을 이유로,[44] ③ 출근일수가 15일 이상인 자에게는 근속수당 전액을 지급하나 15일 미만인 경우에는 일할로 계산된 근속수당만을 지급하는 경우 실제 근무성적에 따라 달라지게 되므로 고정성이 없다는 이유[45]에서 근속수당의 통상임금 해당성을 부정하였다. 그러나 최근의 대법원 판결들은 근속수당이 은혜적 성격의 급여가 아니라, 근무성적과 관계없이 정기적이고 일률적으로 지급되는 고정적

외되어야 한다는 주장에 대해서 이러한 내용의 합의는 근로자에게 불리한 것으로서 무효라고 본다.

43) 대법원 1992.2.14, 선고 91다17955.

44) 대법원 1992.5.22, 선고 92다7306.

45) 대법원 1996.3.22, 선고 95다56767.

임금으로서 근속수당의 통상임금 해당성을 긍정한다.[46] 특히 2012년 3월 29일의 대법원 2010다9106 사건에서는 근속수당이 모든 근로자들에게 입사 후 1년부터 매월 5,000원이 지급되고 매년 5,000원씩 증액되는 것으로 하였는 바, 이는 근무성적과 관계없이 매월 일정하게 지급된 정기적, 일률적 성격의 고정적 임금이기 때문에 통상임금에 포함된다는 것이다.[47] 이렇게 근속수당에 대해서 대법원 판례가 입장을 바꾸게 된 것은 임금일원론에 관한 전원합의체 판결 이후로 생활보장적 임금이나 은혜적 급부의 상당수가 근로의 대가인 임금으로 평가된 것의 영향이 아닌가 생각된다. 실제로 이 전원합의체 판결 이후의 대법원 판결들[48]은 일정 근속연수에 달하면 매월 일정금액의 근속수당을 지급하고 매해 근속연수의 증가에 따라 가산금을 지급하는 경우에도 해당 월의 근무일수나 근무성적에 관계없이 지급하는 고정적 임금으로서의 성격을 인정하여 통상임금에 포함된다고 본다. 그럼에도 현재에도 하급심 판결에서는 여전히 근속수당을 명칭에 따라 일률적으로 판단하는 것이 아니라, 구체적 사안에 따라 각각 달리 판단하는 경우도 있다. 1년 이상 근속자에 한하여 지급하는 근속수당은 장기근속을 유도하기 위하여 은혜적 차원에서 지급하는 임금이 아니라, 실제의 근무성적과는 상관없이 일정한 근속연수라는 일정한 조건에 달한 근로자에게 정기적·일률적으로 지급되는 고정적 임금이므로 통상임금에 포함된다고 하여 최근 대법원 판례를 따르는 하급심 판결[49]도 있다. 그러나 '1년 이상 계속 근로한 자로서 해당 월에 실 근로 13일 이상을 승무한 만근자에게 1년당 일정액을 가산하여 매월 임금에 포함하여 지급하면서도 13일 미만을 승무한 경우는 근속수당을 지급하지 않기 때문에' 근속수당은 그 지급여부가 근로자들의 실제 근무성적에 따라 좌우되게 되어 고정적 임금이 아니기 때문에 통상임금 산정범위에 포함되지 않는다고 한 하급심 판결[50]도 있다. 한다. 유사한 사안에 대해서 하급심이 근속수당을 상이하게 판단한 이유는 분명하지 않지만, 여전히 근속수당의 통상임금 해당성이 논란의 여지가 있다는 것을 보여주고 있다.

행정해석은 종전에는 월 근무일수와 관계없이 1년 이상 근무한 자에게 일

46) 예를 들면 2002.7.23, 선고 2000다29387.
47) 같은 입장에서 대법원 2010.1.28, 선고 2009다74144; 대법원 2011.9.8, 선고 2011다22061.
48) 예를 들면 대법원 1996.5.10, 선고 95다2227; 대법원 2000.12.22, 선고 99다10806.
49) 서울중앙지법 2012.1.31, 선고 2010가합101429(이른바 'S고속 사건')
50) 서울고법 2012.12.21, 선고 2012나38980(이른바 'S시 시내버스 사건')

률적으로 지급하는 경우나 근속연수에 따라 전 종업원에게 지급하는 근속수당은 통상임금에 산정된다고 하였었다.[51] 그러나 행정해석은 현재 개근수당이나 근속수당과 정근수당은 실제 근로여부에 따라 지급액이 변동되는 금품이고, 1 임금산정기간 이외에 지급되는 금품으로서 평균임금에는 해당되지만, 통상임금에는 해당되지 않는다는 입장이다.[52] 따라서 근속연수 1년 이상인 자에게는 일정액을 지급하고, 그렇지 않은 자에게는 전혀 지급을 하지 않는 경우는 일률성과 고정성이 없다. 따라서 근속년수에 따라 차등 지급하거나 일부 근로자를 지급대상에서 배제하는 경우는 통상임금에 포함되지 않는다는 것이 행정해석의 입장이다.

그러나 근속수당이 종전 판례에서는 은혜적 급부의 성질을 가진 것이었다가, 임금일원론 이후에는 근로의 대가인 임금으로 변질되었다는 점에 대해서는 선뜻 이해가 가지 않는다. 임금의 본질에 대해서 임금일원론이 지배하는 경우에도 사용자가 지급하는 금품이 임금이 되기 위해서는 먼저 근로의 대가이어야 한다. 이것은 근로기준법 제2조 제1항 제5호가 적용되는 결과이다. 따라서 임금일원론이든 임금이원론이든 어느 금품이 통상임금에 해당한다고 하기 위해서는 근로의 대가이지 않으면 안 된다. 따라서 종전부터나 지금도 은혜적인 급부[53]는 정기성이나 일률성을 따질 필요도 없이 근로의 대가가 아니므로 통상임금의 범주에 들어올 수 없다. 그러한 성질의 금품이 임금일원론이 되었다고 해서 근로의 대가로 둔갑할 수는 없다. 더욱이 임금일원론에 의해서 임금범위로 포함된 금품은 생활보조적, 복리후생적 금품이다. 근속수당은 그러한 생활보조적, 복리후생적 금품도 아니고, 종전 판례에 따른다면 은혜적 급부에 지나지 않는다. 그런 점에서 근속수당이 은혜적 급부의 성질을 갖고 있다면 근로의 대가가 아니기 때문에 그것이 근로의 실적에 따라 지급되었는지, 정기적이고 일률적으로 지급되는 고정적 임금인지를 따질 필요가 없는 것이다. 그러나 임금일원론에 의해서 근속수당이 근로의 대가인 임금으로 인정된다고 하여 바로 통상임금의 산정범위에 포함되는 것도 아니다. 다시 한번 당사자 또는 노사

---

51) 1986.11.6, 근기01254-17929; 1987.2.24, 근기 01254-2932; 1987.10.6, 근기01254-16110.

52) 2012.9.25, 고용노동부 통상임금산정지침 제47호 별표 통상임금 및 평균임금 등의 판단기준 예시.

53) 근속연수가 증가하면 근로의 질도 향상되므로 은혜적 급부가 아니라, 근로의 대가 또는 소정 근로의 대가로 보는 견해로는 하갑래, 근로기준법, 중앙경제사, 2012, 42면.

의 합의에 의해서 근속수당을 소정 근로시간에 대해서 약정한대로 지급하기로 하였는지를 살펴보지 않으면 안 된다. 말하자면 근속수당이 소정의 근로의 대가인지를 판단하지 않으면 안 된다. 그러나 대부분의 사례에서는 노사의 합의로 근속수당을 통상임금의 산정범위로 포함시킬 것인지를 당사자들이 단체협약이나 임금규정 등에 의해서 확정한다. 특히 단체협약에서 근속수당을 임금의 구성항목으로 규정한다고 하여 당장에 통상임금이 되는 것은 아니다. 근속수당을 통상임금으로 한다는 당사자의 별도의 의사합치가 필요한 것이다. 이 점은 소정 근로의 대가성이라는 통상임금의 본질에도 상응하는 것이다. 더욱이 근속수당은 근속'연'수에 따라 지급여부나 지급액을 달리 하는 것이므로 비록 그 지급이나 이행을 매월한다고 하더라도 '미리 정한 금액'의 대상은 근속연수라는 연급이다. 그러나 근로기준법 시행령 제6조 제1항은 연급을 통상임금의 대상으로 하지 않는다. 그럼에도 불구하고 연급의 성질을 갖는 근속수당이 통상임금에 해당하기 위해서는 동 규정의 적용방법에 대해서 논증을 하여야 할 것인데, 대법원이 '정기적이고 일률적으로 지급되는 고정적 임금'이라는 판단기준을 원용하는 한, 근로기준법 시행령의 후반부 규정만을 지나치게 강조한 것으로 평가하지 않을 수 없다. 근속연수의 증가로 경험이나 숙련도도 증가함으로 근로의 질도 향상되어 근속수당은 그러한 향상된 근로에 대한 대가라고 주장할 수도 있다. 그러나 근속연수의 증가와 생산성의 증가 사이에는 확실한 함수관계가 있다는 것이 입증된 바는 없다. 오히려 현재의 임금체계가 연공급에서 연봉제, 성과급제, 능률급으로 전환되는 상황에서는 근속연수 증가가 근로의 질 향상으로 이어진다는 보장은 없다. 따라서 근속연수에 대한 근속수당이 근로의 대가인지도 문제가 되지 않을 수 없다. 또한 근속수당이 근로의 대가라고 하더라도, 통상임금에 대한 판례 법리에 따라 고정성이 없으면 통상임금에 해당할 수 없다. 그리하여 출근일수가 기준치에 도달하는 경우에는 전액을 지급하나 그렇지 못한 경우는 일할로 산정한 근속수당만을 지급하거나 아예 지급하지 않는 것은 근무일수에 따라 지급여부나 지급액이 달라진다. 이는 근무실적에 따라 지급되는 것이기 때문에 일률성과 고정성이 없어 통상임금에 해당하지 않는다.[54]

---

54) 박지순・이상익, 같은 책, 182면 참조.

2. 정근수당

정근수당은 개근을 촉진하기 위하여 지급하는 것으로서 계속 근무한 자에게 지급하는 것이 보통이다. 그러나 정근수당이 통상임금 산정기초에 포함되는지에 대해서 판례는 구체적 사안마다 달리 판단하고 있다. 대법원은 매년 분기마다 월 기본급의 일정비율의 범위에서 일정기간 계속 근무한 자에게 지급하지만, 징계처분이나 직위해제의 처분을 받은 자들에 대해서는 처분기간에 따라 감액지급하도록 한 경우 지급조건은 '일정기간의 계속근로'이기 때문에 결국 실제의 근무성적에 따라 정근수당의 지급여부가 결정되기 때문에 고정적 임금이 아니어서 통상임금에 해당하지 않는다고 보았다.[55] 그러나 단체협약에 의해 정근수당의 지급내용이 정하여진 최근의 사례에서는 대법원은 정근수당의 통상임금 해당성을 긍정한다.[56] 이 사안에서 정근수당은 모든 근로자에게 지급하며, 단체협약에 의해 기본급에 특수업무수당과 작업장려수당 등을 합하여 통상임금을 산정하고, 이를 기초로 50%부터 100%를 연 2회 지급하되, 근속1년 미만은 50%를, 근속기간 1년 이상은 매1년마다 5%씩 가산하여 10년 이상은 100%를 지급하도록 규정하고 있었다. 이와 같은 정근수당은 근로의 대가로서 정기적·일률적으로 지급되는 고정적 임금으로서 통상임금의 산정기초가 된다고 한다.

행정해석은 정근수당도 근속수당처럼 장기근속자의 우대 또는 개근을 촉진하기 위한 수당으로 이해하여 실제 근로여부에 따라 변동되는 금품과 1임금산정기간 이외에 지급하는 금품으로 보아 평균임금의 산정기초에는 해당하지만, 통상임금에는 해당하지 않는다고 본다.

일정기간의 계속근로와 실제의 근무성적에 따라 지급되는 정근수당은 고정성이 없어 통상임금에 포함될 수 없다. 근속연수에 따라 연 2회 일정 지급률의 금액을 정근수당으로 지급한 경우에도 1임금산정기간을 초과하여 본래의 통상임금의 성격에도 부합하지 않지만, 근속연수에 따라 차등 지급을 하는 경우 일률성의 요건을 충족하지 못할 수도 있다. 문제의 사례에서는 정근수당 지급시기 이전에 중도퇴사한 자에게는 근무일까지의 일할 계산도 없고 아예 정근수

---

55) 대법원 1996.5.10, 선고 95다2227.

56) 대법원 2011.9.8, 선고 2011다22061.

당이 지급되지 않기 때문에 일률성이 없다고 본다. 그러나 정근수당도 근속수당처럼 소정근로의 대가로서 당사자들이 정한 바가 없다. 이 사건에서는 정근수당이나 기말수당과 체력단련비의 산정기준은 기본급에 특수업무수당, 작업장려수당, 가계보조비, 정액급식비, 교통보조비를 합한 금액을 기준으로 하고 있다. 이 기준은 당사자들이 여타의 수당을 산정할 때 기초로 하는 이른바 '약정통상임금'에 해당한다. 따라서 노사가 정근수당은 소정 근로시간에 대해서 미리 지급하기로 한다고 정한 바가 없기 때문에 통상임금에 해당할 수 없다. 이와 같이 약정통상임금에는 포함되지 않는 정근수당을 통상임금에 포함시킨다면 이 사안에서 연장근로수당은 기본급+특수업무수당+작업장려수당+가계보조비+정액급식비+교통보조비+정근수당(=기본급+특수업무수당+작업장려수당+가계보조비+정액급식비+교통보조비)을 산정기초로 하여 산정되는 것이기 때문에 이중계산의 문제가 발생한다. 또한 1임금산정기간과 관련하여서도 1월과 7월에 연2회 정근수당을 지급하는 경우 지급기간 전 중도퇴직자에게는 정근수당은 지급하지 않는 것으로 하고 있다. 따라서 이 중도퇴직자가 연장근로수당을 받는 경우 정근수당을 포함하여 통상임금을 산정한다면, 받을 수 없고 받지도 못하는 정근수당을 연장근로수당의 산정기초로 포함시키는 불합리한 문제가 발생한다. 1임금산정기간을 초과하여 지급하는 정근수당은 소정 근로로서 통상의 근로시간에 대한 대가라기 보다는 지급기간의 근로 전체에 대한 금품으로 이해하여야 할 것이다.[57)]

Ⅲ. 복리후생적 성격의 금원

1. 교통비 · 교통비보조금 · 통근수당 · 차량유지비 · 자가운전보조비

근로자 스스로의 교통수단의 운용과 관련한 사용자의 보조수당들은 근로시간과 관계도 없고, 근로의 제공과도 직접적으로나 밀접한 관련이 없는 것이다. 위와 같은 수당들은 직원복지를 위하여 통근차량 운용 대신 지급하는 수당들에 해당한다. 그러나 판례는 위 수당들이 정기적, 일률적으로 지급되는 고정적 임금의 성격을 갖는가에 따라서 통상임금 해당성을 판단한다. 위 수당들이 근

57) 같은 취지로 박지순 · 이상익, 184면 이하 참조.

로의 대가인지, 소정근로의 대가인지에 대해서는 판단을 하지 않는다.

판례가 이들 금원에 대해서 정기성과 일률성이 없는 비고정적 임금으로 보는 이유로는 ① 일정 직급 이상의 직원 중 자기차량을 보유한 근로자에게만 지급하여 일률성이 없고, 지급여부도 근로제공과 밀접한 관련이 없으며, 보유차량의 운전은 개별근로자의 특수하고 우연한 사정에 따라 좌우되는 것으로서 차량보유와 관계없이 교통비 명목으로 일률적으로 지급하는 금원을 초과하는 부분은 계속적·정기적으로 지급된 것이라 하여도 근로의 대상이 아니라는 점,[58] ② 근로자 개인 소유 차량이용에 대한 실비변상적인 것으로서 근로의 대가가 아니라는 점,[59] ③ 차량 미소유자에 대해서는 자가운전보조금이 지급되지 않았고, 지급을 받은 자도 차량의 사용연료에 따라서 차등 지급을 받은 점을 고려할 때 실비변상적인 것으로서 근로의 대상이 아니라는 점[60] 등이다. 그러나 위 운송수단의 이용과 관련한 수당들이 근로의 대가성을 갖는 것인가, 실비변상적인가 하는 것을 판단하기 이전에 정기성과 일률적으로 지급되는 고정적인 급여인가가 우선적인 판단기준이 되어 이를 충족하는 경우 통상임금 해당성을 인정하는 판례[61]도 있다. 그 이유로는 매월 일정액을 전 직원에게 지급하기 때문에 정기적, 일률적으로 지급되는 것으로서 통상임금에 해당한다는 것이다. 또한 임금협정서에 의해 교통비를 승무운전자에 한하여 일일 일정액을 지급하는 것으로 되어 있는 경우에 이는 실비변상적인 것이 아니라 근로의 대상

58) 대법원 1995.5.12, 선고 94다55934. 부산지법 2009.1.9, 선고 2007가합24292 판결에서는 단체협약에 의하여 자가운전보조비가 차량 보유 근로자에게 근속연수별로 연료가 차등 지급되었고, 기준 근속연수 미만의 차량 미보유 근로자에게는 교통보조비로 일정액이 지급되었는 바, 연료는 정기적, 고정적으로 지급되었음에도 기준 근속연수 이상의 차량보유자에게만 지급되는 것이어서 일률성이 없고, 연료의 제공은 근로의 제공과 직접적으로 또는 밀접하게 관련됨이 없이 차량의 보유 여부라는 개별 근로의 특수하고 우연한 사정에 따라 지급되는 것으로서 차량보유 여부와 관계없이 교통보조비 명목으로 일률적으로 지급하는 금원을 초과하는 금원은 근로의 대상이 아니다. 그러나 근로자 전원에게 차량보유 여부와 관계없이 지급하는 교통보조비는 고정적, 정기적, 일률적으로 지급되는 것으로서 근로의 대상이라고 보았다.

59) 대법원 2002.5.31, 선고 2000다18127.

60) 부산지법 2008.11.21, 선고 2008가합6390.

61) 대법원 1996.5.10, 선고 95다2227; 대법원 2000.12.22, 선고 99다10806; 대법원 2002.5.31, 선고 2000다18127('일정 직급 이상의 직원들에 대하여 차량보유 여부와 관계없이 직급별로 차량유지비 명목으로 일정액을 지급하였기 때문에 근로의 대상'); 대법원 2003.10.23, 선고 2003다40859('전 직원에게 매월 일정액을 보수지급일에 지급하는 교통보조비는 소정 근로 또는 총 근로에 대하여 지급하기로 한 것으로서 정기적, 일률적으로 지급되는 고정적 임금이므로 통상임금에 해당한다'); 대법원 2007.6.20, 선고 2006다1388; 대법원 2011.9.8, 선고 2011다22061.

으로서 임금에 해당하며, 일일 지급하는 것이므로 월급제가 아니라 일급제의 것으로서 월 단위를 기준으로 삼아 출근일수가 달라 월 합산액에 차이가 있더라도 실제의 근무실적에 비례하여 지급액이 변동되는 것이 아니기 때문에 통상임금이 아니라고 볼 수 없다는 판례[62]도 있다.

이와 같이 근로자 개인의 차량의 이용과 관련한 각종 수당의 통상임금 해당성 판단에 있어서 판례의 태도는 비교적 간단하다. 차량의 보유와 관계없이, 전 직원에게 지급하였는가, 정기적이고 일률적으로 지급하여 고정적 임금인가가 판단의 중심에 있는 것으로 보인다. 그리하여 최근의 하급심에서도 교통비 등의 수당은 근무실적에 비례하여 지급되지 않는 한 고정적 임금으로서 근로기준법 제2조 제1항 제5호의 근로의 대가성이 있고, 정기적·일률적·고정적으로 지급되면 통상임금에 해당한다고 하여 거의 기계적으로 근로기준법 시행령 제6조 제1항과 판례법리를 적용하고 있다.[63] 그럼에도 이와는 전혀 다른 시각에서 판단한 하급심 판례[64]도 있다. 즉 사용자가 임금협정서에 의거하여 모든 승무원들에게 승무일 1일당 2,000원의 교통비를 지급하였는 바, 하급심의 판결에 따르면 이는 실제 승무일에 한정하여 지급되는 것으로서 교통비는 실제 근무일수나 근무실적에 따라 지급액이 변동되어 정기적, 일률적으로 지급되는 고정적 임금이 아니라는 것이다. 그리고 대법원 판결들이나 다른 하급심 판결들이 교통비 등의 수당의 차등지급이나 근무일수에 따른 차등 지급을 통상임금 판단에 있어서 예외적이라고 한다든가, 근무성적에 따라 지급하는 것이 아니라고 보는 것과 달리 교통비보조금과 관련하여 출근일수에 따라 지급액에 차등을 두고, 실제 근무일수에 따라 지급여부나 지급액이 달라지기 때문에 정기적, 일률적으로 지급되는 고정적인 임금이 아니어서 통상임금에 포함되지 않는다고 본 판결[65]도 있다.

행정해석은 통근수당과 차량유지비 등은 근로시간과 관계없이 근로자에게 생활보조적·복리후생적으로 지급하는 금품으로서 전 근로자에게 정기적·일률적으로 지급하는 경우에도 평균임금에는 포함되지만 통상임금에는 포함되지

62) 대법원 2003.6.13, 선고 2002다74282.
63) 예를 들어 서울중앙지법 2012.1.31, 선고 2010가합101429(이른바 'S고속 사건'); 대전지법 2012.8.31, 선고 2011가합7400(이른바 'S여객 사건').
64) 서울고법 2012.12.21, 선고 2012나38980(이른바 'S시 시내버스 사건')
65) 예를 들어 광주지법 2013.1.10, 2011가합14550.

않는다고 본다. 이 금품이 출근일수에 따라 변동적으로 지급하거나 일부 근로자에게 지급하는 경우는 통상임금이나 평균임금에도 해당하지 않는 기타의 금품에 지나지 않는다고 본다.

일정 직급 이상의 또는 일정 근속연수 이상의 근로자에게 차량보유 여부에 따라서 지급여부를 달리하거나, 지급액을 달리하는 것은 근로자 개인의 특수하고 우연한 사정에 따른 것이어서 계속적, 정기적으로 지급되었다고 하더라도 근로의 대가가 아니기 때문에 통상임금의 범위에도 포함되지 않는다. 위와 같은 교통관련 수당의 통상임금 해당성을 판단하기 이전에 근로의 대가 해당성이 문제가 되기 때문이다. 이 단계에서는 해당 금품이 실비변상적인 것인가, 은혜적인 것인가, 근로의 대가인가가 검토되어야 하는 것이고, 그 금품이 정기적, 일률적으로 지급되는 고정적 금품인지는 문제삼아서는 안 된다. 그런데 차량보유 유무에 따라 지급하는 금품은 근로의 대가와는 직접적인 또는 밀접한 관계도 없다.

매월 정액이나 일급제 형식으로 출근일수에 대하여 일정액이 지급되는 경우도 교통비 등의 수당이 통상임금에 해당되어야 하는지에 대해서는 계속적으로 사안마다 검토를 하여야 한다. 우선적으로 어느 금원이 통상임금에 해당하는가는 -근로기준법 제2조 제1항 제5호와 근로기준법 시행령 제6조 제1항의 체계적, 규범적 해석상-근로의 대가성, 소정 근로의 대가성, 정기성과 일률성의 요건이 충족되었는지를 살펴 검토해야 한다. 따라서 차량보유와 관계없이 매월 정액이나 일급제 형식으로 지급한다고 하여도 교통비가 근로의 대가로 주어지는 것인지는 여전히 문제이다. 정기적, 일률적으로 지급되는 고정적 금품이라고 하여도 그것은 통상임금에서 말하는 금원의 통상임금 해당성 판단기준이고, 근로의 대가성 판단기준과는 별개의 것이기 때문이다. 근로의 대가성은 임금일원론에도 불구하고 임금구조, 임금보호체계, 임금산정 등의 범주로 들어오는 제1관문인데, 차량보유와 관계없이 매월 정액이나 일급제 형식으로 지급한다고 하여 근로의 대가성이 담보되는 것은 아니다. 그러나 더욱 문제가 되는 것은 교통비 등이 매월 정액이나 일급제 형식으로 지급된다고 하여 그것이 소정의 근로의 대가성에 해당하는가 하는 점이다. 통상임금은 통상의 근로시간, 즉 소정 근로시간에 대해 미리 지급하기로 정하여진 금액을 말한다. 그런데 그와 같은 소정 근로시간 내에서 노무제공을 위하여 이동하는데 소요되는 비용을 보전해주거나 보조해 주는 것은 근로의 대가성은 인정될 수 있으나 소정 근로시간에 대해서 지급하기로 정하여진 금액이라고 할 수는 없다. 노무제공을 위하여 개인들이 소비하여야 하는 비용, 사업장으로 진입을 위하여 또는 퇴근시의 교통수단의 이용에 대한 보조금은 계속적으로, 정기적으로 지급하였다고 하더라도 통상의 근로시간에 대한 보수의 성격이 없다. 그런 점에서는 정기성, 일률성, 고정성의 요건을 따질 필요도 없는 것이다. 따라서 교통비 등의 수당은 평균임금의 산정범위에 들어 올 수는 있어도 통상임금에 포함될 수 없다. 통상임금은 근로기준법 시행령 제6조 제1항에 따르면 소정(한자어로 '所定')근로[66]에 대해서 '미리 주기로 정한 임금'을 말한다. 따라서 일정 근무일수를 충족해야 한다든가, 일정 근속기간을 충족해야 지급을 하고, 지급하는 경우에도 지급액에 차이를 두는 금원은 미리 주기로 정하여진 임금이 아니다. 따라서 소정 근로에 대한 임금이 아니기 때문에 통상임금의 범주에 들어올 수 없는 것이다. 예를 들어 주할로 하여 각각 차등을 둔 경우 그리고 월 단위 근속기간마다 차등을 둔 경우는 얼마나 근무를 했는가에 따라서 지급여부와 지급액이 달라지게 되어 있기 때문에 통상임금이라고 할 수 없을 것이다. 그런 점에서는 통근수당이나 차량유지비 등은 근로시간과 관계없이 지급되는 금품으로서 전 근로자에게 정기적, 일률적으로 지급한다고 하더라도 평균임금에는 포함되어야 하지만, 통상임금에는 포함되지 않는다는 행정해석의 태도가 맞다고 본다.

또한 교통비 등이 소정 근로의 대가성이 인정된다고 하여도 - 당사자들의 약정이나 노사의 합의에 의해서 소정 근로에 대해 지급하기로 한 금액 - 일률성의 요건이 충족되었는지도 여전히 검토되어야 하는 문제이다. 매월 정액이나 일급제로 지급한다고 하여도 일정 일을 근무하지 않은 자에게는 지급하지 않고, 일정 일을 근무하는 경우에도 단계별로 차등을 두는 것은 이미 일률성을 결여하여 고정성이 없는 것으로 보아야 한다.

2. 식 비

급식 자체나 급식비는 근로시간과 관계없이 - 특히 근로제공의무가 면제되는 휴식과 휴게시간에 - 근로자에게 지급되는 것이다. 그런 점에서는 근로의 대

66) 총 근로는 도급제 하에서의 통상임금 산정 대상이므로 여기서의 논의에서는 배제한다.

가성과는 밀접도가 약한 복리후생적 성격의 수당들이다. 그러나 이러한 급여를 어떻게 볼 것인지에 대해 구체적 사안마다 판례는 달리 판단한다. 판례는 일률성과 관련하여 식사를 하지 않은 근로자에게도 식사에 상응하는 금품이 제공되는지에 따라 판단한다. 첫째 그룹은 식사를 하지 않은 근로자들에게 별도의 금품이 제공되지 않거나, 식사가액이나 금전적 가치가 정해져 있지 않아 사용자가 구체적인 금액의 지급의무를 부담하지 않는 경우, 실제 근무를 한 자에게만 현물의 식사를 제공한 경우이다. 이 경우는 실비변상적 내지 복리후생적 급여로서 근로의 대가인 임금에 해당하지 않기 때문에 통상임금에도 포함되지 않는다는 것이다. 따라서 식비의 성격이 실비변상적인 것이거나 복리후생적인 것이어서 정기성과 일률성 및 고정성이 있는가를 따질 필요도 없이 식비는 통상임금 산정기초에서 제외된다는 것이다. 둘째는 근로자 전원에게 일정금액 상당의 식사를 제공하면서 식사를 하지 않은 근로자들에게는 그에 상응하는 대가(상품권이나 쿠폰)를 지급하거나 식대 명칭의 급여를 매월 정액으로 지급하는 경우는 계속적이고 일률적으로 지급된 근로의 대가로 본다. 첫째 그룹의 판례들이 식비가 통상임금에 해당하지 않는다고 보는 이유로는 ① 식사를 하지 않은 종업원에 대하여 식사비에 상응하는 금품이 제공되지 않아 식사가 일률적으로 제공되지 않았다는 점,[67] ② 항공기 승무원의 해외현지 체류시 현지식비(이른바 'Perdiem')는 국제선에 승무하는 경우에만 지급되고 체류지역마다 단가가 다르고 지급액도 근로제공과는 무관하게 체류시간에 비례하여 지급되는 것이므로, 해외체류라는 특수한 근무환경에 따라 추가로 소요되는 비용을 보전하는 실비변상적 성격의 금원이라는 점,[68] ③ 단체협약에 따라 실제 근로를 한 근로자에게 식권을 제공하지만, 단체협약에서 식사제공이 복리후생이라고 명시하였고, 식사를 하지 아니한 경우 다른 물품이나 현금으로 대체하여 청구할 수 없다는 점에서 식비는 근로의 대가인 임금이 아니라는 점,[69] ④ 회사 제공의 중식이 복리후생 차원에서 도입된 것이라는 점, 식사제공과 관련하여 사용

---

67) 대법원 1996.5.14, 선고 95다19256; 대법원 2003.6.13, 선고 2002다74282; 대법원 2003.10.9, 선고 2003다30777; 서울고법 2004.1.30, 선고 2003나5919; 부산고법 2003.8.20, 선고 2003나2048('식사를 하지 않은 근로자들이 회사에 식비에 상응하는 현금이나 다른 물품을 청구할 권리가 있고 회사가 이를 지급할 의무가 있다는 점을 인정할 증거가 없기 때문에 중식대는 근로자의 복지후생을 위하여 제공된 것으로 근로의 대가인 임금으로 보기 어렵다').

68) 대법원 1996.6.28, 선고 95다24074.

69) 대법원 2002.7.23, 선고 2000다29370; 대법원 2006.8.24, 선고 2004다35052.

자가 근로자 개인에게 구체적인 의무를 부담하는 것이 아니라는 점, 환가해 주는 식권대가 중식대에 미치지 못하는 저액으로 식사를 하지 못했을 때에 개인이 지출해야 하는 식사대의 일부만을 보조한다는 점 등에서 근로의 대가가 아니라는 점[70] 등이다.

이에 비하여 식대의 통상임금 해당성을 인정하는 판결들은 근로기준법 시행령 제6조 제1항의 통상임금의 정의규정에 기초하여 공식처럼 비교적 간단한 논리로써 이를 긍정한다. 그 이유로서는 ① 노사합의로 근로자 전원에게 현물로서 식사를 제공하고, 식사를 하지 않는 근로자에게는 환가할 수 있는 대체물을 지급하였다는 점에서 식대는 근로의 대가로서 정기적, 일률적으로 지급된 일급임금이라는 점,[71] ② 전 직원에게 매월 일정액을 지급한 식대는 소정근로 또는 총 근로에 대하여 지급하기로 한 금품으로서 정기적이고 일률적으로 지급되는 고정적 임금이라는 점,[72] ③ 전 직원에게 매월 정액으로 지급한 식대는 근로의 대가로 정기적·일률적으로 지급되는 고정적 임금이라는 점[73] 등을 이유로 하여 식대의 통상임금 해당성을 긍정한다. 그러나 최근의 하급심은 식대의 통상임금 해당성을 부정하는 경우도 있다.[74] 당해 사건에서 식대는 임금협정과 노사의 합의에 의해서 통상임금 산정기초에서 배제되었으나 식대를 오전 근무자에 2식, 오후 근무자에 1식을 제공하여 1식을 2,200원으로 환산하여 평균임금 계산 시 산입하는 것으로 규정하였다. 물론 이 사안에서는 식사를 하지 않은 자에 대해 식사비에 상응하는 대체물이 지급되는지에 대해서는 규정이 없어 불명확하지만, 하급심은 임금협정에 식대가 후생복지 항목으로 규정되어 있는 점을 고려할 때 식대는 후생복지적 성격 또는 실비변상적 성격의 금원으로서 근로의 대가가 아니기 때문에 통상임금에 포함할 수 없다고 한다.

행정해석은 판례의 입장과 다르다. 급식이나 급식비가 단체협약, 취업규칙,

---

70) 대법원 2006.2.23, 선고 2005다54029.

71) 대법원 1994.2.22, 선고 93다9620; 대법원 1994.5.24, 선고 93다5697.

72) 대법원 1996.5.10, 선고 95다2227; 대법원 2000.12.22, 선고 99다10806; 그러나 식사하지 않는 경우에 대체물을 지급하지 않는 경우에도 식비의 근로의 대가성을 인정한 것으로는 서울고법 2003.9.18, 선고 2002나18697, 2002나18703(병합)('회사의 근무복을 입은 사람이면 누구든지 식사를 할 수 있지만, 출근하지 않은 근로자들이나 식사를 하지 않은 근로자들에게는 식사비에 상당하는 금원을 제공하지는 않았음에도 회사가 출근한 전 직원들에게 중식을 현물로 제공하였으므로 이는 근로의 대가에 해당한다')

73) 대법원 2011.9.8, 선고 2011다22061.

74) 대전지법 2012.8.31, 선고 2011가합7400.

근로계약 등에 규정되어 전 근로자에게 근무일수에 관계없이 일률적으로 지급되는 경우에는 평균임금에는 포함된다고 보지만, 통상임금의 범위에서는 제외된다고 본다.[75] 또한 출근일수에 따라 차등지급하는 경우에는 아예 임금에도 포함되지 않는다고 본다.

이와 같은 판례에 의하면 식사를 현물로 제공하면서 식사를 하지 않은 근로자에게 식사비 상당의 대체물을 지급하였는가의 유무, 식대를 전 근로자에게 매월 정액을 지급하는지의 유무에 따라서 식대의 통상임금 해당성이 달라진다. 말하자면 식대의 통상임금 해당성 판단에 있어서 중요한 것은 그것이 근로의 대가인가, 소정 근로의 대가인가가 중요한 것이 아니라, 일률성이 있는가 하는 점이 중요한 것이다. 판례에서는 노사의 합의로 식대를 통상임금에 산입하거나 배제하기로 한 점은 전혀 고려의 대상이 되지 않는다. 어떻게 보면 이원적인 판단기준 하에, 즉 식사를 하지 않는 근로자에게 상품권이나 쿠폰과 같은 대체물을 지급하지 않는 경우는 식비가 복리후생적으로 지급된다 하여 근로의 대가성이 없어서 통상임금으로 되지 않지만, 전 근로자에게 매월 일정액을 식사비로 지급하는 경우는 그것이 근로의 대가로서 지급되는지를 묻지 않고 정기적, 일률적으로 지급되는 고정적 임금이므로 통상임금의 산정범위에 포함된다고 한다. 식대의 통상임금 해당성 판단에서 한편에서는 근로의 대가인가의 여부를 따지는 반면에, 다른 한편에서는 정기적, 일률적으로 지급되는 고정적 임금인가의 여부를 따지는, 동일한 사안에 대해 판단기준이 매우 상이한 것이 판례의 특징이라 할 수 있을 것이다. 그리고 식사를 하지 않은 근로자에 대해서 아무런 보상이나 대체물을 지급하지 않는 경우도 매우 상이하게 처리한다. 그리하여 노사합의로 식비를 제공하기로 하고 회사의 근무복을 입은 사람이면 누구든지 식사를 할 수 있지만, 출근하지 않은 근로자들이나 식사를 하지 않은 근로자들에게는 식사비에 상당하는 금원을 제공하지 않았다 하더라도 출근한 전 직원들에게 중식을 현물로 제공하였으므로 이는 평균임금산정에 포함되는 임금으로 보아야 한다는 것이다.[76] 여기서는 일률성 판단을 다시 제한하여 출근한 전 직원에게 중식을 현물로 제공하면 일률성이 있는 것으로 보고, 식사를 하지 않은 근로자들에게 식사에 상응하는 환가를 제공하였는가의 여부는 일률

75) 2012.9.25, 고용노동부예규 제47호, 통상임금산정지침, 별표 통상임금 등의 판단기준 예시 참조.
76) 울산지법 2003.8.13, 선고 2001가합2989.

성 인정에 장애요소는 되지 않는 것으로 판단한다. 따라서 일률성의 판단도 앞의 다른 판례들이 현물급여로서 식사 자체를 제공하고 식사를 하지 않은 근로자들에게는 환가를 제공하여야 전 직원들에 대해 일률적으로 금원이 제공되는 것이므로 일률성이 충족되어 식대가 통상임금이나 평균임금의 산정범위로 포함되는 것이 되지만, 경우에 따라서는 식사를 하지 않은 근로자들이나 출근하지 않은 근로자들에게 식사에 상응하는 환가를 하였느냐의 여부를 문제 삼지 않고, 출근한 전 직원에게 식사를 제공하면 일률성이 충족되는 것으로 보아 하급심 판례들이 일률성 판단에 대해서 일관성이 없어서 혼란스러운 것은 마찬가지이다.

위와 같이 판례와 행정해석이 다르고 동일한 개념인 통상임금에 대해 구체적인 사실관계에 따라 결론을 달리 하고 있어 법해석상 혼란을 초래하고 있다. 동일한 급식비를 두고 판례 내부에서, 그리고 판례와 행정해석이 차이를 보이는 것은 통상임금의 판단표지인 근로의 대상성과 일률성을 각각 달리 적용하기 때문인 것으로 보인다. 또한 개별 사례에 따라 판례처럼 식대를 일률성을 기준으로 판단하는 경우에도 출근하는 전 직원에게 지급되어야 일률성을 갖는 것인지, 식사를 하지 않는 직원에게 식사에 상응하는 환가를 하는가에 따라 달리 판단해야 하는 것이므로, '식대는 통상임금에 해당한다'라는 결론을 내릴 수는 없고, 개별 사례마다 달리 판단될 수밖에 없다. 또한 대법원 판례의 입장에 따른다면 식사를 하지 않는 근로자에게 환가를 하지 않는 경우 식대는 통상임금에 해당할 여지가 없으나, 행정해석에 따른다면 근무일수에 관계없이 전 근로자에게 일률적으로 지급되는 경우에도 통상임금에 해당하지 않는 결과가 된다. 그런 점에서 보면 판례는 식대의 근로의 대가성이나 소정 근로의 대가성 대신에 일률성에 중점을 두어 식대의 통상임금 해당성을 판단하는 반면에, 행정해석은 식대가 근로의 대가성을 갖는가를 중점적인 기준으로 보는 것이 아닌가 한다. 물론 판례는 행정해석에 구속될 필요는 없지만, 통상임금에 관한 법규정을 해석하고 적용하는 두 기관간의 상이한 입장은 일정한 방향으로 정리되어 법적 안정성을 기할 필요가 있다.

또한 식대가 단체협약에 규정되어 있다고 해서 무조건 통상임금이 되는 것은 아니다. 단체협약에 식대에 대한 지급근거 규정이 있는가가 중요한 것이 아니라 협약자율이 존중되어야 한다는 관점에서는 단체협약에 식대를 통상임금의 산정범위에 포함시킨다는 당사자의 의사합치가 있는 경우에 식대가 통상임금의 산정범위에 포함될 수 있는 것이다. 말하자면 소정 근로시간에 대해서 미리 지급하기로 한 금액이 통상임금이 되는 것이므로 노사가 사전에 무엇을 소정 근로시간에 지급하기로 정하였는가가 중요한 것이다. 당해 사건에서 식대를 지급한다고 규정하고 있다든가, 또는 식대가 임금의 구성항목이라고 규정하고 있으면서도 식대를 통상임금의 산정기초로 할 것인지에 관한 명시적 의사가 없는 한, 식대의 소정 근로대가성을 무시하고 정기성과 일률성의 요건으로 식대를 재단해서는 안 될 것이다. 식대의 근로대가성 여부와 더불어 소정 근로의 대가성 판단이 정기성과 일률성 판단에 앞서는 것이다. 판례가 이를 다하고 있는지는 의문이다. 따라서 단체협약에 식대의 지급근거규정만이 존재하고, 그것이 통상임금으로 지급되는 것인지가 불분명한 경우에는 근로의 대가인지, 소정근로의 대가인지는 여전히 의미를 갖고 있는 것이다. 경우에 따라서는 식대의 지급이 단체협약에 규정되어 있는 것이 아니라, 노사협의회에서 당사자의 합의로 정하는 경우도 있을 수 있다.[77] 물론 노사협의회에서의 당사자의 합의로 의결된 것도 노사의 공동협정으로서 당사자를 구속한다. 그러나 근로조건에 관한 사항은 단체협약으로, 그 이외의 사항은 노사협의회에서 정하는 것이 단체협약과 노사협의회에서 만든 노사공동협정의 관계에 상응하는 것이다. 그런 의미에서 현행 근로자참여및협력증진에관한법률(이하 '근참법'이라 함)도 근로조건에 관한 것은 단체협약으로 정한다는 협약자율 우위의 원칙을 존중하여 근로조건 이외의 사항을 경영참가의 대상으로 삼는다. 따라서 노사 당사자들이 노사협의회에서 식대를 지급하기로 결정하는 것은 이것이 근로조건이 아니라, 오히려 근참법 제19조 제13호의 근로자복지증진의 하나로서 식대를 협의사항으로 하여 합의에 이른 것으로 보지 않을 수 없다. 그런 점에서 식사를 하지 않은 근로자들이 회사에 식비에 상응하는 현금이나 다른 물품을 청구할 권리가 있고 회사가 이를 지급할 의무가 있다는 점을 인정할 증거가 없기 때문에 식대가 근로자의 복지후생을 위하여 제공된 것으로 근로의 대가인 임금으로 보기 어려운 것이 아니라, 식대는 본질적으로 복리후생 차원에서 제공되는 것이기 때문에 그것이 근로의 대상성이 없어 통상임금에 포함되지 않는다고 보아야 한다.

77) 예를 들면 서울고법 2004.1.30, 선고 2003나5919에서 문제가 된 사건에서는 노사협의로 식대를 정할 것을 합의하고 있다.

말하자면 식사를 하지 않은 근로자들에게 환가가 제공되지 않아 일률성이 없어서 식대가 통상임금의 범위에 들어가는 것이 아니라, 식대는 본질적으로 복리후생 차원에서 제공되는 것이기 때문에 근로의 대가성이 없어 통상임금의 범위에 포함시킬 수 없는 것으로 보아야 한다. 예를 들어 토요일의 경우 오후 근무를 하지 않는 근로자에게도 중식을 제공하는바, 중식제공을 근로의 대가로 지급하는 임금이라면 오전 근무자는 오전 근무 후 중식제공을 받을 수 없고 오후 근무자에 한해서 지급하는 것이 당연하나 중식은 후생복지 차원에서 동일하게 지급하고 있다. 그런 점에서 단순히 후생적으로 지급되는 현물급식을 통상임금이나 평균임금의 범위에 포함시키지 않는 행정해석의 태도가 옳다고 본다.

이와 같은 이유에서 식대가 본질적으로 근로의 대상인가, 단순한 복리후생적 차원에서 지급되는 금원인가, 당사자들이 식대를 무엇으로 의욕하여 지급하기로 합의하였는가에 관한 지급의 목적이나 동기, 그리고 소정 근로시간에 대해서 이를 지급하기로 당사자 사이에 사전에 정하였는가를 따지지 않고, 일률성의 여부에 따라 통상임금 해당성을 판단한 판례의 태도는 설득력이 없다.

또한 단체협약에서 식비의 지급을 후생복지의 장에서 규정하고, 임금에 대해서는 '노동조건'의 장에서 규정하고 있다면, 단체협약의 편제나 내용의 체계적 해석상 식대가 단체협약에 지급근거규정이 있다고 하여도 협약당사자들의 의사는 식대를 후생복지의 일환으로 지급한다는 것이고, 그럼에도 단체협약 규정에 식대를 통상임금으로 한다는 규정이 없는 경우는 당사자들도 식대를 후생복지로 의욕한 것으로 볼 수 있다. 그리하여 통상임금 해당성 판단의 간접적 정황증거에 지나지 않는 일률성이 당사자의 의사나 식대의 본질을 앞설 수는 없다. 식대의 본질이 근로의 대상인지, 복리후생적 차원에서 지급되는 것인지를 분명히 하기 위해서는 지급목적과 지급동기나 지급실태 등을 전체적으로 종합하여 판단해야 하는 것이지 일률성 한 가지의 기준으로 판단할 수 없다. 엄밀히 보면 식대가 복리후생적 성격을 갖고 있으면서도 정기성과 일률성의 판단에 의해서 근로의 대가성, 소정 근로의 대가성까지 갖추어 통상임금에 포함되는 것으로 판단되는 이유는 판례가 임금협정이나 단체협약으로 지급하기로 정한 것으로서 모든 근로자에게 정기적으로 지급하는 것이면 통상임금으로 보고자 하는 의도가 관철되기 때문이다. 그러나 정기성과 일률성 및 고정성의 요소로서 금품의 통상임금 해당성을 판단하는 한, 이것은 정기성과 일률성 및 고정성의 요소로서 소정 근로의 대가성과 근로의 대가성을 역으로 판단하는 것으로서 근로기준법 제2조 제1항 제5호와 근로기준법 시행령 제6조 제1항의 규범적 의미와 효력을 무시하는 것이다. 그런 점에서 식대가 통상임금에 해당하는지는 판례와는 반대로 근로의 대가성, 소정 근로의 대가성 판단 다음에 정기성과 일률성의 기준으로 판단해야 하는 것이다.

3. 가족수당

가족수당은 원래 '근로시간'과 관계없이 복리후생적으로 지급되는 것이 보통이다. 따라서 소정의 '근로시간'에 대해서 지급하기로 정하여진 금액은 아니다. 그럼에도 가족수당이 통상임금의 정의규정에 해당하는 경우 통상임금에 포함시키는 것이 가능하다.

대법원 일부 판례[78]에 따르면 부양가족이 있는 자에 대하여 지급하는 가족수당은 원칙적으로 복리후생적인 것으로 보고, 부양가족의 수에 따라 지급하는 경우 일률성이 없어 통상임금으로 보지 않는다. 특히 가족수당은 근로의 양이나 질에 관계없이 일부 근로자에게만 지급되는 경우에는 통상임금에 포함되지 않는 것으로 본다. 그러나 다른 한편으로 가족수당이 정기성과 일률성의 요건을 충족하는 경우 통상임금으로 보는 판례도 있다. 그리하여 가족이 없는 자를 포함하여 전체 근로자에게 매월 일정액을 가족수당으로 지급하는 경우는 통상임금으로 보는 것이 판례의 원칙이다.[79] 또한 가족이 없는 경우에도 일률적으로 부양가족이 있는 근로자에게 지급하는 가족수당의 절반을 지급하는 경우 이 금품은 근로의 질이나 양에 대하여 지급되는 기본급에 준하는 수당으로서 고정적, 평균적으로 매월 일률적으로 지급되는 임금으로서 통상임금에 포함되어야 한다고 보는 판례[80]도 있다. 일부 하급심은 일정 직급 이하 전 사원에게 가족수당 중 본인 분으로 매월 일정액을 지급하는 경우 가족수당 본인 분은 일률적으로 지급된 것으로서 이는 근로의 대가 또는 근로의 제공과 밀접하게 관련된 급여로서 통상임금에 해당한다고 본다.[81]

78) 대법원 1991.6.28, 선고 90다카14758; 대법원 2000.12.22, 선고99다10806; 대법원 2003.10.9, 선고 2003다30777.
79) 대법원 1996.5.14, 선고 95다19256.
80) 대법원 1992.7.14, 선고 91다5501.
81) 서울고법 2011.12.23, 선고 2009나6914.

행정해석은 가족수당이나 교육수당이 독신자를 포함하여 전 근로자에게 일률적으로 지급하는 경우에 정기성과 일률성의 요건을 충족하여도 평균임금에는 포함되지만, 통상임금에는 포함되지 않는다고 보며, 가족 수에 따라 차등 지급되거나 일부 근로자에게만 지급하는 경우는 통상임금이나 평균임금에도 해당하지 않는 기타의 금품이라고 본다. 이와 같이 행정해석이 가족수당을 통상임금에 포함되지 않는다고 보는 이유는 아무리 정기성과 일률성의 요건을 갖추어 지급되는 고정적 임금이라고 하더라도 그 성격과 본질이 근로시간과 관계없이 지급되는 것은 통상임금에 포함될 수 없다는 기본적 인식이 자리잡고 있는 것이 아닌가 생각된다. 따라서 행정해석은 어느 금품이 통상임금에 해당하기 위해서는 정기성과 일률성이라는 형식적인 요건을 갖추는 것보다는 먼저 이 금품이 근로의 대가성이 있어야 하고, 통상임금의 본질과 성격에 부합해야 하는 것으로 이해하고 있는 듯하다.

부양가족의 유무, 부양가족의 수에 따라 지급하는 가족수당은 전 근로자에게 지급하는 것이 아니기 때문에 일률성이 없는 것이기도 하지만, 이와 같은 가족수당은 원래 근로제공을 중심으로 전개되는 근로관계와는 무관하다. 따라서 가족수당은 근로의 대가로 볼 수는 없고, 복리후생적 차원에서 지급하는 금품으로 이해하여야 할 것이다.[82] 그러나 문제는 부양가족의 유무나 부양가족의 수와는 관계없이 전 근로자에게 매월 일정액을 가족수당 명목으로 지급하는 경우에 이를 근로의 대가로 보고 정기적이고 일률적으로 지급되는 것이므로 통상임금에도 해당되는 것으로 보아야 하는가 하는 점이다. 위에서 본 바와 같이 가족수당이 부양가족을 위한 금품이라면 복리후생적인 차원에서 지급되는 것으로서 근로의 대가성은 없다. 그러나 이와 같이 명칭만 가족수당이고, 그 실질이 전체 근로자에게 매월 일정액을 지급하는 것이라면 가족수당이 아니라 근로의 대가인 임금이라고 보아야 할 것이다. 따라서 이 경우의 가족수당은 정기적이고 일률적으로 지급되어 임금이 되고 통상임금이 되는 것이 아니라, 가족수당이 아닌 근로의 대가이기 때문에 임금이 되고 전체 근로자에게 매월 일정액을 지급하는 한 정기적이고 일률적으로 지급되기 때문에 통상임금에 포함되는 것으로 본다.

82) 하갑래, 근로기준법, 중앙경제사, 2012, 423면; 박지순·이상익, 같은 책, 207면 이하 참조.

그러나 부양가족 유무나 부양가족의 수와 관계없이 전체 근로자에게 매월 일정액을 지급하는 가족수당에서 보는 바와 같이 그 실질은 근로의 대가인데, 사용자가 명칭만 복리후생적인 것으로 하는 경우에 이를 임금으로 포착하기 위해서 대법원 판례가 '전체 근로자에게 매월 일정액을 지급한다'는 판단기준을 사용하는 한, 이는 잘못이다. 왜냐하면 어느 금품이 근로의 대가인지 아닌지의 판단에 있어서 통상임금 해당성에서 활용되는 판단기준을 어느 금품의 근로의 대가성, 즉 임금 해당성 판단에 적용하는 것이기 때문이다. 말하자면 근로기준법 제2조 제1항 제5호의 적용문제를 근로기준법 시행령 제6조 제1항의 기준으로 판단하기 때문이다. 그러나 원래 복리후생적인 금품이어야 할 가족수당이 명칭만 가족수당이고 그 실질이 근로의 대가라고 보기 위해서는 '전체 근로자에게 매월 일정액을 지급한다'는 것만으로는 부족하다. 그것은 통상임금 해당성을 판단하는 기준이기 때문이다. 근로의 대가성인지의 판단을 어떠한 기준에 의해서 해야 하는지는 '정기성과 일률성'의 기준에도 불구하고 여전히 규명되어야 할 문제이다. 그러나 판례가 말하는 것처럼 명칭만 가족수당이고 실제로는 '전체 근로자에게 매월 일정액을 지급'함으로써 근로의 대가가 된다고 하여도 그것이 통상임금에도 해당한다고 할 수는 없다. 가족수당이 통상임금에 해당하기 위해서는 정기성과 일률성 이전에 '소정의 근로시간에 대해서 미리 정하여진 금액'의 요건을 충족하여야 하기 때문이다. 명칭은 가족수당이지만 그 실질은 임금의 성격을 가진 해당 금원이 통상임금에 해당하기 위해서는 노사 당사자들이 그러한 가족수당을 소정 근로시간에 대해서 지급하기로 정한다는 합의가 있어야 할 것이다. 말하자면 가족수당이 임금에 해당하고, 정기적이고 일률적으로 지급된다고 하더라도 소정 근로의 대가성이 있어야 한다. 따라서 가족수당을 전체 근로자에게 매월 일정액을 지급한다는 단체협약이 있다고 하여도 그것이 가족수당을 임금의 구성항목으로 하고 지급근거를 단체협약으로 정한다는 것에 그치는 한 아직은 통상임금의 범위에 들어오지 못한다.

4. 하계휴가비, 체력단련비, 명절 귀성여비, 효도제례(휴가)비, 선물비 등

대부분의 소송에서 하계휴가비와 체력단련비 또는 월동보조비는 명절귀성여비, 효도휴가(제례)비, 선물비 등과 함께 묶여 통상임금 해당성이 다투어진다(이하에서는 이들을 통틀어 근로의 제공에 대한 대가에 부가하여 지급한다는 의미에서 '부가급여'라고 통칭한다). 매년 1회 일정 시기에 전체 근로자에게 월 기본급의 일정액을 지급하는 속성을 갖기 때문이다. 따라서 대법원 판례에 따라 대부분 정기적, 일률적으로 지급되는 고정적인 성격의 급여에 해당하는 한 통상임금에 해당하는 것으로 처리된다. 특히 1임금산정기간을 넘어 지급되어도 통상임금 해당성을 인정하는데 문제가 없다고 본다.

하급심 판결에 따르면 단체협약에 근거하여 전 근로자에게 기본급, 직급수당, 근속수당, 가족수당 본인분의 합계금액의 50%를 하계휴가비로 매년 7월에 지급하였다면 단체협약에 의하여 지급의무가 근거지워져 있고, 전체 근로자에게 일률적으로 지급되어 왔기 때문에 근로의 대가로서 통상임금에 해당한다고 본다.[83] 또한 하급심 판결[84]에서 문제가 된 사건 중에는 노사가 합의로 지급기준일 현재 군 입대 휴직자를 제외하고 근로자 전원에게 하기휴가비로 기존 통상임금의 50% 상당액을 매년 하기휴가 때 지급하기로 한 경우 지급조건을 충족하는 근로자들에게 정기적·일률적으로 일정액이 지급되어 왔다면 이를 두고 근로의 대가성이 없는 은혜적 금품이거나 근로자의 특수하고 우연한 사정에 의해 좌우되는 우발적·일시적 급여라고 할 수 없다는 것이다. 당해 사건에서 하계휴가비의 지급액은 단체협약상의 기존 통상임금의 50%로 정하여져 있는 바, 이는 '기존 통상임금은 근로기준법상의 통상임금이 아니라 노사 간의 약정 통상임금에 불과하므로 휴가비 등을 근로기준법상의 통상임금에 포함시킨다고 하여 그 액수가 무한대로 증가되는 순환 오류의 문제는 발생하지 않으며, 사후환급 등의 문제는 휴가비 등이 1임금지급기간인 1개월을 초과하여 지급되고, 법정임금의 산정시기와 휴가비 등의 산정시기가 일치하지 않아서 발생하는 사후적인 문제에 불과한 것으로서 1임금기간을 초과하는 기간마다 지급되는 임금이라도 그것이 정기적·일률적으로 지급되는 것이면 통상임금에 포함된다'는 것이다.[85] 또한 1임금지급기간을 넘어 지급하는 하계휴가비가 소정근로의 대가로서 정기성, 일률성이 있는 고정적 임금이므로 통상임금에 포함시켜야 한다는 하급심 판결[86]도 있다. 이 판결에 따르면 임금협정으로 매년 1회

83) 서울고법 2011.12.23, 선고 2009나6914.
84) 서울고법 2012.11.23, 선고 2012나23773.
85) 서울중앙지법 2013.1.22, 선고 2011가합30463판결(이른바 'TT자동차 사건')도 같은 논리를 전개한다. 이 사건에서 통상임금은 기본급 및 통상의 제 수당으로 정할 것을 단체협약으로 정하였으나, 휴가비는 통상의 제 수당에 포함되지 않았다.

에 재직 중인 정규직 근로자에 대하여 일정액을 지급하는 경우에 '1임금지급기간을 초과하는 기간마다 지급되는 것이라도 정기적·일률적으로 지급되는 것이면 통상임금에 포함될 수 있고, 소정 근로시간의 근로에 직접적으로 또는 비례적으로 대응하여 지급되는 것이 아니라 하더라도 그것이 소정 근로 또는 총 근로에 대하여 지급되는 임금이 아니라고 할 수 없으므로 그런 사유만으로 그 임금을 통상임금에서 제외할 수 없는 바, 이와 같이 지급된 하계휴가비는 실제 근무성적과는 상관없이 정기적, 일률적으로 지급되어 온 고정적 임금으로서 통상임금의 범위에 포함된다'는 것이다. 또한 하기휴가비가 근로의 대가의 성질을 갖는다는 것을 전제로 통상임금 해당성을 인정한 하급심 판결[87]도 있다. 이 판결에 따르면 하기휴가비는 '단체협약에 의하여 지급의무가 근거지워져 있고, 근로의 제공과 밀접하게 관련되어 근로의 대가로서의 성질을 가지는 것으로서 임금에 해당하며, 실제의 근무성적에 따라 지급 여부 및 지급액이 달라지는 것이 아니라 정기적·일률적으로 지급되는 고정적 임금이라 할 것이므로 근로기준법상 통상임금에 포함되며, 지급기간이 1개월을 초과한다는 사정만으로 통상임금에 해당하지 않는다고 볼 것도 아니고, 지급일 당시 이미 퇴사한 자에게 하기휴가비를 지급하지 않았다는 사정만으로 통상임금의 성질이 달라지는 것도 아니'라는 것이다.

체력단련비에 대해서도 대법원은 하계휴가비와 유사한 논리로 통상임금 해당성을 판단한다.[88] 즉, 전 직원에게 매년 일정시기에 월 기본급에 대한 일정액을 체력단련비로 지급하였기 때문에 체력단련비는 모두 소정 근로 또는 총 근로에 대하여 지급하기로 한 금품으로서 정기적, 일률적으로 지급되는 고정적인 임금이라 할 것이므로 통상임금에 속한다는 것이다. 전 직원에게 매년 일정액을 지급하였다는 것이 소정 근로로 인정되는 이유가 된다는 것이다. 이것은 소정 근로가 소정 근로시간에 대해서 당사자들이 지급하기로 정한 것, 따라서 당사자들이 무엇을 지급하기로 정하였는가와는 전혀 다른 차원의 판단기준으로서, 소정 근로의 대가가 당사자의 의사합치에 의해서 정해지는 것에 비하여 -그런 의미에서 주관적 의사가 중요함에 비하여- 전 직원에게 매월 일정액을

86) 대전지법 2012.8.31, 선고 2011가합7400.
87) 광주지법 2013.1.10, 선고 2011가합14550.
88) 대법원 1996.2.9, 선고 94다19501; 대법원 1996.5.10, 선고 95다2227.

주었는가의 판단기준은 당사자의 의사와는 전혀 다른 객관적 판단기준이다. 따라서 판례의 체력단련비에 대한 판단기준으로서 정기성과 일률성의 판단기준은 소정 근로의 대가로서의 통상임금에 대한 근로기준법 시행령을 벗어나버린, 말하자면 소정 근로의 의미를 잘못 이해하였거나 근로기준법 시행령의 통상임금의 정의규정에서 소정 근로의 대가를 무시하고 축소해석해버린 것이나 다름없다. 이 판결에 후속하는 판결[89]도 체력단련비는 '일정시기에 월 기본급의 50% 또는 100%를 원고들을 포함한 전 직원에게 지급하여 온 것으로서 모두 소정 근로 또는 총 근로에 대하여 지급하기로 한 금품이고 또한 정기적, 일률적으로 지급되는 고정적인 임금이라 할 것이므로 통상임금에 속한다'고 본다. 이러한 판례의 경향을 좇아 현재는 체력단련비를 통상임금의 산정기초에서 배제하는 판례는 거의 없다고 본다. 또한 최근의 하급심 판결[90]도 이를 확인하고 있다. 이 사건에서는 단체협약에 따라 매 분기당 일정액씩 1년에 4회 체력단련비를 지급하였으나, 분기별 지급기간 이전에 퇴직한 자들에게는 체력단련비를 지급하지 않았다. 그러나 하급심은 체력단련비가 단체협약에 의하여 지급의무가 근거지워졌고, 근로의 제공과 밀접하게 관련되어 근로의 대가로서의 성질을 갖는 임금에 해당하고, 실제의 근무성적에 따라 지급 여부와 지급액이 달라지는 것이 아니라, 1년에 4회 정기적·일률적으로 지급되는 고정적 임금이기 때문에 근로기준법상의 통상임금에 해당한다는 것이다. 지급일 당시 이미 퇴사한 자에게 체력단련비를 지급하지 않았다는 점이 일률성을 결여하였다는 근거가 될 수 없다는 것이다.

판례의 이와 같은 태도, 즉 단체협약으로 전 근로자에게 일정액을 고정적으로 지급하면 근로의 대가가 되고, 그 중 정기적이고 일률적으로 지급하면 통상임금이 된다는 점, 그리고 실제 근무성적에 따라 지급 여부와 지급액이 달라지는 것이 아니라, 매해 정기적이고 일률적으로 지급되는 고정적 임금이기 때문에 통상임금의 산정범위에 포함되어야 한다는 논리는 1임금산정기간을 넘어서 지급되는 명절귀성여비, 선물비, 효도제례(휴가)비의 경우에도 그대로 관철되고 있다.

매년 명절 때마다 군입대 휴직자를 제외하고 근로자 전원에게 귀성여비로

89) 대법원 1996.5.10. 선고 95다2227.

90) 광주지법 2013.1.10. 선고 2011가합14550(이른바 'K타이어 사건').

일정액을, 매년 명절에 전 근로자에게 일정액 상당의 상품권을 선물비로 지급한 경우 단체협약에 지급근거가 있고, 전체 근로자 또는 일정한 요건에 해당하는 근로자에게 정기적·일률적·고정적으로 지급된 임금으로서 근로의 대가성이 있고 통상임금의 산정범위에 포함된다는 것이 판례[91]의 입장이다.

대법원 판례에 따르면 효도제례비, 연말특별소통장려금, 출퇴근보조여비도 근로의 대가로서 전 근로자에게 정기적·일률적·고정적으로 지급되는 임금이기 때문에 통상임금에 포함되어야 한다고 본다.[92]

최근의 하급심 판결[93]을 보면 선물비의 경우 매년 2회에 걸쳐 일정액 상당의 선물지급을 노사협의회를 통하여 결정하도록 하고 수개의 품목 중에서 근로자가 선택할 수 있도록 하되 초과부문에 대해서는 임금에서 공제하도록 하고 있었지만, 근무성적과 관계없이 일정액을 지급하였으므로 고정적 임금으로서 통상임금의 산정범위에 포함되어야 한다는 것이다. 마찬가지 이유에서 또 다른 하급심판결[94]에서는 전 조합원에게 명절 날 연2회에 일정금액 상당의 상품권을 지급하기로 하였는 바, 군입대 휴직자는 지급대상에서 배제하였으나 일률성의 의미가 모든 근로자로부터 일정한 조건이나 기준에 달한 모든 근로자로 확대되었기 때문에 군입대 휴직자를 지급대상에서 제외한다고 하여도 일률성을 부정할 수 없을뿐더러 지급조건에 대해서 노사의 합의에 따라서 사전에 이미 정해진 고정적인 것으로서 근로자들의 실제 근무성적에 따라 지급 여부 및 지급액이 달라지는 것이 아니기 때문에 통상임금에 포함되어야 한다는 것이다. 이 판결은 명절귀성여비도 동일한 기준으로 판단한다. 이와 같이 최근의 하급심 판결에서 공통되는 것은 명절귀성여비, 선물비, 효도제례비 등의 부가급여가 근로의 대가로서 임금에 해당한다는 것이고, 실제의 근무성적에 따라 지급 여부 및 지급액이 달라지는 것이 아니라 정기적·일률적으로 지급되는 고정적 임금이기 때문에 통상임금에 포함되어야 한다는 것이다.[95]

그러나 명절귀성여비나 효도제례비, 선물비 등의 부가급여가 단체협약 등

---

91) 인천지법 2012.3.23, 선고 2011가합6096; 서울고법 2011.12.23, 선고 2009나6914.

92) 대법원 2007.6.15, 선고 2006다13070; 대법원 2007.6.28, 선고 2006다1388.

93) 대전고법 2012.9.12, 선고 2011나6388. 동일한 기준으로 판단한 것으로 대전지법 천안지원 2012.9.4, 선고 2011가합6093.

94) 서울고법 2012.11.23, 선고 2012나23773(이른바 'G자동차 사건')

95) 예를 들어 광주지법 2013.1.10, 선고 2011가합14550(이른바 'K타이어 사건')

에 지급의무가 규정되어 있어서 근로자가 지급청구권을 갖는 것이지만, 그 명칭에서 보는 바와 같이 근로의 제공과 밀접한 관계가 있는 것인지, 따라서 근로의 대가의 성질을 갖는지는 의문이다. 또한 이들 금품이 근로의 대가성을 갖는다고 하여도 1년에 1회씩, 또는 몇 차례 밖에 정기적으로 지급되는 해당 금원이 통상의 근로시간에 대해서 미리 지급하기로 약정한 것, 말하자면 소정의 근로의 대가성이 있는지도 의문이다.

판례 법리에 따른다면 하기휴가비가 통상임금의 산정기초에 포함되기 위해서는 근로의 대가이어야 하고, 소정 근로의 대가이어야 하며, 정기성과 일률성을 가져야 할 것이다. 그런데 하급심 판결들은 하기휴가비가 근로의 대가인 이유로서 근로의 제공과 밀접한 관련이 있다거나, 계속적이고 일률적으로 지급되는 것이므로 근로의 대가라고 보는 듯하다. 하기휴가가 근로의 제공과 밀접한 관련이 있는 것이라면 노동의 재생산의 유지와 문화적인 생활의 확보를 위한 휴가제도와 이 휴가에 대해서 유급으로 하도록 근로기준법으로 정한 유급휴가수당이다. 그런 점에서는 하기휴가비는 이러한 근로의 제공과 밀접한 관련이 있는 휴가와 법정휴가수당에 대해서 부가적으로 내지는 복리후생의 차원에서 지급되는 것으로서 근로의 제공과 밀접한 상관관계를 근거짓기가 용이하지 않다. 또한 계속적으로 지급되고 일률적으로 지급된다는 것을 이유로 근로의 대가라고 한다면, 순수한 복리후생적 급여도 계속적, 일률적으로 지급되면 근로의 대가로 둔갑할 수도 있을 것이다. 그런 점에서 근로의 대가는 계속적이고 일률적인 속성에 의해서는 해명될 수 없는 것이고, 계속성과 일률성은 근로의 대가를 외연적으로 표상하는 수식어이지 근로의 대가의 본질과 성질을 결정하는 요건이 되지 못한다. 근로의 대가성을 무엇으로 판단해야 하는지에 대한 판례법리가 형성되지 못한 상황에서 그 지급이 단체협약에서 근거지워졌고, 계속적·일률적으로 지급되었다는 것만으로는 근로의 대가성의 본질[96]을 설명할 수 없다. 근로의 대가의 성질을 갖지 않는다고 하여도, 하기휴가비, 개인연금보험료, 단체보험료의 회사 대납분, 효도제례비, 명절 귀성여비, 선물비 등의 부가급여는 근로계약의 구조상 사회적 급여나 부가급여로서 근로의 대가 이외의 영역으로 들어올 수 있는 것이다. 또한 그러한 사회적 급여나 부가급여 및 복

96) 근로의 대가성은 근로계약의 각 급부의무로부터 파악해야 한다는 견해로서 김영문 외, 같은 책, 51면 이하 참조.

리후생제도도 계속적이고 일률적으로 전체 근로자에게 제공할 수도 있다. 그런 점에서 하급심 판결들은 근로의 대가에 대한 적극적인 해명을 하지 않고 대법원 판결들을 기계적으로 적용한 것으로 보인다. 또한 하기휴가비 등의 부가급여가 근로의 대가로 인정된다고 하여도 그것이 소정 근로의 대가인지에 대해서도 의문이 든다. 근로기준법 시행령 제6조 제1항의 통상임금에 관한 정의규정은 도급금액을 제외하면 시간급, 주급, 월급금액을 통상임금의 단위로 설정하고 있다. 따라서 연간단위로 지급하는 연급금액은 규정하고 있지 않다. 그런 점에서 1년 1회 제공하는 하기휴가비가 어떻게 근로기준법의 통상임금의 정의규정으로 포섭되는지 설명이 되지 않는다. 또한 통상임금은 정기성과 일률성을 판단하기 전에 소정 근로에 대해 지급하기로 정한 금액을 말한다. 따라서 당사자나 노사가 소정의 근로시간에 대해서 무엇을 지급하기로 약정하였는가가 금원의 통상임금 해당성 판단을 위해서 중요한 기준이 된다. 그러나 과연 위와 같은 부가급여가 통상의 근로시간에 대해서 지급하기로 정한 금액인가에 대해서는 여전히 의문이다. 하기휴가비처럼 1년에 1회만 지급하는 수당이 있다면 그러한 수당이 통상의 근로시간에 대해 정하여진 금원이라고 볼 수는 없다.

그런데 위의 하급심 판결[97]에서 문제가 된 사건 중에는 단체협약으로 통상임금은 기본급 및 통상 제 수당으로 하고, 제 수당은 근속수당, 가족수당 등으로 한다고 명시적으로 정하고 있으면서 하기휴가비는 통상임금의 산정기초로 정하지 않은 사건도 있다. 이 사건에서 노사는 소정의 근로시간에 대해서는 단체협약에서 정한 기본급과 통상의 제 수당만을 지급하기로 정하였다. 그런 점에서 통상임금은 노사의 합의에 의해서 정해지는 소정의 근로에 대한 대가를 의미한다고 할 것이다. 동 판례는 이를 약정 통상임금이라고 한다. 그러면서 하계휴가비의 지급액은 단체협약상의 기존 통상임금의 50%로 정하였다. 그런데 하급심 판결에 의하면 이와 같은 노사가 합의한 기존 통상임금은 근로기준법상의 통상임금이 아니라, 노사 간의 약정 통상임금에 불과하다는 것이다. 그런 의미에서 하급심 판례는 약정 통상임금에 대응하는 개념으로서 근로기준법상의 법정 통상임금을 상정한 것으로 보인다. 그러나 근로기준법에 존재한다는 법정 통상임금은 명시적으로 존재하는 것이 아니라, 근로기준법 시행령 제6조

97) 서울중앙지법 2013.1.22, 선고 2011가합30463(이른바 'TT자동차 사건')

제1항의 통상임금 정의규정에 해당하는 것이 근로기준법의 법정 통상임금이다. 그런데 이 법정 통상임금은 '정기적이고 일률적으로 소정 근로 또는 총 근로에 대하여 지급하기로 정한 시간급 금액 등'을 말한다. 이 개념정의에 따르면 법정 통상임금은 정기적이고 일률적으로 지급되는 것 이전에 소정 근로에 대한 대가이어야 하는데, 소정 근로의 대가는 노사 또는 당사자들이 합의에 의해서 지급하기로 미리 약정한다. 따라서 이미 판례에서 말하는 법정 통상임금의 개념정의에는 소정 근로를 통하여 당사자들이 미리 정한 소정 근로시간에 대한 대가라는 약정된 통상임금이 포함되어 있는 것이다. 그럼에도 판례가 법정 통상임금의 개념을 사용하는 것은 당사자의 약정에 의해서 통상임금산정시 기본급을 제외한 모든 제 수당을 제외함으로써 근로기준법이 강행적으로 보장하는 법정수당 등을 하회하여 근로기준법의 취지가 몰각될 것이라는 우려 때문인 것으로 보인다. 그런 의미에서 판례는 소정 근로나 소정 근로시간에 대해서 미리 정한 대가로서의 소정 근로에 대해서는 별 의미를 두지 않고, 객관적 기준인 정기성과 일률성의 판단기준으로만 획일적으로 금원의 통상임금성을 판단하는 것이 아닌가 하는 생각이 든다. 그러나 시행령의 정의규정이 이미 소정 근로의 개념을 통해 약정 통상임금을 규범 내에 내포하고 있으며, 그러한 당사자의 의사를 무시하고 일방적으로 정기성과 일률성의 객관적 판단으로 통상임금 해당성을 판단하는 한, 근로3권 침해의 소지마저 있을 것이다. 따라서 정기성과 일률성을 판단하기 전에 해당 금원이 소정 근로의 대가로서 미리 정하여졌는가를 살펴보지 않으면 안 되는 것이다. 그런데 이 약정 통상임금, 말하자면 당사자들이 소정 근로에 대해서 지급하기로 미리 정한 금액으로서의 통상임금을 당사자의 의사에 맡겨두는 경우 근로기준법에서 강행적으로 보장한 법정수당의 취지에 반할 수 있는 것은 사실이다. 특히 노동조합이 현저하게 균형을 잃은 교섭력을 가진 경우에는 그렇게 될 것이다. 그러나 그러한 경우는 약정 통상임금에 대한 강행법규의 내용통제에 의해서 해결해야 할 문제이다. 이것은 소정 근로에 대한 대가를 정하는 문제와는 별개의 문제이다. 이러한 강행법규의 문제 때문에 당사자들의 의사합치와 협약자율의 집단자치에 의해서 결정한 소정 근로의 대가성 검토를 포기하고 정기성과 일률성으로 통상임금 해당성을 판단하는 것은 시행령 규정의 적용과 관련한 법관의 해석적용의 한계를 일탈한 것이다. 위 사건의 하기휴가비에서 보는 바와 같이 노사의 합의로

명시적으로 하기휴가비를 약정 통상임금의 대상에서 제외하였는지는 분명하지 않다. 그러나 해당 사건에서는 적극적으로 약정 통상임금에 포함시킨 제 수당들은 협약자율에 의해서 그 종류도 상당히 많이 포함되어 있다. 통상임금 산정기초에 집단자율인 협약자율의 근로3권이 행사된 결과이다. 이러한 약정 통상임금에 의해서 산정된 법정수당의 수준이 법정 통상임금을 기준으로 산정한 법정수당의 수준을 상회할 것인지 하회할 것인지의 문제는 사후의 결과의 산물이다. 노사는 합의에 의해서 대법원이 통상임금에 포함되지 않는다고 판단한 금원조차 약정 통상임금의 산정기초에 포함시킬 수 있다. 더구나 약정 통상임금에 의한 법정수당 산정금액이 소위 법정 통상임금을 기준으로 산정한 법정수당금액을 상회하는 경우는 해당 단체협약규정은 유효하다는 것을 대법원 스스로가 인정하고 있다.[98] 이와 같은 점을 고려할 때 대법원이 근로기준법이 보장한 법정수당의 취지가 몰각될 우려가 있다는 점 때문에 금원의 소정 근로의 대가성 판단을 포기하고 정기성과 일률성으로 판단한다는 것과 특정 금원을 통상임금에서 제외한 노사의 합의를 무효로 하고 정기성과 일률성으로 판단하는 것은 근로기준법의 통상임금의 제도적 취지에도 부합하지 않는 것이다.

그리고 법정 통상임금이 근로기준법상의 정의개념에 따른 통상임금이 아니라, 판례법에 의해서 발전된 통상임금으로서 '정기적이고 일률적으로 지급된 고정적 임금'이라고 한다면 이 법정 통상임금은 이미 근로기준법상의 통상임금으로부터 점점 멀어지는 형태의 통상임금이 만들어지게 될 것이고, 결국에는 통상임금이 평균임금화되거나 통상임금이 근로의 대가와 동치되는 현상으로 나아가게 될 것이다.

근로기준법 시행령상의 통상임금의 개념정의에 충실하는 한, 법정 통상임금에는 소정 근로에 대한 대가로서의 약정 통상임금이 자리잡고 있기 때문에 이미 약정 통상임금에 의해서 산정된 하기휴가비를 다시 통상임금의 산정기초로 삼는 것은 이중지급과 과중 계산된 법정 수당의 문제를 안고 있다고 본다. 또한 1년에 1회 제공하는 하기휴가비를 통상임금의 산정기초에 포함시키는 한, 그 지급기일을 전후로 하여 산정되는 법정수당과 관련하여 사후환급 등의 문제가 일어나지 않을 수 없다. 하기휴가비가 지급기일 전임에도 법정수당에는

98) 예를 들면 대법원 2007.11.29. 선고 2006다81523 판결 참조.

하기휴가비가 통상임금으로 포함되어 산정되는 것은 법정임금의 산정시기와 휴가비 등의 산정시기가 일치하지 않아서 발생하는 사후적인 문제에 불과한 것이 아니라, 1년에 1회 지급하는 하기휴가비를 포함하여 통상임금을 1임금지급기간인 1개월을 초과하여 산정하는 한 언제나 벌어지는 통상임금 산정기간의 본질적인 문제에 해당한다.

또한 하급심 판결은 하기휴가비가 '소정 근로시간의 근로에 직접적으로 또는 비례적으로 대응하여 지급되는 것이 아니라 하더라도 그것이 소정 근로 또는 총 근로에 대하여 지급되는 임금이 아니라고 할 수 없으므로 그런 사유만으로 그 임금을 통상임금에서 제외할 수 없다'고 한다. 이러한 판단 속에 이미 판결은 하기휴가비가 소정 근로의 대가가 아니라는 것을 스스로 밝히고 있는 셈이다. 그렇기 때문에 하기휴가비 등의 부가급여가 소정 근로의 대가가 아니면서 통상임금의 산정범위로 들어오는 방법은 총 근로의 범주에 포함시키는 방법일 것이다. 그러나 통상임금에서의 총 근로에 대한 대가는 도급 근로에 대한 대가를 의미하는 것이지, 소정 근로시간 내 제공한 근로 전체에 대한 대가를 의미하는 것이 아니기 때문에 판례의 논리는 근로기준법 시행령상의 통상임금의 개념정의에서도 일탈한 것이라고 본다. 또한 통상임금을 통상의 근로시간에 대한 급여라고 보는 한 하기휴가비와 같이 1년에 1회 지급하는 금원을 통상임금에 포함된다고 할 수는 없다. 그와 같은 금원은 1개월을 초과하여 지급된다는 점에서 소정 근로의 대가, 즉 통상의 근로시간에 대한 대가로 볼 수 없어서 통상임금의 산정범위에 들어오면 안 된다고 보아야 할 것이다. 이와 같은 비판은 1임금산정기간을 넘어서서 지급하는 명절귀성여비, 선물비, 효도(휴가)제례비 등에 대해서도 타당하다고 본다.

5. (정기)상여금 · 정기상여금가산금

어느 금품이 통상임금의 산정기초에 포함되어야 하는지에 대해서는 근로기준법 제2조 제1항 제5호의 임금에 관한 정의 규정과 통상임금의 정의에 관한 근로기준법 시행령 제6조 제1항의 규범적인 적용과 판례법리를 고려할 때

① 그 금품이 근로의 대가이어야 하고, ② 소정 근로의 대가이어야 하며, ③ 정기적, 일률적으로 지급되는 고정적 임금이어야 한다는 것은 앞의 도표(201면 참조)에서 설명한 바와 같다.[99] 그러나 판례처럼 세 번째 요건만을 기준으로

하는 경우는 종종 ①과 ②의 기준들이 지켜지지 않은 채 통상임금의 판단기준인 '정기적·일률적으로 지급되는 고정적 임금'의 기준이 근로의 대가일 뿐인 금품이나 소정 근로의 대가일 뿐인 금품으로 통상임금의 범위가 확대되고 결국은 근로의 대가 중 정기적이고 일률적으로 지급된 고정적 임금이 통상임금이 되고 동시에 평균임금이 되고 근로의 대가가 되는 적용규범의 혼란이 일어나게 된다. 그러나 판례들에서 문제가 되는 것처럼 은혜적, 실비변상적 금품을 정기성, 일률성이 있다고 하여 통상임금으로 할 수 없는 것처럼, 근로의 대가이지만 소정근로의 대가성이 없는 금품을 정기성과 일률성의 요건이 충족되었다고 해서 통상임금에 포함시킬 수는 없는 것이다. 만일 판례가 의도적으로 그와 같은 점을 노렸다면 이는 규범적용을 포기한 행위와 다름이 없는 임금보전을 위한 입법정책을 수행한 것이나 다름없다. 따라서 금원의 통상임금 해당성이 문제가 되는 한 그것이 소정 근로의 대가로서 지급된 것인지를 먼저 검토하고 이것이 긍정되는 금품 중에서 정기성과 일률성의 기준을 충족하는 금품을 통상임금으로 해야 할 것이다. 따라서 통상임금 해당성 판단에 있어서 소정 근로 내지 총 근로에 대한 대가성은 통상임금에 포함되어야 할 것과 그렇지 않는 것의 경계를 정하는 외곽의 틀 내지 프레임(Rahmenbedingungen)을 정하는 기준이 되는 것이다. 1차적으로 이러한 틀 안에 들어오는 금품 중에서 - 근로기준법 시행령 제6조 제1항의 기준을 유지하는 한 - 정기적이고 일률적으로 지급된 고정적 임금만이 통상임금에 해당하는 것이다. 따라서 1임금산정기간을 지나서 연급으로 지급되는 상여금을 매월, 격월 등으로 분할하여 정기적으로 지급되기 때문에 통상임금에 해당한다고 하면 근로기준법 시행령의 통상임금 규정에는 합당하지 않은 판결을 하는 것으로서 동 규정에 정한 소정근로의 대가로서 통상임금의 의미는 상실될 것이다. 이와 같은 문제점을 안고 있는 것이 정기상여금과 정기상여가산금이다. 이미 앞에서 본 바와 같이 대법원 2010다91046판결은 종전에 소정 근로의 대가가 아니기 때문에 통상임금으로 포함시키지 않았던 상여금을 통상임금에 포함시킴으로써 수많은 소송들이 현재에도 진행 중에 있고, 준비 중인 경우도 많다. 이 상여금의 통상임금 해당성의 문제

---

99) 따라서 근로의 대가는 소정 근로의 대가, 연장근로수당과 같이 소정외 근로의 대가, 하기휴가비, 명절귀성여비, 효도제례비와 같이 소정 근로의 대가는 아니지만, 근로에 대한 대가로서 임금의 성격을 가지는 것으로 범주화할 수 있을 것이다. 같은 취지로 박지순·이상익, 같은 책, 146면 참조.

는 다른 곳에서 이미 살펴 본 바 있으나, 보완한다는 의미에서 여기서 다루기로 한다.

1) 종전 판례

종전의 대법원 판례는 상여금이 통상임금에 해당하지 않는다는 판결을 유지하였었다. 논거는 ① 근속기간에 따라 지급여부와 지급액이 달라지게 되어 고정성이 없다는 것을 이유로,[100] ② 상여금 지급일까지 근무하였는지의 여부와 근속기간이 1년 이상인가와 같이 실제 근무성적에 의하여 지급여부와 지급액이 달라져 고정성이 없다는 것을 이유로,[101] ③ 판례가 1임금산정기간의 요건을 유지할 때는, 1개월을 넘는 단위로 지급되는 임금은 소정근로시간의 근로에 대한 대가가 아니라는 이유에서,[102] ④ 판례가 1임금산정기간의 요건을 포기한 이후로는, 근무일수에 따라 일할 계산하여 지급하도록 하였기 때문에 상여금의 지급 여부와 지급액은 근로자의 실제 근무성적에 따라 달라지게 되어 고정적이지 않다는 이유에서[103] 상여금이 통상임금에 해당하지 않는다고 보았다.[104]

---

100) 대법원 1996.2.9, 선고 94다19501(상여금은 '매년 보수지급일에 기본급의 100%를 지급하였으나, 입사 1개월 미만인 자에게는 지급되지 않았고, 근속기간이 1개월 이상 3개월 미만인 자 등에게는 근무일수를 근거로 일할 계산하는 것으로 되어 있어, 상여금의 지급 여부 및 지급액이 실제의 근무성적에 따라 좌우하게 되어 고정적인 임금이 아니기 때문에 통상임금에 해당하지 않는다').

101) 대법원 2007.4.12, 선고 2006다81974.

102) 대법원 1990.2.27, 선고 89다카2292('1개월을 넘는 기간마다 정기 또는 임시로 기업의 경영실적, 근로자의 근무실적 등을 감안하여 지급되는 상여금은 통상임금에 포함되지 않는다'); 대법원 1990.11.9, 선고 90다카6948('1개월 이상을 단위로 하는 상여금 등은 통상임금의 산정범위에서 제외되고, 이렇게 해석하는 것이 근로기준법 시행령에서 규정한 통상임금의 개념과 그 산정의 기초가 되는 임금의 범위에 관한 해석상 정당하며, 노동부의 통상임금산정지침과도 부합한다').

103) 대법원 1996.2.29, 선고 94다19501; 대법원 2007.4.12, 선고 2006다81974.

104) 이러한 종전 판례의 입장에 대해서 일부 견해(무엇보다 김기덕, "최근 판례를 통한 통상임금법리에 관한 검토", 노동법포럼 제1호, 노동법이론실무학회, 2008, 271면 이하; 김기덕, "통상임금의 개념요소로서의 고정성", 노동과 법 제6호, 금속법률원, 2006, 189면 이하)는 상여금을 해당 지급일까지의 근무일수에 비례하여 지급하면 실제 근무성적에 따라 지급액이 달라지는 것이므로 통상임금에 포함될 수 없다고 한다면, 기본급을 월급으로 지급하면서 근무일수에 비례하여 결근 일을 공제하여 지급하는 경우 기본급조차 통상임금에 포함되지 않게 되는 결과가 발생하므로 고정성의 요건을 내세워서는 안 된다고 본다. 그러나 당사자나 노사의 합의에 의하여 결근일수에도 불구하고 기본급이나 여기에 제 수당을 합하여 일정비율을 통상임금으로 하는 것이므로 기본급이 통상임금에 포함되지 않는 일은 일어나지 않는다. 기본급은 근무일수나 결근과 관계없이 사전에 소정 근로에 대해서 지급하기로 정한 것으로서, 그것이 일급제이건 시급제이건, 결근일수에 대해 일할 계산하여 감액되더라

2) 대법원 2010다91046 판결

그러나 1개월을 초과하는 기간에 대하여 지급되는 상여금에 대해서도 다른 정기성과 일률성의 요건을 갖추거나 근무성적에 따라 지급되는 것이 아닌 한 상여금도 통상임금에 포함되어야 한다는 것이 최근 대법원 2010다91046 판례의 태도라는 것은 이미 앞에서 밝힌 바 있다. 당해 사건에서 상여금은 단체협약에 분기별로 지급하고 매분기말까지 재직한 자로 하고 퇴직자에 대해서는 월별로 계산 지급한다고 되어 있어 매분기마다 일정액을 지급하기 때문에 어느 정도의 정기성과 일률성의 요건은 충족하고 있었다. 그러나 원심이 해당 상여금이 통상임금에 해당하지 않는다고 본 중요한 이유는 근속연수에 대한 차등지급으로서 '상여금이 만근 기본급 기준으로 6개월 이상 근무시 350%, 3년 이상 근무시 550%, 8년 이상 근무시 650%, 12년 이상 근무시 750%를 지급한다'는 것으로서 상여금의 지급여부 및 지급액이 근로자의 실제 근무성적 등에 따라 달라지게 되기 때문에 고정적이지 않다는 것이었다. 그러나 대법원이 이러한 원심을 따르지 않고 상여금의 통상임금 해당성을 인정한 이유는 다음과 같다. 즉, 해당 상여금이 매월 월급 형태로 분기마다 지급되는 근속수당과 달리 분기별로 지급되는 것이기는 하지만, 지급대상에서 중도퇴직자를 배제하지 않았으며, 퇴직자에게도 재직기간에 비례하여 상여금을 지급한다는 것이므로 상여금의 지급 여부 및 지급액이 실제 근무성적에 따라 좌우되는 것이 아니라 그 금액이 확정되어 있어서 정기적·일률적으로 지급되는 고정적 임금인 통상임금에 해당한다는 것이다. 아마도 대법원의 이와 같은 견해는 금원의 통상임금 해당성 판단에 있어서 고정성 요소 대신에 '미리 확정'되어 있으면 고정되어 있는 것으로 보자는 일부 학설[105]과도 그 궤를 같이 하는 것으로 보인다.

그럼에도 '미리 확정되어 있으면' 고정성이 충족되었다거나, 따라서 고정성의 요건은 필요하지 않다던가 하는 판례나 견해들은 고정성을 '사전에 이미 정하여진 조건'으로 이해하여 사전에 정해진 조건이면 모두 고정성이 충족되는

도 통상임금에 포함된다. 기본급은 일정 비율의 감액은 가능하지만, 일정 출근일수를 채워야만 지급되는 것은 아니다. 이에 비해 상여금은 일정 근무일수를 채워야만 지급하는 것으로 되어 있는 경우 근로자가 그러한 근무일수를 채울 것인지는 사전에 알 수 없고 따라서 확정적인 것이 아니기 때문에 사전에 미리 정하여진 소정근로의 대가라고 할 수 없다. 상여금과 기본급은 단체협약에서도 상이하게 취급하는 것이 통례이다.

105) 김기덕, "통상임금 개념요소로서의 고정성", 노동과 법 제6호(금속법률원), 2006, 198면 참조.

것으로 보는 듯하다. 따라서 당해 사건에서도 단체협약으로 '퇴직자에게도 재직기간에 비례하여 상여금을 지급한다'고 하여 사전에 미리 확정하였기 때문에 고정적이라고 보는 듯하다. 그러나 단체협약 실무에서 보는 바와 같이 근로의 대가성이 없는 은혜적 급여나 실비변상적인 급여, 일시적이고 임시적으로 지급되는 급여 등도 단체협약에 지급근거, 지급여부, 지급액의 산정근거 등이 마련되어 '사전에 미리 확정'되어 있다. 그러나 이를 두고 통상임금이라고 할 수는 없다. 그와 같이 사전에 미리 확정되어 있는 것이라도 근속기간, 근무일수나 근무성적에 따라 각각 지급액이 다르다면 고정적이지 않고 변동적이라 할 수 있다. 예를 들어 성탄절 축하로 전 근로자에게 매해 일정액을 지급한다든가, 회사창립기념일에는 전 근로자에게 매해 기념일마다 일정액을 지급한다고 단체협약에 규정되어 있다고 해서 그와 같은 금품이 통상임금에 해당한다고 할 수는 없다. 또한 전년도 근무실적에 따라 업적연봉을 지급하는 경우 그 업적연봉은 지급기에 이미 사전에 확정된 것이다. 그리고 이를 12개월로 분할하여 지급하기로 사전에 확정한다고 하여도 이는 업적연봉을 지급하는 방법에 지나지 않고, 실제의 연봉총액은 전년도 근무성적에 따라 달라지는 것이기 때문에 고정성을 가질 수 없다.[106] 판례에서 금원의 통상임금 해당성 판단을 위하여 사용하는 '정기적이고 일률적으로 지급되는 고정적 임금'이라는 기준에서의 고정적인 조건은 그 금원이 단체협약이나 취업규칙 또는 근로계약에서 지급여부나 지급액의 산정기준이 사전에 정해져 있다는 의미에서의 고정을 말하는 것이 아니다. 여기서 말하는 '고정적'이라는 것은 '일정한 조건 또는 기준을 충족하는 모든 근로자에게 예외없이 지급한다는 의미에서의 고정성'을 말하는 것이다. 그리하여 대법원 2010다91046판결 이후에 나온 하급심 판결 중에는 '근속기간을 시간의 경과라는 자연적인 조건이라고 하여 모든 근로자에게 해당한다'[107]고 하여 고정성 인정에 걸림돌이 될 수 있는 '근속기간에 따른 차등 지급'을 무의미하게 만들어버린다.[108] 이러한 혼란이 벌어지는 근본적인 원인은 통상임금의 본질, 즉 소정의 근로시간에 대해서 지급하기로 정하여진 임금, 통상의 근로시간에 대해서 지급하기로 사전에 당사자나 노사가 합의한 임금이라는

106) 이러한 이유로 서울고법 2011.12.23, 선고 2009나6914는 업적연봉이 통상임금에 해당할 수 없다고 한다.
107) 서울고법 2012.11.23, 선고 2012나23773(이른바 'G자동차 사건').
108) 같은 취지로 박지순・이상익, 같은 책, 165면 참조.

소정 근로의 대가성을 고려하지 않고, 통상임금의 일부 속성만을 상징하는 정기성과 일률성, 고정성의 속성을 무분별하게 사용하는 데에 기인하는 것이 아닌가 한다.

3) 대법원 2010다91046 판결 이후의 하급심 판결

대법원 2010다91046 판결 이후에 나온 하급심 판결의 상당수에서는 이 판결의 영향을 받아 비교적 다른 수당에 비하여 금액이 많은 정기상여금의 통상임금 해당성이 다투어졌고, 하급심도 대법원 판결에 따르는 경우가 대부분이다. 각 사건별로 상여금의 내역과 이에 대한 하급심의 판단을 살펴보면 다음과 같다.

① 'S여객 사건'에서는 임금협정에 따라 연간 해당급수의 22일분 기본급의 600%를 연 12회로 분할하여 매월 20일 지급하되, 해당일 재직 중인 자에 한하여 지급하고, 입사일로부터 1개월 미만인 자는 1호봉 기사의 1회 지급분을 90일로 환산 일할 계산하여 지급하는 것으로 하였다. 그리고 임금협정은 근속연수별로 기준 통상임금에 해당하는 기본시급을 각각 달리 규정하였다.

② 'G자동차 사건'에서 단체협약에 따라 임금은 기본급, 제수당, 시간외 근무수당, 휴일 근로수당, 야간 근로수당, 상여금, 복리후생비, 임시급여 등으로 구성되어 있다. 정기상여금은 '지급 시 통상임금 지급기준으로 30시간 가산지급'하며, '1월과 5월을 포함하여 2월마다 격월로 매월 말일 100%씩 지급'하고, '근속년수가 1개월 이상 3개월 미만일 때는 지급액의 50%, 3개월 이상 6개월 미만일 때는 지급액의 75%, 6개월 이상일 경우에는 지급액의 100%를 지급'하는 것으로 하였다. 또한 본인의 귀책사유로 휴직 후 복직하는 조합원에 대해서는 복직하는 날이 상여금 지급15일 전인 경우에는 지급액의 100%, 15일 미만인 경우에는 일할 계산하여 지급하는 것으로 규정하고 있었다. 그리고 정기상여금의 산정기초가 된 기준임금은 매월 고정적인 기준에 따라 정기적·일률적으로 지급되는 기본급, 근속수당, 라인수당간A, 정비5단계수당5, 복지후생수당으로 구성되어 있고, 전년도 사업실적에 따라 지급여부 및 지급액이 달라지는 성과급 및 사업목표 격려금은 정기 상여금과 별도로 지급하고 있었다.

③ 'H여객 사건'에서 단체협약서는 통상임금은 기본급으로 하고, 상여금은 별도의 규정을 통해 지급하는 것으로 하였는 바, 재직 조합원에게 연 6회(연

600%)에 근무성적에 따라 기본급 100%의 지급률로 하여 매 홀수 월마다 매회 지급산정기간에 지급받은 월 기본급 총액의 1/2을 기준으로 산정하여 지급하는 것으로 하였고, 상여금 지급산정기간 중 중간퇴직자에게는 지급하지 않는 것으로 하였고, 입사일로부터 6개월간은 지급하지 않는 것으로 하였다.

④ 'S시 시내버스 사건'에서는 단체협약과 승무원 임금협정서에 따라 상여금은 근속기간(입사일자)별로 구분하여 정액으로 매월 급여에 포함하여 연간 12회로 분할하여 지급하고, 지급대상은 입사 6개월 이상의 자로 하고, 중도 입사자는 입사 익월로부터 적용하는 것으로 하였으나, 매월 실 근로 13일 이상을 승무(만근)한 자에 한하여 지급하며 실 근로 13일 이상을 승무(만근)하였어도 월 중도퇴직 시에는 그 기간의 상여금을 지급하지 않는 것으로 하였다. 그러나 지급일 현재 입사 6개월 미만인 자, 정직 및 출근(승무)정지 10일 이상의 징계위원회 처분으로 출근하지 않은 자, 업무상 요양으로 산재보험 및 자동차보험 등 제 보험요양을 받고 있는 자, 노사협의로 제외사유에 해당하는 자, 해당 월에 징계위원회에 회부된 자, 퇴직원을 20일 전에 제출하지 않은 자, 면허정지기간 중 면제교육을 받지 않은 자 등은 상여금 지급대상에서 제외하였다.

⑤ 'TT자동차 사건'에서 임금은 단체협약과 노사합의한 임금규정에 의해서 정해지는데, 임금은 통상임금과 평균임금으로 나누고 통상임금은 기본급 및 통상 제수당으로 하고, 제수당은 근속수당, 가족수당, 직무수당 등의 복지후생수당 등을 포함하되, 상여금은 제수당에 포함되지 않고 별도로 규정되어 있다. 이와 같은 단체협약과 임금규정에 의하면 상여금은 기술직 근로자 전원 및 사무직 근로자 중 사원부터 부장 직급까지에 대하여 근속년수가 1개월 미만일 때는 정기상여금을 지급하지 않고, 1개월 이상 3개월 미만일 때는 지급액의 50%, 3개월 이상일 때는 지급액의 100%를 지급하는 기준에 의하여 정기상여금을 지급하여왔고, 사무직 근로자 중 과장급 이상 직급에 대하여는 연봉제를 실시하면서 매년 2월마다의 격월과 5월에 각 100%씩(합계 700%) 지급하던 정기상여금을 업적연봉의 형태로 전환하여 지급하였다. 이 업적연봉은 전년도 근무성적을 평가하여 결정하고 이를 매년 12개월로 나누어 매월 지급하였는데, 그 액수는 기존 정기상여금과 같은 기존 통상임금의 700% 또는 750%에 해당하는 금액을 토대로 차등 인상분(A: 100%, B: 75%, C: 50%, D: 25%, E: 0%)을 반영하여 정한 것이었다. 지급대상에서 제외되는 자는 근속기간이 1개월 미

만인 자 뿐이고, 본인 귀책사유로 휴직 후 복직하는 조합원의 상여금은 복직하는 날을 기준으로 일할 계산하여 지급하는 것으로 하였다.

이 사건과 비교할 수 있는 사건으로서 2012년 3월 29일 대법원 2010다91046 사건 이전에 나온 하급심 판결[109]에서도 위 'TT자동차 사건'처럼 매월 분할하여 지급하는 업적연봉액이 통상임금에 포함되는가가 문제되었다. 이 하급심 판결의 대상이 된 사건에서 사용자는 연봉제를 실시하면서 매년 짝수월과 5월에 각 100%씩(합계 700%) 지급하던 상여금을 업적연봉의 형태로 전환하여 지급하였다. 특히 사용자는 전년도 휴직기간을 제외한 근무기간이 3개월보다 많은 직원을 대상으로 인사평가를 한 다음 업적연봉을 결정하고 이를 12개월로 나누어 지급하였는데, 5등급으로 나누어 각각 25%씩 감액하여 A등급 100%부터 E등급 0%까지 나누어 차등 지급하였다. 그리고 노사가 합의한 임금규정에 따르면 업무외 상병으로 인한 휴직자에 대하여는 업적연봉을 지급하지 않았고 총 6개월까지 통상임금의 70%만 지급하였고, 휴직자들에게는 업적연봉을 지급하지 않았다.

⑥ 물론 2012년 3월 29일의 대법원 2010다91046사건보다 이전의 하급심 사건[110]이기는 하지만, 지급여부 및 지급액의 차이가 통상임금 인정을 위한 일률성을 부정할 수 있음을 보여 주는 사안도 있다. 이 사안에서는 노사의 합의에 의하여 매해 짝수월과 설날 및 추석에 상여금을 지급하기로 하였기 때문에 정기성의 요건은 충족하였다. 그러나 상여금 지급기간의 전체를 근무하는 자에게는 기본급의 100%를, 3/4 이상 4/4 미만을 근무한 자에게는 기본급의 75%를, 1/2 이상 3/4 미만을 근무한 자에게는 기본급의 50%를, 1/4 이상 1/2 미만을 근무한 자에게는 기본급의 25%를 각각 상여금으로 지급하고, 상여금 지급기간의 1/4 미만을 근무한 자에게는 상여금을 지급하지 않는 것으로 하였다. 그러나 지급대상의 적용제외와 관련해서는 병가자만을 상여금 지급대상에서 제외하고, 휴직, 복직, 정직 등으로 직무에 종사하지 아니한 자에게도 위와 같은 기준에 따라 차등 지급하였다.

이상의 하급심 판결에서 문제가 된 (정기)상여금이 통상임금에 해당하는가에 대해서는 대법원 판례에 따라서 정기상여금이 '1임금산정기간'내에 지급되

---

109) 서울고법 2011.12.23, 선고 2009나6914.
110) 서울중앙지법 2010.7.8, 선고 2009가합139541(이른바 '대한항공 사건').

는가에 관계없이 일률적으로 지급되는 고정적 임금인가에 대한 판단기준이 중요할 것이다. 그러나 위 하급심 판결에서 보는 바와 같이 정기상여금도 각 회사마다 각각 달리 형성되어 내용도 매우 상이하다. 그렇기 때문에 '정기상여금은 통상임금에 해당한다'는 명제가 성립될 수도 없고, 구체적 사안마다 각 회사에서 정기상여금을 지급하는 취지와 유래, 운영형태 등을 고려하여 종합적으로 판단하지 않으면 안 될 것이다. 그런데 위 하급심 판결의 사건에 있어서는 대개의 경우 매월, 격월로 분할지급되기 때문에 '1임금산정기간'이나 정기성은 크게 문제되지 않는다. 그러나 지급적용제외자가 있거나 지급적용제외자에게도 일할·월할 지급하는 경우가 있는 등 지급여부에 따른 일률성이 있는가, 지급액이 각각 달라 실제 근무성적에 따른 지급으로서 일률성이 없는가, 지급액이 달라도 일정한 기준이나 조건을 충족한 모든 근로자에게 지급되는 것으로서 일률성이 있는 고정적인 임금인가 하는 점이 문제된다. 이로써 정기상여금의 논란은 정기성 보다는 일률성과 고정성 여부의 판단문제로 변하게 되었다. 이와 같이 정기상여금이 모두에게 지급되는가, 지급제외자가 있는가, 지급제외자에게도 일정부분의 지급을 하는가, 근무성적에 따른 것인가, 일률적으로 지급되는 고정적 임금인가를 중점적으로 고려하는 하급심의 판결대로 한다면 판단을 위해서 고려되어야 할 중요사실로는

①의 사건에서는 해당일 재직 중인 자에 한하여 지급, 입사일로부터 1개월 미만인 자는 일할 계산하여 지급한다는 사실,

②의 사건에서는 근속년수 1개월 미만은 미지급, 1개월 이상은 근속년수별 차등지급, 본인의 귀책사유로 휴직 후 복직하는 조합원에 대해서는 15일을 기준으로 100%, 또는 일할 계산 지급한다는 사실,

③의 사건에서는 중간퇴직자와 입사일로부터 6개월 미만인 자에게는 미지급, 근무성적에 따라 차등지급한다는 사실,

④의 사건에서는 지급대상은 입사 6개월 이상의 자로 하고, 지급일 현재 입사 6개월 미만인 자, 정직 및 출근(승무)정지 10일 이상의 징계위원회 처분으로 출근하지 않은 자, 업무상 요양으로 산재보험 및 자동차보험 등 제 보험요양을 받고 있는 자등은 상여금지급대상에서 제외한다는 사실,

⑤의 사건에서는 근속년수가 1개월 미만일 때는 미지급, 그 이상은 근속년수별로 차등지급, 일부 근로자들에게는 업적연봉으로서 전년도 근무성적을 평

가하여 기존 통상임금의 700% 또는 750%에 해당하는 금액은 그대로 지급하고 그 이상의 범위에서 5등급으로 차등 지급한다는 사실 등이다. 이와 대비되는 사건에서는 휴직자들에게는 업적연봉을 지급하지 않았고, 업무외 상병으로 휴직한 자에게는 업적연봉 대신 통상임금의 70%를, 근무기간이 3개월 이상인 자를 대상으로 인사평가를 한 다음 5등급으로 나누어 차등 지급한다. 위 ⑤의 사건과 다른 점은 위 사건이 종전에 지급하던 정기상여금의 기본급(700%에서 750%)을 보장하고 그 이상에서만 등급별로 차등지급하는 반면에, 이 사건에서는 그러한 정기상여금의 기본급에 대한 보장없이 등급별로 차등 지급한다는 것이 다르다.

⑥의 사건에서는 병가자만을 상여금 지급대상에서 제외, 근무일수 별로 차등 지급하되 상여금 지급기간의 1/4 미만을 근무한 자에게는 상여금 미지급, 휴직·복직·정직 등으로 직무에 종사하지 아니한 자에게도 위와 같은 기준에 따라 차등 지급한다는 것이 있다.

이와 같은 사실들을 살펴보면 문제가 되는 정기상여금이 지급여부와 지급액과 관련하여 일률성이 있는 고정적 임금인가가 판단의 핵심이 될 것이지만, 매우 유사한 사실관계에 기초하는 사건들임에도 불구하고 전혀 상반된 판결들이 나오고 있다. 어떻게 보면 적용제외 대상자들에게도 일할 계산하는 등의 사실은 당해 사건에서 정기상여금의 통상임금 해당성을 판단하는데 그렇게 중요한 사실이 아닐 수 있음에도 불구하고, 일률성과 고정성의 인정을 위해서 지나치게 중요시되어 있다는 생각도 든다. ⑤의 사건에서 보는 바와 같이 지급적용제외자들에게도 일할 계산을 하는가 하는 것보다는 등급별로 차등 지급함으로써 근속년수나 근무일수, 근무성적에 따라 지급함으로써 고정성이 없다는 점이 판단의 중요한 기준이 되어야 한다고 본다. 어느 경우를 막론하고 통상임금은 소정 근로에 대해 지급하기로 정한 것으로서 소정 근로의 대가이어야 하고, 정기성과 일률성을 충족해야 한다는 근로기준법 시행령의 규범적 고려를 하여야 할 것이다. 그러나 하급심 판결을 보면 그러한 판단이 이루어졌는지 하는 의구심이 들고, 더욱이 대법원 2010다91046 판결의 영향 하에서 하급심들이 이 대법원 판례를 맹목적으로 적용하지 않는가 하는 면도 보이고 있다.

하급심들이 정기상여금에 대한 판단을 어떻게 하고 있는지를 보면 다음과 같다.

먼저 ①의 사건에서는 정기상여금이 통상임금에 포함된다는 것을 긍정한다. 그 이유로서는 '1임금산정기간'을 넘었어도 매월 정기적으로 지급한다는 사실, 정기상여금을 지급받는 기간인 근속년수 미달자에게도 일할 계산 지급하였다는 사실을 근거로 재직일수나 근무시간에 따른 제한이 없이 근무성과와는 상관이 없이 매월 일정한 금액을 지급한 것이므로 실제 근무성적과는 관계없이 정기적, 일률적으로 지급되어온 고정적 임금이기 때문에 정기상여금은 통상임금에 포함되어야 한다는 것이다. 말하자면 지급적용제외 대상자에게도 일할 계산하여 매월 지급한다는 점이 통상임금 해당성 인정의 결정적 근거가 된다는 점에서 중도퇴직자에게도 월할 계산한다는 것을 통상임금 인정의 결정적 근거로 본 대법원 2010다91046 판결과 그 맥을 같이 한 것이라고 본다.

②의 사건에서는 '정기상여금이 근로제공과 밀접하게 관련되어 지급된 것이라는 점, 매월 월급형태는 아니지만 단체협약에서 미리 정해 놓은 지급시기와 지급비율을 적용하여 산정한 금액에 따라 정기적, 일률적으로 일정액을 지급하였다는 점, 정기 상여금은 근로의 대가성이 없는 은혜적 금품이거나 우발적·일시적 급여가 아니라는 점, 근속년수에 따라 차등 지급이 있기는 하지만 실제 근무일이 아닌 휴직기간 및 정직기간도 근속기간으로 산정된다는 점, 등급별로 차이가 나는 어느 하나의 근속기간에 속하는 근로자들 사이에서는 일률적으로 동일한 액수의 정기상여금이 지급된다는 점(6개월 미만의 근속기간을 가진 자에게는 차등 지급되나 6개월 이상의 근속기간을 가진 자에게는 일률적으로 100%가 지급된다는 점), 본인의 귀책사유로 휴직 후 복직하는 경우 상여금 지급일 15일 전 미만인 자에게는 일할 계산하도록 되어 있어서 차등 지급하여 일률성이 없다고 생각할 수 있으나, 그러한 경우는 예외적인 경우로서 이를 두고 정기상여금이 차등 지급된다고는 할 수 없으며, 이 경우의 정기상여금은 일급제 수당으로서 월 출근일 수가 달라 월 합산액에 차이가 있더라도 이를 두고 실제 근무실적에 따라 그 지급액이 달라진다고 할 수 없다는 점, '일할 계산'하는 경우도 지급액 산정기준은 단체협약에 의해 사전에 이미 정하여진 고정적인 것이며, 근속년수에 따라 차등 지급한다고 하여도 근속연수의 증가라는 조건도 근무성적 등과는 무관한 시간의 경과라는 자연적 조건이므로 모든 근로자에게 해당하는 일정한 조건 또는 기준으로 볼 수 있다는 점, 정기상여금이 통상임금에 포함되지 않아 연장근로에 대한 가산임금 산정 시 고려요소가 되

지 않는다면, 기본근로에 대한 시간당 대가에 대해서는 상여금이 고려되는 반면, 기본근로시간을 초과한 연장근로 등에 대해서는 그 대가로 고려되지 않음으로써 기본근로보다 연장근로 등의 시간당 노동가치가 떨어지게 된다는 점, 정기상여금이 퇴직 시점과 무관하게 재직기간에 비례하여 월할 또는 일할 계산되지 않는 것은 특수한 예외적인 상황으로서 이것만으로 정기상여금의 통상임금 해당성이 달라지는 것은 아니라는 것이다.' 대법원 2010다91046 판결이나 다른 하급심 판결에 비하여 정기상여금이 통상임금에 해당한다는 것을 매우 상세하게 근거지우고 있다고 본다.

③의 사건에서는 앞의 ②의 사건처럼 상여금이 1임금산정기간을 넘어 지급되었어도 사용자는 근로자에게 정기적으로 일정액을 지급하였다. 그런 점에서 정기성의 요건을 충족하였다. 그러나 지급제외대상자들[111]에 대해서는 실제 근무한 날에 대해서는 일할 계산되고, 이러한 사유가 있는 근로자들에게는 실제 근무한 날을 기준으로 일할 계산된 월 기본급이 상여금 산정의 기초가 되며, 근속기간이 6개월을 지나지 않는 자들은 상여금을 지급받지 못하고 상여금 산정 기간 중 퇴직한 근로자도 산정기간 중의 상여금을 지급받지 못한다는 점을 고려하였을 때 상여금은 정기성은 있으나 결근 등이 없이 정상 근무 여부, 상여금 지급일까지의 근무 여부, 입사후 6개월의 근속기간을 충족하였는가의 여부 등 실제의 근무성적에 따라 지급액이 달라지는 것이므로 비고정적인 임금으로서 통상임금에 해당하지 않는다는 것이다. 앞의 ②의 사건에서는 정기상여금의 통상임금 해당성 긍정을 위해서 부정되었던 요소들, 즉 지급적용제외자들의 실 근무일수에 대한 일할 계산, 이들에 대해서는 일급제가 아니라 실제 근무한 날을 기준으로 일할 계산된 월 기본급이 상여금 산정의 기초가 된다는 사실 등은 ③의 사건에서는 오히려 상여금이 실제 근무성적에 의해서 지급된다는 것을 보여주는 요소가 된다. 앞의 두 사건 사이에 차이가 있다면 ②의 사건에서는 근속기간 1개월 미만의 자에게는 상여금을 지급하지 않고, 1개월 이상 6개월 미만의 자들에게는 차등 지급하였으나, ③의 사건에서는 근속기간이 6개월을 지나지 않는 자들은 상여금을 지급받지 못한다는 점이다. 상여금 지급기준으로서 근속기간 1개월과 6개월이 어느 정도로 통상임금을 판가름할 정도

111) 사안에서는 무단결근한 자, 운전면허정지기간 중에 있는 근로자, 입원 및 골절을 제외한 상병으로 인하여 결근한 근로자 등이 이에 해당한다.

로 차이가 있는지 이해하기가 어렵다. 고정성의 측면에서 보면 6개월을 기준으로 상여금을 지급하던지, 지급하지 않던지 하는 ③의 사건의 정기상여금이 더 고정적이라고 할 수 있고, ②의 사건에서 근속기간이 1개월 이상 6개월 미만의 경우 차등 지급한 한 것은 오히려 고정성이 ③의 사건보다 약하다고 할 수 있을 것이다. 그럼에도 고정성이 더 강한 ③의 사건에서는 정기상여금의 통상임금 해당성이 부정되고, ②의 사건에서는 이와 같은 통상임금 해당성 판단의 기준이 전혀 달리 적용되고 있다. 상여금 산정기간에 중도퇴직한 자의 경우에도 ③의 사건에서는 아예 상여금이 지급되지 않는다. 그런 점에서 보면 중도퇴직자에게는 지급하지 않고, 그렇지 않은 자들에게는 상여금을 지급하는 것이 판례에서 말하는 '일정한 조건이나 기준에 달하는 모든 근로자'의 기준에 더 합당하게 될 것이다. 그럼에도 ②의 사건에서는 지급대상 기간 중에 퇴직한 자에게 퇴직시점과 무관하게 재직기간에 비례하여 월할 또는 일할 계산되지 않았다는 사실은 고정성의 인정에 장애가 되지 않는다고 보고 있다. 한편에서 중도퇴직자에게 퇴직 전의 재직기간에 비례하여 월할 계산한다는 것을 고정성 인정의 중요한 논거로 삼는 대법원 2010다91046판결과도 다르고, 일률성의 판단에 있어서 '일정한 기준이나 조건에 달하는 모든 근로자'의 해석에 있어서도 자의적이라고 보여진다. 특히 ②의 사건은 근속기간이 1개월 이상 6개월 미만의 근로자들은 나름대로 그러한 근속기간별 단계 내에서는 모두 동일한 지급액이 보장되므로 고정성이 있다고 하면서도 중도퇴직자에 대한 일할 계산이나 월할 계산이 없는것에 대해서는 상반된 평가를 하고 있는 셈이다.

④의 사건에서는 근속기간이 6개월 이상인 자로서 해당 월에 실 근로 13일 이상을 승무(만근)한 자에게는 매월 일정액을, 그렇지 않은 자로서 13일을 승무하지 않은 자, 지급적용제외자, 실 근로 13일 이상을 승무하였어도 해당 월에 중도퇴직한 자에게는 상여금이 지급되지 않는다. 이 사건에서 하급심은 정기 상여금은 실제 근무성적에 따라 좌우되게 되어 고정적인 임금이 아니어서 통상임금에 해당하지 않는다고 하여 정기성과 일률성 및 고정성의 판단기준을 간단명료하게 적용하였다. 그러나 이 사건에서도 ②의 사건에서처럼 일률성의 기준을 '일정한 기준이나 조건에 달하는 모든 근로자'로 보고, '근속기간이 6개월 이상인 자로서 해당 월에 13일 이상 승무를 한 모든 근로자'에게 정기상여금을 지급한다면 일률성 및 고정성의 요건을 충족한다고 하여야 할 것이다. 그

만큼 일률성의 요건이 자의적으로 적용될 소지가 있음을 보여 주고 있다.

⑤의 사건에서 하급심은 정기 상여금과 업적연봉이 통상임금에 포함되어야 한다고 본다. 그 이유로는 ②의 사건에서의 논조와 동일하다. 즉, '① 1개월 이상 3개월 미만 근무한 근로자에게는 통상임금의 50%를, 3개월 이상 근무한 근로자에게는 기존 통상임금의 100%를 지급함으로써 실제의 근무성적과는 관계없이 일정한 근무일수라는 일정한 조건 또는 기준에 달한 모든 근로자에게 상여금을 지급한 점, ② 본인의 귀책사유로 휴직 후 복직하는 경우 복직하는 날을 기준으로 일할 계산하여 상여금을 지급하고 있으나 이러한 예외규정을 들어 정기상여금이 근로자의 근무실적에 따라 차등 지급된다고 할 수 없다는 점, 이러한 특별한 사정이 있는 근로자와의 사이에서 정기상여금은 매 근무일마다 지급되는 일급제 수당의 성격을 갖는 것으로서 월 출근일수가 달라 월 합산액에 차이가 있더라도 이를 두고 근무실적에 따라 그 지급액이 달라진다고 할 수 없다는 점, ③ 일할 계산되는 경우의 정기상여금 지급액 산정기준은 일시적·유동적인 것이 아니라, 임금규정에 의해 사전에 이미 정해진 고정적인 것일 뿐만 아니라, 근속연수의 증가라는 조건도 근무성적 등 근로자의 근무성적과는 무관한 시간의 경과라는 자연적 조건이므로 모든 근로자에게 해당하는 일정한 조건 또는 기준으로 볼 수 있다는 점, ④ 업적연봉 중 기존 통상임금의 700% 또는 750%에 해당하는 부분은 기존 정기상여금과 동일하게 운영되어 지급되고 있고, 차등 인상분(기존 통상임금의 0%~100%)에 해당하는 부분만 실제 근무 성적에 따라 차등하여 지급되는데, 원고가 기존 통상임금에 해당하는 700% 내지 750%에 해당하는 부분만을 통상임금으로 구하고 있다는 점 등을 고려했을 때 정기상여금과 업적연봉 등은 그 지급여부 및 지급액이 근로자의 실제 근무성적과 상관없이 정기적, 일률적으로 지급되는 고정적인 임금으로서 통상임금의 범위에 포함된다'는 것이다.

그러나 업적연봉의 경우 비록 일정 부분이 종래의 기존 상여금의 지급액과 동일하고 나머지 부분에서만 등급에 따라 차등지급한다고 하여도 전체로서의 업적연봉을 고려하여 통상임금 해당성을 부정한 판결[112]에서는 ① 전년도의 근무실적에 따라 업적연봉을 지급받았고, 인사평가등급에 따라 상당한 차이가 발

112) 서울고법 2011.12.23, 선고 2009나6914.

생한 점, ② 실제 근로를 제공하지 않은 휴직자들에 대하여는 업적연봉을 전혀 지급하지 않았다는 점, ③ 지급여부 및 지급액이 근로자들의 근무성적에 따라 좌우되게 되어 고정적 임금이라 할 수 없어 통상임금에 해당하지 않는다고 본다. 전년도 근무성적을 평가하여 지급연도의 업적연봉액이 연초에 이미 확정되고, 확정된 업적연봉 총액을 12개월로 나누어 매달 고정적인 액수를 지급하므로 이는 정기적으로 지급되는 고정적인 임금으로서 통상임금의 범주에 포함된다고 하나, 확정된 연봉액을 12개월로 나누어 매월 고정적인 액수를 지급하는 것은 업적연봉액을 지급하는 방법에 불과한 것이고 결국 업적연봉총액은 전년도 근무성적에 따라 지급여부 및 지급액이 달라지는 것이므로 고정적인 임금이 아니라 통상임금의 범위에 포함되지 않는다는 것이다. 위의 ②의 사건과 ⑤의 사건을 비교하였을 때 업적연봉은 근무일수에 따른 지급적용제외와 휴직자에 대한 지급제외, 그리고 기존의 정기상여금에 상당하는 기본상여액을 보장하고 나머지 부분에서만 등급별로 차등 지급하였다는 점에서만 차이가 있었을 뿐인데 하급심들은 전혀 상반된 판결을 하고 있다.

4) 비판적 검토

(가) 1임금산정기간 내에 지급된 금원일 것

대법원 2010다91046판결이나 위에서 언급한 하급심 판결에서 공통적으로 나타나는 점은 금원의 통상임금 해당성 판단에서의 기본원칙에 충실하지 않다는 것이다. 이 기본원칙은 ① 해당 금원이 근로의 대가일 것, ② 소정 근로나 총 근로의 대가일 것, ③ 정기적, 일률적으로 지급되는 것일 것이다. 그러나 사례에서 문제가 된 1임금산정기간을 초과하여 지급되는 정기상여금은 소정 근로에 대한 대가, 말하자면 통상의 근로시간에 대하여 지급하기로 정한 금액에 해당하지 않는다. 통상임금은 소정 근로에 대하여 지급하기로 정해진 것이지만, 상여금은 소정 근로에 대하여 지급하기로 정하여진 것과는 별개로 연간지급총액을 정하여 월별로 격월별로 지급하는 임금이기 때문에 소정 근로에서 벗어나 있는 임금이다. 정기상여금을 매월 또는 격월로 분할하여 고정적인 액수를 지급한다고 하더라도 그것은 확정된 상여금을 지급하는 방법에 불과한 것이다. 매월 정기적으로 일정액을 정기상여금으로 지급한다고 하더라도 결국 업적연봉총액은 연간단위로 전년도 근무성적에 따라 지급여부 및 지급액이 달라지는 것이다. 그러한 이유에서 단체협약 실무는 상여금에 대해서는 별도로 규정하고 있으며, 상여금을 통상임금의 산정기초로 하여 기존의 통상임금(이른바 '약정 통상임금')을 정하는 경우는 거의 없다. 근로기준법 시행령 제6조 제1항의 통상임금에 관한 정의규정은 연간 단위로 하여 지급되는 정기상여금, 즉 연급에 대해서는 규정하지 않았으며, 근로기준법 제43조 및 시행령 제23조의 임금의 매월 정기급의 원칙에서는 1개월을 초과하는 기간에 걸쳐 산정되는 상여금은 적용대상에서 배제한다. 그와 같은 정기상여금은 정기성이 없다는 것이다. 그러한 점에서 대법원 2010다91046 판결과 하급심 판결은 동일한 문제를 안고 있다고 본다. 또한 일부 판결에서는 '정기상여금이 근로제공과 밀접하게 관련되어 지급된 것이라고 하여 근로의 대가성을 인정한다. 그러나 어떤 점에서, 어떤 이유에서 정기상여금이 근로제공과 밀접하게 관련되어 있는지를 논증하지 않는다.

그러나 여기서 더욱 중요한 점은 어느 하급심을 막론하고 정기상여금이 통상의 근로시간에 대한 임금인지, 말하자면 소정 근로의 대가로서 지급되는 것인지에 대한 판단을 하고 있지 않다는 점이다. 아무리 정기적, 일률적, 고정적으로 지급되는 것이라 할지라도 소정의 근로에 대하여 지급하기로 정한 것이 아니라면 통상임금이 될 수 없는 것이다. 그리고 단체협약에 지급하기로 정하여져 있다고 하여 '소정 근로에 대해 지급하기로 정한 것'은 아니다. 단체협약에서 지급하기로 정하였다는 것은 조합원들에게 사용자가 지급의무를 부담한다는 것, 말하자면 단체협약이 개개 조합원들에게 청구권을 부여하는 효력을 갖는다는 것 이상의 의미를 갖지 않는다. 그렇기 때문에 예를 들면 단체협약에 성탄절이나 명절에 일정금액을 지급하기로 정하였다든가, 효도를 위하여 휴가와 휴가비를 지급하기로 정하였다고 하여 그것이 당장에 통상의 근로시간에 대해 지급하기로 정하여진 임금이 되는 것은 아니다. 그런 점에서 판례는 문제가 된 정기상여금이 소정 근로의 대가인지를 논증하여야 했다. 그러나 통상임금이 다른 법정수당의 산정기초로서 사전에 정하여져 있어야 한다는 점만을 중시하여 단체협약 등에 정하여져 있으면 사전에 정하여져 있는 것으로 보는 경향이 있다. 그런 점에서 판례는 통상임금 해당성 판단에 있어서 핵심적인 소정 근로의 대가성을 검토하지 않고, 정기성, 일률성, 고정성의 판단문제로 집중하기 때문에 통상임금이 본래의 모습으로부터 이탈하여 법정수당의 산정기초로서 정기적, 일률적, 고정적 금원이라는 새로운 형태의 임금이 형성되어 가고 있는 것으로 보인다.

이와 같은 문제에도 불구하고 대법원 판결이나 하급심 판결에서는 이제는 1임금산정기간을 도과하여 매월 또는 격월로 분할하여 정기적으로 일정액을 지급하는 정기상여금의 정기성의 문제는 더 이상 문제가 되지 않는 것으로 보고 있는 듯하다. 앞의 하급심 사례들에서 보는 바와 같이 문제가 된 거의 모든 정기상여금 등은 위와 같이 판례의 의미에서 일률적으로 지급되는 것인가, 따라서 고정적 임금인가의 판단 문제로 귀결하는 것으로 보인다. 그렇기 때문에 정기상여금이 근속기간, 근무일수, 근무성적에 따라 지급되는 것인가, 그리고 지급적용제외자에 대해서 일할 계산하는 등의 지급형태가 있는 경우 일률성과 고정성을 인정할 수 있는가 하는 문제로 귀결하고 있는 것으로 보인다.

이하에서는 대법원 2010다91046에 의거하여 판단하는 하급심 판결들이 정기상여금의 통상임금 해당성 판단을 위해서 원용하는 논거들을 비판적으로 검토하기로 한다.

(나) 하급심의 정기상여금의 통상임금 해당성 인정 논거들과 문제점

a) '<u>매월 월급형태는 아니지만 단체협약에서 미리 정해 놓은 지급시기와 지급비율을 적용하여 산정한 금액에 따라 정기적, 일률적으로 일정액을 지급하였다는 점</u>'에 대하여

단체협약에서 지급시기와 지급비율을 미리 정해 놓은 것이라고 하여 소정근로의 대가가 되는 것은 아니다. 단체협약 실무를 보면 야간근로, 시간외 근로 등의 법정수당 등에 대해서 단체협약으로 지급시기와 지급비율, 지급액, 법정 수당 산정기초에 포함되는 제수당 들에 대해서 규정하는 경우가 있다. 그러나 단체협약에 이와 같은 법정수당의 지급시기와 지급비율 등이 정하여져 있다고 하여도 연장근로 수당 등을 통상임금에 포함된다고 할 수는 없다. 단체협약에 미리 정하고 정기적, 일률적으로 지급한다고 하여도 소정 근로 이외의 초과근로에 대해서 지급하는 것은 '통상'의 임금이 될 수 없다. 그렇다고 하여 단체협약에 지급시기와 지급비율을 미리 정하여 그에 따라 산정된 금액을 정기적, 일률적으로 지급하기 때문에 통상임금이라고 한다면 이것은 단체협약에 미리 정하였기 때문에, 따라서 소정 근로의 대가이기 때문에 통상임금에 해당한다는 것이 아니라, 정기적이고 일률적으로 지급되기 때문에 통상임금에 해당한

다는 판례 법리를 되풀이하는 것에 지나지 않는다. 그런 점에서는 단체협약에 지급시기와 지급비율을 미리 정하였다는 것과 정기적이고 일률적으로 지급한다는 것은 아무런 함수관계가 없다. 여기서도 정기적이고 일률적으로 지급되었는가, 단체협약에 미리 지급하기로 정하였는가를 묻기 전에 정기상여금이 소정근로의 대가인지를 먼저 검토하여야 한다. 그런 점에서 판례는 정기성과 일률성을 강조하기 위해서 단체협약에 미리 정해 놓은 것이라는 논거를 끌어들인 것에 지나지 않는다.

b) '정기 상여금은 근로의 대가성이 없는 은혜적 금품이거나 우발적 · 일시적 급여가 아니라는 점'에 대하여

정기 상여금이 근로의 대가성이 있다는 것에 대해서는 논란의 여지가 없을 것이다. 그리하여 단체협약이나 취업규칙 등에 지급조건이나 지급시기, 지급액이 정해져 있고, 전 근로자에게 계속적으로 지급하는 정기상여금의 경우는 평균임금의 범위에도 들어올 수 있는 근로의 대가성을 갖고 있다. 그러나 근로의 대가성이 있다고 해서 이것이 소정 근로의 대가성도 있는지는 별개의 문제이다. 통상임금의 정의에 관한 근로기준법 시행령 제6조 제1항이 규범력이 있다면, 통상임금은 '정기적이고 일률적으로 소정 근로 또는 총 근로에 대하여 지급하기로 정한' 시간급 금액 등을 말한다. 따라서 사용자가 지급하는 어느 금원이 통상임금이 되기 위해서는 근로의 대가인 임금 중에서 소정의 근로에 대한 대가이어야 한다. 소정의 근로는 당사자들이 정한 통상의 근로시간에 따른 근로를 의미한다. 따라서 통상임금은 '당사자들이 정한 통상의 근로시간에 따른 근로의 대가'를 말한다. 그러나 통상임금에 관한 정의규정은 그것으로 그치지 않는다. '정기적이고 일률적으로 소정 근로 또는 총 근로에 대하여 지급하기로 정한' 금액에서 '정기적이고 일률적으로'는 '소정 근로'를 형용 · 수식하는 것이 아니다. 따라서 통상임금은 '정기적이고 일률적인 소정 근로'를 의미하지 않는다. 오히려 '정기적이고 일률적으로'는 '지급하기로 정한' 것을 형용 · 수식하는 것이다. 따라서 통상임금은 소정 근로에 대하여 정기적이고 일률적으로 지급하기로 정한 금액을 말한다. 따라서 앞의 통상임금은 '당사자들이 정한 통상의 근로시간에 따른 근로의 대가'와 결합하여 말한다면 통상임금은 '당사자들이 정한 통상의 근로시간에 따른 근로에 대하여 정기적이고 일률적으로 지급하기로 정한' 시간급 등의 금액을 말한다. 여기에 통상임금의 정의에서 '정

한'다는 것은 이중으로 사용되었다. 즉, 통상의 근로시간에 대해서 당사자들이 '정한'다는 것이고, 정기적이고 일률적으로 지급하기로 당사자들이 '정한' 금액이 통상임금이다. 따라서 통상임금의 정의규정의 언어적 풀이에 따르면 통상임금은 '당사자들이 정한 통상의 근로시간에 따른 근로에 대하여 정기적이고 일률적으로 지급하기로 당사자들이 정한 금액'이어야 한다. 따라서 통상임금은 '당사자들이 정한 근로시간에 대해서 당사자들이 정기적이고 일률적으로 지급하기로 정한 금액'이 되어야 한다. 그런 점에서 '소정 근로의 대가'나 '총 근로의 대가'로서 통상임금은 '당사자들이 정한' 근로의 대가로서 '당사자들이 정기적이고 일률적으로 지급하기로 정한 금액'을 말한다. 그런 점에서 총 근로의 대가도 도급계약에 따라 당사자들이 도급근로에 대해서 정기적이고 일률적으로 지급하기로 정한 금액을 의미한다. 이와 같은 통상임금의 언어적 풀이에 따르면 통상임금은 '당사자들이 정한다'는 의미를 완전히 배제하고, 객관적으로 보아 '정기적이고 일률적으로 지급된 금액'인가를 판단하는 문제가 아니다. 말하자면 사용자가 이미 지급한 금액을 사후에 일반적 평균인이 보기에 '정기적이고 일률적으로 지급'된' 금액'이었는가를 판단하는 문제가 아니다. 근로기준법 시행령 제6조 제1항은 '지급하기로 정한' 금액을 통상임금으로 본다. 이것은 통상임금이 수동적으로 지급된 금액을 의미하는 것이 아니라, 능동적이고 주체적으로 지급하기로 정한 금액이 통상임금이라는 것을 보여주고 있는 것이다. 따라서 근로기준법 시행령 제6조 제1항의 문언에 충실한 해석을 따르는 한, 통상임금은 당사자들이 정한 통상의 근로시간에 대해서 당사자들이 정기적이고 일률적으로 지급하기로 정한 금액이어야 한다. 그만큼 통상임금에서는 '당사자들의 정함'이 중심을 이루고 있고, 이런 당사자들의 정함은 소정 근로에 대한 정함과 그에 대한 대가의 지급에 대한 정함의 두 부분에 걸쳐 있는 것이다. 그런 만큼 통상임금에는 사전적으로 당사자들이 정한 금품의 의미가 있으며, 사후적으로 객관적인 평가를 하는 것과는 거리가 먼 것이다. 그런 점에서 보면 어느 금액을 정기적이고 일률적으로 지급할 것인지는 어느 금액이 어떠한 성질과 실질을 갖고 있는가의 문제와는 별개의 것으로서 어느 금액을 어떠한 방법으로 지급할 것인가의 문제에 불과하다. 그런데 통상임금에서 의미가 있다고 여겨지는 지급의 방법으로서의 정기적·일률적 지급방법도 또한 당사자들이 사전에 정하는 것이다. 따라서 예를 들면 상여금을 정기적으로 줄 것인지, 부정기적으로 줄 것인지, 모두에게 줄 것인지, 성과와 근무실적이 있는 자에게만 줄 것인지, 업적연봉처럼 능력에 따라 줄 것인지에 대해서 당사자들이 먼저 결정하는 것이다. 판례는 이 점을 무시하고 사후적 평가에 치중하고 정기적이고 일률적으로 지급되었는가의 여부에 대해서도 객관적 평가에 치중한다.

이와 같은 통상임금의 언어적 풀이를 볼 때 사법부가 통상임금 해당성 긍정을 위해서 사용하는 '정기 상여금은 근로의 대가성이 없는 은혜적 금품이거나 우발적·일시적 급여가 아니라는 점'은 통상임금 해당성의 판단기준으로서 작동할 수 없고, 단지 통상임금도 근로의 대가성을 갖추어야 한다는, 말하자면 어느 금원이 통상임금이 되기 위한 전제조건을 말하는 것에 지나지 않는 것이다. 따라서 생산장려수당, 승무수당 등이 판례 법리에도 불구하고 근로의 대가성이 인정되어 평균임금 범위에 포함되어야 하지만, 실제 근로여부에 따라 지급액이 변동되거나 1임금산정기간을 넘어 지급되는 경우에는 통상임금에 들어가지 못하는 것과 마찬가지로, 정기상여금이 은혜적이거나 우발적·일시적 급여가 아니라, 근로의 대가라고 하여도 소정 근로의 대가에 해당하는 경우에만 통상임금에 포함될 수 있다. 판례가 말하는 논거는 정기상여금이 평균임금의 산정범위에 들어가기 위한 기준으로서의 근로의 대가성을 말한 것뿐으로, 그 근로의 대가성이 있는 정기상여금이 통상임금에 포함되어야 하는지를 말하는 적합한 논거가 될 수 없다.

c) '근속기간에 따라 차등 지급이 있기는 하지만 실제 근무일이 아닌 휴직기간 및 정직기간도 근속기간으로 산정된다는 점'과 '등급별로 차이가 나는 어느 하나의 근속기간에 속하는 근로자들 사이에서는 일률적으로 동일한 액수의 정기상여금이 지급된다는 점(6개월 미만의 근속기간을 가진 자에게는 차등 지급되나 6개월 이상의 근속기간을 가진 자에게는 일률적으로 100%가 지급된다는 점)에 대하여

통상임금은 법정수당 등을 산정할 때 그 기초가 되는 것이므로 당사자들이 사전에 미리 확정하고 있어야 한다. 따라서 통상임금에 기초한 법정수당을 받을 자격과 요건을 갖춘 자들에게는 예를 들어 연장근로에 들어가는 순간부터 가산임금으로 얼마를 받게 된다는 것이 사전에 정하여져 있어야 한다. 그런데 사전에 실제 근무일이 아닌 휴직기간 및 정직기간도 근속기간으로 산정한다고 하여 근무일수에 따라 변동적으로 지급되는 임금이 갑자기 고정적으로 지급되

는 임금으로 둔갑을 하는 것은 아니다. 휴직기간과 정직기간을 근속기간에 포함할 것인지, 근속기간에서 제외할 것인지는 당사자들이 정한다. 휴직기간과 정직기간을 포함하여 근속기간을 산정하는 것도 노사가 합의에 의하여 정할 수 있는 것이고 이를 강제하는 법규정은 존재하지 않는다. 따라서 당사자들은 휴직기간과 정직기간을 합하고 여기에 다시 실제 근무일수를 합산하여 지급금액을 산출할 수도 있다. 그러나 이렇게 하여도 지급되는 수당은 변동적일 수밖에 없으며, 휴직기간과 정직기간을 근속기간으로 산정한다고 하여 변동적인 임금이 고정적인 임금으로 변환하는 것은 아니다. 실제 근무일수에 따라 산정하는 것을 기본으로 하고 이 실제 근무일수에 부가적으로 무엇을 합산한다고 해도 변동성 임금이 고정성 임금으로 바뀌는 것은 아니다. 그렇기 때문에 '실제 근무일이 아닌 휴직기간 및 정직기간도 근속기간으로 산정된다'는 것 때문에 상여금이 고정된 임금으로서 통상임금에 포함되어야 한다는 필연적인 이유는 없는 것이다.

오히려 정기 상여금의 통상임금 해당성 판단을 위해서 중요한 의미를 갖는 것은 근속기간에 따라 차등 지급한다는 점이다. 그렇게 차등 지급한 정기상여금이 일률적인 고정적 임금인가 하는 것이 문제가 될 것이다. 근속기간에 따라 차등 지급을 하는 것은 앞의 하급심의 사안에서 보는 바와 같이 여러 가지 양태가 있을 수 있다. 예를 들면 근속기간 몇 개월 이상부터는 기존 통상임금(이른바 '약정 통상임금')의 100%를, 그렇지 않은 경우는 아예 지급을 하지 않던가, 근속기간 1개월이나 6개월 미만의 경우는 정기상여금을 지급하지 않되 그 이상 6개월이나 1년 사이에는 각각 단계별로 (0%~100%) 차등 지급을 하고 그 이상의 근속기간에 대해서는 100%를 지급하는 경우가 이에 해당한다.

대법원 판례[113]에 따르면 사용자가 지급하는 금품이 일률적이기 위해서는 "'모든 근로자'에게 지급되는 것뿐만 아니라 '일정한 조건 또는 기준에 달한 모든 근로자'에게 지급되는 것도 포함되고, 여기서 말하는 '일정한 조건'이란 '고정적이고 평균적인 임금'을 산출하려는 통상임금의 개념에 비추어 볼 때 '고정

113) 이러한 일률성에 관한 판례 법리는 수많은 판례에서 확인되고 있다. 예를 들면 대법원 1993.5.27, 선고 92다20316; 대법원 1994.5.24, 선고 93다31979; 대법원 2003.4.22, 선고 2003다10650; 대법원 2005.9.9, 선고 2004다41217; 대법원 2007.6.15, 선고 2006다13070; 대법원 2007.6.28, 선고 2006다1388; 대법원 2010.1.28, 선고 2009다74144; 대법원 2011.9.8, 선고 2011다22061 등.

적인 조건'이어야 한다". 따라서 대법원 판례는 일률성에서 고정성을 다시 파생조건으로 보면서 '고정적 조건에 달한 모든 근로자'에게 지급하는 것이면 일률성을 충족하는 것으로 본다. 그런 점에서 보면 일률성에는 두 가지 요소가 포함된 것으로 보인다. 즉, 고정적인 조건인가의 여부에 대한 지급 조건과 그 조건을 충족한 모든 근로자에게 지급하는가에 대한 지급대상의 두 요소를 가진 것으로 보인다. 그러므로 일률성과 관련하여 통상임금으로 인정되지 않는 것은 고정적이지 않은 일시적이거나 유동적인 조건에 따라서 지급되고, 모든 근로자에게 지급되는 것이 아닌 것으로서 예를 들면 혼인 여부에 따라서, 부양가족 수에 따라서 각각 달리 지급하거나, 실제 근무한 자들에게만 식사를 제공하거나, 현지 식비와 같이 해외 체류기간 동안에만 지급하거나, 작업진행에 따라 필요한 경우에만 일시적으로 작업에 투입된 것에 대한 대가로서의 수당 등은 통상임금에 해당하지 않는다. 판례 법리도 '정기적·일률적으로 지급되는 고정적 임금'[114]으로서 "정기적·일률적으로 지급되는 것이 아니거나 실제의 근무성적에 따라 지급 여부 및 지급액이 달라지는 것과 같이 고정적인 임금이 아닌 것은 통상임금에 해당하지 않는다"고 본다.[115]

법정수당 등을 산출하기 위한 산정기초로서의 통상임금은 그와 같은 법정수당을 산출하기 위한 사유가 발생하기 전에 미리 산정기준과 그 금액이 확정되어 있어야 한다. 그러므로 변동적이거나 가변적으로 지급되는 금원은 근로의 대가성을 가질 수 있으나 소정 근로에 대한 대가로 보기 어렵다. 그와 같은 변동적 임금이 통상임금에 포함된다면 1임금산정기간 내에서 법정수당 산정을 위한 기준도 달라지고, 같은 집단에 속한 근로자마다 통상임금이 각각 달라지게 될 것이기 때문이다. 따라서 어느 금원이 통상임금이 되기 위해서는 사전에 확정되어 있어야 하는데, 확정된 것인지의 여부는 고정적인 조건에 따라 사전에 지급하기로 정한 것인가, 근무일수나 근무기간 및 근무실적 등에 따라 지급여부나 지급액이 변동되는 것인가에 따라 달라지게 될 것이다.

이와 같이 '고정적 조건에 달한 모든 근로자'에게 지급하는 것이면 일률성을 충족하는 것으로 보는 판례 법리에도 불구하고, 고정적 조건, 고정적 임금

---

114) 물론 근로기준법 시행령 제6조 제1항의 통상임금의 정의에는 고정성이라는 기준은 없다. 이와 같은 이유에서 판례가 법형성의 한계를 일탈하였다는 비판으로서 김기덕, "통상임금의 법리에 관한 새로운 이해", 노동과 법 제6호, 금속법률원, 2006, 192면 참조.

115) 대법원 2011.9.8, 선고 2011다22061 판결에서 소개한 참조판례 참조.

은 무엇을 의미하고, 그렇지 않은 것은 무엇을 의미하는 것인지에 대해 판례는 해석학적으로 납득할만 한 기준을 제시하지 않고, 여전히 사안별로 판단한다. 만일 판례가 고정적 조건을 '단체협약 등에서 어느 금품의 지급 여부나 지급액을 사전에 정하였다'는 의미로 이해한다면 이것은 잘못이다. 왜냐하면 단체협약에는 복리후생적인 성격의 금원이나 실비변상적인 성격의 금원뿐만 아니라, 실제 근무성적과 근무일수 및 근무기간에 대해서는 어느 정도의 금액을 지급한다고 사전에 협약으로 정할 수 있기 때문에 고정적 조건이 충족되었다고 보아야 하는 문제가 발생한다. 단체협약으로 특정의 금원을 지급하기로 사전에 정하였다는 것은 조합원인 근로자에게 특정의 금원을 요구할 수 있는 청구권을 부여한다는 의미이고, 그것이 통상임금에 포함되어야 하는가의 문제는 별개의 문제로서 사전에 미리 정하였다고 해서 그 금액이 정기적이고 일률적으로 소정 근로에 대해서 지급하기로 정한 금액에 해당하는 것은 아니다. 오히려 고정적 조건은 판례가 말하는 바대로 '일정한 조건이나 기준에 달하는 모든 근로자에게 예외없이 지급한다'는 의미로 이해하여야 할 것이다. 그런 점에서 보면 일정한 조건이나 기준에 달하는 모든 근로자는 일종의 임금그룹화(Eingruppierung)를 의미하는 것으로 보아야 할 것이다. 그러나 여전히 일정한 조건과 기준, 즉 고정적 조건이 무엇을 의미하는지는 해석되어야 할 문제이다. 판례는 이에 대해 추상적 기준이나 언어적으로 재구성을 하지 않고, 사안별로 판단할 뿐이다. 또한 반대의 의미에서 고정적이지 않은 조건은 무엇인가에 대해서도 판례[116]는 사안별로, 그리고 예시적으로 판단하고 있을 뿐이다. 그리하여 일시적이고 유동적 인 것, 근무성적에 따라 지급하는 것이면 고정적인 것이 아니어서 통상임금에 해당하지 않는다고 한다. 엄밀히 말하면 판례가 '고정성'의 요소를 통상임금의 판단기준으로 적극적이고 능동적으로 내세웠기 때문에 고정적인 것의 반대는 '비고정적인 것'이라고 보는 것이 정확한 것이다.

위와 같은 점을 고려할 때 근속기간에 따라 상여금을 차등 지급하는 경우는 고정적 임금이라고 해야 하는지, 비고정적인 임금이라고 해야 하는지가 문제된다. 특히 다음과 같은 사안에서 정기 상여금이 고정적 임금인지에 대해서

116) 근속기간에 따라 지급 여부와 지급액이 달라지기 때문에 고정성을 인정하지 않는 것으로서 대법원 1996.2.9, 선고 94다19501, 근무일수를 근거로 일할 계산하기 때문에 지급여부와 지급액이 실제 근무성적에 따라 좌우되는 것으로서 고정성이 없다고 하는 것으로서 대법원 2007.4.12, 선고 2006다81974.

논란이 된다.

① '입사 1개월 미만인 자에게는 지급하지 않고, 근속기간이 1개월 이상 3개월 미만인 자, 휴직·정직·직위해제 중인 자, 근속기간이 3개월 이상인 자로서 상여금 지급기간의 1/2 미만을 근무하고 퇴직한 자에게는 근무일수에 따라 일할 계산하고, 근속기간이 3개월 이상인 자에게는 100%를 지급하는 경우'와

② '입사 6개월 미만인 자에게는 지급하지 않고, 6개월 이상 근무시 350%, 3년 이상 근무시 550%, 8년 이상 근무시 650%, 12년 이상 근무시 750%를 지급하되, 매분기 말까지 재직한 자에 한하여 지급하고, 중도퇴직자에게는 월할 계산하는 경우,

③ 연 6회에 정기적으로 지급하면서 재직자에 한하여 지급하되, 입사일로부터 3개월 미만 근무자는 상여금을 지급받지 못하고, 상여금 지급월 이전 2개월 중 1개월(30일)이상 무급자에 대하여는 일할 계산, 입사일로부터 3개월 이상 6개월 미만 근무자는 상여금의 30%, 입사일로부터 6개월 이상 12개월 미만 근무자는 상여금의 65%, 1년 이상의 자는 100%를 받는 경우에 이 정기상여금이 정기적, 일률적으로 소정근로에 대하여 지급하기로 정하여진 통상임금에 해당하는지가 문제된다.

이 세 사례들은 분기별로 분할하여 일정액을 지급한다는 점에서 정기성의 요건은 충족한 것으로 보인다. 그러나 일정한 근속기간을 기준으로 지급하지 않는다는 점은 공통되어 있다. ①의 사례에서는 1개월, ②의 경우는 6개월, ③의 경우는 3개월을 기준으로 그 미만의 근속기간을 충족하는 자들에 대해서는 상여금을 지급하지 않는다. 그 이상의 근속기간을 넘는 경우에는 100%를 지급하지만, 미지급하게 되는 근속기간과 100%를 지급하게 되는 근속기간에 일종의 완충구간을 두어 등급별·단계별로 각각 차등 지급하는 점에서는 ①의 사례와 ③의 사례는 공통되어 있으나, ②의 사례에서는 근속년수별로 차등 지급을 한다는 점에서 다르다. 그리고 일률성이나 고정성이 인정되기 위해서는 실제 근무성적과 관계없이 지급해야 한다는 사실이 있는 바, 중도퇴직자나 지급적용 제외 대상자들에 대해 근무일수에 따라, 재직기간에 따라 일할 계산이나 월할 계산하는가에 대해 ①의 사안과 ③의 사안은 일할 계산하는 것으로 하고, ②의 경우는 월할 계산하는 것으로 하였다. 이와 같은 점에서 보면 각 사안들은 일정한 근속기간에 미달하는 자들에 대해서는 지급을 하지 않는다는 것, 따

라서 지급여부가 근속기간에 따라 달라진다는 것, 근속기간이나 근속연수가 지급적용 제외 기준 이상인 경우에도 100% 지급하기 위한 근속기간과의 사이에 완충지대를 두어 차등 지급한다는 것, 중도퇴직자 등에 대해서는 일할 계산이나 월할 계산을 하여 중도퇴직자에 대한 상여금 계산방법이 유사하다는 점 등에서 공통되어 있다. 그런데 ①의 사안은 1996년도 2월 9일의 이른바 '의료보험조합 사건'의 주요 내용이고, ②의 사건은 대법원 2010다91046 사안의 주요 내용이며, ③의 사안은 대법원 2010다91046판결 이후에 나온 가장 최근의 하급심[117] 사안이다.

그런데 정기상여금이 통상임금에 해당하는가에 대해 대법원 2010다91046 판결 이전에는 ①의 사건에서처럼 '입사 1개월 미만인 자에게는 미지급, 근속기간이 3개월 미만인 자와 휴직·정직·직위해제 중 인자, 근속기간이 3개월 이상인 자로서 상여금 지급기간의 1/2 미만을 근무하고 퇴직한 자에게는 근무일수에 따라 일할 계산, 근속기간이 3개월 이상인 경우는 100%'를 지급하는 경우는 상여금의 지급여부 및 지급액이 실제의 근무성적에 따라 좌우된다는 것,[118] '상여금 지급일까지 근무하였는지 여부와 1년의 근속기간을 충족하였는지의 여부에 따라 지급여부와 지급액이 달라지면 실제 근무성적에 따른 것으로서 비고정적인 임금이라는 것[119]을 이유로 상여금이 통상임금에 해당하지 않는다고 보았다. ③의 사건에서도 ②의 대법원 판결과는 달리 근로자들의 정상근무여부, 상여금 지급 월까지 근무여부, 중도퇴직자에 대한 일할이나 월할 계산 여부, 1년의 근속기간을 충족하였는지 여부 등의 실제 근무성적에 따라 지급 여부와 지급액이 달라지므로 비고정적인 임금으로서 통상임금에 해당하지 않는다는 것이다. 그러나 ②의 판결에서는 ①과 ③의 사건에서처럼 6개월의 근속기간에 따라 지급여부가 달라지고 중도퇴직자에 대한 일할 계산이 ②의 사건에서는 월할 계산하는 것으로 되어 있어 사안이 동일하고, 지급 여부와 지급액이 근로자들의 실제 근무성적에 따라 달라지는 것임에도 ②의 사건에서는 ①의 사건과 정반대의 결과가 나오게 되었고, ③의 사건에서는 ②의 대법원 판결에도 불구하고 이와는 전혀 상반된 판결을 하고 있다. 이와 같이 근속기간에

117) 인천지법 2013.5.9, 선고 2012가합4912. 이 사안은 앞에서 언급한 이른바 'S고속 사건'의 연장선에서 고속버스 승무원들의 미지급임금 청구소송이다.

118) 대법원 1996.2.9, 선고 94다19501.

119) 대법원 2007.4.12, 선고 2006다81974.

따라 지급 여부가 달라지고, 근속기간별로 차등 지급되며, 근무일수에 따라 일할 계산되는 상여금에 대해서 종전의 판례 법리대로 한다면 실제 근무성적에 따라 달리 지급될 것이므로 고정적 임금이 아니어서 통상임금이 아니라고 해야 할 것인데, 왜 대법원 2010다91046 판결은 성질상 동일한 사안에 대하여 상반된 판결을 하고 있는가 하는 문제가 있다.

그러나 판례 법리에서 말하는 통상임금에서 고정적인 조건의 의미는 어느 금원의 지급 여부나 지급액이 사전에 정해져 있다는 의미로 이해되어서는 안된다. 오히려 판례가 말하는 '고정적 조건에 달하는 근로자 모두'에서 고정적 조건은 '일정한 조건 또는 기준에 달하는 모근 근로자'에게 예외없이 지급된다는 것을 의미한다. 그럼에도 대법원 2010다91046판결은 고정성의 의미를 사전에 정하여져 있다는 의미로 새겨 사전에 단체협약 등에 의해서 6개월을 기준으로 상여금의 지급 여부를 규정하고, 사전에 중도퇴직자에게도 재직기간에 비례하여 월할 계산하는 것도 고정되어 있는 것이므로, 말하자면 근속기간에 따라 변동되는 것이 아니므로 통상임금에 포함되어야 하는 것으로 보는 듯하다. 그러나 예를 들어 연장근로 수당을 산정하기 위해서는 사전에 기준임금이 정해져 있어야 한다. 그렇지 않고 근무성적이나 근무기간, 근무일수에 따라 각각 달리 지급여부나 지급액이 정하여진다면 사전에 정해진 기준임금이 없어 법정수당을 산정할 수 없다. 그런데 6개월의 근속기간을 기준으로 지급여부가 결정되고, 완충지대에 근속기간별로 지급액이 사전에 정하여져 있다고 하여 그것이 고정적으로 되는 것은 아니다. 예를 들어 단체협약으로 근속기간별 완충지대에 근속기간에 따라 차등하여 상여금을 지급하는 경우[120) 각각 지급 여부와 지급액은 고정되어 있다. 그러나 입사일로부터 100%를 지급하는 지급일 이전에 퇴사하는 근로자가 법정수당을 받는 경우 근속기간별로 지급을 받지 못하거나 지급을 받아도 차등지급을 받는 경우 어느 지급액을 통상임금에 포함시켜야

120) 예를 들어 인천지법 2013.5.9, 선고 2012가합4912 사건에서처럼 근속기간이 입사일로부터 3개월 미만인 근무자는 상여금을 지급받지 못하고, 입사일로부터 3개월 이상 6개월 미만인 근무자는 상여금의 30%를, 입사일로부터 6개월 이상 12개월 미만 근무자는 상여금의 65%를, 1년이상 근무자는 100%를 지급하는 경우, 이른바 'G자동차 사건'(서울고법 2012.11.23, 선고 2012나23773)에서처럼 연간 지급 기준임금의 700%를 짝수월과 5월에 각 100%를 지급하는 경우 근속기간이 1개월 미만은 지급하지 않고, 1개월 이상 3개월 미만일 경우 지급액의 50%, 3개월 이상 6개월 미만일 경우 지급액의 75%, 6개월 이상일 경우 지급액의 100%를 지급하는 경우가 이에 해당할 것이다.

하는지를 사전에 알 수가 없다. 만일 그 근로자가 상여금을 100%를 지급받는 것을 전제로 법정수당을 산정하였는데, 조기에 퇴직하였다면 법정수당은 초과 산정되어 이를 반환해야 한다는 문제가 발생한다. 근로자들 사이에서도 근속기간이 증가함에 따라 상여금이 변동되어 법정수당도 증가하게 되는데, 퇴직 시점이 언제인가에 따라서 법정수당액도 근로자마다 차이가 나게 된다. 또한 상여금의 100%를 지급받기 이전의 근속기간을 가진 자의 상여금은 입사일로부터 근속기간이 증가함에 따라 변동되는데, 법정수당을 산정해야 할 시점에서 상여금액을 확정할 수가 없다. 물론 이 경우 근로자가 법정수당을 산정해야 할 시점에 지급된 상여금을 통상임금에 산입하면 된다고 할 수 있으나, 그렇게 되면 실제 지급받은 대로 통상임금이 변하게 되며, 실제 근무성적에 따라 좌우되게 되어 고정적인 임금이 되지 못한다. 이는 결국 통상임금으로서 '지급하기로 정한 금액'을 받는 것이 아니다. 이는 통상임금의 정의에도 맞지 않는 것이다. 그와 같이 본다면 근속기간에 따라 완충지대에서 지급액을 달리하는 것은 고정적인 임금이 되지 못하여 통상임금 산정범위에 포함될 수 없는 것이다. 그런데 대법원 2010다91046사건에서는 근속기간 6개월을 기준으로 그 미만의 자에게는 상여금을 지급하지 않고, 그 이상은 100%를 기준으로 근속연수에 따라 각각 상여금총액을 달리 하여 지급하고 있다. 그리고 ①의 경우는 지급적용제외자 중에서 일할 계산을 하지만, ②의 경우는 중도퇴직자에게 월할 계산을 한다는 점에서 고정성을 표상하는 정형화의 정도는 앞에서 본 바와 같이 ①의 사건보다는 강하다. 그러나 이는 고정성의 정형화의 정도가 상대적으로 ①의 사건에 비하여 강하다는 의미이지, 고정성을 기정사실화 정도로 ①의 사건과 달라 정기상여금의 통상임금 해당성을 인정할 정도가 되는지는 의문이다.

단체협약에 근속기간에 따라 지급여부와 지급액을 달리하는 조건으로 상여금을 지급하기로 사전에 정하였다고 하더라도, 상여금을 산정기초에 포함하여 산정해야 할 통상임금은 고정적이어야 한다. 예를 들어 연장 근로나 휴일 근로 등은 상여금 지급과 관계없이 노무제공이 이행단계에 접어들면서부터 시작한다. 따라서 통상임금은 사전에 미리 고정되어 있어야 한다. 그런데 통상임금 산정기초에 포함되어야 한다고 하는 상여금 등이 근속기간, 근무일수, 근속연수에 따라 지급 여부나 지급액이 달라진다면 통상임금은 고정될 수 없다. 그 결과 법정수당 등도 산정할 수 없다. 따라서 근속기간에 따라 차등 지급을 하는 경우는 지급의무를 단체협약에 정한다고 하여도 고정성이 없기 때문에 통상임금에 포함되지 않는다고 해야 할 것이다. 마찬가지 이유에서 '등급별로 차이가 나는 어느 하나의 근속기간에 속하는 근로자들 사이에서는 일률적으로 동일한 액수의 정기상여금이 지급된다는 점'도 상여금의 통상임금 해당성을 긍정하는 근거가 되지 못한다. 예를 들면 어느 근로자들이 입사일이 동일하고 근속기간이 완충구역에 있어서 동일하다고 하는 경우에도 등급을 더욱 자세하게 나누는 한, 동일한 임금그룹으로 나누는 것이 무의미하여지고, 결국에는 일률성의 의미도 없어지고, 고정성의 의미도 없어지게 될 것이다. 따라서 어느 정도로 등급을 나누어야 일률성이 유지될 정도가 되는지에 대한 한계설정이 문제가 된다. 그러나 더 중요한 문제는 그렇게 등급별로 나눈 그룹 내에서도 일률적으로 동일한 액수의 정기상여금이 지급되는지가 문제이다. 예를 들면 근속기간이 6개월을 기준으로 상여금 지급 여부가 달라지는 경우(0%와 100%) 동일한 날짜에 입사한 근로자들은 6개월을 근무하지 않은 한 상여금이 지급되지 않고 따라서 통상임금도 동일할 것이다. 그러나 6개월을 전후하여 15일 간 연장근로와 야간근로를 하고 근속기간 6개월 직전 퇴직한 근로자의 통상임금은 상여금을 공제하고 산정될 것이지만, 6개월을 전후하여 1개월 간 연장근로와 야간근로를 한 근로자는 상여금 100%가 합산되어 통상임금에 포함되어 법정수당이 산정될 것이다. 6개월 직전 15일 간은 동일한 노동을 하였음에도, 그리고 동일한 임금그룹에 속하였음에도 불구하고 차이가 발생하게 되는 것이다. 앞의 사례 ③의 경우처럼 근속기간이 1개월 미만은 상여금이 지급되지 않고, 1개월에서 3개월까지는 25%, 3개월에서 6개월까지는 50%, 6개월부터 12개월까지는 75%, 1년 이상은 100%를 지급하는 경우, 말하자면 완충구간이 길고, 등급을 상세하게 구분하며, 지급액에 차이를 두면 둘수록 그 차이는 자주 발생하고, 결국은 '등급별로 차이가 나는 어느 하나의 근속기간에 속하는 근로자들 사이에서는 일률적으로 동일한 액수의 정기상여금이 지급'되는 것이 무의미해지고, 결국은 잘게 분포된 근속기간이 점차 일급으로 수렴되어 실제 근무성적에 따라 상여금이 지급되는 결과도 발생할 수 있다. 그런 점에서 등급별로 동일한 임금그룹에 포함된 근로자들은 동일한 고정적 조건에 상여금을 지급받는다는 논거도 타당하지 않다.

d) '상여금 지급일 전 근무일이 15일 미만인 자에게는 일할 계산하도록 되

어 있어서 차등 지급하여 일률성이 없다고 생각할 수 있으나, 그러한 경우는 예외적인 경우로서 이를 두고 정기상여금이 차등 지급된다고는 할 수 없으며, 이 경우의 정기상여금은 일급제 수당으로서 월 출근일 수가 달라 월 합산액에 차이가 있더라도 이를 두고 실제 근무실적에 따라 그 지급액이 달라진다고 할 수 없다는 점'에 대하여

앞의 하급심 판결 중 이른바 'S시 시내버스 사건'에서처럼 상여금 지급일 전에 근무일이 13일 이상인 경우(만근)는 상여금의 100%를 지급하지만, 13일 미만인 경우는 근무일수에 따라 일할 계산하는 경우가 이에 해당한다. 근무일수에 따라 상여금의 지급 여부와 지급액이 결정되는 경우는 일급제 수당과의 차이가 무엇인가 하는 문제가 발생한다. 임금액이 근무일수에 비례하여 지급하기로 정하는 것, 즉 근무일수에 따라 1일당 일정액을 지급하기로 정하는 것은 일급제 수당으로서 사전에 지급하기로 정한 것이기 때문에 통상임금에 해당한다고 해야 할 것이다. 그러나 통상임금은 각종 법정수당의 산정기초로서 지급하기로 사전에 확정되어 있어야 할 것이기 때문에, 근무일수에 따라 지급액의 계산방법이 달라지는 경우는 사전에 확정된 일급제가 아니다. 특히 상여금의 지급대상 기간 중 실제 근무한 일수에 따라서 지급 여부와 지급액이 달라진다면, 확정된 일급제 수당이 아니다. 지급대상기간을 격월 홀수월로 하는 경우 13일 이상을 승무(만근)한 자에게는 100%의 상여금을 주면서, 그 이하를 근무한 자는 근무일을 62(2개월의 일수)로 나눈 비율로 상여금을 지급한다면 이와 같은 차등 지급은 근무실적에 따라 지급하는 것으로서 고정성이 없는 임금이다. 이와 같이 산정되는 상여금은 사전에 확정된 것이라고 할 수 없다. 상여금 보다도 더 근로의 제공과 밀접한 관련이 있는 근속수당에 대해서 대법원 판례[121]도 월 15일 이상을 출근하면 상여금의 100%를 지급하나, 15일 미만인 경우 일할 계산한 금액만을 지급하는 경우 실제 근무성적에 따라서 지급하는 것으로서 고정적인 임금이 아니라 하여 통상임금에 포함되지 않는다고 한 바 있다.

e) '일할 계산'하는 경우도 지급액 산정기준은 단체협약에 의해 사전에 이미 정하여진 고정적인 것이라는 점'에 대하여

'일할 계산'하는 경우도 지급액 산정기준이 단체협약에 의하여 사전에 이미

121) 대법원 1996.3.22, 선고 95다56767.

정하여진 고정적인 것이라는 판례의 논거도 위에서 말한 바와 같이 타당하지 않다. 물론 단체협약 실무에서는 상여금을 일할 계산할 때에도 단체협약에 지급액의 산정기준을 정하는 경우가 많다. 그러나 금원이 통상임금에 포함되기 위한 기준으로서 '고정적인 조건'은 금원의 지급여부나 지급액의 산정기준이 단체협약 등에 의해서 사전에 정하여졌다는 의미에서의 고정성을 의미하는 것은 아니다. 이미 앞에서도 본 바와 같이 판례가 말하는 고정적 조건의 의미에서의 고정성은 '일정한 조건과 기준에 달하는 모든 근로자'에게 예외없이 지급한다는 것을 의미한다. 그렇기 때문에 상여금의 통상임금 해당성 판단에서 중요한 것은 지급액 산정기준이 단체협약에 의해 사전에 이미 정하여졌느냐가 아니라, 일할 계산한 정기 상여금이 통상임금에 포함되는 일급제 수당에 해당하는지, 실제 근무실적에 따라 변동적으로 지급되는 것인지의 판단이 중요하다.

종래 대법원 판례는 단체협약이나 취업규칙이 상여금을 근무일수에 따라 일할 계산하도록 규정하고 있는 경우는 상여금은 지급 여부와 지급액이 근로자의 실제 근무성적에 따라 달라지는 것이므로 고정적 임금이 아니기 때문에 통상임금에 포함되지 않는다고 보았다.[122] 그런데 앞의 하급심 판결[123]은 이른바 'G자동차 사건'에서 본 바와 같이 특별한 사정의 근로자들에게 상여금이 일할 계산되는 것은 일급제 수당으로서 월 출근 일수가 달라 월 합산액에 차이가 있더라도 근무실적에 따라 지급액이 달라지는 것이 아니라고 한다.

앞의 d)에서 본 바와 같이 통상임금은 소정근로에 대한 대가로서 사전에 지급하기로 정한 것으로서 법정 수당을 산출하기 전에 사전에 확정되어 있어야 한다. 그러나 상여금이 근무일수에 따라 지급 여부와 지급액이 달라진다면 근무실적에 따라 지급되는 것으로 변동적이기 때문에 고정적인 임금이 아니라고 할 수 있다. 그러나 무엇보다 일할 계산하는 경우 이를 일급제 수당으로 본다고 하여도 그 전에 문제삼아야 하는 것은 통상임금이 평상시의 소정근로시간에 대한 근로의 대가로서 사전에 지급하기로 정한 것으로서 일할 계산되는 상여금이 그에 해당하는가 하는 것이다. 이와 같은 관계에서 기본급이 일급으로 지급되는 경우에는 통상임금의 산정범위에 포함되어야 하는데, 상여금이 일

122) 대법원 1990.2.27, 선고 89다카2292; 대법원 1990.11.9, 선고 90다카6948; 대법원 1996.2.29, 선고 94다19501; 대법원 2007.4.12, 선고 2006다81974.

123) 서울고법 2012.11.23, 선고 2012나23773.

할 계산되어 지급되는 것을 고정적 임금이 아니라는 것을 이유로 통상임금의 산정범위에서 제외한다면 기본급도 월간 출근 일수에 따라 그 지급액이 변동되므로 통상임금의 산정범위에서 제외하여야 한다는 모순이 발생할 수 있다는 주장[124]이 있을 수 있다. 그러나 근무일수에 따라 일급이나 시급으로 지급한다는 것은 해당 임금액을 근무일수에 비례하여 산정하는 것으로서, 이는 지급하기로 사전에 정한 것이므로 통상임금에 해당한다고 할 것이다. 실제 근무일수나 지급액과 관계없이 일할 계산하도록 사전에 정하였기 때문에 고정성이 인정되는 것이다. 근무일수 1일당 일정 금액을 지급한다는 것은 일급제에 관하여 당사자들이 사전에 미리 지급하기로 정한 것으로서 일당 기본급은 통상임금에 해당한다. 말하자면 일당제의 경우는 근무일에 따라 일정액을 지급한다는 것이 사전에 정하여져 있고, 그 금액이 근무일수에 따라 비례하여 변동되는 것에 지나지 않기 때문에 통상임금에 해당할 수 있다. 판례도 근무일수에 따라 지급하는 출근수당[125]이나 교통비[126]를 일급제로 지급하는 임금항목으로 보아 통상임금에 포함된다고 본다. 기본급을 월급으로 정하는 경우에도 일정 근무일수를 출근할 때에만 지급한다고 할 수 없기 때문에 변동적이라고 할 수는 없을 것이다. 그러나 일정 기일 이상을 근무해야 해당 금원을 지급하고 그렇지 않는 경우는 일할 계산하는 것은 사전에 미리 정한 소정 근로시간에 대한 대가는 아니다. 얼마 동안을 일했는가에 따라서 지급 여부나 지급액이 달라진다면 이는 '사전에 정할 수 없는 것'으로서 지급대상 기간이 지나기 전까지는 임금액이 얼마인지를 확정할 수 없어 통상임금의 산정기초로 삼을 수가 없고, 근무성적에 따라 지급 여부와 지급액이 달라지는 것이기 때문에 고정적 임금이 될 수 없다. 예를 들어 월 출근일수가 15일 이상인 근로자에게는 전액의 근속수당을 지급하지만, 15일 미만의 자에게는 일할 계산한 근속수당을 지급하는 것은 실제 근무성적에 따라 지급하는 것으로서 고정적 임금이라고 볼 수 없다.[127] 따라서 상여금을 근무일수를 근거로 일할 계산하여 지급하도록 규정하고 있는 것은 실제 근무일수에 따라 좌우되는 것으로서 고정적 임금이 아니므로 통상

124) 예를 들면 김기덕, "통상임금의 본질과 통상임금의 개념", 한국노동법학회 · 노동법이론실무학회 추계학술대회, 2012.9, 발표문 12면 참조.

125) 대법원 1990.11.9, 선고 90다카6948.

126) 대법원 2003.6.13, 선고 2002다74282.

127) 대법원 1996.3.22, 선고 95다56767.

임금에 포함될 수 없다고 보았으면서도,[128] 상여금 지급일 전 퇴직한 자에 대하여 월할 계산하도록 한 것을 근무성적에 따라 지급한 것이 아니라고 보고 고정적 임금이라고 보는 대법원 2010다91046판결에 대해서는 동의할 수 없다.

f) '근속년수에 따라 차등 지급한다고 하여도 근속연수의 증가라는 조건도 근무성적 등과는 무관한 시간의 경과라는 자연적 조건이므로 모든 근로자에게 해당하는 일정한 조건 또는 기준으로 볼 수 있다는 점에 대하여

일률성에 대해서 판례가 모든 근로자뿐만 아니라, 일정한 조건과 기준에 달하는 모든 근로자로 보고, 일정한 조건은 고정적 조건이라고 보는 경우, 이 '고정적 조건'은 단체협약 등에 상여금과 같은 금원을 지급하기 위한 조건이나 지급액의 산정기준을 미리 정하였다고 해서 고정적 조건이 되는 것은 아니다. 단체협약에 부양가족 수에 따라 일정액을 가족수당으로 지급한다거나, 사업장과의 거리비례 일정액을 교통비로 지급한다고 사전에 규정한다고 해서 그러한 가족수당과 교통비가 고정적 임금이라고는 할 수 없다. 이 금원들의 지급 여부나 지급액 산정을 위한 기준들은 사전에 단체협약으로 정하여져 고정적이지만, 부양가족 수에 따라서 또는 사업장과의 거리에 따라서 변동적이기 때문에 고정적 임금이 될 수 없다. 따라서 고정적 조건은 일정한 조건이나 기준에 달하는 근로자에게는 예외없이 해당 금원을 지급한다는 의미를 갖고 있다. 그런데 근속연수에 따라서 상여금을 차등 지급한다는 것은 근속연수별로 상여금 지급을 그룹화하여 그룹별로 각각 다른 상여금을 지급하는 것이지만, 어느 근로자도 각각의 그룹에 속하게 될 것이고 그 그룹에 속하는 근로자는 일률적으로 동일한 상여금을 지급받을 것이기 때문에 일률성을 충족하는 것으로 보려는 것이 판례의 태도인 것으로 보인다. 따라서 이러한 입장에서는 근속연수의 증가라는 조건은 근무성적 등과는 무관한 시간의 경과라는 자연적 조건이라 모든 근로자에게 해당하는 일정한 조건 또는 기준으로서 고정적 조건이라고 해야 할 것이다. 그러나 상여금이 지급 여부와 지급액을 근속연수에 따라 그룹화하여 각 그룹에 해당하는 근로자들에게는 동일한 상여금을 지급하는 것이므로 고정적 임금을 주는 것이라는 해석은 결국 근속연수를 대략적이고 개괄적으로 나누든 상세하게 나누든 관계없이 모든 근로자들이 소속 그룹별로 일정한 상

128) 대법원 1996.2.9, 선고 94다19501.

여금을 받기 때문에 고정적 임금을 받는다고 보는 것으로서 이러한 판례의 태도는 자의적이다.[129] 왜냐하면 근속연수별로 그룹화한 것을 두고 일정한 조건이나 기준을 충족하였다고 보면, 어느 정도로 근로자들을 그룹화하여야 고정적 조건을 충족하였다고 보아야 할지 그 경계선을 알 수가 없고, 근로자 1인을 기준으로 근속연수별로 상여금을 달리 하는 것도 상정할 수 있기 때문에, 결국에는 일정한 조건이나 기준을 충족하는 근로자들 집단마다의 일률성이 존재하게 되고 결국은 일률성이 그 의미를 더 이상 유지하지 못하게 될 수도 있기 때문이다. 같은 관점에서 보면 근속연수별로 상여금의 지급 여부를 달리하거나 지급액을 달리 하는 경우도 근속연수를 시간의 경과라는 자연적 조건이라고 하여 모든 근로자에게 해당한다고 보기 때문에 고정성이 인정되는 근거가 되지만, 결국은 모든 근로자가 근속연수가 있으므로 고정성의 의미도 없어지게 되는 결과가 발생할 것이다.

g) '정기상여금이 통상임금에 포함되지 않아 연장근로에 대한 가산임금 산정시 고려요소가 되지 않는다면, 기본근로에 대한 시간당 대가에 대해서는 상여금이 고려되는 반면, 기본근로시간을 초과한 연장근로 등에 대해서는 그 대가로 고려되지 않음으로써 기본근로보다 연장근로 등의 시간당 노동가치가 떨어지게 된다는 점'에 대하여 아마도 위와 같은 논거를 들어 기본급 이외의 법정수당 산정시 상여금의 통상임금 해당성을 긍정하고자 하는 판례[130]는 학설의 일부[131]를 수용하고 있는 것으로 보인다. 그리하여 기본근로를 소정근로로 이해하고 소정 근로의 대가 산정 시에는 상여금도 소정근로의 대가로 이해하여 기본근로에 대한 대가를 산정하지만, 법정 근로수당의 산정 시에 상여금을 통상임금에 포함시키지 않는다면 기본근로 보다 연장근로 등이 저평가되는 문제가 있으므로 연장근로 수당 등을 산정할 때 상여금을 포함해야 한다는 것으로 이해된다. 그러나 기본근로에 대한 대가가 소정 근로에 대한 대가로서 통상임금이라면, 이 통상임금에는 상여금이 반드시 포함되는 것이 아니다. 물론 당사자들이나 노사가 통상임금의 산정기초가 되는 기본근로에 상여금을 포함시키기로 한다는 '약정 통상임금'도 가능하다. 그러나 그와 같은 명시적인 합의가

129) 예를 들면 서울고법 2012.11.23. 선고 2012나23773(이른바 'G자동차 사건').
130) 서울고법 2012.11.23. 선고 2012나23773.
131) 예를 들면 김기덕, "최근 판례를 통한 통상임금 법리에 관한 검토", 노동법 포럼 제1호, 노동법이론실무학회, 2008, 278면 참조.

없는 경우에는 상여금이 기본근로에 당연히 포함되는 것이 아니다. 단체협약 실무에 따라서는 상이하지만, 대개의 경우 기본근로를 소정근로라고 이해하여 기본근로의 대가는 기본급 이외에 근로의 제공과의 관련성이 밀접한 금원으로서 예를 들면 업무와 직책 등과 직접적인 관련이 있는 것으로서 미리 정하여진 지급조건에 따라서 소정의 근로시간에 대하여 정기적·일률적으로 지급되는 수당을 합하여 산정한다. 그러나 상여금은 시간, 일, 주, 월간 단위의 소정 근로에 대해 지급하기로 정한 금원이 아니라, 연간단위로 제공된 근로에 대한 대가로서 지급되어야 하는 것을 월별로 분할하여 지급하는 것이므로 소정 근로나 총 근로의 대가가 아니다. 그런 점에서 기본근로의 대가로서 소정 근로에는 상여금이 당연히 포함되는 것도 아니기 때문에 연장근로에 상여금이 포함되지 않았다고 해서 기본근로보다 연장근로의 가치가 저평가된다고 할 수 없다. 상여금은 소정 근로의 대가가 아니기 때문에, 연장 근로 산정범위에 포함될 수 없으며, 기본근로의 대가와 연장근로의 대가가 상여금 포함 여부에 의해서 노동가치의 차이가 발생하는 것도 아니다. 판례에서 말하는 기본근로시간은 소정근로시간을 말하고, 그 기본근로시간의 대가에 대해서 상여금이 포함된다는 것은 잘못된 인식이며, 이를 토대로 연장근로에 대해서 상여금이 포함되지 않음으로써 기본근로보다 연장근로의 노동가치가 저평가된다고 하는 것은 연장근로에 대한 노동보호의 관점을 과도하게 통상임금에도 반영하려는 판례의 임금정책이 아닌가 생각된다. 기본근로시간에 대한 대가로서, 즉 소정근로시간에 대한 대가로서 상여금을 통상임금에 포함하는 것은 단체협약의 실무에도 상응하지 않는다.

Ⅳ. 소 결

이 절에서는 대법원 판례와 하급심에서 주로 문제가 되었던 금원들을 항목별로 나누어 통상임금 해당성을 검토하였다. 특정 임금의 구성 항목이 통상임금에 포함되는가를 판단함에 있어서는 그 금원이 근로의 대가인가, 소정근로의 대가인가, 정기적·일률적으로 지급되는 고정적 임금인가의 여부가 판단의 중심적 기준이 되어야 한다. 그런데 전체적으로 보아 판례는 통상임금해당성 판단의 실질적 기준에 해당하는 근로의 대가성이나 소정 근로의 대가성 여부에 대해서는 판단을 하지 않은 채, 형식적 요건인 정기성과 일률성의 요건을 중심으로 판단하는 경향이 있다. 이러한 판례는 고용노동부의 행정해석이나 지침에 구속되지는 않지만, 통상임금 인정과 관련하여 판례와 행정해석은 상당히 현격한 차이가 있다. 판례가 가능한 한 1임금산정기간에 구애됨이 없이 형식적 요건인 '정기적, 일률적으로 지급되는 고정적 임금'이면 통상임금으로 보고자 하는 반면에, 행정해석은 해당 금원의 실질적 성격을 강조하여 정기적이고 일률적으로 지급되는 것이라 하여도 통상임금 해당성을 부정한다. 따라서 지급조건, 지급금액, 지급시기가 정해져있고, 전 근로자에게 지급하는 상여금과 체력단련비 등은 통상임금에 해당하지 않는다고 본다. 통근수당이나 차량유지비를 정기적이고 일률적으로 지급한다하여도 이는 근로시간과 관계없이 복리후생과 생활보조적으로 지급되는 것이므로 통상임금에 해당하지 않는다고 한다. 또한 사택수당과 월동연료수당, 김장수당도 정기적이고 일률적으로 지급된다고 하여도 해당 금원의 성격이 생활보조적이고 복리후생적이기 때문에 통상임금에서 배제한다. 이와 같은 금품들은 판례에 의하면 정기성과 일률성의 요건을 충족하기 때문에 통상임금으로 산정되어야 할 금품들이다. 이와 같이 행정해석은 평균임금과 통상임금도 해당 금품의 성격을 기준으로 구분하여 그 차이를 확연하게 나타내 보이는 반면에, 판례는 통상임금의 판단기준과 평균임금의 판단기준을 거의 동일하게 사용하여 사실상 통상임금과 평균임금이 구별되지 않을 정도로 통상임금은 평균임금화 되고 있다. 특히 행정해석은 금원의 성격을 고려하는 점이 판례와 매우 다르다. 그리하여 행정해석은 사용자가 지급하는 금품 중 생활보조적이고 복리후생적인 성격의 금품은 정기성과 일률성의 요건을 충족한다고 하여도 거의 대부분 통상임금에서 배제하고 있다. 판례가 정기성과 일률성 및 고정성의 형식적인 요건을 중심으로 통상임금 해당성을 판단하는 것에 비하여, 행정해석은 근로의 대가나 통상임금의 본질과 성격을 중심으로 판단하고 있음을 보여 주고 있다. 명칭만으로 비교할 때 판례는 예를 들어 근속수당, 상여금, 통근수당, 김장수당, 가족수당, 통근수당, 사택수당, 식비 등이 정기적, 일률적으로 지급되는 한 통상임금에 해당한다고 하지만, 행정해석에 따르면 복리후생적 성격을 갖고 있기 때문에 통상임금 해당성을 부정한다. 금품의 통상임금 해당성을 판단하는 기준이 판례와 행정해석에서 현격하게 다르다는 것을 보여 주고 있다. 이와 같은 점에서 볼 때 판례는 통상임금 해당성 판단의 실질적 판단기준을 중시하지 않는다는 점에서 근로기준법 제2조 제1항 제5호의 임금정의 규정과 근로기준법 시행령 제6조 제1항의 통상임금 정의규정에 충실하지 않다고 본다. 이것은 판례가 법규정을 도외시한 채 통상임금 해당성을 판단하는 것으로서 본다. 그와 같이 판단을 하는 판례의 의도가 무엇인지는 별론으로 한다고 하더라도 정기성과 일률성의 판단기준에 의해서 통상임금 해당성에 관한 판례가 평균임금화하는 한 결과적으로 판례가 근로자보호를 위한 임금정책을 수행하는 결과가 나타나게 된다. 평균임금은 근로자에게 지급된 임금총액을 기준으로 산정하여 근로자의 실질적인 생활을 보장하는 것이지만, 통상임금은 사전에 지급할 기준이나 표준을 마련하여 법정 수당 등을 용이하게 산정하기 위한 도구개념인데, 결과적으로 통상임금이 평균임금화하는 한 통상임금은 근로자들의 실질적인 생활보장을 위한 임금으로 변하게 된다. 그런 점에서 판례가 정기성과 일률성을 강조하여 통상임금 해당성을 판단하는 한 이것은 판례가 결국 임금보호정책을 수행하는 것이라고 보일 수밖에 없다. 그러나 권력분립의 원칙 하에서 판례가 그러한 임금장책을 수행할 수 있는 권한까지 갖고 있는 아니기 때문에 그 범위에서 판례는 월권행위를 하고 있는 셈이다.

임금항목별로 보았을 때 판례는 기능수당과 특수직무수당 등에 대해서 소정 근로의 대가성 여부를 판단하지 않았으며, 그 결과 소정 근로의 대가성이 없는 금원을 정기성과 일률성이 있다는 이유로 통상임금에 포함된다는 잘못된 가능성을 열어두고 있는 바, 이것은 판례가 통상임금 해당성의 실질적인 판단기준을 정한 근로기준법 제2조 제1항과 동 시행령 제6조 제1항을 벗어나버린 자명한 결과가 아닌가 생각된다. 또한 임금항목별 통상임금 해당성 판단에서 나타나는 판례의 경향은 ① 근무실적에 따라 지급여부나 지급액이 달라지는 금원들, 따라서 판례의 기준에 따를 때 고정성이 없는 금원들을 무리한 판단기준 적용에 의해서 통상임금으로 받아들이려는 경향이 강하다는 것과 ② 금원이 어떠한 성질을 갖고 있는가에 따라서 실질적인 판단을 해야 한다는 것과 도구개념으로서 통상임금으로 사전에 지급하기로 정한 것인가에 대한 통상임금의 실질적인 판단을 해야 하는데, 복리후생적이고 생활보조적인 금원들도 정기성과 일률성의 형식적 판단기준의 적용에 의해서 간단하게 통상임금으로 판정하는 경향이 강하다는 점이다. 또한 정기상여금에 관한 통상임금 판단에서 나타나는 바와 같이 통상임금이 통상의 근로시간에 대해서 지급하기로 정한 것이라는 점에서 '1임금지급기간'내의 요건을 너무도 쉽게 버리고 일률성의 요건만으로 통상임금 해당성을 판단하려 하고 있다. 통상임금에 관한 정의규정은 문언상 분명하게도 연급에 대해서는 규정하고 있지 않음에도 이를 무시하면서까지 무리하게 통상임금의 외연을 확대하고 있다. 그러나 더욱 분명한 것은 정기상여금의 통상임금 해당성 판단을 위해서 판례들이 원용하는 논거들도 타당하지 않거나 적합하지 않다는 점이다.

제 6 장

결　　　론

이상에서 언급한 바를 요약하고 결론을 내리면 다음과 같다.

1. 2012년 3월 대법원 판결이 나온 후에는 그 숫자를 정확히 파악하기 어려울 정도로 각 사업장에서, 그리고 지역단위 노동조합을 중심으로 통상임금에 관한 분쟁이 확산되어 있는 실정이다. 이러한 대법원 판례가 가져오는 파장은 경제적 문제에 국한되는 것은 아니다. 근로자 측의 소송남발이 우려되고, 기업들은 생산에 전념하지 못한다는 점과 함께 대법원 판례에 고무되어 노동조합은 모든 수당들에 대해 단체협약에 지급근거를 두고 정기적, 일률적으로 지급하도록 하여 제 수당을 통상임금화하려는 교섭전략을 사용하려 하기 때문에 기업들은 교섭상의 어려움에 직면하게 될 것이다. 이와 같이 대법원 판례의 대상은 정기상여금의 통상임금 해당성이라는 작은 주제이지만, 산업과 경제에 대해서는 사내하도급 문제를 능가하고도 남는 메가톤 급의 파장을 불러오고 있다. 또한 대법원 판례는 산업과 경제에 대해 막대한 리스크를 가져오는 것이 아니라, 법적인 측면에서도 중대한 문제를 가져오고 있다. 대법원 판례는 금원의 임금 해당성을 검토하지 않고, 정기적이고 일률적이라는 통상성만을 기준으로 판단하고 있다. 사용자가 지급하는 금원이나 금품이 임금에 해당하는지의 어렵고 기술적인 문제를 단순한 기준으로 판단하고자 하는 전형적인 행정편의적인 판결의 태도일 수 있다. 그러나 정기적이고 일률적이라는 통상성의 기준은 금원의 임금 해당성, 즉 근로의 대상성을 서술하는 직접적인 요건기준이 아니라, 근로의 대상을 간접적으로 정황하는 증거에 지나지 않는다. 대법원 판례가 통상임금에서 정기성과 일률성을 기준으로 하는 한 이는 통상임금에서 '통상'에 초점을 두고 있는 것이며, 통상임금의 '임금'에는 전혀 초점을 두고 있는 것이 아니다. 따라서 근로의 대상성이 없어도 통상성이 있으면 통상임금의 산정범위로 들어오게 된다는 매우 불합리한 결과를 가져오는 것이다. 통상임금의 범위에 들어오기 위해서는 통상'임금', '통상'임금의 어느 한 쪽에 치우치는 판단을 해서는 안 되고 통상성과 임금성이 동시에 고려되어야 하는, 필요충분조건이 충족되어야 통상임금이 되는 것이다. 대법원 판례는 금원의 근로의 대가라는 임금 해당성을 무시한 채 통상성만을 강조함으로써 법률에 반하는, 법률을 초월하는 결과를 가져오고 있는 것인지도 모른다. 따라서 이러한 대법원 판례에 대한 엄격한 방법론적 통제가 행해져야 하는 것은 아닌가 생각된다.

또한 대법원은 근로의 대가로서 임금의 성격을 지닌 금품들이 근로기준법 시행령 제6조 제1항의 통상임금의 정의규정에 합당하게 정기적, 일률적으로 지급되었는가를 판단하기 전에 소정 근로의 대가로서 지급되었는가를 검토하지 않는다. 이 정의규정은 절차적 문제점에도 불구하고, 규범적 효력을 갖는다. 따라서 각 수당의 통상임금 산정기초 포함여부 판단에 있어서는 그 금품이 정기적이고 일률적으로 지급되었는가를 판단하기 전에 소정 근로의 대가로서 지급하기로 정하여졌는가를 먼저 검토하여야 한다. 그런 다음에 정기성과 일률성의 요건을 충족하였는지를 판단하여야 한다. 간단히 말하면 금원의 통상임금 해당성 판단에 있어서는 그 금원이 '소정 근로의 대가'에 해당하는가를 먼저 판단해야 한다. 그런데 대법원 판례들은 정기성과 일률성의 요건을 너무 강조한 나머지 소정 근로의 대가가 아닌 금원들을 산정기초에 포함시킨 것으로 보인다.

또한 대법원은 근로자 보호를 위한 임금의 입법정책을 수행한 것이라는 의문도 있다. 수많은 수당으로 구성된 현재의 임금제도는 임금제도의 합리화에 장해요소 중의 하나이다. 특히 연봉제도나 임금피크제도를 위해서는 기본급 중심의 직무급으로의 편제가 중요하다. 만일 다양한 수당이 통상임금의 산정범위로 편제되면, 특정의 금원을 별도의 수당으로 존치하는 것이 의미가 없어진다. 이러한 측면에서 보면 대법원 판례에 따라 현재의 수많은 수당체계가 단일화되어 결국 대법원이 임금정책을 수행한다는 의문도 있다. 그러나 궁극적으로는 대법원 스스로가 종전에 통상임금의 산정범위에 포함시키지 않았던 금원들을 통상임금에 포함시켜 그 범위를 확대한 것이 근로자보호의 입법정책을 수행한 것이라는 생각도 든다. 그러나 임금정책이나 근로자보호 정책수행은 엄밀하게 입법부의 임무이다. 법원은 입법부가 정한 법을 해석·적용하는 기관이다. 이와 같은 법원이 입법정책을 수행하는 것은 권력분립의 원칙을 위반한 것임과 동시에 당사자들의 기본권을 침해한다는 문제가 생긴다.

따라서 대법원 판례를 비판적으로 검토하여 통상임금의 위상을 정확하게 분석하고 자리매김할 필요가 있다. 이렇게 하여 통상임금이 가지고 있는 제도의 목적과 기능을 확실하게 하여 노사 간의 갈등을 없앨 필요가 있다. 동시에 대법원이 그릇된 판단을 하여 법률의 핵심적인 원칙들을 무너뜨려서도 안 된다. 권력분립의 원칙과 법적 안정정성을 기해야 한다는 법치주의 원칙 및 당사자들이 통상임금에 대한 합의가 있는 한 이를 존중해야 한다는 자치와 자율의 헌법적 원칙이 그와 같은 핵심적 원칙에 속한다. 따라서 어느 금원 내지 금품이 통상임금에 포함되는 지에 대해 결정을 내린 대법원 판례를 비판적 검토하는 것은 매우 시급하면서도 절실한 문제라고 할 수 있다.

2. 보론에서 언급한 바를 간단히 요약하면 다음과 같다. 정기상여금이 통상임금에 해당한다는 대법원의 2010다91046판결은 다음과 같은 점에서 문제가 있다. 먼저 대법원은 통상임금에서 통상성을 정기성과 일률성으로 분해하여 이를 사용자가 지급하는 금원의 통상임금 해당성 판단의 기준 내지 요건으로 삼고 있다. 그러나 통상임금 판단에 있어서 중요한 것은 정기적으로, 일률적으로 지급된 임금이 중요한 것이 아니다. 통상임금의 '통상성'은 '통상의 근로시간 또는 근로일에 대한 임금'에 대한 것으로서 시간에 대한 규율이 핵심적 사항이다. 통상성의 의미가 이와 같이 통상의 소정 근로에 대해서 지급하는 임금의 의미를 가져야 하는데, 이것이 변질되어 정기적이고 일률적으로 지급된 임금으로 해석되다 보니 근로의 대가성이 없는 금원도 정기성과 일률성의 요건을 갖추면 통상임금으로 인정되는 기이한 경우도 발생한다. 그러나 더욱 문제가 되는 것은 근로의 대가성이 있는 임금이라 하여도 통상임금의 산정기초가 되기 위해서는 근로기준법 시행령 제6조 제1항이 정한 바와 같이 '정기성과 일률성'을 갖추기 이전에 소정 근로의 대가로서 사전에 지급하기로 정한 임금이어야 한다. 그러나 대법원 판례는 근로의 대가성을 무시하는 바와 같이 소정 근로의 대가성도 그렇게 비중있게 다루지 않고, 정기적, 일률적으로 지급된 고정적 임금인가의 여부를 지나치게 강조하고 있다. 이러한 판례의 태도는 근로기준법 시행령 제6조 제1항의 통상임금의 정의규정에도 맞지 않는 것이며, 통상임금의 본질과 기능에도 상응하지 않는 것이다. 그리고 더욱 의문이 가는 것은 1임금산정기간 내에 지급된 임금을 통상임금의 산정기준으로 삼는 것이 '통상의 소정근로에 대한 임금'의 통상임금의 본질에 합당한 것임에도 불구하고 1임금산정기간을 초과하는 경우에 대해서까지 확대적용함으로써 통상임금의 외포의 범위를 넘어가게 되었다. 그런 의미에서 노동부의 통상임금산정 지침은 이를 명확하게 인식하고 있다. 이러한 판례와 통상임금산정지침의 불일치는 이를 초래한 노동부가 스스로 시행령을 개정하여 통상임금 본연의 모습, '통상의 근로시간'에 대한 임금을 규율하는 방향으로 가는 것이 옳다고 생각한다.

판례가 복잡한 임금체계를 단순화하고, 근로자에게 돌아가야 할 임금이 수당의 명목으로 변질되어 통상임금의 제도의 목적과 기능이 몰각되는 우려 때문에 그러한 판단을 내리는 것은 법률의 적용이라기 보다는 법률의 제정, 내지 입법자로서 정책을 수행하는 것이다. 더욱이 판례는 통상임금 판단에서의 선결문제, 어느 금원이 통상임금에 해당한다고 하기 위해서는 먼저 임금에 해당하는지, 따라서 근로의 대상인지를 검토하여야 함에도 불구하고 이에 대해서는 적극적으로 검토하지 않은 채, 정기성과 일률성, 고정성의 의미에 너무 비중을 둠으로써 행정편의적인 판결을 하고 있다. 예를 들면 정기상여금의 '정기'를 통상임금의 정기성과 동치(同値)한 판결은 그 전형적 사례라고 할 수 있다.

근로의 대가성의 판단에 있어서는 당사자의 의사, 금품 지급의 목적, 동기, 법률상 원인으로서 causa 등을 중심으로 판단하여야 하는데, 이를 행하지 않았다는 문제도 있다. 또한 정기성과 일률성은 엄밀히 말하면 통상성을 간접적으로 정황하는 증거 또는 수많은 판단기준 중의 요소에 지나지 않음에도 거의 요건화하는 수준으로까지 격상하고 있다. 그러나 실제 구체적인 사안에서는 이 두 가지 기준이 요건화되어 있지도 않아 법적 불안정성이 증대되는 측면이 있다. 또한 당사자의 합의, 특히 노사 간의 합의에 의해서 통상임금 산정기준에 포함되는 임금을 배제할 수 있는가에 대해서는 당사자들이 단체협약으로 근로의 대상인 아닌 금품을 통상임금으로 할 수 있다는 것을 인정하는 한, 그 반대로 노사 간의 힘의 균형성과 대등성이 인정되는 한 그 반대의 경우도 인정해야 할 것이다. 합리성의 기준 범위 내에서 통상임금 항목의 협약에 의한 배제가 법정 수준을 상회하는 경우에는 노사당사자의 의사가 존중되어야 할 것이다.

3. 2012년 3월 29일 대법원 판결 이후에 나온 하급심 판결들의 일부에서는 대법원 판결과 달리 수당의 명칭에 구애됨이 없이 따라서 수당 자체를 객관적으로 통상임금의 산정범위에 포함시키는 것이 아니라, 구체적인 개별 사례상황에 따라 수당 지급의 역사와 연혁, 수당 지급의 구체적 내용을 검토하면서 통상임금 해당성을 판단하는 것이 보인다. 또한 당사자 간 합의에 의해 통상임금 산정기초를 합의하고(약정 통상임금) 이를 토대로 법정 수당과는 달리 상여금을 정하는 비법정 수당에 대해서 노사합의의 유효성을 인정하는 판결도 보인다. 그러나 일반적인 경향은 어느 금원이 통상임금의 산정기초가 되기 위해서는 임금에 해당해야 하고 임금에 해당하기 위해서는 근로의 대가성이 있어야 하는데, 통상임금 산정기초가 되어야 할 금원의 통상임금 해당성에 대해서는

철저한 논증은 없는 것으로 보인다. 무엇보다도 임금일원설을 취한 대법원 전원합의체 판결의 영향 하에 금원의 근로의 대가성에 대해서는 별로 문제 삼지 않고, 바로 금원이 실제 근무성적에 좌우되는지, 정기성과 일률적으로 지급되는 고정적 임금인지를 기준으로 통상임금 산정기초 포함 여부를 판단한다.

이와 같은 이유에서 판례에서 나타나는 문제는 다음과 같다. 먼저 금원은 단체협약 등에 지급근거가 있으면 근로의 대가성은 있는 것으로 추정하고, 소정 근로의 대가성 여부는 판단하지 않고 정기성과 일률성 및 고정성의 여부에 의해서 통상임금을 판단하기 때문에 결국은 통상임금이 평균임금화하는 경향을 보이게 된다는 점이다. 그리하여 통상임금과 평균임금을 판단하는 기준으로서 정기성과 일률성 및 고정성과 정기성과 일률성 및 계속성은 크게 다르지 않다. 그러나 그와 같은 결과는 통상임금의 본질과 성질을 무시하는 것이다. 평균임금이 근로자의 생활을 보장하기 위하여 근로자의 통상의 생활임금 그대로를 산정의 척도로 삼아 이를 산정하여야 할 사유가 발생한 날 이전 3개월에 그 근로자에 대해서 '지급된' 임금총액을 산정기초로 삼고 있지만, 통상임금은 소정 근로 또는 총 근로에 대하여 사전에 지급하기로 정하여진 임금을 산정기초로 하고 있다. 말하자면 통상임금은 산정사유 발생 당시 당해 사업장에서 근로자가 제공하기로 정하여진 노동의 질이나 양에 대하여 미리 평가를 해서 지급하기로 당사자들이 정한 임금을 산정기초로 삼는 것이다. 따라서 통상임금과 평균임금은 본질과 기능에서 같은 것일 수가 없다. 이렇게 법정 수당 등의 산정기초를 달리 설계한 것은 입법자의 결단이다. 그리하여 평균임금은 근로기준법 제2조 제1항 제6호를 규범적 근거로 하는 것이지만, 통상임금은 근로기준법 시행령 제6조 제1항을 규범적 근거로 한다. 그럼에도 판례가 통상임금을 평균임금화하는 것은 두 임금산정기초가 토대로 하고 있는 상이한 규범적 근거와 기능을 무시하고, 통상임금과는 그 성격과 기능이 다른, 생활보장 임금인 평균임금을 보장하려는 것은 입법자의 권한을 무시한 월권행위이며, 근로자들의 생활을 보장하려는 판례의 임금정책에 지나지 않는다고 아니할 수 없다. 동시에 1임금산정기간을 넘어 지급되는 정기상여금을 통상임금에 포함시켜야 하는지를 다툰 한 개의 사례를 제외하고는, 그리고 이 판례도 2012년 3월29일의 대법원 판례를 따른 것이므로 별 의미는 없지만, 정기성의 문제는 판례에서 크게 다투어지지 않는 것으로 보인다. 이미 기업들이 정형적으로 분기마다, 격월로,

매년 몇 차례씩 정기적으로 급여를 주는 임금지급 실무를 정착하여 왔기 때문에 정기성의 문제는 정기상여금과 관련하여 1임금산정기간을 넘는 경우를 제외하고는 거의 없는 것으로 보인다. 그러나 일률성에 따른 고정적인 임금인가에 대해서는 여전히 논란이 많다. 실제 사례에서 많이 다투어지는 금원은 상여금이다. 그러나 전체적으로 판례에서 문제가 된 사건 중에는 실제 근무성적이나 근무일수 또는 근속년수마다 지급여부와 지급액을 달리 하는 경우가 있는데, 어느 판결에서는 이 점을 그 금원의 비고정성을 인정하는 사유로 삼고 있는 반면에 어느 판결에서는 예외적인 것이라 하여 통상임금 해당성을 인정하는데 큰 장해요소로 보지 않는다. 일률적인 고정성과 관련해서는 판례법이 확고히 정착하지 못하여 여전히 다툼이 많아 과연 이 판단기준이 통상임금 해당성의 판단기준으로서 기능을 하고 있는지에 대해서도 의문이 갈 정도이다. 그러나 하급심 판결의 두드러지는 현상 중의 하나는 대법원 판례를 수동적으로 그대로 따르는 것이 대부분이며, 특히 정기성, 일률성, 고정성의 판단에 있어서 직관적으로 통상임금 해당성을 염두에 두면서 판결을 하는 것이 아닌가 하는 생각이 든다. 그런 점에서는 몇 판결에서는 구체적인 개별 사례 상황을 고려하여 극히 예외적으로 통상임금 해당성을 부인할 정도로 매우 제한적으로 통상임금 해당성을 부정하였다. 하급심 판례가 대법원 판결의 정기성, 일률성, 고정성의 판단기준을 기계적으로 적용하고 있는 것은 아닌지, 그리고 특히 일률성의 요건에서는 실제 근무성적, 근무일수, 근속기간에 따른 지급여부와 차등지급 등의 기준이 매우 자의적으로 적용되어 판결의 일관성이 없어 법적 안정성이 없는 경향이 보인다.

4. 상여금과 같은 특정의 금원을 노사의 합의에 의해서 통상임금 산정기초에서 배제하고 그것이 오래 동안 지속되어 경험적 행태규칙성이 인정되어 노동관행이 되는 경우에는 근로기준법 제56조의 강행규정을 위반한 것이라고 할 수 없다. 더욱이 판례법리에 따르는 경우에도 당해 사건에서의 구체적인 지급액이 근로기준법의 법정 하한액을 상회하는지를 따져 유·무효를 판단해야 할 것이다. 이와 같은 점에서 노사의 합의에 의해서 정기상여금과 같은 특정의 금원을 통상임금의 산정기초에서 배제하고 이것이 노동관행이 되는 경우－특히 그 지급액이 근로기준법상의 법정 하한액을 상회하는 한－이것은 강행법규를 위반한 것이 아니므로 법원(法源)이 되어 법관을 구속하며 법관이 이를 무시

하는 한 이는 당사자의 기본권을 침해하는 위헌적 소지가 다분하다고 할 수 있다.

5. 근로계약이나 취업규칙에 대해서는 근로기준법에서 정한 기준을 위반하는 경우 근로기준법 제15조, 근로기준법 제96조와 같이 이를 무효화하는 강행법률규정이 있다. 그러나 집단적 노사관계를 규율하는 노동조합법은 강행법규를 위반하는 단체협약을 직접적으로 무효화하는 법률규정을 갖고 있지 않다. 아마도 제정법률과 비교하여 협약자율에 상당한 우위와 재량의 여지를 부여하려는 입법자의 의사가 반영된 것으로도 보이지만, 이는 협약자율의 본래적 성격으로부터 나온 것이라고 본다. 이와 같이 본다면 사법부는 근로기준법에서 정한 하한선은 '기본급'에 법정 가산율을 적용하여 합산한 것으로 보고 그 이후의 노사의 합의의 유효성은 '사회통념상의 합리성'을 기준으로 판단하는 것이 적절하지 않는가 생각된다. 이러한 사회통념상의 합리성 사고에 기초한 종합적 판단은 특히 단체교섭이나 노사의 임금협정의 체결과정에서 금원의 통상임금 산정기초 배제합의에 관한 당사자의 의사나 배제합의의 목적이나 동기와 관련하여 노동조합이 사실상 힘의 우위를 확보한 노동조합인 경우가 많아 협약자율의 우위를 인정할만한 힘의 균형관계를 갖추고 있다는 점, 이러한 노동조합이 조합원찬반투표를 거쳐 잠정합의안을 가결하였다는 점, 합의 과정에서 노동조합의 의사가 충분히 반영되었다는 점, 배제합의에 의한다 하더라도 근로자에게 크게 불리하지 않다는 점, 당사자들이 수년 동안 배제합의에 대해서 이의를 제기하지 않을 정도로 신뢰감이 형성되었다는 점 등을 고려하면 배제합의는 사회통념상 합리적이라고 보는 것이 타당하다. 이와 같이 통상임금에 해당하는 특정의 금원을 노사의 합의에 의해서 배제하더라도 사회적 합리성이 있는 것이라면 유효하다고 보는 것이 판례의 전체적인 태도와도 부합하는 것이고, 동시에 노사 간의 힘의 균형이 이루어진 특정 사업장에서 노동법규에 대한 협약자율의 우위, 즉 노동법규의 대단체협약 임의성을 인정함과 동시에 포함합의를 협약자율에 의해서 인정하는 것과 마찬가지로 배제합의도 협약자율에 의해서 인정하는 것이 균형있는 법률의 적용태도라고 보인다. 그리하여 근로기준법에서 정한 하한선은 '기본급'에 법정 가산율을 적용하여 합산한 것으로 보고, 그 이후의 노사 합의의 유효성은 노사합의가 협약자율의 근로3권 행사이기 때문에 제정법률의 대단체협약 임의성을 인정하고 사회통념상의 합리

성에 따라 특정 금원의 통상임금 산정기초 배제합의의 유효성을 판단하는 것이 합리적이라고 본다.

6. 어느 특정 금원이 통상임금의 산정기초가 되기 위해서는 소정 근로의 대가로서 약정되어 있어야 한다. 따라서 통상임금 해당성 판단에 있어서 당사자의 의사를 배제하고 판례처럼 단순하고 기계적으로 일률성과 정기성 및 계속성 등의 판단표지에 의하여 사용자가 지급하는 금원의 통상임금 해당성이나 평균임금 해당성을 판단해서는 안 된다. 노동법에서도－물론 강행법규에 의한 제한이 뒤따르지만－당사자의 의사에 의해 임금을 포함한 근로계약 내용의 형성의 자유가 기초를 이루고 이 토대 위에서 근로자 보호필요성의 제한이 가해지는 것으로 이해할 수 있기 때문에 경우에 따라서 판례처럼 당사자의 의사를 고려하지 않는 임금 판단은 헌법적으로 근거지워진 계약의 자유와 자기결정권을 침해할 소지가 있는 것이다.

임금규정은 근로계약의 본질적 부분이며, 단체협약의 주요 대상이기도 하다. 기본급 뿐만 아니라, 모든 수당, 상여금, 기타의 금전가치의 급여가 당사자의 의사의 합치에 의하여 임금의 영역에 속할 수 있다. 그러나 반대로 강행법규에 저촉되지 않는 한 당사자의 의사에 의하여 사용자가 지급하는 금원도 임금에서 배제될 수 있다. 말하자면 근로계약 당사자나 노사 집단은 보수산정을 자유로이 약정할 수 있다. 그런 의미에서 보수산정도 계약내용의 형성으로서 근로계약 당사자들이 자유로이 약정할 수 있다. 말하자면 사용자나 근로자 모두 계약형성의 한 방편인 임금약정으로 헌법이 보호한 사적 자치의 활동에 참가하는 것이다. 그런 점에서 가족수당이나 복지수당이 근로의 대상이 아니면서도 당사자가 합의하여 통상임금으로 받아들이기로 약정하였다면 이 의사는 존중되어야 하고 법관은 이에 대해 함부로 내용통제나 적정성 통제를 해서는 안 된다. 마찬가지로 임금협정에 특별한 금원의 지급의무가 규정되어 있다고 하더라도 당사자들이 근로의 대상이 아니어서 이를 통상임금으로 받아들이지 않기로 결정하였다면 법관은 이를 함부로 수정하거나 변경해서는 안 된다. 따라서 강행규정에 의해서 근로의 대상으로 인정되어 통상임금으로 산정되어야 할 금원이 당사자들의 의사에 의해서 배제된 경우에 한해서 법관은 이를 무효로 하여 통제를 할 수 있는 것이다. 판례는 입법부, 행정부처럼 직접적으로 적용되는 법으로서 헌법에 구속된다. 그리고 자유로이 형성된 계약당사자의 의사는 노동법에서도 관철되어야 한다. 그러한 한도에서 의사표시의 합치에 의해서 체결된 임금에 관한 개별약정의 우위는 헌법적 관점으로부터도 보호되어야 하며. 법관은 계약자유에 대한 법형성적 제한에 있어서도 법치국가원칙을 존중하여야 한다. 임금에 관한 계약자유의 제한에 대해서는 비례성의 원칙에 따라야만 한다. 물론 강행법인 노동법의 적용을 당사자의 처분에 맡겨둘 수는 없다. 따라서 평균임금이나 통상임금의 산정범위에 대해 근로기준법 제2조 제1항 제5호나 동 시행령 제6조 제1항을 위반하면서까지 당사자들이 마음대로 결정할 수는 없다. 이들 경우 이외에 헌법상 보장된 계약자유의 원칙과의 관계에서 이 원칙의 전제인 당사자의 대등성이 손상되고 있지 않으면 보수산정의 선택은 당사자에게 맡겨질 수 있는 것이다. 노동법의 규정들이 강행적 성격을 갖는다고 하더라도 근로관계는 사적 자치에 의한 법률관계이기 때문에 어떤 금원을 통상임금의 산정범위에 포함시킬 것인가는 계약내용의 형성에 달려 있다. 그럼에도 불구하고 판례가 당사자의 의사, 즉 계약내용형성의 자유를 무시하고 단순하고 기계적으로 일률성, 정기성, 계속성 등으로 임금산정범위를 판단하는 것은 당사자의 계약의 자유와 자기결정권을 침해하는 것이다. 그렇기 때문에 임금약정에 대해서 법원은 원칙적으로 적정성 통제를 할 수 없다. 또한 개별적으로 약정된 임금의 경우 계약자유는 균등대우원칙에 대해서 우위에 있다. 만일 법원이 당사자의 의사를 무시하고 계약내용형성의 자유를 제한하는 임금약정에 관한 판결에 있어서 기본권의 보호명령기능을 고려하지 않는다면 법원은 헌법에 반하는 행동을 하게 되는 것이다.

이와 같이 통상임금이 소정 근로시간에 대해서 미리 약정한 것을 지급하는 금액이라고 이해한다면 소정 근로의 대가는 개개 근로자와의 관계에서 주관적으로 판단되어야 하며, 집단적 근로조건 결정시스템으로 취업규칙이나 단체협약은 이 판단을 위한 근거자료로서의 가치를 갖게 되는 것이다. 근로기준법 시행령 제6조 제1항의 규정을 무효로 하지 않는 한, 당사자의 의사합치에 의해서 결정된 소정 근로의 대가 중에서 – 판례처럼 정기적, 일률적으로 지급되는 고정적 임금이 통상임금이라고 한다면 – 사용자가 지급하는 금원 중에서 정기적이고 일률적이고 고정적으로 지급되는 것을 찾아 통상임금으로 판단하는 것이 판례의 경향으로 보인다. 그러한 태도는 도식에서 보는 바와 같은 급여나 금원의 구조, 즉 금원과 근로의 대가로서의 임금, 약정된 소정 근로의 대가와 그 중에서 정기적이고 일률적으로 지급되는 근로의 대가를 고려하지 않고, 사용자가 지급하는 전체 금원을 정기성과 일률성 및 고정성의 판단대상으로 삼아 판단하는 결과를 자초하여 임금과 통상임금에 관한 체계는 무너지게 된다. 그 결과 임금일원론의 대상이 되는 근로의 대가와 평균임금의 산정범위에 속하는 것을 통상임금 산정범위의 금원과 동일시하거나, 심지어 사용자가 지급하는 모든 금원에 대해 정기성과 일률성 및 고정성의 잣대로 통상임금 해당성을 판단하게 되는 결과를 가져올 수도 있다.

그런데 엄밀히 보면 통상임금의 산정기초 대상이 소정 근로의 대가라면 사전에 약정된 것이므로 정기성과 일률성의 여부도 사실은 당사자들이 결정하게 된다. 사용자가 지급하는 금원들에 대해서 사후적으로 그리고 객관적으로 정기적· 일률적 및 고정적으로 지급되었는지를 판단하는 것이 아니라, 약정한 소정 근로의 대가를 어떻게 지급할 것인가의 지급방법에 대해서 당사자들이 사전에 정할 수 있다. A금원은 정기적이고 일률적으로, B금원은 일시적이고 근로자들의 실적별로 지급한다는 약정을 사전에 할 수 있다는 점에서 '정기적, 일률적 고정임금'도 당사자의 의사합치에 의해서 결정될 수 있다. 따라서 통상임금은 그 만큼 주관적 판단을 기초로 하고 있다고 생각된다. 그러므로 금원의 통상임금 해당성 판단을 위해서 당사자들이 해당 금원을 사전에 정기적이고 일률적으로 주기로 하였는지에 대한 근로자와 사용자, 노동조합과 사용자 당사자들의 주관적 의사를 고려하지 않으면 안 될 것이다. 그럼 점에서 예를 들면 앞의 하급심 판결 중 '고용노동부 사건'에서는 무기계약직 전환근로자들에게 소정 근로의 대가로서 지급하는 각종의 금원들이 정기적이고 일률적으로 지급되었는가라는 사실관계가 중요한 것이 아니라, 이 금원들은 정기적이고 일률적으로 지급한다는 사실에 앞서서 통상임금의 범주에 들어가지 않는 금원으로서, 말하자면 소정 근로의 대가로서 약정하는 것이 아닌, 복리후생비로 지급한다는 당사자의 의사가 먼저 통상임금 해당성 판단의 기준이 되어야 하는 것이다. 따라서 대법원 2012년 3월 29일의 판결처럼 상여금과 같이 1임금산정 기간을 넘어 지급되는 임금이라도 정기적이고 일률적으로 지급되었다고 하더라도 상여금지급 기간 동안의 소정 근로 또는 총 근로에 대한 대가로 당사자들이 그러한 약정을 하였는가가 통상임금의 본래 모습으로서 소정 근로의 대가에 대한 정당한 평가라고 볼 수 있다.

7. 임금일원론을 위한 대법원 전원합의체 판결 이후의 판례들은 "소정 근로시간의 근로에 직접적으로 또는 비례적으로 대응하여 지급되는 임금이 아니더라도 그것이 소정 근로 또는 총 근로에 대하여 지급되는 임금이 아니라고 할 수 없으므로 그런 사유만으로 그 임금을 통상임금에서 제외할 수는 없다"고 한다. 그러나 여기서 '소정 근로시간의 근로에 직접적으로 또는 비례적으로 대응하여 지급되는 임금이 아닌 것'은 소정 근로의 대가가 아니다. 판례는 그러한 종류의 금원은 총 근로의 대가인 것으로 생각하고 있는 듯하나, 근로기준법 시행령 제6조 제1항에서 말하는 총 근로는 도급근로를 의미하는 것이고, 판례는 소정 근로를 포함하여 약정되지 않은 근로제공과 그 급여 전체를 포함하는 의미에서의 총 근로를 생각하는 것으로 보인다. 그 점에서 판례법리는 통상임금에 관한 시행령 규정 - 이 규정의 규범력을 전제로 하여 - 적용사례에 근로기준법 제2조 제1항 제5호의 규정을 적용한 법률 초월적 법형성에 해당한다.

임금일원론 하에서의 임금은 교환적 부분에 대한 임금과 생활보장적 부분에 대한 임금 모두를 포함한 모든 근로의 대가를 의미한다. 그런 점에서 보면 임금일원론에서의 임금은 근로기준법 제2조 제1항 제5호의 적용범위로서의 임금을 의미하는 것이다. 그러나 통상임금은 그러한 근로의 대가 중에서 당사자들이 약정으로 소정 근로시간에 대해서 주기로 한 소정 근로의 대가가 산정기초로 포함되는 것이기 때문에 임금일원론 하에서의 임금과는 그 취지, 대상, 내용, 기능, 판단기준도 동일하게 적용할 수 없다. 그리고 임금일원론 하에서도 근로의 대가가 아닌 금원도 있을 수 있다. 그러한 대상으로서 판례와 행정해석이 임금에 해당하지 않는 것으로 인정한 금원들은 모두 근로의 대가가 아니기 때문에 임금일원론 하에서도 임금범주에 들어오지 않는다. 근로의 대가로 지급되지 않은, 근로자가 특수한 근무조건이나 환경에서의 직무수행으로 소용되는 비용을 변상하는 실비변상적 금원이나 은혜적으로 지급하는 금원은 임금일원론 하에서도 임금에 해당하지 않는다

8. 판례는 복리후생비, 사회적 급여, 사회적 부가급여 등의 명칭에 구애됨이 없이 어느 금원이 통상임금의 산정기초에 포함되는지에 대해 정기적이고, 일률적으로 지급되는 고정적 임금인가를 판단의 중심에 둔다. 그러나 그 이전에 통상임금이 되기 위해서는 당사자 사이에 소정의 근로시간에 지급하기로 하는 지급액이어야 한다. 따라서 여기서 중요한 것은 그와 같은 금원을 소정 근로시

간에 지급하기로 약정하였는가 하는 개별적, 집단적 당사자의 의사의 합치 여부가 먼저 검토되어야 하는 것이다. 이러한 종류의 급여에 대해서 미리 선행적으로 정기성과 일률성 및 고정성 등의 요건으로 판단해서는 안 된다.

상여금이나 기업연금 급여와 같이 특별한 동기에서 혹은 특별한 목적 때문에 지급되는 임금은 특별급여로서 통상의 임금과 구별되어야 한다. 이들 급여는 노무급부와 쌍무관계에 있는 것이 아니라, 포괄적인 근로관계로부터의 노동에 대한 반대급부의 성질을 갖는다. 말하자면 근로계약의 주된 급부의무로부터 도출되는 급여가 아니라 경우에 따라서 근로관계에 들어오기는 하지만, 사용자의 부수적 의무로부터 도출되는 사회적 급여에 해당할 수 있는 것이다. 특히 특별수당으로서 사회보장급여, 상여금, 축하출연, 사업장 기업연금의 급여 등이 이에 해당한다. 말하자면 임금에 대해서 부가적으로 지급되는 급여가 이에 해당한다. 이들 특별보수나 특별급여로서 부가적 급여로서는 일 년에 한번 지급하는 정근수당, 활동수당, 책임수당, 기능수당 등이 있고, 이들 급여는 노무급부와 쌍무적 대가관계에 있는 좁은 의미에서의 임금 외에 부가적 급여로서 특별보수를 의미한다. 이들 특별급여 형태는 다종다양하여 사회적 이유에서 보장되는 부가적 임금존속부분으로부터 시작하여, 사업장의 기업연금, 상여금, 축하출연을 거쳐 차량지원, 사적 전화비용의 인수, 차량지원금, 차비, 식대보조비, 축제행사를 위한 지원금 등에 이르기까지 다종다양하다. 이러한 급여들은 사회적 급여(Sozialleistungen)로써 표현되는데, 반드시 사회적 동기가 아니더라도 긴장된 노동시장상황에서 파동성을 저지하고 고실업사태에서 근로자의 성과행동과 근무행태를 조정하기 위해서 기업의 성과능력을 확보하기 위한 보수도 특별급여에 해당한다. 물론 이들 사회급여 내지 사회보장급여는 사용자가 임의로 결정하여 지급한다 하더라도 이는 증여가 아니라, 급여보장의 법적 근거는 근로관계이다. 그러나 임금일원론에서 금원의 임금 해당성을 판단한다고 하더라도 이들 금원은 근로기준법 제2조 제1항 제5호 바깥 영역에 위치시켜야 하는 것들이다. 또한 소정 근로의 대가로서 통상임금에 대해서 당사자들이 약정을 하는 경우에도 통상임금의 전제는 해당 금원이 임금에 해당하여야 한다는 것이고, 임금에 해당하는 금원 중에서 당사자들이 소정 근로시간에 대하여 지급하기로 약정한 것을 말하는데, 상여금과 기업연금과 같은 특별급여(Sonderzahlung)는 근로의 대가로서의 임금이라기 보다는 넓은 의미의 급여에 해당한다고 보아야 할 것이다. 따라서 그것이 단체협약에 지급하기로 규정되어 있다는 것만으로는 지급청구권이 발생하지만, 통상임금의 산정기초에 당연히 포함되어야 한다고는 할 수 없다. 근로의 대가로서 지급되는 것이 아니라 사회적 목적 내지 사회보장의 목적에서 지급되는 사회적 급여는 법이론적으로 볼 때 임금의 영역에 위치시킬 수는 없고, 사용자에게 책무가 있는 배려의무의 이행을 위한 급여라고 판단된다. 특히 기업연금급부의 경우가 이에 해당한다. 사회적 급여가 근로관계가 존속되는 동안 지급된다면 이것이 노동력제공과 쌍무적 대가관계에 있지 않더라도 근로관계로부터 발생하는 반대급부로 이해될 수는 있다. 그러나 사회적 급여는 근로관계 중 부수적 의무인 배려의무로부터 근거지워지는 것이므로 근로기준법 제2조 제1항 제5호에 따라 임금의 본질인 노동력제공에 대한 쌍무적 대가관계로서 지급되는 것이 아니라는 것은 분명하다. 오히려 개인연금보험료가 사용자의 배려의무로부터 근로자들의 노후생활에 대비하여 지급되는 것이라면 행정해석과 일부 학설에서도 인정하는 바와 같이 복리후생적인 것에 지나지 않는다. 특히 개인연금은 근로자가 근로관계를 종료한 후의 노후생활에 대비하는 것으로서 이는 퇴직금의 경우와 비교할 수 있다. 근로자의 퇴직에 대비하여 퇴직금의 일부를 적립하는 경우 이를 평균임금이나 통상임금의 산정범위에 포함시킬 수 없는 것과 마찬가지로 개인연금보험료도 평균임금이나 통상임금 산정범위에 포함시킬 수 없는 것이다. 또한 퇴직금이 장래 퇴직 후에 비로소 발생하는 퇴직금채권에 의해 지급되는 것으로서 근로관계가 존속하고 있는 동안은 장래의 퇴직을 조건으로 하는 일종의 기대권에 지나지 않는 바와 같이 개인연금의 경우도 장래 퇴직을 조건으로 발생하는 기대권으로서 연금수급권에 대한 보조금의 성격을 갖기 때문에 근로의 대가성을 인정하기 어렵다. 대법원 판례도 수긍하는 바와 같이 평균임금이란 근로자의 평상시의 생활임금을 사실대로 산정하는 것을 그 기본원리로 한다. 장래에 대비한 연금보조비는 평상시의 생활임금을 사실대로 산정하는 것이라고는 볼 수 없다. 이와 같은 이유에서 대법원 전원합의체 판결도 평균임금의 산정사유가 발생한 날을 기준으로 그 이전 3개월간의 임금총액을 산입하여 평균임금을 산정하지 않고, 퇴직일과 관계없이 퇴직월에 보수전액을 지급하기로 취업규칙에 정해졌다는 것을 이유로 퇴직일 이후의 해당 월 보수 전액을 임금총액에 산입하는 것은 근로자의 통상의 생활임금을 사실대로 산정하는 것을 기본원리로 하는 평균임금 제도의 본질에 반한다고 본다. 즉, 대법원에 의하면 "취업규칙에 월의 중도에 퇴직하더라도 당해 월의 보수전액을 지급한다고 규정되어 있더라도 이는 퇴직하는 근로자에 대한 임금계산에 있어서의 정책적·은혜적 배려가 포함되는 규정으로 보아야 할 뿐, 동 취업규칙에 규정되어 있다고 해서 퇴직일이 언제이든 퇴직 당해 월의 보수 전액을 퇴직 직전일로부터 최종 3개월 간에 지급된 급여액에 산입하여 평균임금을 산정하고 이를 기초로 퇴직금을 산출하는 것은 동일한 사업체에서 동일한 월급을 받고 동일한 근속기간 동안 근무한 근로자들이 같은 달에 퇴직하더라도 단지 그 퇴직 일자가 다르다는 사정만으로 퇴직금에 대한 심한 차이가 생기는 불균형이 발생하며 퇴직 월에 이르러 빨리 퇴직할수록, 즉 퇴직 월의 근무일수가 짧을수록 많은 퇴직금을 지급받을 수 있다는 기이한 현상이 일어나므로" 퇴직일 이후 해당 월의 보수전액을 평균임금 산정의 임금총액에 포함시켜서는 안 된다고 보는 것이다. 말하자면 대법원은 평균임금 산정 사유 발생일 이전의 실제 근무일에 대한 당시의 통상의 임금을 사실대로 산정하여야 하는 것이지, 근무하지도 않은 해당 월의 나머지 일수에 대한 보수를 산정의 기초로 삼아서는 안 된다는 입장이다. 그렇다면 장래 퇴직을 이유로 발생가능한 기대권으로서의 연금수급권에 대한 보조금도 근로자의 통상의 생활임금이라고는 볼 수 없다. 퇴직연금에 대한 보험료는 사용자가 근로자의 노후생활을 위한 사회보장급여이지 근로의 대가는 아니다. 대법원 판례가 퇴직금을 후불적 임금으로 보면서도 평균임금이나 통상임금의 산정 시에 포함시키지 않는 이유는 그것이 근로자의 통상의 생활임금이 아니라, 장래에 대비한 급여이기 때문이다. 장래에 대비하기 위한 보험료도 통상의 생활임금이라고는 할 수 없다. 통상의 생활임금에 해당할 수 없는 퇴직연금보험료를 평균임금이나 통상임금에 산정할 수 없는 것과 마찬가지로 개인연금보험료도 평균임금이나 통상임금의 산정기초로 삼을 수는 없다. 본질적으로 근로계약의 부수적 의무로부터 근거지워지는 사회적 급여 내지 사회보장급여를 단체협약이나 취업규칙에서 정하고 정기적, 일률적으로 지급하고 있다고 하여 통상임금이나 평균임금의 산정기초로 삼는다면 이는 통상임금이나 평균임금 산정을 동질화·단순화하려는 판례의 행정편의적 정책의지에 지나지 않는다. 사용자가 지급하는 금원이 단체협약이나 취업규칙에 정하여져 있고 이것이 정기적, 일률적으로 지급되어 있다고 하더라도 정기성과 일률성의 판단표지는 통상'임금'의 판단표지라기 보다는 '통상'금품의 판단표지에 지나지 않으며, 정기성과 일률성은 통상임금 판단을 위한 간접정황증거에 지나지 않는다. 그럼에도 불구하고 이를 기준으로 개인연금보조비를 통상임금의 산정기초로 삼는 것은 개인연금보조비의 사회적 급여 내지 복리후생적 급여로서의 본질을 무시하는 것이다.

독일의 경우는 주로 기업단위의 연금(Altersversorgung) 지급을 특별한 동기에서 혹은 특별한 목적 때문에 지급되는 것으로 보아 통상의 임금과 구별한다. 이들 급여는 노무급부와 쌍무관계에 있는 것이 아니라, 포괄적인 근로관계로부터의 노동에 대한 반대급부의 성질을 갖는다고 보지만, 사용자의 부수적 의무로부터 도출되는 급여로 본다. 이 급여는 사회적 급여(Sozialleistungen)로써 표현되는데, 근로의 대가로서 지급되는 것이 아니라 사회적 목적 내지 사회보장의 목적에서 지급되는 사회적 급여는 법이론적으로 볼 때 임금의 영역에 위치시킬 수는 없고, 사용자에게 책무가 있는 배려의무의 이행을 위한 급여라고 본다. 이러한 사용자의 배려의무로부터 근로자들의 노후생활에 대비하여 개인연금이 지급되는 것이라면 복리후생적인 것으로 본다.

독일의 경우는 임금개념에 관한 법률규정이 존재하지 않으며, 임금의 중심이 되는 것은 협약상의 임금이고, 이에 부가하여 지급되는 것으로서는 수당이나 부가급여, 특별보수 등 여러 형태의 추가적인 급여가 존재한다. 그러나 이러한 각종의 급여들이, 특히 우리나라에서 논란이 일고 있는 성과금이나 상여금과 같은 특별보수나 개인연금보조비와 같은 사회적 급여가 어느 특정의 급여산정을 위한 기초단위로서 임금에 해당하여 통상임금이나 평균임금의 산정범위에 포함되는가 하는 것이 문제가 되는 것이 아니라, 이들 급여는 광의의 의미에서 모두 보수에 속하지만 과연 그러한 보수를 어떤 근거에 의하여 각각 개별적으로 청구할 수 있는가 하는 점에 논의가 집중되어 있다. 말하자면 예를 들어 성과금에 대한 지급청구권을 행사할 수 있는지 하는 문제에 초점이 맞추어져 있다. 따라서 아무런 약정이 없는 경우에 보수지급은 어떤 근거에 의해서 인정되어야 하는가, 임의적으로 지급하는 금원에 대해서 철회유보약정이 가능한가 하는 점 등이 주로 문제가 된다. 예를 들어 독일의 경우 어느 근로자가 연장근로를 4시간 한 경우 얼마만큼의 연장근로수당을 지급받을 수 있는가 하는 문제는 이미 이에 대한 근거규정과 액수 등이 기본급 중심으로 단체협약 등에 계량화되어 있거나 그룹화되어 있어서 우리처럼 성과금이 통상임금에 해당하는가에 대해 논란을 벌일 필요가 없다. 우리나라의 경우는 연장근로에 대한 가산임금 산정을 위하여 그 기초가 되는 임금이 근로의 대가이어야 하고, 소정근로에 대한 대가로서 정기적, 일률적으로 지급하기로 정한 임금이었는가가 문제이지만, 독일에서는 이것이 문제가 되지 않는다.

9. 대법원 2010다91046 판결은 법적 불안정성을 증폭시키고 커다란 사회적 파장을 불러 일으킨 것이 사실이다. 그러나 법리적인 이유에서 이 판결로 인하여 통상임금에 관한 전원합의체 판결이 당장에 필요한 것은 아니다. 1임금지급산정기간내의 판단기준을 포기한 것은 이 판결이 아니라, 의료보험조합 사건에 관한 1996년도 2월의 판결이기 때문이다. 그리고 대법원 2010다91046판결이 정기 상여금을 통상임금에 포함시키지 않아왔던 종전의 판결을 변경하여 정기상여금을 통상임금에 포함시킨 것을 이유로 전원합의체 판결이 필요한 것은 아니다. 위 판결은 통상임금 해당성 판단에 있어서 고정성의 요건을 포기하거나 변경한 것이 아니라, 당해 구체적인 사건에 있어서 고정성의 요건 판단에 있어서 그 정도를 달리 하여 판단한 것이기 때문에 고정성의 구체적 적용상의 정도 차이를 보였기 때문이다. 그러나 그렇다고 하여 전원합의체 판결이 전혀 필요하지 않는 것은 아니다. 고정성의 요건과 관련하여 판례를 변경하였다거나 법령의 해석을 달리하였다는 것을 이유로 해서 전원합의체 판결이 필요하다고 할 수는 없지만, 대법원 2010다91046판결은 매우 유사한 사실관계를 토대로 하고 있는 사안에서 다른 판결을 하게 된 이유를 적극적으로 제시하였어야 한다. 판례의 근거제시의무(Begründungspflicht)는 법치국가원리에서 법적용자의 의무에 해당한다. 또한 유사한 사건에 상이한 결과를 가져옴으로써 이미 판례가 법적 불안정성을 증폭시켜 사회적 파장을 불러일으킨 경우에는 대법원 스스로 자기결단적 판결을 하기 위해서 통상임금에 대한 판결을 더 이상 '부'에서 판단하기 어려운 사건으로 보아 법원조직법 제7조 제1항 제5호에 따라 전원합의체 판결을 하여야 할 것이다.

10. 특정 임금의 구성 항목이 통상임금에 포함되는가를 판단함에 있어서는 그 금원이 근로의 대가인가, 소정근로의 대가인가, 정기적·일률적으로 지급되는 고정적 임금인가의 여부가 판단의 중심적 기준이 되어야 한다. 그런데 전체적으로 보아 판례는 통상임금 해당성 판단의 실질적 기준에 해당하는 근로의

대가성이나 소정 근로의 대가성 여부에 대해서는 판단을 하지 않은 채, 형식적 요건인 정기성과 일률성의 요건을 중심으로 판단하는 경향이 있다. 이러한 판례는 고용노동부의 행정해석이나 지침에 구속되지는 않지만, 통상임금 인정과 관련하여 판례와 행정해석은 상당히 현격한 차이가 있다. 판례가 가능한 한 1 임금산정기간에 구애됨이 없이 형식적 요건인 '정기적, 일률적으로 지급되는 고정적 임금'이면 통상임금으로 보고자 하는 반면에, 행정해석은 해당 금원의 실질적 성격을 강조하여 정기적이고 일률적으로 지급되는 것이라 하여도 통상임금 해당성을 부정한다. 따라서 지급조건, 지급금액, 지급시기가 정해져있고, 전 근로자에게 지급하는 상여금과 체력단련비 등은 통상임금에 해당하지 않는다고 본다. 통근수당이나 차량유지비를 정기적이고 일률적으로 지급한다하여도 이는 근로시간과 관계없이 복리후생과 생활보조적으로 지급되는 것이므로 통상임금에 해당하지 않는다고 한다. 또한 사택수당과 월동연료수당, 김장수당도 정기적이고 일률적으로 지급된다고 하여도 해당 금원의 성격이 생활보조적이고 복리후생적이기 때문에 통상임금에서 배제한다. 이와 같은 금품들은 판례에 의하면 정기성과 일률성의 요건을 충족하기 때문에 통상임금으로 산정되어야 할 금품들이다. 이와 같이 행정해석은 평균임금과 통상임금도 해당 금품의 성격을 기준으로 구분하여 그 차이를 확연하게 나타내 보이는 반면에, 판례는 통상임금의 판단기준과 평균임금의 판단기준을 거의 동일하게 사용하여 사실상 통상임금과 평균임금이 구별되지 않을 정도로 통상임금은 평균임금화 되고 있다. 특히 행정해석은 금원의 성격을 고려하는 점이 판례와 매우 다르다. 그리하여 행정해석은 사용자가 지급하는 금품 중 생활보조적이고 복리후생적인 성격의 금품은 정기성과 일률성의 요건을 충족한다고 하여도 거의 대부분 통상임금에서 배제하고 있다. 판례가 정기성과 일률성 및 고정성의 형식적인 요건을 중심으로 통상임금 해당성을 판단하는 것에 비하여, 행정해석은 근로의 대가나 통상임금의 본질과 성격을 중심으로 판단하고 있음을 보여 주고 있다. 명칭만으로 비교할 때 판례는 예를 들어 근속수당, 상여금, 통근수당, 김장수당, 가족수당, 통근수당, 사택수당, 식비 등이 정기적, 일률적으로 지급되는 한 통상임금에 해당한다고 하지만, 행정해석에 따르면 복리후생적 성격을 갖고 있기 때문에 통상임금 해당성을 부정한다. 금품의 통상임금 해당성을 판단하는 기준이 판례와 행정해석에서 현격하게 다르다는 것을 보여 주고 있다. 이와 같은 점에서 볼 때 판례는 통상임금 해당성 판단의 실질적 판단기준을 중시하지 않는다는 점에서 근로기준법 제2조 제1항 제5호의 임금정의 규정과 근로기준법 시행령 제6조 제1항의 통상임금 정의규정에 충실하지 않다고 본다. 이것은 판례가 법규정을 도외시한 채 통상임금 해당성을 판단하는 것으로서 본다. 어느 금원이 통상임금에 해당하는가를 판단하는 것은 근로기준법 제2조 제1항 제5호와 근로기준법 시행령 제6조 제1항에 의거한 규범적 판단이기 때문에 법원은 정기성과 일률성의 형식적 기준만에 의해서 판단해서는 안 되고, 해당 금원이 근로의 대가인지, 소정 근로의 대가인지의 실질적 기준도 적용해야 한다고 본다. 특히 '정기적, 일률적으로 지급되는 고정적 임금'인가의 여부만으로 판단하는 한 통상임금 판단은 평균임금 판단과 거의 유사하게 되고 그 결과 통상임금은 평균임금화하게 된다. 그러나 평균임금은 이미 지급된 임금총액을 합산하여 근로자의 실질적 생활을 보장하기 위해서 산정하는 것이지만, 통상임금은 사전에 미리 정한 기준에 따라 법정 수당을 지급하기 위한 산정기초라는 점에서 그 제도의 목적과 기능이 서로 다르다. 그렇기 때문에 판례가 통상임금을 평균임금화하는 한, 이는 근로자들에게 임금총액의 외형을 늘려 실질적 임금을 보장해주고자 하는 판례의 임금정책이라고 할 수 있다. 이는 법을 적용하는 판례가 그러한 임금정책을 수행하는 한 이는 권력분립의 원칙을 벗어나버리는 것이다. 그와 같은 이유에서 본다면 통상임금의 입법개선안은 정기성과 일률성의 형식적 요건만을 적용하여 임금정책을 수행하는 것보다는 임금의 실질적 요건과 형식적 요건을 동시에 고려하는 행정해석을 입법화는 것이 사물의 본성상 타당하다고 본다. 그와 같은 입법을 위해서는 모법에 위임근거 규정을 두고, 시행령에 현행 근로기준법 시행령 제6조 제1항과 같은 포괄적 정의규정을 유지하고 노동부가 부령으로 구체적 판단기준을 만들 수 있도록 위임규정을 두고, 노동부의 예규가 법원을 구속할 수 있도록 예규를 부령을 격상하는 방법을 고려해 볼 수도 있을 것이다.

참고문헌

강희원・김영문, 근로자개념과 계약의 자유, 중앙경제사, 2001.

김기덕, "최근 판례를 통한 통상임금 법리에 관한 검토", 노동법 포럼 제1호, 노동법이론실무학회, 2008.

김기덕, "통상임금의 본질과 통상임금의 개념", 한국노동법학회・노동법이론실무학회 추계학술대회, 2012.9, 발표문.

김기덕, "통상임금의 법리에 관한 새로운 이해", 노동과 법 제6호(금속법률원), 2006.

김기덕, "통상임금의 개념요소로서의 고정성", 노동과 법 제6호(금속법률원), 2006.

김기덕, "노동부 예규 통상임금 산정 지침에 관한 검토", 노동과 법 제6호(금속법률원), 2006.

김기덕, "통상임금의 개념요소로서의 일률성", 노동과 법 제6호(금속법률원), 2006.

김기덕, "주휴일 임금과 통상임금의 산정", 노동과 법 제6호(금속법률원), 2006,

김영문, "취업규칙의 불이익변경에 관한 집단적 동의요건의 효력", 월간노동법률 2004.11월호.

김영문, "단체협약의 (불이익)변경", 안암법학 제16호(안암법학회), 2003.

김영문・이상윤・이정, 임금개념과 평균임금・통상임금의 산정범위, 법문사, 2004.

김영문, "금원의 통상임금 해당성에 관한 기준의 비판적 고찰", 노동법학 제43호(한국노동법학회), 2012.

김지형, 노동법해설, 청림출판, 1993.

김철용, 위임입법의 한계에 관한 연구, 헌법재판소, 1996.

김형배, 노동법 제22판, 박영사, 2013.

김형배, 근로기준법, 박영사, 2000.

김형배, 노동법강의, 신조사, 2013.

김희성・한광수, "정기상여금의 통상임금 해당성에 대한 연구", 노동법논총 제25집(한국비교노동법학회), 2012.

노동법실무연구회, 근로기준법 주해 I, 박영사, 2010.

노상헌, "일본의 평균・통상임금법리(日本における平均・通常賃金の法理)", 「노동법 포럼」, 노동법이론실무학회, 2009.

문무기・이철수・박은정・윤문희, 임금제도 개편을 위한 노동법적 과제, 한국노동연구원, 2006.

박상필, 근로기준법강의, 대왕사, 1991.

박종희, "근로기준법상 근로자 개념", 노동법학 제16호(한국노동법학회), 2003.
박지순, "통상임금에 관한 최근 대법원 판결의 의미와 쟁점", 월간 「노동리뷰」 제92호(한국노동연구원), 2012.11.
박지순·이상익, 통상임금의 이해, 신조사, 2013.
송강직, "한국과 일본의 통상임금의 법리", 동아법학 제56호(동아대학교 법학연구소), 2012.
유성재, "상여금의 통상임금성", 노동법포럼 제9호(노동법이론실무학회), 2012.
유성재, 판례노동법, 법문사, 2008.
이상돈, '형법해석의 한계', 법률의 해석(법문사), 2000.
이승길·우창수, "통상임금의 개념 및 산정기준과 관련한 법적 판단에 관한 소고", 아주법학 제5권제2호(아주대학교 법학연구소), 2011.
이정, "통상임금에 대한 판례법리의 재검토", 노동법학 제43호(한국노동법학회, 2012.
이정, "일본의 통상임금 및 할증임금의 산정법리", 노동법학 제45호(한국노동법학회), 2013.
이종복, "협약자율의 우위성", 私法關係와 自律(이종복교수논문집), 1993.
이철수, "통상임금에 관한 판례법리의 변화와 정책적 함의", 노동과 법 제6호(금속법률원), 2006.
이철수, "통상임금의 법리", 노동법연구 제3호(서울대노동법연구회), 1993.
이철수, "현행 임금제도의 비판적 검토", 노동법연구 제12호(서울대노동법연구회), 2002.
임종률, 노동법, 제9판, 박영사, 2010.
전시춘, "평균임금과 통상임금의 범위", 법학연구 제44권 제1호(부산대법학연구소), 2003.
조용만, "근무성적에 따라 차등 지급된 업적연봉의 통상임금 여부", 노동법학 제41호(한국노동법학회), 2011.
하갑래, 근로기준법, 중앙경제사, 2012.
하갑래, "통상임금제도의 변화와 과제", 한국노동법학회·노동법이론실무학회, 2012년 추계학술대회 발표문.
하경효, 임금법제론, 신조사, 2013.

菅野和夫, 労働法, 第7版, 弘文堂, 2007.
西谷敏, 労働法, 日本評論社, 2009.
荒木尙志, 労働法, 有斐閣, 2009.

v. Arnim, Die Verfallbarkeit von betrieblichen Ruhegeldanwartschaften, 1970.

Biedenkopf, Grenze der Tarifautonomie, C.H.Beck, 1964.

Canaris, Die Vertrauenshaftung im deutschen Privatrecht, 1971.

Hueck-Nipperdey, Lehrbuch des Arbeitsrechts, Bd. II/1, 7.Aufl., C.H.Beck, 1965.

Münchener Handbuch Arbeitsrecht, Bd. 1, C.H.Beck, 2002.

Nikisch, Arbeitsrecht, Bd. I, 3. Aufl., J.C.B.Mohr, 1965.

Preis, Grundlagen der Vertragsgestaltung im Arbeitsrecht, C.H.Beck, 1993.

Schaub, ArbeitsrechtsHandbuch, 14.Aufl., C.H.Beck, 2011.

Schwerdtner, Fürsorgetheorie und Entgelttheorie im Recht der Arbeitsbedingungen, 1970.

Staudinger Kommentar, BGB, Seiler-de Gruyter, 2002.

Thomandl, Treue und Fürsorgepflicht im Arbeitsrecht, 1975.

저자약력

김 영 문

고려대학교 법과대학 졸업
독일 Freiburg 대학교 법학박사
전북대학교 법학전문대학원 교수(현)
전북지방노동위원회 공익위원(현)

저자와의
협의하에
인지생략

통상임금과 그 산정기준에 관한 연구

2013년 8월 25일 초판 인쇄
2013년 8월 30일 초판1쇄 발행

저 자 김 영 문
발행인 배 효 선
발행처 도서출판 法 文 社
주 소 413-756 경기도 파주시 문발동 526-3
등 록 1957년 12월 12일 제2-76호(윤)
전 화 031-955-6500~6, 팩스 031-955-6525
e-mail(영업) : bms@bobmunsa.co.kr
(편집) : edit66@bobmunsa.co.kr
홈페이지 http://www.bobmunsa.co.kr
조 판 광 암 문 화 사

정가 33,000 원 ISBN 978-89-18-08948-5